동주집

이 책은 2015년도 정부(교육부)의 재원으로 한국고전번역원의 지원을 받아
수행된 '권역별거점연구소협동번역사업'의 결과물임.

This work was supported by Institute for the Translation of Korean Classics - Grant funded by the Korean Government.

한국고전번역원 한국문집번역총서 / 충남대학교 한자문화연구소

동주집 7

東州集

이민구 지음　강원모 오승준 옮김

李敏求　김문갑 정만호

일러두기

1. 이 책의 번역 대본은 한국고전번역원에서 간행한 한국문집총간 94집 소재《동주집(東州集)》으로 하였다. 번역 대본의 원문 텍스트와 원문 이미지는 한국고전종합DB(http://db.itkc.or.kr)에서 확인할 수 있다.
2. 내용이 간단한 역주는 간주(間註)로, 긴 역주는 각주(脚註)로 처리하였다.
3. 한자는 필요한 경우 이해를 돕기 위하여 넣었으며, 운문(韻文)은 원문을 병기하였다.
4. 맞춤법과 띄어쓰기는 한글 맞춤법과 표준어 규정을 따랐다.
5. 이 책에서 사용한 부호는 다음과 같다.
   ( ) : 번역문과 음이 같은 한자를 묶는다.
   〔 〕: 번역문과 뜻은 같으나 음이 다른 한자를 묶는다.
   " " : 대화 등의 인용문을 묶는다.
   ' ' : " " 안의 재인용 또는 강조 문구를 묶는다.
   「 」: ' ' 안의 재인용을 묶는다.
   『 』: 「 」 안의 재인용을 묶는다.
   《 》: 책명 및 각주의 전거(典據)를 묶는다.
   〈 〉: 책의 편명 및 운문·산문의 제목을 묶는다.

차례

일러두기 • 4

동주집 문집 제5권

상량문上樑文

장절공 철상사우 중건 상량문 壯節公鐵像祠宇重建上樑文 • 13

청선당 상량문 聽蟬堂上樑文 • 26

미경당 상량문 美景堂上樑文 • 36

청평공주의 새 저택 상량문 응제 淸平公主新第上樑文 應製 • 42

인평공주의 새 저택 상량문 응제 寅平公主新第上樑文 應製 • 53

동평공주의 새 집 상량문 응제○신축년
東平公主新第上樑文 應製○辛丑 • 64

흥평공주의 새 집 상량문 응제○을사년
興平公主新第上樑文 應製○乙巳 • 74

잠箴

천명의 근원을 말하는 잠 原命箴 • 84

명銘

일본국 일광사의 등롱명 병서○응제 日本國日光寺燈籠銘 幷序○應製 • 85

마니석 벼루의 명 摩尼石硯銘 • 88

전傳

포구주자전 정해년 浦口舟子傳 丁亥 • 89

부賦

남정부 병서 南征賦 幷敍 • 95

철옹성부 鐵甕城賦 • 145

몽서부 夢筮賦 • 151

소은이 준 단소를 차운하다 次素隱贈短騷 • 155

동주집 문집 제6권

행장行狀

선고 증 대광보국숭록대부……시 문간공 부군 행록
先考贈大匡輔國崇祿大夫……謚文簡公府君行錄 • 161

의정부 영의정 시 문정 김공 행장
議政府領議政謚文貞金公行狀 • 209

시장諡狀

의정부 좌의정 서원부원군 정공 시장 갑술년
議政府左議政西原府院君鄭公諡狀 甲戌 • 226

연릉부원군 이공 시장 을해년
延陵府院君李公諡狀 乙亥 • 241

동주집 문집 제7권

비명碑銘

연원부원군 겸 이조판서 이공 신도비명 병서
延原府院君兼吏曹判書李公神道碑銘 幷序 • 261

의정부 영의정 시 강정 권공 신도비명 병서○경인년 이후
議政府領議政諡康定權公神道碑銘 幷敍○庚寅以後 • 274

의정부 좌참찬 윤공 신도비명 병서
議政府左參贊尹公神道碑銘 幷序 • 288

경기 관찰사 심공 신도비명 병서
京畿觀察使沈公神道碑銘 幷序 • 299

전라도 관찰사 황공 신도비명 병서
全羅道觀察使黃公神道碑銘 幷序 • 307

영의정 김공 호서선혜비명 병서
領議政金公湖西宣惠碑銘 幷序 • 317

형조 판서 길천군 권공 신도비명 병서
刑曹判書吉川君權公神道碑銘 幷序 • 326

백씨 영의정 분사 이공 신도비명 병서
伯氏領議政分沙李公神道碑銘 幷序 • 337

기암당 법견 법사 비명 병서 奇岩堂法堅法師碑銘 幷序 • 350
소요당 태능 법사 비명 병서 逍遙堂太能法師碑銘 幷序 • 360
호연당 태호 법사 비명 병서 浩然堂太湖法師碑銘 幷序 • 368

동주집 문집 제8권

지명誌銘

영돈녕부사 서평부원군 한 문익공 묘지명 병서
領敦寧府事西平府院君韓文翼公墓誌銘 幷敍 • 379
예조 좌랑 권공 묘지명 병서 禮曹佐郎權公墓誌銘 幷敍 • 401
증 이조 참판 산음 현감 김공 묘지명 병서
贈吏曹參判山陰縣監金公墓誌銘 幷序 • 404
증 이조 참판 예천 군수 노공 묘지명 병서○경인년 이후
贈吏曹參判醴泉郡守盧公墓誌銘 幷序○庚寅以後 • 411
승정원 좌부승지 이공 묘지명 병서 承政院左副承旨李公墓誌銘 幷序 • 419
포천 현감 김공 묘지명 병서 抱川縣監金公墓誌銘 幷序 • 426
한 부솔의 처 권씨 묘지명 병서 韓副率妻權氏墓誌銘 幷序 • 431
권 사부 묘지명 병서 權師傅墓誌銘 幷序 • 433
지중추부사 목공 묘지명 병서 知中樞府事睦公墓誌銘 幷序 • 435
홍문관 교리 오공 묘지명 병서 弘文館校理吳公墓誌銘 幷序 • 445
맏아들 원규 묘지명 병서 伯子元揆墓誌銘 幷序 • 454
둘째 아들 진사 중규 묘지명 병서 叔子進士重揆墓誌銘 幷序 • 456
유정규 묘표 劉定揆墓表 • 459

외숙 상의원 정 김공의 부인 숙인 정씨 묘지명 병서
舅氏尙衣院正金公配淑人鄭氏墓誌銘 幷序 • 461

정휘옹주 묘지명 병서 貞徽翁主墓誌銘 幷序 • 470

익위사 부솔 한군 묘지명 병서 翊衛司副率韓君墓誌銘 幷序 • 475

관찰사 오공 묘지명 병서 觀察使吳公墓誌銘 幷敍 • 478

홍문관 직제학 홍공 묘지명 병서 弘文館直提學洪公墓誌銘 幷序 • 487

동주집

문집 제5권

上樑文 상량문

箴 잠

銘 명

傳 전

賦 부

상량문 上樑文

장절공 철상사우[1] 중건 상량문
壯節公鐵像祠宇重建上樑文

영웅이 사업 남겨 英雄餘事業
통일의 공훈 영원히 드리웠고 永垂一統之勳
기둥과 서까래가 우뚝 솟아 있으니[2] 楹桷欻穹崇
어찌 백대의 제사를 끊어지게 하랴 寧隳百世之祀

1 장절공(壯節公) 철상사우(鐵像祠宇) : 장절공은 고려 개국 공신 신숭겸(申崇謙, ?~927)으로, 평산(平山) 신씨의 시조이다. 927년(태조10) 대구의 공산(公山) 동수(桐藪)에서 견훤이 이끄는 후백제군과 전투가 벌어졌을 때, 대장군으로 군사를 이끌고 참여하였다. 견훤의 군대가 태조를 포위하여 형세가 매우 위급해지자, 김락(金樂)과 더불어 싸우다가 전사했다. 그 덕분에 간신히 위기를 벗어난 태조는 그의 죽음을 매우 슬퍼하여 시호를 장절이라고 하였다. 994년(성종13)에 태사(太師)로 추증되어 태사개국장절공(太師開國壯節公)으로 태조 사당에 배향되었다. 신숭겸의 철상(鐵像)이 황해도 평산 태백산성의 태사사(太師祠)에 유금필(庾黔弼), 복지겸(卜智謙), 배현경(裵玄慶)의 철상과 함께 봉안되어 있다.

2 기둥과……있으니 : 당(唐)나라 두보(杜甫)의 시에 "임금의 수레가 이미 돌아오매, 사당이 우뚝 솟아 있네.〔車駕旣云還, 楹桷欻穹崇.〕"라고 하였다. 《杜少陵集 卷16 往在》

영령 모시는 집을 거듭 지어　重營妥靈之室
근본에 보답하는 정성을 함께 부치네　兼寓報本之誠
삼가 생각건대 고려 개국 공신　伏惟高麗開國功臣
태사 장절 신공은　太師壯節申公
혼란한 시대를 만나　草昧逢辰
경륜 펼치게 되었네　經綸遘會
화려한 가문의 아름다운 족보에　華宗嘉牒
악강의 상서 타고나 오래도록 본보기 되었고[3]　舊標嶽降之祥
침착한 용맹과 심원한 지혜로　沈勇深機
타고난 훌륭한 자질을 마음껏 펼쳤지　獨擅神資之異
처음에 군영에서 시작하여　初發跡於戎陣
마침내 공명에 뜻을 두었지　遂馳志於功名
하늘이 백성들을 사랑하므로　天惟眷民
이치상 반드시 도탄에서 구제할 것이니　理必濟於塗炭
새도 나무를 가려 앉듯　鳥亦擇木
만남이 풍운처럼 맞았네[4]　契當合於風雲

3 악강(嶽降)의……되었고 : 신숭겸이 훌륭한 인물로 평산 신씨의 상징이 되었다는 말이다. 악강은 산악의 기운을 받고 태어난 위대한 인물이라는 말이다. 《시경》 〈숭고(崧高)〉에 "산악이 신을 내려, 보후와 신후를 내셨도다.〔維嶽降神, 生甫及申.〕"라고 하였다.

4 새도……맞았네 : 새도 안전한 나무를 가려 앉듯이 신숭겸과 왕건(王建)의 만남이 적절했다는 말이다. 풍운(風雲)은 풍운지회(風雲之會)와 같은 말로, 용호(龍虎)가 풍운(風雲)을 만나서 세력을 떨치듯, 명군(明君)과 현신(賢臣)이 만나는 것을 의미한다. 《주역》 〈건괘(乾卦) 문언(文言)〉에 "구름은 용을 따르고, 바람은 범을 따른다.〔雲從龍, 風從虎.〕"라고 하였다.

태봉[5]이 기강을 잃었을 때에 逮于泰封之失綱

억조의 백성들 위해 명을 청하였네 乃爲億兆而請命

학정에 시달리는 백성들 걱정이 閔時日之曷喪

나의 마음을 분명히 격동시키니[6] 明動余衷

역수가 돌아갈 곳 있음을 알아[7] 知曆數之有歸

그 결정을 밀접하게 도왔네 密贊其決

용 깃발이 비로소 세워지자 龍旗始建

〈하무〉의 운수가 이에 융성해졌고[8] 下武之運斯隆

호부를 자주 나누어 받으니 虎符頻分

5 태봉(泰封) : 궁예(弓裔)가 901년 고구려의 부흥을 내세우며 후고구려를 세웠다가 911년에 국호를 태봉으로 고쳤다. 918년에 왕건(王建)에게 멸망당했다.

6 학정(虐政)에……격동시키니 : 왕건이 학정에 시달리는 백성들을 구제할 다짐을 했다는 말이다. 《서경》〈탕서(湯誓)〉에 백성들이 자기 임금을 원망하며 "이 해는 언제나 없어질까. 내 너와 함께 모두 망했으면 좋겠다.〔時日曷喪, 予及汝皆亡.〕"라고 하였다는 말이 보인다. 이는 하(夏)나라의 마지막 임금 걸(桀)이 매우 무도하므로, 백성들이 그의 학정을 견디지 못해 차라리 그와 함께 죽고 싶다고 한 것이다. 백성들이 이렇게 말한 것은 걸이 일찍이 스스로 말하기를 "내가 천하를 소유함은 하늘에 해가 있는 것과 같으니, 해가 없어져야 내가 없어질 것이다〔吾有天下, 如天之有日, 日亡吾乃亡耳.〕"라고 하였기 때문이다.

7 역수(曆數)가……알아 : 왕건에게 천명이 돌아갈 것을 알았다는 말이다. 역수는 임금이 되는 순서를 말한다. 요(堯) 임금이 순(舜)에게 선양하면서 "아, 너 순아, 하늘의 역수가 너의 몸에 있으니, 진실로 중도를 잡아라.〔咨爾舜. 天之曆數在爾躬, 允執厥中.〕"라고 당부하였다. 《論語 堯曰》

8 용……융성해졌고 : 왕건이 견훤(甄萱)의 후백제 정벌에 나선 것을 말한다. 용기(龍旗)는 용과 구름을 그린 깃발로, 임금이 친히 군대를 사열할 때에 세운다. 〈하무(下武)〉는 《시경》 대아(大雅)의 편명으로, 주 무왕(周武王)이 문왕(文王)을 계승하여, 성덕(聖德)을 간직하고 천명을 받은 것을 노래한 시이다.

중권의 업적이 드러났도다[9] 中權之績攸著
화려한 활이 임금께 있으니 雕弧在御
받들어 기러기를 쏘아 땅을 하사받았고[10] 承射雁而疏疆
장군의 막사에서 작전 세워 玉帳運籌
계림을 취하고 영토를 개척하려 했는데[11] 擬操鷄而拓土
이웃 나라가 배반할 줄 어찌 알았으랴 何意隣邦之背誕
이에 왕의 군대를 이끌고 정벌에 나섰네 肆勤王旅而徂征
초나라 군대가 오히려 강성하여 楚卒尙彊
형양이 포위되는 급박한 상황 만나고[12] 滎陽嬰月暈之急

9 호부(虎符)를……드러났도다 : 신숭겸이 자주 장군의 직책을 띠고 출전하여 공을 세웠다는 말이다. 호부는 범의 모양으로 생긴 병부(兵符)로서, 구리로 만들었기 때문에 동호부(銅虎符)라고도 한다. 한 문제(漢文帝)가 군국(郡國)의 수상(首相)에게 주어 발병(發兵)의 부신(符信)으로 삼은 데에서 비롯되었다. 중권(中權)은 군대의 주장(主將), 또는 그 주장의 권한이나 세력 등을 의미한다.

10 화려한……하사받았고 : 신숭겸이 일찍이 태조 왕건을 따라 삼탄(三灘)으로 사냥을 나갔을 때에 마침 세 마리의 기러기가 나는 것을 보고, 태조가 말하는 대로 세 번째 기러기의 왼쪽 날개를 쏘아 맞혔다. 태조가 크게 칭찬하여 평주(平州)라는 본관을 주고 기러기를 쏜 근방의 밭 3백 결(結)을 주어 자손 대대로 조세를 받게 하였으며, 그 땅을 궁위(弓位)라 불렀다.《新增東國輿地勝覽 卷41 平山都護府》

11 장군의……했는데 : 후량 말제(後梁末帝) 연간에 상인 왕창근(王昌瑾)이 저잣거리에서 거사(居士) 차림을 한 노인으로부터 고경(古鏡) 하나를 샀는데, 거기에 "상제가 아들을 진한·마한의 지경에 내려 보내어, 먼저 닭을 잡고 뒤에 오리를 칠 것이다.〔上帝降子於辰馬, 先操鷄後搏鴨.〕"라는 내용이 있었다. 여기에서 닭은 경주(慶州)의 옛 이름인 계림(鷄林)을 가리키고 오리는 압록강(鴨綠江)을 가리키므로, 곧 신라(新羅)를 차지한 다음에 압록강 유역을 정벌하게 될 것이라는 뜻이다.《高麗史 卷1 太祖世家》

12 초(楚)나라……만나고 : 927년에 왕건이 공산에서 견훤의 군대에게 포위된 사실을 말한다. 한 고조(漢高祖)가 형양(滎陽)에서 항우(項羽)에게 포위당하여 사태가 급

제나라 군대가 세력을 떨치지 못하여	齊師不振
화천에서 참마가 나무에 걸리는 위기 만났네[13]	華泉阽驂絓之危
자신을 희생하여 인을 이루니	殺身成仁
온서의 옥 부절만 분발했고[14]	溫序之玉節徒奮

박해졌을 때, 장군 기신(紀信)이 고조의 수레를 타고 고조처럼 꾸며서 거짓으로 항우에게 항복하는 척하며 그 틈에 고조를 탈출하게 하고, 자신은 항우에게 잡혀서 살해당했던 일이 있다.《史記 卷7 項羽本紀》월훈(月暈)은 달무리라는 뜻으로, 달의 주위를 에워싼 달무리처럼 적에게 포위된 성을 가리킨다.《회남자(淮南子)》의 월훈에 대한 허신(許愼)의 주(註)에 "전쟁이 일어나 서로 포위하여 대치하고 있으면 달무리가 진다."라고 하였다.

13 제(齊)나라……만났네 : 제나라 경공(頃公)이 진(晉)나라의 난서(欒書)와 안(鞍)땅에서 싸우다가 패하자, 제나라의 봉축보(逢丑父)가 경공과 좌석을 바꾸어 타고 화천(華泉)에 이르렀으나, 참마(驂馬)가 나무에 걸려 끝내 진나라의 한궐(韓厥)에게 붙잡혔다. 봉축보는 기지를 발휘하여 경공에게 화천에 가서 물을 마시라고 하여 화를 면하게 하였다. 한궐이 봉축보를 사로잡아 극극(郤克)에게 바치자, 극극은 그를 죽이려 하였다. 봉축보가 소리치기를 "이제까지 그 임금을 대신하여 그 환난을 짊어진 자가 없었다가, 이제 다만 한 사람이 여기에 있는데 죽이려 하는가."라고 하니, 극극이 "사람이 그 죽음을 어렵게 여기지 않고서 그 임금의 화를 면하게 하였으니, 내가 그를 죽이는 것은 상서롭지 못한 일이다."라고 하고 놓아주었다.《春秋左氏傳 成公2年》여기서는 왕건이 위기에 처한 것을 비유적으로 말한 것이다.

14 자신을……분발했고 : 신숭겸이 왕건을 대신하여 죽은 것을 말한다. 후한(後漢)의 온서(溫序)가 진(秦) 땅을 거점으로 조정에 대항하던 외효(隗囂)의 별장(別將) 구우(苟宇)에게 사로잡혔으나 끝내 투항하지 않았다. 구우가 그 절의에 감복하여 검을 주어 자결하게 하였다. 이에 온서가 검을 받고는 수염을 입에 물고 좌우를 돌아보며 말하기를 "이미 적의 협박을 받아 죽으니, 수염을 땅에 떨어뜨려 더럽힐 수 없다."라고 하고 자결하였다. 주부(主簿) 한준(韓遵)과 종사(從事) 왕충(王忠)이 그 시신을 가지고 돌아가니, 광무제(光武帝)가 왕충을 시켜 낙양(洛陽)으로 운구하여 성대하게 장례를 치르게 하였다.《後漢書 卷111 獨行列傳 溫序》

군주를 대신하여 환란 짊어지니	代君任患
황제의 수레 탄 기신 돌아오지 못했네[15]	紀侯之黃屋不還
모래벌판에 시신 가득하니	沙磧橫屍
선진의 얼굴을 누가 알겠는가[16]	孰驗先軫之面
구원에서 화살 흔들어 혼 부르며	丘原復矢
다만 포신의 모습 새겼지[17]	但刻鮑信之形

15 황제의……못했네 : 신숭겸이 죽어서 돌아오지 못한 사실을 기신(紀信)의 고사에 비유하여 말한 것이다. 기후(紀侯)는 기신을 가리킨다. 황옥(黃屋)은 누런 비단으로 뚜껑을 덮은 천자의 수레를 의미한다. 《사기(史記)》 권7 〈항우본기(項羽本紀)〉에 "기신이 황옥거를 타고 소꼬리로 만든 깃발을 왼쪽에 꽂고서 말하기를 '성 가운데 식량이 모두 떨어졌으므로, 한왕이 항복한다.' 하였다.〔紀信乘黃屋車傅左纛曰, 城中食盡, 漢王降.〕"라는 기록이 보인다.

16 모래벌판에……알겠는가 : 전장에 시신이 너무 많아서 신숭겸의 잘린 머리를 찾기 어려웠다는 말이다. 선진(先軫)은 춘추 시대 진(晉)나라 대부의 이름이다. 선진이 임금의 잘못에 분개하여 돌아보지 아니하고 침을 뱉었다. 그 뒤에 적(狄)과 전쟁을 할 때 "나는 임금에게 무례하였으니 죽어야 한다." 하고, 갑주(甲胄)를 벗고 적의 군대에 뛰어들어가 죽자, 적인(狄人)이 그의 머리를 돌려주었는데, 얼굴이 마치 살아 있는 사람과 같았다고 한다. 《春秋左氏傳 僖公33年》

17 구원(丘原)에서……새겼지 : 신숭겸의 머리를 찾을 수 없었으므로, 상을 새겨서 대신했다는 말이다. 복시(復矢)는 화살을 내저으며 초혼(招魂)하는 것이다. 당(唐)나라 조군언(祖君彥)이 이밀(李密)을 위해 지은 〈위이밀이군현격(爲李密移郡縣檄)〉에 "대저 병기는 불과 같은 것이라서, 단속하지 않으면 자기 몸을 태우고 마는 것이다.…… 이에 복시하며 서로 돌아보고, 좌조하며 줄을 이루었으므로, 의부는 몹시 분하여 이를 갈고, 장사는 화가 나서 팔짓을 하였다.〔夫兵猶火也, 不戢將自焚.……復矢相顧, 髽弔成行, 義夫切齒, 壯士扼腕.〕"라고 하였다. 포신(鮑信, 152~192)은 후한 말기의 인물로, 190년에 제북 상(濟北相)이 되어 연합군으로 동탁(董卓)을 토벌하는 데에 참가하였다. 192년에 조조와 함께 청주(靑州)의 황건적을 공격하다가 전사하였다.

몸은 훼손되었으나 명예는 완전하고 質毁名完
사람은 죽었으나 일은 이루었네 人亡事濟
나무꾼이 장지 북돋우며 樵蘇封葬
무덤 앞에서 길이 슬퍼하고 臨象冢而長悲
대려의 맹세 거듭 펼쳐 帶礪申盟
닭 담긴 소반 어루만지며 길이 애도하였네[18] 撫鷄槃而永悼
양나라 사당의 땀 흘리는 말은 梁祠汗馬
실로 장문의 영험함을 드러낸 것이고 實表蔣文之靈
당나라 전각의 반융은 唐殿頒狨
헛되이 설균의 이름을 전하네[19] 虛傳薛萬均之號
고인 되었어도 영혼은 어둡지 않을 것이기에 惟其不隨死而昧昧
마치 하늘 위에 있으면서 성대한 것 같네[20] 是以如在上而洋洋
이에 관향으로 하사한 고을을 물어 爰諏賜貫之鄕
특별히 신 모실 사우 창건하였지 別創立神之宇

18 대려(帶礪)의……애도하였네 : 신숭겸을 공신(功臣)으로 봉하고, 그 공로의 혜택이 자손들에게까지 전해지게 했다는 말이다. 한(漢)나라 고조가 천하를 통일하고 공신을 봉작하면서 서약하기를 "하수가 옷의 띠처럼 가늘어지고 태산이 숫돌같이 작아질 때까지, 나라가 길이 안녕할 것이고 후손에게까지 미치게 하겠다.〔使河如帶, 泰山若厲, 國以永寧, 爰及苗裔.〕"라고 하였다. 《史記 卷18 高祖功臣侯年表》 한편 맹세할 때 닭과 개의 피를 마시는 관례가 있으므로 계반(鷄槃)이라 한 것이다.

19 양(梁)나라……전하네 : 신숭겸의 사당을 옛사람의 고사에 비유하여 말한 것인데, 관련 고사는 미상이다.

20 고인(故人)……같네 : 신숭겸이 고인이 되었어도 그 혼령이 사라지지 않고 남아서 하늘에서 항상 내려다보는 것과 같다는 말이다. 《중용장구》 제16장에 "귀신이 양양히 그 위에 있는 듯하고 좌우에 있는 듯하다.〔洋洋乎如在其上, 如在其左右.〕"라고 하였다.

몸은 기성과 미성을 타서	身騎箕尾
별들과 나란히 서서 음양의 조화 부리고[21]	列星辰而御陰陽
물이 땅속에 있어[22]	水在地中
젊은이들 끼고 술과 밥을 드실 것이니	擁幼艾而親酒食
봄가을에 두 번 제사를 올려	祭以春秋兩日
지금까지 칠백여 년이 되었네	迨玆七百餘年
지난번 되놈들이 침입하는 바람에	頃緣胡孼之憑陵
사당이 허물어졌으니	而致廟貌之顚倒
바람이 지휘하고 전광 같은 갑병으로	風麾電甲
오흥의 신령한 자취 비록 드러났으나	吳興之靈蹟雖彰
벽이 허물어지고 거미줄이 얽혀	晝壁蛛絲
서촉의 남겨진 사당 이미 사라졌네[23]	西蜀之遺祠已撤
길 가던 사람들도 탄식하며 상심하고	嗟傷尙載於行路

21 몸은……부리고 : 신숭겸이 죽어서 하늘의 별이 되었다는 말이다. 《장자(莊子)》 〈대종사(大宗師)〉에 "부열(傅說)이 도를 얻으면 무정(武丁)의 재상이 되어서 문득 천하를 소유할 것이며, 동유성(東維星)과 기미성(箕尾星)을 타고 올라가 열성(列星)들 사이에 끼일 것이다."라고 하였다. 부열성(傅說星)이 기성과 미성의 사이에 있는데, 부열이 죽은 뒤에 하늘로 올라가 별이 된 것이라고 전한다. 이로 인하여 후대에는 사람이 죽어서 하늘로 올라가는 것을 뜻하게 되었다.

22 물이 땅속에 있어 : 땅속에 영혼이 있다는 말이다. 소식(蘇軾)의 글에 "공의 정신이 천하에 있는 것은 물이 땅 속에 있어서 어디를 가든 있지 않음이 없는 것과 같다.〔公之神在天下者, 如水之在地中, 無所往而不在也.〕"라고 하였다. 《東坡全集 卷86 潮州韓文公廟碑》

23 벽이……사라졌네 : 신숭겸의 사당이 허물어진 상황을 말한 것이다. 제갈량(諸葛亮)의 사당이 서촉(西蜀)에 있었다.

애통한 마음 후손들에게 더욱 간절했네	痛晝況切於來雲
공사를 계획하고 필요한 경비 헤아린 것은	計工商財
귀한 표기장군이었고	則驃騎將軍之貴
언제나 정성 기울여 일을 성사시킨 것은	勤時集事
바로 존귀한 부마도위였네[24]	則駙馬都尉之尊
두터운 땅의 비탈진 언덕 위에	厚地坡陁
터를 높여 예전 건물보다 넓게 만들고	峻址仍恢於曩築
높은 집에 신령 모시기 위해	高堂明王
화려한 집을 새로운 규모로 다시 지었네	華構復起於新規
뒤쪽은 넓고 앞쪽은 멀리까지 트여	後廣前脩
팔방으로 통하는 사우를 바라보고	瞻八達之楹棟
많은 사람들 달려와 부지런히 권면하니	群趨競勸
한 지방의 사람들이 장막처럼 의지함을 보네	見一方之帲幪
지난날 쑥대 우거지고 기와 조각 널려 있던 곳	向之蓬蒿瓦礫之區
어느덧 향불 피우고 제사 지내는 곳 되었으니	居然香火烝嘗之所
당당한 위의 사라지지 않아	英威未泯
적토마가 바람결에 우는 소리 들겠고	聞赤兎之嘶風
혼령이 아직 남아 있으니	精爽猶存
철상이 비를 피하게 되었네	免金像之沐雨

24 공사를……부마도위(駙馬都尉)였네 : 사우를 중건하는 데 노력한 사람들을 말한 것인데, 표기장군(驃騎將軍)은 누구를 비유하여 한 말인지 자세하지 않고, 신익성(申翊聖)이 선조(宣祖)의 딸 정숙옹주(貞淑翁主)와 혼인하여 부마가 되었으므로, 부마도위는 신익성을 가리키는 것으로 보인다.

구름과 노을이 일어나니　雲霞滃渤
봉황이 옥으로 된 표석을 맴돌고　鳳繞璇標
귀신이 붙들어 주니　鬼物扶持
용이 옥기둥을 감았네　龍纏玉柱
가을 날씨 맑고 시원해　秋晴氣朗
우레도끼 들어 일을 권면하고　擧雷斧而勸功
날짜가 상서롭고 좋은 때에　日吉辰良
대들보 걸어 일정을 세우네　架虹梁而程役
이에 선송을 펼쳐서　庸申善頌
감히 서로 즐거운 노래 부르네　敢相懽謠

들보를 동쪽으로 던져라　抛樑東
화각소리 울리는 산성에 아침 해 붉구나　畫角山城旭日紅
만월대[25] 앞에 옛 길 남아　滿月臺前餘舊路
때때로 사왕의 궁에 조회하네　時時朝謁四王宮

들보를 서쪽으로 던져라　抛樑西
요동에 연기 먼지 가득해 해가 희미하네　遼塞煙塵白日迷
풍운을 꾸짖고 번개를 몰아서　叱咤風雲驅列缺
장검 휘둘러 고래를 갈랐으면[26]　手揮長劍翦鯨鯢

25 만월대(滿月臺) : 개성시에 있는 고려 시대의 궁궐터로, 919년(태조2) 정월에 태조가 송악산(松嶽山) 남쪽 기슭에 도읍을 정하고 궁궐을 창건한 이래 1361년(공민왕10) 홍건적의 침입으로 소실될 때까지 고려왕의 주된 거처였다.

들보를 남쪽으로 던져라 拋樑南
신라와 백제의 경계에서 싸우던 때 떠오른다 羅濟封疆想戰酣
성대에 이제 통일 되었으니 聖代秖今歸一統
당시 혼란한 상황[27] 남은 이야기로 기록되었네 當時凡楚記遺談

들보를 북쪽으로 던져라 拋樑北
아득한 세계가 온통 어둡지만 茫茫世界俱昏黑
북극은 움직이지 않고 뭇별이 도니 天樞不動衆星環
만고의 충심은 길이 북극성을 향하네[28] 萬古丹心長拱極

26 풍운(風雲)을……갈랐으면 : 신숭겸 같이 용력(勇力)이 뛰어난 사람이 나타나 청나라 오랑캐를 쓸어버렸으면 좋겠다는 바람을 말한 것이다. 경예(鯨鯢)는 고래로서, 작은 나라를 집어삼키는 흉악무도한 집단을 비유한다. 《춘추좌씨전》 선공(宣公) 12년 기사에 "옛날에 밝은 임금이 불경스러운 자를 징벌한 뒤에, 그 고래와 같은 시체를 모아 높이 쌓아 놓고는 이것을 대륙이라고 하였으며, 이 광경을 모두 보게 함으로써 흉악한 행동을 징계토록 하였다.〔古者明王, 伐不敬, 取其鯨鯢而封之, 以爲大戮. 於是乎有京觀, 以懲淫慝.〕"라고 하였다.

27 혼란한 상황 : 범초(凡楚)는 춘추 시대의 강대국이었던 초나라와 약소국이었던 범나라를 가리킨다. 두 나라 임금이 함께 앉아 이야기하는데, 초왕의 신하가 "범나라는 망한다."라고 말하였다. 이에 범군이 "범나라가 망한다 해도 내 자신의 존재를 잃는 것은 아니다. 범나라가 망한다 해도 내 존재를 잃는 것이 아니라면, 초나라가 존재하는 것도 나의 존재와는 상관이 없는 것이다. 이로써 본다면 범나라가 처음부터 망한 것이 아니요, 초나라가 처음부터 존재한 것도 아니다.〔凡之亡也, 不足以喪吾存. 夫凡之亡不足以喪吾存, 則楚之存不足以存存. 由是觀之, 則凡未始亡而楚未始存也.〕"라고 말하였다. 《莊子 田子方》 여기서는 후삼국 시대의 세 나라의 판세가 바뀌면서 흥망이 반복되었던 상황을 의미하는 말로 사용되었다.

28 북극(北極)은……향하네 : 신숭겸의 충절을 기린 것이다. 《논어》 〈위정(爲政)〉에 "정사를 덕으로써 하는 것이 비유하자면, 북극성이 제자리에 머물러 있으면 뭇별들이

들보를 위로 던져라　抛樑上
구만 리 높은 하늘 얼마나 밝고 넓은가　高穹九萬何昭曠
정신 굳세어 우레가 하늘에 울리는 듯하니　精神烈烈雷行天
길이 호위병 되어 군왕 지키네　長衛君王陪法仗

들보를 아래로 던져라　抛樑下
성 밖 상마가 온 들녘에 퍼졌어라　城外桑麻遍四野
비바람 순조로워 백곡이 여무니　風雨調和百穀登
농부들 웃으며 가을 제사 올린다 하네　田家笑語開秋社

삼가 바라건대 상량한 뒤에　伏願上樑之後
누대와 해자를 더 쌓고　臺隍增重
단청을 오래도록 새롭게 하며　丹雘長新
난초 자리와 혜초 안주 마련하여　蘭藉蕙肴
천고토록 성대히 제사 올리고[29]　肸蠁千古
푸른 깃발과 큰 수레로　翠旒孔蓋
하늘 오르내리시기를[30]　登降九天

그에게 향하는 것과 같다.〔爲政以德, 譬如北辰居其所, 而衆星共之.〕"라고 하였다.

29 난초……올리고 : 제수(祭需)를 준비하여 영원히 이 사당에 제사가 이어지게 되기를 바란다는 말이다. 《초사(楚辭)》 〈구가(九歌) 동황태일(東皇太一)〉에 "혜초로 고기를 찌고 난초로 밑바닥을 깔아, 계주랑 초장을 드리도다.〔蕙肴蒸兮蘭藉, 奠桂酒兮椒漿.〕"라고 하였다.

30 푸른……오르내리시기를 : 신숭겸의 영혼이 찾아와 제사를 흠향하고, 백성들을 보호해 주기 바란다는 말이다. 《초사(楚辭)》 권2 〈소사명(少司命)〉에 "공작 날개 찬란한

혜성을 잘라내고 우레를 채찍질하여 斬彗鞭霆

요기를 쓸어내어 나라를 안정시키고 掃妖氛而靖邦域

상서로움을 불러들이고 나쁜 기운을 막아 徵祥禦祲

악귀를 몰아내고 우리 백성들 장수하게 하여 驅厲鬼而壽我民

후손들에게 큰 은택이 내리고 洪庥後昆

서쪽 변방이 영원히 진정되게 하소서 永鎭西土

수레 덮개요, 비취로 된 깃발이로다. 구만 리 장천에 올라 혜성을 어루만졌네.〔孔蓋兮翠旌, 登九天兮撫彗星.〕"라고 하였다.

청선당[31] 상량문

聽蟬堂上樑文

큰 집으로 거처를 삼는 것은	大廈以爲㭒幪
군자가 새와 쥐를 몰아내려는 것이고[32]	君子務去乎鳥鼠
가지 하나에 깃들어 사는 것은	一枝以寓棲息
달사가 초료처럼 즐기려는 것이니[33]	達士喩適乎鷦鷯
잡아 지키는 것은 비록 다르지만	操約雖殊
이용하여 편안히 하려는 것은 다르지 않지	資安莫二
이에 자그마한 집[34]을 설계하여	玆規打頭之宇

31 청선당(聽蟬堂) : 이지정(李志定, 1588~1650)의 정자이다. 이지정의 본관은 여주(驪州), 자는 정오(靜吾), 호는 청선(聽蟬)이다.

32 큰……것이고 : 집을 짓는 이유가 새와 쥐들의 침입을 막아 편안히 살려는 데 있다는 말이다. 병몽(㭒幪)은 부비(覆庇)와 같은 말로, 곁에 있는 것을 병(㭒)이라 하고 위에 있는 것을 몽(幪)이라 한다. 《법언(法言)》 〈오자편(五子篇)〉에 "비바람이 친 연후에 큰 집이 날 감싸 줌을 알았다.〔震風陵雨, 然後知廈屋之爲㭒幪.〕"라고 하였다. 한편 새집을 지은 기쁨을 노래한 《시경》 〈사간(斯干)〉에 "비바람을 제거하고, 새와 쥐를 제거하였으니, 군자가 계실 곳이라오.〔風雨攸除, 鳥鼠攸去, 君子攸芋.〕"라고 하였다.

33 가지……것이니 : 통달한 선비가 자신의 분수에 만족하며 지내려 한다는 뜻이다. 초료(鷦鷯)는 뱁새 종류의 작은 새 이름이다. 《장자(莊子)》 〈소요유(逍遙遊)〉에 "뱁새는 깊은 숲에 둥지를 틀어도, 의지한 것은 나뭇가지 하나에 지나지 않는다.〔鷦鷯巢於深林, 不過一枝.〕"라고 하였다.

34 자그마한 집 : 타두(打頭)는 머리가 천장에 부딪칠 정도로 집이 협소함을 말한다. 송(宋)나라 소식(蘇軾)의 〈희자유(戲子由)〉에 "완구 선생은 산처럼 체구가 큰데, 완구의 학사는 작기가 배만하네. 늘 머리 숙이고 책을 읽다가, 홀연 기지개를 켜면 천장에

드디어 마음에 맞는 일을 이루었네 遂諧會心之圖

주인은 도량이 넓고 마음이 온화하여 主人翁曠度中夷

빼어난 인품이 일찍부터 드러났지 曾標夙茂

집안이 충후한 가풍 전승하였으니 家傳忠厚

서한의 풍도 성대하고 西漢之風藹然

학업은 시서 관통하였으니 業貫詩書

동관의 기림 대단하네[35] 東觀之譽藉甚

다만 당세에 관심 없으니 惟其不數數當世

이 때문에 빛나는 명성도 없네 是以無赫赫近名

남곽자처럼 덕기 감췄지만 南郭子之杜機

넉넉히 천리에 맞았고[36] 天合則裕

시흥공처럼 일을 이루어 始興公之立事

머리 부딪친다.〔宛丘先生長如丘, 宛丘學舍小如舟, 常時低頭誦經史, 忽然欠伸屋打頭.〕"라고 하였다.

35 학업은……대단하네 : 이지정이 시서(詩書)에 뛰어나 훌륭한 학자로 칭송된다는 말이다. 동관(東觀)은 후한(後漢) 낙양(洛陽) 남궁(南宮) 안에 있는 대관(臺觀) 이름이다. 명제(明帝)가 반고(班固) 등에게 여기에서 《한기(漢記)》를 수찬하게 하였다.

36 남곽자(南郭子)처럼……맞았고 : 이지정이 자신의 재주를 세상에 드러내 보이지 않았지만, 이치에 맞게 살았다는 말이다. 남곽자는 남곽자기(南郭子綦)로 《장자(莊子)》 〈제물론(齊物論)〉에 "남곽자기가 궤안에 기대어 앉아, 하늘을 우러러 숨을 내쉬는 그 모습이 마치 물아의 경계를 모두 잊어버린 듯하였다.〔南郭子綦, 隱机而坐, 仰天而噓, 嗒焉似喪其耦.〕"라는 말이 있다. 두기(杜機)는 두덕기(杜德機)의 준말로, 마음을 안으로 수렴하여 부동(不動)의 경지를 견지하는 것을 말한다. 정(鄭)나라의 계함(季咸)이라는 신통한 무당이 호자(壺子)를 보고 죽을 상(相)이라고 하였는데, 이에 대해 호자가 "그가 아마 생동하는 기운을 막아 버린 나의 모습을 보고 그랬을 것이다."라고 한 고사에서 유래하였다. 《莊子 應帝王》

살림 넉넉하였네[37]	歲計有餘
바야흐로 벼슬길에서 자취 거두고	方斂跡於形勢之途
이에 득실 다투는 곳에서 수레 돌렸어라	乃回車於得喪之域
상유가 바라보이니	桑榆在望
늘그막에 붉은 인끈 풀어놓았고[38]	捨朱紱於暮年
기재가 감회 일어	杞梓興懷
초야에서 지낼 곳 찾았네[39]	尋素履於初服
도 팽택의 율리에는	陶彭澤之栗里
소나무와 국화만 겨우 남았고	松菊僅存
두 공부의 화계에는	杜工部之花溪

37 시흥공(始興公)처럼……넉넉하였네 : 이지정이 집안 살림을 넉넉하게 하였다는 말이다. 시흥공은 남조 송(宋)나라 오흥(吳興) 출신인 심경지(沈慶之, 386~465)로, 자는 홍선(弘先)이다. 글자를 몰랐으나 지략이 있고 용병에 능하여, 문제(文帝)와 효무제(孝武帝)를 섬겨 시흥군공(始興郡公)에 봉해졌으며, 누호(婁湖)에 광대한 장원을 경영하였다.

38 상유(桑榆)가……풀어놓았고 : 이지정이 말년에 벼슬에서 물러났다는 말이다. 상유는 《회남자(淮南子)》에 "해가 서쪽으로 기울어져, 그림자가 나무 끝에 있는 것을 상유라 한다."라고 하였는데, 일반적으로 인생의 만년(晩年)을 비유한다.

39 기재(杞梓)가……찾았네 : 이지정이 초야로 물러나 한가로운 삶을 살고자 했다는 말이다. 기재는 초나라에서 생산되는 좋은 목재로, 뛰어난 인재를 상징하는데, 여기서는 이지정을 가리키는 말로 사용되었다. 초복(初服)은 벼슬하기 전에 입던 옷을 뜻하는데, 벼슬을 떠나 처음 은거하던 상황으로 돌아가는 것을 말한다. 굴원(屈原)의 〈이소(離騷)〉에 "물러가 다시 나의 초복을 손질하리.〔退將復修吾初服〕"라고 하였다. 소리(素履)는 본분대로 행함을 뜻하는데, 안분수기(安分修己)하는 선비의 생활을 가리킨다. 《주역》 〈이괘(履卦) 초구(初九)〉에 "본분대로 행하면 허물이 없으리라.〔素履往, 無咎.〕"라고 하였다.

초당이 이미 사라졌지[40] 茅茨已撤
기우는 해가 고개 너머로 지니 俄暉下嶺
나뭇가지로 돌아가는 산새들 생각하고 慕幽禽之歸柯
떨어진 이슬이 벌판 적시니 零露霑原
굴속으로 들어가는 풀벌레 부럽네[41] 感寒蟲之入窟
이에 나무 의지해 집을 지어 爰依樹屋
증소를 대신했네[42] 用代橧巢
큰 집이 우뚝 솟으면 巨室穹窿
귀신이 엿볼까 두렵지만[43] 悟鬼瞰之可懼

40 도 팽택(陶彭澤)의……사라졌지 : 이지정이 조정에서 물러나 초야로 돌아왔지만 예전에 살던 곳이 황폐해진 상황을 도잠(陶潛)과 두보(杜甫)의 고사에 비유하여 말한 것이다. 도잠의 〈귀거래사(歸去來辭)〉에 "세 오솔길이 거칠어졌으나, 솔과 국화는 아직 남아 있네.〔三逕就荒, 松菊猶存.〕"라고 하였다. 화계(花溪)는 중국 성도(成都)에 있는 완화계(浣花溪)의 준말로, 두보가 만년에 은거하던 초당이 있었던 곳이다.

41 기우는……부럽네 : 새와 벌레도 쉴 곳이 있는데, 이지정은 살 집이 없음을 말하였다.

42 나무……대신했네 : 매우 소박하게 집을 지었다는 말이다. 동한(東漢) 때 신도반(申屠蟠)은 조정에서 관직에 나오라고 여러 차례 불렀으나, 모두 응하지 않고 은거하면서 학문에 정진하였다. 그리고 한나라가 망한 뒤에는 나무에 의지하여 집을 짓고 두문불출하고 고상함을 기르면서, 더욱 깊숙이 세상을 피해 살았다.《後漢書 卷53 申屠蟠列傳》 증소(橧巢)는 태고 시대 사람들이 거주했다는 새둥지처럼 생긴 허름한 집을 가리킨다. 《예기》〈예운(禮運)〉에 "옛날에 선왕이 집을 가지고 있지 않았을 때, 겨울엔 동굴에서 살고 여름엔 나뭇가지를 모아 만든 보금자리 위에 누워서 지냈다.〔昔者先王, 未有宮室, 冬則居營窟, 夏則居橧巢.〕"라고 하였다.

43 큰……두렵지만 : 귀인들의 큰 집은 귀신이 그 교만한 뜻을 싫어해서 해치려고 한다는 말이다. 한(漢)나라 양웅(揚雄)의 〈해조(解嘲)〉에 "부귀가 극에 이른 귀인의 집은 귀신이 그 교만한 뜻을 싫어하여 해치려고 틈을 엿본다.〔高明之家, 鬼瞰其室.〕"라

낮은 집 소박하니	卑宮挹損
복 받을 바탕이네	知福生之所基
설계와 규모는	繩墨規模
모두 목교의 초창을 따랐고[44]	咸遵目巧之草創
음양의 배치는	陰陽體制
모두 마음먹은 대로 하였네[45]	悉出意匠之經營
높고 깊은 천지가	天地崇深
돌아보는 즈음에 훤히 트여 시야에 들어오고	軒豁於顧眄之頃
온갖 물줄기 받아들이는 강호가	江湖呑納
읊조리는 사이에 변화무쌍하게 펼쳐지네	變眩於吟嘯之間
안개 개고 연기 걷히면	霧霽煙收
포구 끝까지 물빛이 맑고	浦潋極而波光淨
구름 피어나고 노을 물들면	雲蒸霞蔚
산천 수려하고 들 기운 맑지	山川秀以野氣明
하물며 가을이 찾아와	況秋律之司辰
갈바람이 계절[46]하는 때이겠는가	而商飆之戒節

고 하였다. 황정견(黃庭堅)의 〈박박주(薄薄酒)〉에서도 "필부는 보배를 품은 탓에 죽고, 귀신들은 귀인의 집을 엿본다.〔匹夫懷璧死, 百鬼瞰高明.〕"라고 하였다.

44 설계와……따랐고 : 이지정의 눈썰미에 따라 소박하게 청선당을 지었다는 말이다. 목교(目巧)는 《예기》 〈중니연거(仲尼燕居)〉에 "눈썰미로 대충 지은 집에도, 서남쪽 모퉁이의 존장이 거처하는 곳과 주인이 오르내리는 동쪽 계단이 있는 법이다.〔目巧之室, 則有奧阼.〕"라고 한 데서 유래하였으니, 누추한 집을 가리킨다.

45 음양(陰陽)의……하였네 : 이지정의 구상에 따라 집의 방향과 구도를 정했다는 말이다.

높은 숲이 성글어지면	高林疏樾
고상한 뜻을 잠시 매미 울음에 붙여	雅尙暫寄於蟬鳴
뜻을 얻고 형체를 잊으니	得意忘形
오묘한 결합이 실로 물고기의 즐거움과 같다[47]	妙契實齊於魚樂
하늘의 바람소리 고요하기를 기다리고	等寂乎太空之虛籟
속세의 근진이 맑기를 구하여	求澄乎凡界之根塵
이처럼 큰 이름을 지어	拈斯强名
화려한 편액에 걸었네[48]	揭諸華扁

46 계절(戒節) : 가을이 되면 찬바람이 불고 서리가 내리고 초목에 낙엽이 지므로, 추위에 대비해야 하는 계절(季節)이란 뜻으로 쓰인 말이다.

47 뜻을……같다 : 자신을 잊으니 자유로운 물고기처럼 즐겁다는 말이다. 망형(忘形)은 자신을 잊는다는 뜻이다. 《장자(莊子)》〈양왕(讓王)〉에 "뜻을 기르는 자는 자신의 형체를 잊고, 형체를 기르는 자는 자신의 이익을 잊고, 도를 이룬 자는 자신의 마음까지도 잊는 법이다.〔養志者忘形, 養形者忘利, 致道者忘心矣.〕"라고 하였다. 어락(魚樂)은 물고기의 즐거움이란 뜻으로, 대자연 속에 도취한 모습을 비유하여 쓴 말이다. 장자(莊子)와 그의 친구 혜자(惠子)가 일찍이 호수(濠水)의 다리 위에서 노닐 때, 장자가 "피라미가 나와서 조용히 노니, 이것이 물고기의 즐거움일세.〔鯈魚出游從容, 是魚樂也.〕"라고 하자, 혜자가 "자네가 물고기가 아닌데, 물고기의 즐거움을 어떻게 알겠는가.〔子非魚, 安知魚之樂也.〕"라고 했다는 고사가 전한다. 《莊子 秋水》

48 하늘의……걸었네 : 마음이 고요하고 평화로워 욕심이 사라지기를 바라는 마음에서 청선당이라는 이름을 지었다는 말이다. 허뢰(虛籟)는 바람을 비유한 말이다. 《장자(莊子)》〈제물론(齊物論)〉에 천뢰(天籟), 지뢰(地籟), 인뢰(人籟)가 있다고 했다. 바람소리는 천뢰로서, 허뢰라고도 한다. 근진(根塵)은 불가(佛家)의 용어인 육근(六根)과 육진(六塵)을 말한다. 육근은 곧 육식(六識)을 일으키는 안근(眼根), 이근(耳根), 비근(鼻根), 설근(舌根), 신근(身根), 의근(意根)을 가리키고, 육진은 육근을 통하여 사람의 몸속에 들어가서 정심(淨心)을 더럽히고 진성(眞性)을 흐리게 하는 색(色)·성(聲)·향(香)·미(味)·촉(觸)·법(法)에서 일어나는 여섯 가지 욕정(欲情)을 가리킨다.

나는 서쪽과 남쪽을 떠돌며 余以西南漂泊
진흙탕에서 외롭게 지냈는데[49] 泥滓伶仃
까치의 집을 뻐꾸기가 차지한 것 같아[50] 鵲巢鳩居
　청선옹이 집의 재목을 거두어 내게 집을 지어 주었다.
매번 역려에서 스스로 탄식하다가 每自歎於逆旅
멋들어진 집이 완성된 것을 축하하며[51] 翬飛燕賀
문득 조용히 긴 노래를 바치네 輒竊效於長謠

들보를 동쪽으로 던져라 抛樑東
잠 깨니 창문에 아침 해 붉구나 睡起窓櫳曉日紅
강가에 물 불어나 강가 시장 일찍 서니 近階水生江市早
달려가는 고깃배 돛에 바람이 반쯤 찼어라[52] 漁舟正趁半帆風

49 나는……지냈는데 : 이민구가 영변과 아산에서 유배 생활을 했기에 한 말이다.

50 까치의……같아 : 원주(原註)에 있는 바와 같이 이지정이 이민구에게 살 집을 마련해 주었기 때문에 한 말이다. 《시경》 〈작소(鵲巢)〉에 "까치가 둥지를 둠에 비둘기가 살도다.〔維鵲有巢, 有鳩居之.〕"라고 하였다.

51 멋들어진……축하하며 : 청선당이 완성된 것을 축하한다는 말이다. 휘비(翬飛)는 꿩이 날아오르는 것처럼 화려하게 장식된 추녀를 뜻하는데, 화려한 건축물을 비유하는 말로 쓰인다. 《시경》 〈사간(斯干)〉에 "꿩이 날아가는 것과 같다.〔如翬斯飛〕" 하였는데, 주희(朱熹)의 주에 "처마가 화려하고 높으며 날아갈 듯함은 꿩이 날아 날개를 펴는 것과 같다.〔其簷阿華采而軒翔, 如翬之飛而矯其翼也.〕"라고 하였다. 연하(燕賀)는 제비와 참새가 사람의 집을 자기들이 깃들 곳으로 삼아 서로 축하한다는 뜻으로, 흔히 남이 새로 집을 지은 것을 축하하는 말로 쓰인다. 《회남자(淮南子)》 〈설림훈(說林訓)〉에 "큰 집이 이루어지면 제비와 참새들이 서로 축하한다.〔大廈成而燕雀相賀〕"라고 하였다.

52 바람이 반쯤 찼어라 : 반범풍(半帆風)이란 돛에 반쯤 찰 수 있는 바람이다. 소식

들보를 서쪽으로 던져라	抛樑西
들녘의 벼들 이슬 맞아 고개 숙였네	秔稻連郊白露低
해장술 깨려는데 창에 저녁 햇살 비추니	卯酒欲醒窓日晩
발 거두고 가야산 풍광 바라보노라	伽倻山色卷簾齊

들보를 남쪽으로 던져라	抛樑南
송죽 사이 그윽한 창 한낮 햇빛 머금었네	松竹幽窓午景含
연못 물 잔잔하고 시골 길 좁으니	陂澤水平村徑細
청려장 짚고 돌아가며 농사 얘기 듣노라	杖藜歸去聽農談

들보를 북쪽으로 던져라	抛樑北
풍랑 일어 포구 끝까지 컴컴하네	風浪冥冥極浦色
임금 계신 궁성 더욱 아득한데	日下長安益杳然
하늘가에 한 점 먹구름이 떠 있네	天邊一點浮雲黑

들보를 위로 던져라	抛樑上
태양이 도환처럼 빨리 달리네[53]	羲輪直似跳丸狀

(蘇軾)의 〈자호협조풍(慈湖夾阻風)〉에 "누워서 보니 떨어진 달빛이 천 길 물에 걸렸기에, 일어나 맑은 바람을 불러 반돛을 얻었어라.〔臥看落月橫千丈, 起喚淸風得半帆.〕"라고 하였고, 송나라 양만리(楊萬里)의 〈주행득풍만지영주(舟行得風晩至靈州)〉에 "해신이 나를 잘 전별하여, 반돛의 바람을 빌려 주도다.〔海神能餞我, 借與半帆風.〕"라고 하였다.

53 태양이……달리네 : 도환(跳丸)은 광대가 양손으로 여러 개의 공을 던지고 받는 것을 뜻하는데, 빠른 세월에 비유된다. 당나라 한유(韓愈)의 〈추회시(秋懷詩)〉에 "우

술잔 기울이며 눈 들어 푸른 하늘 바라보니　　銜杯擡眼望青天
밝은 달 맑은 바람 끝이 없네　　明月淸風無盡藏

들보를 아래로 던져라　　抛樑下
곡식이 농사철에 넓은 들판 덮었네　　禾稼三時覆大野
따스한 집에서 아침까지 편안히 자고　　煖屋朝回展脚眠
창 사이에 누워 수로에 쏟아지는 물소리 듣네　　窓間臥聽槽溝瀉

삼가 바라건대 들보를 올린 뒤에　　伏願上樑之後
지팡이 짚고 신발 신고 한가로이 거닐며　　杖舃婆娑
거문고와 술로 즐겁게 지내기를　　琴尊逸豫
구름 빗장 있는 높은 산기슭에서　　雲扃嵩麓
늘 소녀의 즐거움을 희롱하고[54]　　常弄少女之懽
눈 내리는 밤 산음에서　　雪夜山陰
혹 조각배의 흥취 일거든[55]　　或起扁舟之興

수 속에 세월을 보내노니, 해와 달은 도환 같아라.〔憂愁費晷景, 日月如跳丸.〕"라고 하였다.

54 소녀의 즐거움을 희롱하고 : 서쪽에서 불어오는 바람을 쐬며 즐긴다는 말이다. 소녀(少女)는 소녀풍(少女風)의 준말로, 서풍을 가리킨다. 《주역》에서 태괘(兌卦)의 방위는 서쪽이고, 소녀를 상징한다.

55 눈……일거든 : 벗을 그리워하는 마음이 생긴다는 말이다. 진(晉)나라 왕휘지(王徽之)가 눈 덮인 달 밝은 밤에 산음(山陰)에서 홀로 술을 마시다가, 불현듯 섬계(剡溪)에 있는 친구 대규(戴逵)가 보고 싶어지자, 밤새도록 배를 몰고 그 집 앞에까지 갔다가 그냥 돌아와서는, 흥이 일어나서 찾아갔다가 흥이 다해서 돌아왔다고 말한 고사가 있다. 《世說新語 任誕》

저마다 풍년의 식량 지켜서	各保豐年飦粥
때때로 초택의 형용 물어주기를[56]	時問楚澤形容

56 때때로……물어주기를 : 자신을 찾아와 달라는 말이다. 초택(楚澤)은 유배지를 의미한다. 굴원(屈原)의 〈어부사(漁父辭)〉에 "굴원이 쫓겨나 강가에 노닐어, 못가를 거닐면서 시를 읊조리매, 안색이 초췌하고 형용에 생기가 없었다.〔屈原旣放, 游於江潭, 行吟澤畔, 顔色憔悴, 形容枯槁.〕"라고 하였다.

미경당 상량문

美景堂上樑文

아산에 있다.

한평생 사는 동안　　百年之內
기쁨이 얼마나 될까　　爲懽幾何
사미[57] 가운데　　四美之中
오직 경치가 제일이지　　唯景最勝
무심한 자는 감각에 따라 홍취 일어나고　　忘懷者因觸而造趣
달관한 자는 만남에 따라 마음 흡족하지　　達觀者隨遇而愜心
이에 몸을 보호할 방편 계획하니　　玆規庇身之便
대개 무릎 들어갈 정도를 취했다네[58]　　蓋取容膝之適
주인은 젊어서부터 호방함 동경했고　　主人少慕放曠
장년에는 곤궁한 생활 근심했으니　　長患蹇窮
처음에는 뜬구름처럼　　始似浮雲

57 사미(四美) : 네 가지 아름다움으로, 남조(南朝) 사영운(謝靈運)의 〈의위태자업중집시서(擬魏太子鄴中集詩序)〉에 "천하에 좋은 때, 아름다운 경치, 완상하는 마음, 즐거운 일, 이 네 가지를 모두 갖추기는 어렵다.〔天下良辰美景賞心樂事, 四者難幷.〕"라고 하였다.

58 이에……취했다네 : 미경당이 아담하다는 말이다. 용슬(容膝)은 작은 집을 의미한다. 도잠(陶潛)의 〈귀거래사(歸去來辭)〉에 "남쪽 창가에 기대어 교오한 마음을 부치나니, 무릎만 겨우 들여놓을 작은 집도 편안한 줄을 알겠네.〔倚南窓以寄傲, 審容膝之易安.〕"라고 하였다.

아득히 관산 밖까지 유람하고	杳杳乎關山之外
마지막에는 낙엽처럼	終如落葉
강해 사이에서 떠돌았지	飄飄乎江海之間
십 년 세월을	十載光陰
이미 객지에서 보내다가	已消磨於逆旅
한 나뭇가지에 정착하는 것을	一枝棲宿
부질없이 떠돌이새에게서 느껴 탄식하였네[59]	空感歎於羈禽
남의 둥지에 사는 졸렬한 비둘기도 사랑스럽고[60]	憐鳩拙之托巢
고치 지은 늙은 누에도 부러웠지	羨蠶老之成繭
그런대로 구학에 의지하여	姑依丘壑
잠시 육신 맡겼어라	暫寄形骸
지친 몸 쉬려 했을 뿐	勞者息肩
본마음은 땅을 고른 것이 아닌데	雅志非出於擇地
아름다운 곳 찾다가	佳處領要
우연히 별천지 같은 좋은 땅 차지했네	名區偶占於別天
얕은 산과 비낀 시내가 앞쪽과 왼편에 있고	短嶽橫渠枕帶前左
맑은 호수와 큰 바다가 동쪽과 서편에 있어	澄湖巨浸控引東西

59 한……탄식하였네 : 미경당 주인이 객지를 떠돌다가 정착할 마음이 생겼다는 말이다. 《장자(莊子)》〈소요유(逍遙遊)〉에 "넓은 숲 속에서 새가 차지하는 보금자리는 나뭇가지 하나에 불과하다.〔鷦鷯巢於深林, 不過一枝.〕"라고 하였다.

60 남의……사랑스럽고 : 남의 집에 사는 것조차 부러운 생각이 들었다는 말이다. 구졸(鳩拙)은 비둘기의 무능함을 말하는데, 비둘기는 집을 짓는 재주가 없어 까치가 지어 놓은 집에서 산다고 한다. 《시경》〈작소(鵲巢)〉에 "까치가 둥지를 둠에, 비둘기가 살도다.〔維鵲有巢, 維鳩居之.〕"라고 하였다.

안개와 노을과 섬들의 아름다운 풍광이	煙霞島嶼之奇
모두 즐거움 제공하고	盡供樂事
사시사철의 변화가	春夏秋冬之變
모두 좋은 날 만드네	俱屬良辰
신발 신고 한가로이 거니노라니	雙屐婆娑
산사람이 송계의 숲으로 나를 맞이하고	山人邀我以松桂
외로운 배 타노라면	孤舟搖曳
어부가 창랑에서 발을 씻게 하네[61]	漁父濯足於滄浪
오직 이것을 마주하고 마음에 흡족하여	惟其對此神融
이러므로 느긋하게 즐기네	是以悠然賞會
천지가 보물 숨기고 있으니	乾坤藏寶
아마도 조물주가 아끼던 곳인데	意者眞宰所私
무심한 그대가 차지하였으니	象罔得珠
진실로 만물은 각각 주인이 있구나[62]	信乎物各有主
골목에는 복사꽃 자두꽃 핀 오솔길 나 있고	巷陌則桃蹊李徑

61 어부가……하네 : 초(楚)나라의 충신이었던 굴원이 삼려대부(三閭大夫)가 되어 국정(國政)을 행하다가 여러 대부들의 시기를 받아 조정에서 쫓겨나 강담(江潭)에서 노닐 때 어부(漁父)가 쫓겨난 까닭을 묻자, 굴원이 "온 세상이 모두 흐린데 나만이 홀로 깨끗하고, 온 세상이 모두 취하였는데 나만이 홀로 깨어 있기 때문에 추방을 당했다."라고 하였다. 어부가 빙그레 웃고 뱃전을 두드리며 말하기를 "창랑(滄浪)의 물이 맑거든 내 갓끈을 씻을 것이고, 창랑의 물이 흐리거든 내 발을 씻으리라."라고 하였다.

62 천지가……있구나 : 미경당 주인이 우연하게 경치 좋은 자리를 차지했다는 말이다. 상망(象罔)은 무심(無心)을 뜻한다. 황제(黃帝)가 적수(赤水) 북쪽에서 노닐다가 돌아오는 길에 현주(玄珠)를 잃어버렸는데, 아무도 찾지 못하는 중에 상망만이 찾아냈다는 이야기가 전한다. 《莊子 天地》

문에는 종이 병풍과 갈대 발 드리웠네 門戶則紙閤蘆簾

삼려가 살 곳을 정하면서 三閭卜居

어느 겨를에 첨윤에게 물었을까[63] 奚假問於詹尹

오류가 전 지어 五柳作傳

스스로 선생이라 의탁했지[64] 謾自託於先生

애오라지 초고의 말을 갖추어 聊具草槁之辭

초가 짓는 일을 돕노라 用資茅茨之役

들보를 동쪽으로 던져라 抛樑東

그윽한 산골 물 시원하게 집을 둘러 흐르네 幽澗泠泠繞舍通

여기서 바다[65] 멀지 않으니 自此朝宗知不遠

작은 물줄기가 밤낮으로 흘러 용궁에 모이네 涓流日夜會龍宮

들보를 서쪽으로 던져라 抛樑西

63 삼려(三閭)가……물었을까 : 미경당 주인이 점치는 사람에게 물어서 집을 지은 것이 아니라는 말이다. 삼려는 삼려대부(三閭大夫)로 있다가 조정에서 쫓겨난 초(楚)나라 굴원(屈原)을 가리킨다. 첨윤(詹尹)은 초나라의 태복(太卜) 정첨윤(鄭詹尹)을 가리키는데, 점을 잘 치기로 유명하여 굴원이 자신의 진퇴를 알아보려고 찾아갔다고 한다. 《楚辭 卜居》

64 오류(五柳)가……의탁했지 : 진(晉)나라 도잠(陶潛)이 집 주변에 버드나무 다섯 그루가 있었으므로, 자칭 오류선생(五柳先生)이라고 하면서 〈오류선생전(五柳先生傳)〉을 지었다. 《宋書 卷93 陶潛列傳》

65 바다 : 조종(朝宗)은 온갖 물줄기가 바다로 흘러 들어가는 것을 비유할 때 쓰는 말이다. 《서경》 〈우공(禹貢)〉에 "강수와 한수가 바다로 달려간다.〔江漢朝宗于海〕"라고 하였다.

집 뒤에 늘어선 산들 남새밭에 닿았네	舍後連岡接圃畦
밭두둑 이슬 젖은 해바라기 풀숲에 묻혔어도	畦畔露葵埋草莽
꽃 피워 석양 향해 수그렸네	開花猶向夕陽低
들보를 남쪽으로 던져라	抛樑南
소나무 심어 새로이 만 갈기 수염 길렀네	種松新養萬虯髯
한밤 가랑비가 초가집 적시니	中宵小雨茅簷濕
한가로이 깨끗한 모래 밟으며 물 주렴 바라보네	閑踏晴沙看水簾
들보를 북쪽으로 던져라	抛樑北
상전벽해 순간순간 일어나네[66]	瀛海桑田在瞬息
밤과 낮에 강 조수 두 번 오가는데	晝夜江潮再往來
모르겠다 생사는 언제 끝나는가	不知生死何終極
들보를 위로 던져라	抛樑上
머리 들어 바라보니 일월이 밝은 빛 드리우네	擧頭日月垂明兩
천체는 돌고 돌아 끝이 없는데	璇儀廻斡浩無窮
엎어진 동이 속 인생 한탄스럽네	可歎人生在覆盎
들보를 아래로 던져라	抛樑下
사철 음식을 이웃과 나누어 먹네	四時菽粟通隣舍

66 상전벽해(桑田碧海) 순간순간 일어나네 : 아산의 바닷가에 밀물과 썰물이 반복되어 주변 경치가 자주 바뀌기에 한 말이다.

닭 살지고 술 익어 하나도 근심 없으니	鷄肥酒熟百無憂
촌 늙은이 불러다가 모임 만드세	喚取村翁與結社

삼가 바라건대 들보를 올린 뒤에	伏願上樑之後
노래를 멈추지 말고	嘯歌不廢
걸음걸이 늘 평안하기를	蹈履常安
자유롭게 금서 즐기고 풍류 누리면서	散誕琴書跌宕風流
한가한 날 유유자적하고	優遊乎暇日
달과 구름 따라 시내 출입하면서	追逐雲月出入溪澗
즐거운 노년 보내기를	怡悅乎頹齡
정기 들어와 더러운 사기 없애	精氣入以麤穢除
다시는 몸이 마르지 않게 하며	無復形容枯槁
천기는 깊어지고 기욕은 줄어들어	天機深而耆欲淺
살갗에까지 충만하게 넘쳐나기를	庶幾膚革充盈

청평공주[67]의 새 저택 상량문 응제

清平公主新第上樑文 應製

대개 들으니 구만 리 하늘 은하수에	蓋聞璿穹九萬銀潢
직녀[68]의 궁이 있고	有天孫之宮
삼천의 보계[69] 요대에는	寶界三千瑤臺
제녀의 집이 있어	有帝女之館
비록 구름 섬돌과 달나라가	雖雲階月地
처음 청고하게 펼쳐지고	始播淸高
안개 누각과 노을 문 보면	而霧閣霞扉
끝내 황홀경에 빠진다지	終歸怳惚

67 청평공주(淸平公主) : 숙명공주(淑明公主, 1640~1699)로, 1652년(효종3) 영의정 심지원(沈之源)의 차자(次子)인 심익현(沈益顯, 1641~1683)과 결혼하였고, 심익현은 청평위(靑平尉)에 봉해졌다. 참고로 효종은 인선왕후(仁宣王后) 장씨(張氏)와의 사이에서 1남 6녀를 두었는데, 아들은 뒷날의 현종(顯宗)이다. 딸은 숙신공주(淑愼公主), 숙안공주(淑安公主), 숙명공주, 숙휘공주(淑徽公主), 숙정공주(淑靜主公), 숙경공주(淑敬公主)인데, 장녀 숙신공주는 일찍 운명하였다.《鶴巖集 冊4 長陵遷葬誌文》이로 인해 숙명공주를 효종의 둘째 딸로 소개하기도 하고 셋째 딸로 소개하기도 한다. 실제로 송시열(宋時烈)의 글에는 첫 번째 공주로 숙안공주를 언급하였다.《宋子大全 卷181 寧陵誌文》

68 직녀(織女) : 천손(天孫)은 직녀성(織女星)을 가리킨다.《사기(史記)》 권27 〈천관서(天官書)〉에 "무녀성 북쪽이 직녀성이니, 직녀는 천제의 여손이다.〔婺女其北織女, 織女天帝女孫也.〕"라고 하였다

69 삼천의 보계(寶界) : 불교에서 보계는 아미타불(阿彌陀佛)의 극락정토(極樂淨土)를, 삼천은 삼천대천세계(三千大千世界)로 우주 전체를 가리킨다.

그러나 실상 신령들의 집일 뿐　實靈眞之攸宇
사람이 올라갈 수 있는 곳 아니니　非軌躅之可梯
어찌 날을 헤아려 터를 닦고　豈若揆日裁基
별을 살펴 방향을 바르게 하여[70]　瞻星正臬
도성 안쪽 궁금 마을에서　神皐禁里
건강을 베고[71] 평평하며 널찍하고　枕乾岡而寬平
겹겹이 높게 늘어선 건물들이　疊榭曾楹
북두에 닿을 듯 아스라이 펼쳐져 있으며　隣斗魁以縹緲
상산공주[72]의 집이　常山門戶
아래로 사대부의 집과 접하고　下接簪裾
심수공주[73]의 동산이　沁水園池
민가와 두루 통하는 것만 같겠는가　旁通煙火者哉

70 별을……하여 : 집의 방향을 바르게 잡는다는 말이다. 얼(臬)은 표준이다.

71 건강(乾岡)을 베고 : 침건강(枕乾岡)은 건좌(乾坐) 즉 서북쪽을 등진 것으로, 고대에는 천자의 궁궐을 건좌로 지었다.

72 상산공주(常山公主) : 진(晉)나라 무제(武帝)의 딸이다. 왕제(王濟)와 결혼하였는데, 왕제 또한 대단한 갑부여서 이들은 매우 호화스런 집을 짓고 사치한 생활을 하였다. 《진서(晉書)》 권42 〈왕혼열전(王渾列傳)〉에 "이에 북망산 아래로 집을 옮겼다. 그는 성질이 호탕하고 사치스러워서 화려한 옷과 산해진미를 즐겼다. 이때에 도읍의 땅이 매우 비쌌는데, 왕제가 땅을 사서 승마장을 만들고 돈을 엮어 울타리를 채우니, 당시 사람들이 금구라고 하였다.〔於是, 乃移第北芒山下, 性豪侈麗服玉食, 時洛京地甚貴, 濟買地爲馬埒, 編錢滿之, 時人謂爲金溝.〕"라고 하였다.

73 심수공주(沁水公主) : 후한(後漢) 명제(明帝)의 딸이다. 심수공주 소유의 원림(園林)을 두태후(竇太后)의 오빠 두헌(竇憲)이 빼앗았다고 한다. 《後漢書 卷53 竇融列傳 竇憲》

숙명공주는 약목에서 가지 나뉘어[74]	淑明公主枝分若木
향기롭게 탕목의 영화[75] 누리고	芬芳湯沐之榮
청평도위[76]는 가문이 청송에서 나와	淸平都尉系出靑松
고관대작의 자손이지	奕舃衣冠之胄
왕희가 예를 갖추니	王姬秉禮
국풍에서 농리의 노래 부르고[77]	國風詠穠李之歌
방원이 때를 탔으니	邦媛乘時
시인이 〈도요〉의 시 지었네[78]	詩人賦夭桃之什

74 숙명공주(淑明公主)는……나뉘어 : 숙명공주가 조선 왕실의 공주라는 말이다. 약목(若木)은 곤륜산 서쪽 끝 태양이 붉게 지는 곳에 있다는 전설상의 나무이다. 북주(北周) 유신(庾信)의 글에 "물결은 하늘의 못에서 나눠 받았고, 가지는 태양의 나무에서 갈려 나왔다.〔派別天潢, 支分若木.〕"라고 하였다. 《庾子山集 卷15 周大將軍義興公蕭太墓誌銘》

75 탕목(湯沐)의 영화 : 임금으로부터 하사받은 땅에서 나오는 수익금으로 목욕을 할 수 있는 영화를 말한다. 임금이 왕자나 공주 등에게 목욕비를 충당하라며 하사한 토지를 탕목읍(湯沐邑)이라고 한다.

76 청평도위(淸平都尉) : 심익현(沈益顯, 1641~1683)으로, 본관은 청송(靑松), 자는 가회(可晦), 호는 죽오(竹塢)이다. 숙명공주와 결혼하여 청평위에 봉해졌다. 《西河集 卷14 靑平尉沈公墓誌銘》

77 왕희(王姬)가……부르고 : 왕희는 주(周)나라 왕의 딸을 가리킨다. 《시경》 〈하피농의(何彼穠矣)〉는 왕희가 제후에게 시집가는 것을 노래한 시인데, 그 시에 "어쩌면 저리도 성한가, 꽃이 도리 같도다.〔何彼穠矣, 華如桃李.〕"라고 하였다. 농리(穠李)는 이 내용을 가리킨 것이다. 여기서는 심익현에게 시집가는 숙명공주의 모습을 〈하피농의〉의 시를 빌어 말한 것이다.

78 방원(邦媛)이……지었네 : 숙명공주가 시집가는 모습을 말한 것이다. 방원은 나라에서 으뜸가는 미인으로, 여기서는 숙명공주를 가리킨다. 요도지십(夭桃之什)은 《시경》 〈도요(桃夭)〉를 가리키는데, 그 시에 "복숭아나무의 어리고 예쁨이여, 곱고 고운

난향 그윽한 규방에 맑은 기운 피어나니 蘭閨毓粹
보무가 낙수에 내려온 듯하고 下寶婺於洛濱
계수나무 침실에 상서로움 열리니 桂闥披祥
선녀가 규수에 머무는 듯하네[79] 降仙嬪於嬀汭
아름다운 두 사람 혼인하니 援兩美而作合
온갖 복이 가득 모이리 膺百福之所咸
주아에 고슬의 즐거움 노래하였으니 周雅鼓瑟之懽
도리 지켜 집안을 마땅하게 하고[80] 理存宜室
진령에 퉁소 부는 정경 있었으니 秦嶺吹簫之境
다정하게 누대에서 지내리[81] 情好居樓

그 꽃이로다. 이 아가씨의 시집감이여, 그 실가를 화순하게 하리로다.〔桃之夭夭, 灼灼其華. 之子于歸, 宜其室家.〕"라고 하였다.

79 난향……듯하네 : 숙명공주가 시집가서 심익현과 살게 된 상황을 비유적으로 말한 것이다. 보무(寶婺)는 무녀성(婺女星)의 여신(女神)인데, 여기서는 숙명공주를 의미한다. 낙수(洛水)는 신녀(神女) 복비(宓妃)가 건던 물가이다. 삼국 시대 위(魏)나라의 조식(曹植)이 옛 여인 견비(甄妃)를 그리워하며 지은 〈낙신부(洛神賦)〉에서 낙수의 신녀 복비의 결음걸이를 "물결을 밟듯 사뿐한 걸음, 비단 버선에 먼지가 이네.〔凌波微步, 羅襪生塵.〕"라고 하였다. 규수(嬀水)는 요 임금의 두 딸인 아황(娥皇)과 여영(女英)이 순(舜)에게 시집간 곳이다. 《서경》 〈요전(堯典)〉에 "두 딸을 규수의 물굽이로 내려 보내, 우씨의 아내가 되게 하셨다.〔釐降二女于嬀汭, 嬪于虞.〕"라고 하였다.

80 주아(周雅)에……하고 : 숙명공주가 심익현과 혼인하여 화목하게 살면서 집안을 평안하게 할 것이라는 말이다. 주아는 주나라의 아악(雅樂)을 말하는데, 여기서는 《시경》 〈관저(關雎)〉의 "요조한 숙녀를 거문고와 비파로 친히 하도다.〔窈窕淑女, 琴瑟友之.〕"라는 시구를 말한다. 의실(宜室)은 《시경》 〈도요(桃夭)〉에 보인다. 44쪽 각주78 참조.

81 진령(秦嶺)에……지내리 : 숙명공주와 심익현이 화목하게 살기를 바란다는 말이

이에 더할 나위 없이 즐거운 터를 물어	爰諏莫樂之區
〈사간〉의 집 지었네[82]	迺結斯干之築
연기 피는 장원 그윽하니	煙莊窗窱
의동의 복판에 자리했고	據義洞之中腴
아지랑이 봉우리 우뚝하니	嵐岫岧嶢
인왕봉 반허리 갈랐네	割仁峯之半腹
비스듬히 대궐에 이어졌으니	斜連北闕
임금 뵈러 가는 길 멀지 않고	絳節之朝匪遙
정면으로 남산 마주하니	直對南山
자각이 곧바로 바라보이네	紫閣之望在卽
공수반과 공수가 먹줄 대어[83]	般繩倕墨

다. 진령은 장안(長安) 근처에 있는 종남산(終南山)으로, 장안을 상징한다. 진 목공(秦穆公)의 딸 농옥(弄玉)이 퉁소의 명인 소사(蕭史)를 좋아하여 결국 그에게 시집을 보냈는데, 농옥이 소사에게 퉁소를 배워 두 사람이 함께 퉁소를 불면 봉황(鳳凰)이 내려왔다고 한다. 부부는 봉대(鳳臺)를 짓고 살다가 봉황을 따라 신선(神仙)이 되었다고 한다. 《列仙傳 卷上 蕭史》

82 이에……지었네 : 숙명공주 내외가 살 집을 새로 지었다는 말이다. 《시경》 〈사간(斯干)〉에 "질서정연한 이 물가요, 그윽하고 그윽한 남산이로다.〔秩秩斯干, 幽幽南山.〕"라고 하였다.

83 공수반(公輸般)과……대어 : 훌륭한 목수들이 집을 짓는다는 말이다. 공수반은 춘추 시대 노(魯)나라의 유명한 목수이며, 공수(工倕)는 순(舜) 임금 때의 뛰어난 명장(名匠)이다. 《맹자》 〈이루 상(離婁上)〉에 "공수자의 솜씨로도 그림쇠나 곱자를 쓰지 않으면 네모와 원을 이룰 수 없다.〔公輸子之巧, 不以規矩, 不能成方圓.〕"라고 하였다. 《장자(莊子)》 〈달생(達生)〉에 "공수가 손으로 그려도 대개 그림쇠나 곱자를 쓴 것처럼 정확했다. 그의 손가락은 사물과 동화되어 마음으로 계산하지 않았다. 그러므로 그의 영혼은 하나로 되어 막힘이 없었던 것이다.〔工倕旋而蓋規矩, 指與物化而不以心稽, 故

우레 도끼로 부지런히 일하니　課雷斧而勸功
새가 놀라 나는 듯 꿩이 날아오르는 듯　鳥革翬飛
무지개 들보 얹어지고 공정이 진행되네[84]　架虹樑以程役
좋은 비단과 값진 폐백이　輕縑重幣
모두 왕실에서 나오고　悉抽內藏
적측과 청동은　赤仄青銅
외부를 번거롭게 하지 않았네[85]　無煩外府
굵직한 서까래가 골짝에 가득하니　豐榱彌壑
돌계단 오르며 세 번 쉬고　陟磴道而三休
훌륭한 집이 하늘에 닿을 듯하니　傑構干霄

其靈壹一而不桎.〕"라고 하였다.

84 새가……진행되네 : 건축 공정이 진행되며 멋진 집이 완성되는 모습을 읊은 것이다. 조혁휘비(鳥革翬飛)는 집의 화려하고 날렵한 모양을 묘사한 말이다. 《시경》〈사간(斯干)〉에 "새가 놀라 낯빛을 변함과 같으며, 꿩이 날아가는 것과 같다.〔如鳥斯革, 如翬斯飛.〕"라고 하였는데, 주희(朱熹)의 주에 "그 동우가 높게 일어남은 새가 놀라 낯빛을 변함과 같고, 처마가 화려하고 높으며 날아갈 듯함은 꿩이 날아 날개를 펴는 것과 같다. 그 집의 아름다움이 이와 같다.〔其棟宇峻起, 如鳥之驚而革也, 其簷阿華采而軒翔, 如翬之飛而矯其翼也. 蓋其堂之美如此.〕"라고 풀이하였다. 홍량(虹樑)은 무지개처럼 굽어 마치 용(龍)과 같은 들보를 가리킨다.

85 좋은……않았네 : 집을 짓는 데 필요한 비용을 왕실에서 마련하였고, 국고(國庫)를 축내지 않았다는 말이다. 적측(赤仄)은 한(漢)나라 때 적동(赤銅)을 테두리로 하여 만든 돈이고, 청동(青銅)은 청동전(青銅錢)으로, 모두 공사에 들어가는 비용을 의미하는 말로 사용되었다. 외부(外府)는 주(周)나라의 구부(九府) 가운데 하나로, 방포(邦布)의 출납을 맡고 그것으로 백물을 장만하여 나라의 수용에 이바지하였다. 구부(九府)는 대부(大府)·옥부(玉府)·내부(內府)·외부·천부(泉府)·천부(天府)·직내(職內)·직금(職金)·직폐(職幣)를 말한다.

창문 열어 사방 조망하네[86] 擠戶牖以四顧
옥섬돌 제자리에 놓이니 瓊除帖妥
바자울 만든 금 엮은 듯하고 疑編作埒之金
금섬돌 나란히 놓이니 釦砌駢羅
지기석 가져다 깐 듯[87] 似取支機之石
둥근 장식 밤에 빛나니 圓鐺耀夜
달을 대신하여 빛을 머금었고[88] 代常儀而含輝
깊숙한 안채에 봄기운 머무니 奥闥留春
현명 물러가고 온기 쌓이네[89] 却玄冥以貯暖

86 굵직한……조망하네 : 높이 돋운 터에 높게 지은 집을 묘사한 말이다. 풍료(豐橑)는 굵은 서까래를 뜻하는 말로, 집의 규모가 큼을 나타낸다. 삼휴(三休)는 세 번 쉰다는 말인데, 집이 높은 곳에 위치하고 있음을 나타낸다. 춘추 시대 초(楚)나라의 영왕(靈王)이 스스로 왕위에 오른 뒤에 별궁을 지으면서 가운데에 높이가 30여 길이나 되는 장화대(章華臺)를 지었는데, 이 누각에 오르려면 세 번 쉬어야 한다고 해서 삼휴대(三休臺)라는 이명(異名)으로 불리었다.

87 옥섬돌……듯 : 숙명공주의 집에 깔린 돌계단의 화려함을 묘사한 것이다. 작날지금(作埒之金)은 진(晉)나라 무제(武帝)의 딸 상산공주와 왕제(王濟)의 고사에 보인다. 43쪽 각주72 참조. 지기석(支機石)은 직녀의 베틀을 괴었던 돌이다. 한(漢)나라 무제(武帝)의 명을 받은 장건(張騫)이 서역에 나가 황하(黃河)의 근원을 한없이 거슬러 올라가서 베를 짜는 한 여인으로부터 지기석 하나를 얻어 돌아와 엄군평(嚴君平)에게 물어보니, 바로 직녀(織女)의 지기석이었다는 고사가 전한다. 《博物志》

88 둥근……머금었고 : 집의 둥근 장식들이 달처럼 보인다는 말이다. 상의(常儀)는 황제(黃帝) 때 달을 맡았던 신하의 이름으로, 상희(常羲)라고도 한다.

89 깊숙한……쌓이네 : 집이 따뜻함을 말한 것이다. 현명(玄冥)은 겨울귀신을 가리킨다. 《예기》 〈월령(月令)〉에 "겨울은……상제는 전욱이요, 귀신은 현명이다.〔孟冬之月……其帝顓頊, 其神玄冥.〕"라고 하였다.

위에는 왕골자리 아래에는 대자리 깔았으니 上莞下簟
어찌 장로의 말이 없으랴[90] 寧虧張老之辭
뒤에서 응하고 앞에서 불러 後應前呼
감히 저양의 절구질에 박자 맞추네[91] 敢相睢陽之杵

들보를 동쪽으로 던져라 抛樑東
창으로 햇살 들어와 만 가닥 붉구나 日射房櫳萬縷紅
고운 수레와 화려한 안장으로 길 나서 繡轂琱鞍臨上路
새벽에 대명궁 조알하네[92] 侵晨朝謁大明宮

들보를 서쪽으로 던져라 抛樑西
높은 집 빙 두른 회랑에 날 듯 기와 가지런하네 高閣回廊翼瓦齊
즐거운 비단 자리에 저녁 햇살 머물고 綺席歡娛留返照
굽은 성 비췻빛 말아 올린 주렴 나직해라 曲城蒼翠捲簾低

90 위에는……없으랴 : 새 집을 지으니 축하하는 말이 없을 수 없다는 말이다. 장로(張老)는 진(晉)나라 사람으로, 헌문자(獻文子)의 집이 준공되자, 장로가 축하하며 말하기를 "규모가 크고 화려하여 아름답도다. 제사 때에도 여기에서 음악을 연주하고, 상사 때에도 여기에서 곡읍을 하고, 연회 때에도 여기에서 국빈과 종족을 모아 즐기리로다.〔美哉輪焉, 美哉奐焉. 歌於斯, 哭於斯, 聚國族於斯.〕"라고 하였다. 《禮記 檀弓下》

91 감히……맞추네 : 박자에 맞춰 선송(善頌)을 부른다는 말이다. 양효왕(梁孝王)이 저양성(睢陽城)을 쌓았는데, 사방 13리였다. 공이 소리에 맞춰 제창하고 아래에서 화답하였는데, 이것을 〈저양곡(睢陽曲)〉이라고 했다고 한다. 《天中記 卷13 城》 공이는 집을 지을 때 땅을 다지는 도구로, 여럿이 함께 박자를 맞추며 공이질을 하였다.

92 고운……조알하네 : 숙명공주 내외가 임금에게 문안가는 모습을 읊은 것이다. 대명궁(大明宮)은 당(唐)나라 장안(長安)에 있던 황궁인데, 여기서는 궁궐을 의미한다.

들보를 남쪽으로 던져라　抛樑南
목멱산[93] 맑은 봉우리에 푸른 남기 걷히네　木覓晴峯捲翠嵐
화려한 거리가 비스듬히 주작 마을로 이어져　繡陌斜連朱雀巷
궁중 사람 태관의 음식 바삐 나르네[94]　中人馳送太官甘

들보를 북쪽으로 던져라　抛樑北
집 뒤 솔숲에 묵은 줄기 곧구나　屋後松林古幹直
영험한 뿌리에 복령 자라고　留得靈根養茯苓
눈서리에도 천년의 색 변치 않네　雪霜不改千年色

들보를 위로 던져라　抛樑上
하늘 가까이 푸른 패 둘렀네[95]　尺五天低繞翠牓
문미는 길이 태미궁 감싸고[96]　門楣長拱太微宮

93 목멱산(木覓山) : 서울 남산의 옛 이름이다.

94 화려한……나르네 : 궁중에서 좋은 음식을 보내온다는 말이다. 주작(朱雀)은 남쪽을 가리킨다. 태관(太官)은 궁중의 요리를 담당하는 벼슬아치를 가리킨다. 한나라 때 황제의 끼니와 연회의 음식에 관한 일을 맡아보던 벼슬로, 조선 시대 내자시(內資寺)의 별칭이다. 내자시는 대궐 안에서 소비하는 술, 간장, 기름, 꿀, 나물, 과일과 대궐에서 베푸는 연회에 관한 일을 주관하였다.

95 하늘……둘렀네 : 숙명공주의 집이 대궐과 가깝다는 말이다. 척오(尺五)는 1척 5촌인데, 당대(唐代)에 위씨(韋氏)와 두씨(杜氏)의 가문에서 대대로 고관이 배출되자, 당시 민간에서 "도성 남쪽 위씨와 두씨, 하늘과의 거리가 일척 오촌이라네.〔城南韋杜, 去天尺五.〕"라는 말이 유행했다고 한다. 《辛氏三秦記》

96 문미(門楣)는……감싸고 : 숙명공주의 집이 대궐과 가까워서 그 마음이 언제나 부모님을 향한다는 말이다. 태미궁(太微宮)은 옥황상제(玉皇上帝)가 거주하는 천상의

해와 달 우러르니 밝은 두 빛 드리우네[97] 仰看日月垂明兩

들보를 아래로 던져라 抛樑下
제비와 참새가 큰 집에 날아드네[98] 燕雀飛飛赴巨廈
비단 장막 은빛 병풍 안에서 태몽 꾸어 錦幕銀屛夢熊羆
시의 노래처럼 집안 화목하고 자손 번성하기를[99] 宜家錫胤歸風雅

삼가 바라건대 상량한 뒤에 伏願上樑之後
훈훈한 화로 밤에도 이글거리고 薰爐夕爛
연꽃 거울에 비친 모습 새벽에 화려하기를 菱鑑晨華
천년토록 젊음 유지하여 千歲爲春
궁궐 섬돌에서 부모님 받들고[100] 奉睿慈於天陛

궁궐인데, 여기서는 대궐을 의미한다.

97 해와……드리우네 : 숙명공주는 부모님을 우러르고, 부모님은 숙명공주를 염려하며 돌봐 준다는 말이다.

98 제비와……날아드네 : 집의 완성을 축하한다는 말이다. 《회남자(淮南子)》 〈설림훈(說林訓)〉에 "큰 집이 지어지니, 연작이 서로 축하하네.〔大廈成而燕雀相賀〕"라고 하였다.

99 비단……번성하기를 : 숙명공주 내외의 화목과 자손의 번성을 기원한다는 말이다. 《시경》 〈사간(斯干)〉에 "길몽은 무엇인가. 곰과 큰 곰과 큰 뱀과 뱀이로다. 태인이 꿈을 점치니, 곰과 큰 곰 꿈은 남자를 낳을 상서요, 큰 뱀과 뱀 꿈은 여자를 낳을 상서로다.〔吉夢維何, 維熊維羆, 維虺維蛇, 大人占之, 維熊維羆, 男子之祥, 維虺維蛇, 女子之祥.〕"라고 하였다. 의가(宜家)는 《시경》 〈도요(桃夭)〉에 보인다. 44쪽 각주78 참조. 석윤(錫胤)은 《시경》 〈기취(旣醉)〉의 "군자가 만년토록 영원히 복록과 자손을 주리라.〔君子萬年, 永錫祚胤.〕"라는 말을 취한 것이다.

100 천년토록……받들고 : 숙명공주 내외가 건강하게 살면서 임금을 받들기 바란다

두 별은 늙지 말아서	雙星不老
바다 산가지처럼 장수하시기를[101]	等遐算於海籌
곱고 기름진 연못에	粉沼脂塘
명문가의 아름다운 기운 가득하고	擁朱門之喜氣
무지개 누각과 달빛 비치는 휘장 속에	蜺棼月幌
연침의 맑은 향기 어리기를	凝燕寢之淸香
봉황이 날아	鳳凰于飛
군자는 다복한 경사를 송축하고[102]	君子頌繁祉之慶
곰과 큰 곰 꿈꾸어	熊羆入夢
태인이 많은 아들 둘 징조라 아뢰기를[103]	太人獻多男之占

는 말이다.

101 두 별은……장수하시기를 : 효종 내외의 장수를 축원한 말이다. 해주(海籌)는 해옥주첨(海屋籌添)의 준말로, 장수를 기원하는 말이다. 소식(蘇軾)의 글에 "바닷물이 말라서 뽕나무밭이 될 때면 내가 산가지 하나를 내려놓는데, 그동안 내가 헤아린 산가지가 열 칸의 내 집에 벌써 가득 찼다.〔海水變桑田時, 吾輒下一籌, 爾來吾籌, 已滿十間屋.〕"라고 하였다.《東坡志林 卷7》

102 봉황이……송축하고 : 숙명공주 내외의 금슬(琴瑟)과 다복(多福)을 기원한 말이다.《시경》〈권아(卷阿)〉에 "봉황이 나니 그 깃을 퍼덕인다.〔鳳凰于飛, 翽翽其羽.〕"라고 하였는데, 이는 수컷인 봉(鳳)과 암컷인 황(凰)이 다정히 나는 모습을 형용한 것으로, 부부의 금실이 좋음을 비유한 것이다.

103 곰과……아뢰기를 : 숙명공주 내외가 많은 자녀를 낳도록 기원한 말이다. 곰과 큰 곰의 꿈은 아들을 낳을 조짐이라고 한다. 51쪽 각주99 참조.

인평공주[104]의 새 저택 상량문 응제

寅平公主新第上樑文 應製

인왕산이 남쪽으로 달리고	粤以仁峯南騖
의홍[105]이 서쪽으로 기우니	義閧西傾
백악[106]에서 평원으로 흘러내려	白嶽注於平原
붉은 담장 높은 터에 만들었네	丹墉蓄其峻址
정원과 연못의 빼어난 기운	園池騰秀之氣
위로 하늘까지 통하고	上徹天街
등성이에 서린 형기	岡陵蟠結之形
널리 지맥을 망라하네	旁羅地脈
사녀들 모여들어	士女繁會
온종일[107] 노래하고	歌吹六時
마을 민가 이어져	閭井交連

104 인평공주(寅平公主) : 효종과 인선왕후(仁宣王后) 장씨(張氏) 사이에 태어난 숙휘공주(淑徽公主, 1642~1696)이다. 1653년(효종4) 정창징(鄭昌徵, 1615~1664)의 아들 정제현(鄭齊賢, 1642~1662)에게 출가하였고, 정제현은 인평위(寅平尉)에 제수되었다.

105 의홍(義閧) : 미상이다. 앞의 글에 의동(義洞)이 보이는데, 그곳을 가리키는 것으로 보인다.

106 백악(白嶽) : 서울 북악산(北嶽山)을 가리킨다.

107 온종일 : 육시(六時)는 일주야를 여섯으로 나눈 시각으로, 각각을 신조(晨朝)·일중(日中)·일몰(日沒)·초야(初夜)·중야(中夜)·후야(後夜)라고 부른다.

밥 짓는 연기가 사방을 에우네	煙火四匝
담장이 구불구불 뻗어	垣墻邐迤
사직의 높은 단과 경계를 만들고	界社稷之崇壇
은하수 아득하니	霄漢微茫
상위[108]의 높은 궁궐 향하네	拱象魏之高闕
금빛 시내에 임금 머무시니	金川御宿
예전부터 거둥하시는 궁이 되었고	舊爲移蹕之宮
은빛 물가에 별빛 얽히는데	銀渚星躔
이제 사위 머물게 할 집 짓네	今作館甥之室
숙휘공주는 왕실에서 향기 갈라졌으니	淑徽公主疏芬玉派
패옥에 중손의 존귀함 이었고[109]	環佩襲重巽之尊
인평도위는 요림에서 비취 깃 뽑았으니	寅平都尉擢翠瑤林
집안에 열정의 귀함이 가득하네[110]	門闌擁列鼎之貴

108 상위(象魏) : 대궐문을 가리킨다. 상(象)은 법(法), 위(魏)는 높다는 의미로, 옛날에 법률을 높은 성문에 게시한 데서 유래하였다.

109 숙휘공주(淑徽公主)는……이었고 : 숙휘공주가 효종의 넷째 딸이라는 말이다. 손(巽 ☴)은 장녀(長女)를 의미하는데, 손(巽 ☴)이 두 번 겹쳐서 손괘(巽卦 ䷸)가 되기 때문에 중손(重巽)이라 한 것이다.

110 인평도위(寅平都尉)는……가득하네 : 인평도위가 훌륭한 가문의 자손이라는 말이다. 인평도위는 정제현으로, 본관은 영일(迎日)이다. 1653년(효종4)에 숙휘공주와 혼인하여 인평위(寅平尉)에 봉해졌다. 요림(瑤林)은 요림경수(瑤林瓊樹)의 준말로, 옥으로 만든 숲의 옥으로 만든 나무라는 뜻인데, 고매한 인품이나 훌륭한 가문을 비유한다. 《진서(晉書)》 권43 〈왕융열전(王戎列傳)〉에 "왕연의 모습이 고매함은 마치 요림의 경수와도 같다.〔王衍神姿高徹, 如瑤林瓊樹.〕"라고 하였다. 열정(列鼎)은 맛있는 음식이 담긴 솥을 늘어놓는다는 뜻으로, 부유함을 나타낸다. 《공자가어(孔子家語)》 〈치사

아름다운 저택에 화려한 빛이 어리니 凝華璧殿
처음에 보무의 정기 나누어 받았고[111] 初分寶婺之精
선대에 고운 빛 내리니 降彩璇臺
일찍이 봉황의 노래와 맞았네[112] 早叶鳴鳳之繇
제도가 일찍이 육례에 갖추어져 있으니 彌文夙備於六禮
향낭도 매달아 주며 옷고름도 매어 주고[113] 結褵施衿
큰 사랑 받다가 궁에서 비로소 떠나 隆愛始析於中闈
집을 마땅하게 하려 대궐 나서네[114] 宜家出閤

(致思)〉에 자로(子路)가 높은 벼슬을 하여 솥을 늘어놓고 진수성찬을 맛보는〔列鼎而食〕 신분이 되었지만, 거친 음식을 먹으면서 어버이를 위해 쌀을 지고 왔던 옛날의 행복을 다시 느낄 수 없다고 술회한 고사가 전한다.

111 아름다운……받았고 : 숙휘공주가 별의 정기를 받고 태어났다는 말이다. 보무(寶婺)는 무녀성(婺女星)의 여신(女神)으로 귀부인을 나타내는데, 여기서는 숙휘공주를 가리킨다.

112 선대(璇臺)에……맞았네 : 정제현이 훌륭한 가문에서 태어났다는 말이다. 선대는 걸(桀)의 선궁(璇宮)과 주(紂)의 녹대(鹿臺)를 합칭한 말로 화려한 저택을 가리킨다. 명봉(鳴鳳)은 우는 봉황이란 말인데, 봉황은 어진 임금이 나오면 나타난다는 길조(古鳥)로 어진 신하를 뜻한다 《시경》〈권아(卷阿)〉에 "봉황이 우네, 저 높은 산 위에서.〔鳳凰鳴矣, 于彼高岡.〕"라고 하였다.

113 제도가……주고 : 예법에 따라 혼례의 절차를 진행한다는 말이다. 결리(結褵)는 결리(結縭)라고도 하는데, 시집가는 딸에게 향주머니를 채워 주는 것이다. 《시경》〈동산(東山)〉에 "아가씨 시집가니, 황백색과 얼룩무늬 말이로다. 친히 그 향주머니를 매주니, 그 위의 성대하도다.〔之子于歸, 皇駁其馬. 親結其縭, 九十其儀.〕"라고 하였다. 시금(施衿)은 옷고름을 매어 주는 것인데, 《의례(儀禮)》〈사혼례(士昏禮)〉에 "모친이 딸의 옷고름을 매어주고 허리에 수건을 채워 주면서 말하기를 '부지런하고 공경히 하여 아침저녁으로 집안일에 어긋남이 없게 하라.' 한다.〔母施衿結帨曰, 勉之敬之, 夙夜無違宮事.〕"라고 하였다.

주나라 시에서 노래하였으니	周詩播詠
공주의 엄숙한 수레이고[115]	王姬肅雍之車
진령에서 퉁소 부니	秦嶺吹簫
소사 신선의 집이로다[116]	蕭史神仙之宅
넓고 높은 형세 품어	包弘敞之體勢
북쪽을 뒤로 하고 남쪽을 바라보며	背陰面陽
집짓는 계획과 공정을 지극히 하여	極締構之經營
앞쪽은 멀리까지 트이고 뒤쪽은 넓도다	前脩後廣
천 개의 기와 올릴 때	千甍旣擧
백성의 노고 먼저 걱정하고	慮先及於民勞
백 개의 담장 쌓을 때	百堵皆興
시대의 어려움 늘 염려했네[117]	念恒軫於時屈

114 큰 사랑……나서네 : 효종 내외에게 사랑받던 숙휘공주가 혼인하여 궁궐 밖으로 나간다는 말이다. 의가(宜家)는 집안을 화목하게 이끌어 간다는 말로, 《시경》 〈도요(桃夭)〉에 보인다. 44쪽 각주78 참조. 출합(出閤)은 왕자나 공주가 장성한 뒤에 궁을 나가 살거나 시집가는 것을 말한다.

115 주(周)나라……수레이고 : 숙휘공주가 시집갈 때 그 행차의 엄숙한 모습을 말한 것이다. 숙옹(肅雍)은 엄숙한 모양인데, 《시경》 〈하피농의(何彼穠矣)〉에 "어찌 엄숙하고 화락하지 않으랴, 우리 공주님의 수레로다.〔曷不肅雝, 王姬之車.〕"라고 하였다.

116 진령(秦嶺)에서……집이로다 : 숙휘공주 내외가 농옥(弄玉)과 소사(蕭史) 부부처럼 이 집에서 화목하게 살기를 기원하는 말이다. 45쪽 각주81 참조.

117 천 개의……염려했네 : 집을 지을 때 백성들에게 피해가 가지 않도록 주의하였으며, 어려운 시대 상황을 고려해 화려하게 짓지 않기 위해 노력했다는 말이다. 시굴(時屈)은 시굴거영(時屈擧嬴)의 준말로, 《자치통감(資治通鑑)》 권2 〈주기(周紀)〉 35년 기사에 "이것이 소위 '시대 상황은 악화되어 가는데 도리어 사치스러운 일을 벌인다.'라는 것이다.〔此所謂時詘擧嬴者也〕"라고 하였다.

장인은 노는 사람들 불러서	工招游子
외부의 조발을 번거롭게 하지 않았고[118]	不煩外府之調
일꾼은 굶주린 백성 고용하여	役雇饑甿
모두 왕실에서 비용 지출했네	悉出中藏之費
고운 박달나무와 아름다운 은행나무	瑰檀文杏
도편수가 목재 고르고	匠石掄材
달 도끼 바람 자귀	月斧風斤
공수반이 공교롭게 놀렸네[119]	公輸運巧
높은 서까래가 안개 위로 쌓이니	層榱霧積
추녀에서 안을 돌아보고	臨反宇以中稽
깊은 누각이 노을 헤치니	邃閣霞披
높은 난간 어루만지며 외경에 놀라네	撫危欄而外眩
교룡과 이무기 꿈틀거리며	蛟螭盤跂
기둥에 올라 서로 부지하고	跱楹楝以相扶

118 장인은……않았고 : 일없이 노는 사람들 가운데 인력을 뽑아서 건축에 동원하였고, 국가의 도움을 받지 않았다는 말이다. 외부(外府)는 주(周)나라의 구부(九府) 가운데 하나로, 방포(邦布)의 출납을 맡고 그것으로 백물을 장만하여 나라의 수용에 이바지하였다. 47쪽 각주85 참조.

119 고운……놀렸네 : 집을 지을 때 좋은 목재를 고르고 훌륭한 목수가 솜씨를 발휘하였다는 말이다. 장석(匠石)은 초(楚)나라의 장인이다. 《장자(莊子)》 〈서무귀(徐無鬼)〉에 "영(郢) 땅의 사람이 백토 가루를 코끝에 얇게 바르고 장석으로 하여금 깎아내게 하니, 장석이 자귀를 놀려 바람을 일으켜서 바람소리만 들리도록 하며 백토가루를 다 깎아냈는데 코가 상하지 않았고, 영 땅 사람도 그대로 서서 얼굴빛을 잃지 않았다." 라는 이야기가 나온다. 공수(公輸)는 공수반(公輸班)으로, 춘추 시대 노(魯)나라의 명장(名匠)이다. 46쪽 각주83 참조.

제비와 참새 어지러이 날아	燕雀紛飛
장막으로 날아들어 다투어 하례하네[120]	赴帡幪而爭賀
붉은 햇살이 문 비출 때	朱明爍戶
층계 나란한 섬돌에 서리 내리고[121]	霜含雁齒之階
하늘이 처마에 낮게 드리울 때	碧落低簷
물고기 비늘 같은 기와에 비 내리네	雨壓魚鱗之瓦
세 번 쉬는 돌길	三休磴道
비스듬히 태미궁과 자미궁 터로 이어지고[122]	斜連太紫之墟
팔달의 높은 창 내니	八達軒窓
남산의 경치 손에 닿을 듯하네	近挹終南之色
증소가 너무 비루하니	橧巢已陋
실로 대장의 규모를 넓히고[123]	實弘大壯之規

120 제비와……하례하네 : 제비와 참새가 날아와 집의 완성을 축하한다는 말이다. 《회남자(淮南子)》 〈설림훈(說林訓)〉에 "큰 집이 지어지니, 연작이 서로 축하하네.〔大廈成而燕雀相賀〕"라고 하였다.

121 층계……내리고 : 집의 섬돌에 서리가 내린다는 말이다. 안치(雁齒)는 기러기 이빨인데, 계단 주위에 정연하게 배열한 장식품을 말한다. 북주(北周) 유신(庾信)의 글에 "진 시황이 쓰고 남은 석재로 안치의 계단을 만들었다.〔秦皇餘石, 仍爲雁齒之階.〕"라고 하였다. 《庾子山集 卷13 溫湯碑》

122 세 번……이어지고 : 숙휘공주의 집이 궁궐과 가까운 곳에 있다는 말이다. 삼휴(三休)는 세 번 쉰다는 뜻인데, 춘추 시대 초왕(楚王)의 장화대(章華臺)는 올라가려면 세 번을 쉴 정도로 높아 삼휴대(三休臺)라는 이명(異名)으로 불리게 되었다. 《新書 退讓》 태자(太紫)는 태미궁(太微宮)과 자미궁(紫微宮)으로, 옥황상제(玉皇上帝)가 거주하는 천상의 궁궐인데, 여기서는 대궐을 의미한다.

123 증소(橧巢)가……넓히고 : 검소하게 집을 지었다는 말이다. 증소(橧巢)의 증(橧)은 섶을 쌓아 놓고 그 위에서 자는 것을 이르는데, 《예기》 〈예운(禮運)〉에 "옛날

왕골자리와 대자리 매우 편안하니 莞簟孔安
군자가 살 곳으로 마땅하네[124] 是宜君子攸芋
곰과 큰 곰이 꿈에 들어와 熊羆入寢
장차 태인의 노래 부응할 것이고[125] 行膺太人之謠
무지개가 들보에 두르니 虹蜺繞梁
아랑의 노래 드날리노라 載揚兒郎之唱

들보를 동쪽으로 던져라 抛樑東
심수공주[126]의 연못과 누대 맑게 개었도다 沁水池臺霽景中
화려한 집에서 잠 깨어 문을 여니 睡起粧樓擠玉戶
주렴 사이 아침 햇살 선홍빛으로 올라오네 簾間初日上鮮紅

선왕이 궁실이 없었으니, 겨울에는 동굴에서 살고 여름에는 나뭇가지를 모아 만든 보금자리 위에 누워서 지냈다.〔昔者先王, 未有宮室, 冬則居營窟, 夏則居橧巢.〕"라고 하였다. 대장(大壯)은 대장괘(大壯卦)를 말하는데, 《주역》 〈계사전 하(繫辭傳下)〉에 "상고시대에는 굴에서 살고 들에서 거처하였는데, 후세에 성인이 궁실로 바꾸어서 위에는 들보를 얹고 아래에는 서까래를 얹어 풍우에 대비하였으니, 대장괘에서 취하였다.〔上古穴居而野處, 後世聖人, 易之以宮室, 上棟下宇, 以待風雨, 蓋取諸大壯.〕"라고 하였다.

124 왕골자리와……마땅하네 : 새 집이 숙휘공주 내외의 거처로 적합하다는 말이다. 《시경》 〈사간(斯干)〉에 "비바람을 제거하고 새와 쥐를 제거하였으니, 군자가 사실 곳이로다.〔風雨攸除, 鳥鼠攸去, 君子攸芋.〕"라고 하였다.

125 곰과……것이고 : 숙휘공주 내외의 자손이 번성하기를 기원하는 말이다. 웅비(熊羆)를 꿈꾸면 아들을 낳을 조짐이라고 한다. 51쪽 각주99 참조.

126 심수공주(沁水公主) : 후한(後漢) 명제(明帝)의 딸인데, 여기서는 숙휘공주를 비유하였다. 43쪽 각주73 참조.

들보를 서쪽으로 던져라 抛樑西
성 위의 엷은 구름 문 가까이 내려앉네 城上輕陰近戶低
원림 바라보니 봄기운 일찍 찾아와 試望園林春氣早
의남초 빛깔 벌써 짙구나[127] 宜男草色已萋萋

들보를 남쪽으로 던져라 抛樑南
금날의 연못에 버들 그림자 잠겼어라 金埒池塘柳影涵
섬돌에서 한가롭게 풀싸움놀이 하랴 肯向瑤階閑鬪草
뽕나무에 봄빛 찾아오니 누에칠 적기라네[128] 條桑春色已宜蠶

들보를 북쪽으로 던져라 抛樑北
대궐 성안에 도성 길 곧구나 法宮城畔天街直
향기로운 바람에 꽃잎 날릴 때 말도 달려 香風花亂馬如飛
아침에 홍진 속으로 옥륵이 돌아오네[129] 朝下紅塵回玉勒

들보를 위로 던져라 抛樑上

127 의남초(宜男草)……짙구나 : 숙휘공주가 아들을 낳도록 축원하는 말이다. 의남초는 원추리로, 임신한 부인이 허리에 차면 아들을 낳는다고 하여 붙여진 이름이다.

128 섬돌에서……적기라네 : 숙휘공주에게 부지런히 여공(女功)에 힘쓸 것을 당부한 말이다. 《시경》 〈칠월(七月)〉에 "누에치는 달에 뽕나무 가지를 치는지라, 저 도끼를 가져다가 멀리 뻗은 가지는 베고 여린 뽕은 잎만 따느니라.……공자의 치마를 만드느니라.〔蠶月條桑, 取彼斧斨, 以伐遠揚, 猗彼女桑.……爲公子裳.〕"라고 하였다.

129 아침에……돌아오네 : 정제현이 조회 갔다가 돌아오는 모습을 읊은 것이다. 옥륵(玉勒)은 옥으로 장식한 말고삐로, 말을 가리킨다.

구름 병풍 둘러 따뜻하고 부용 휘장 둘렀네　　雲屛氣暖芙蓉帳
새벽빛에 수놓인 원앙 점차 분간되고　　晨光稍辨繡鴛鴦
아침 해 환하게 푸른 패 비추네　　旭日朣朧射翠牓

들보를 아래로 던져라　　抛樑下
수놓은 휘장과 구슬주렴이 넓은 집 둘렀도다　　繡幕珠簾圍廣廈
침실에는 아침마다 음악 연주되고　　燕寢朝朝奏管絃
용로에는 밤마다 난초향 사르네　　龍爐夜夜燒蘭若

삼가 바라건대 상량한 뒤에　　伏願上樑之後
옥 같은 꽃이 새벽에 피고　　琪花曉發
구슬 같은 꽃 아침에 피기를　　瓊蕚晨敷
보산은 무궁하여　　寶算無窮
지기석과 같이 닳아 없어지지 않고[130]　　支機之石不爛
영험한 터 길이 굳건하여　　靈基永固
편날의 금이 늘 새롭기를[131]　　編埒之金常新
거문고와 비파 서로 화운 이루어　　琴瑟相和
훌륭한 덕 풍아처럼 아름답게 되고[132]　　令德歸美於風雅

130 보산(寶算)은……않고 : 숙휘공주 내외의 장수를 축원하는 말이다. 보산은 나이를 높이는 말로, 보령(寶齡)이라고도 한다. 지기석(支機石)은 직녀가 베를 짜던 베틀을 괴었던 돌이다. 48쪽 각주87 참조.

131 영험한……새롭기를 : 숙휘공주 내외의 집이 영원히 튼튼하게 보존되기를 기원하는 말이다. 편날(編埒)은 왕제(王濟)의 고사에 보인다. 43쪽 각주72 참조.

132 거문고와……되고 : 《시경》의 노래처럼 숙휘공주 내외가 화목하기를 기원하는

지초와 난초 빼어나 芝蘭競秀
고운 광채가 섬돌에서 빛나기를[133] 駿彩流耀於階庭
일월이 붙어나고 떠오르듯 日月恒升
〈홍범〉의 오복을 받고[134] 受洪範之五福
천지가 덮어주듯 乾坤覆燾
천년토록 임금의 사랑 받으시길[135] 承睿眷於千齡
크고 아름다우니 輪焉奐焉
감히 장로의 노래가 없으랴[136] 敢闕張老之頌

말이다. 《시경》〈관저(關雎)〉에 "요조한 숙녀를 거문고와 비파로 친히 하도다.〔窈窕淑女, 琴瑟友之.〕"라고 하였다.

133 지초(芝草)와……빛나기를 : 숙휘공주 내외가 훌륭한 자녀를 낳아 기르기를 축원하는 말이다. 진(晉)나라 사현(謝玄)이 숙부 사안(謝安)에게 "비유하자면 지란 옥수가 집안 섬돌에 피어나 향기를 내뿜는 것과 같게 하겠다.〔譬如芝蘭玉樹, 欲使其生於庭階耳.〕"라고 자신의 소망을 밝힌 고사에서 유래하여, 지란(芝蘭)은 훌륭한 자제를 비유한다. 《晉書 卷79 謝安列傳 謝玄》

134 일월(日月)이……받고 : 숙휘공주 내외에게 오복(五福)이 충만하기를 기원하는 말이다. 항승(恒升)은 《시경》〈천보(天保)〉의 "달의 초승달과 같고 해의 떠오름과 같으며, 남산의 장수함과 같아서 이지러지지 않고 무너지지 않으며, 송백의 무성함과 같아 그대를 계승하지 않음이 없도다.〔如月之恒, 如日之升, 如南山之壽, 不騫不崩, 如松柏之茂, 無不爾或承.〕"라는 말에서 유래하여 장수를 기원하는 뜻이다. 《서경》〈홍범(洪範)〉에 "아홉 번째는 오복이니, 첫 번째 장수요, 두 번째 부유함이요, 세 번째 강녕함이요, 네 번째 유호덕이요, 다섯 번째 고종명이다.〔九五福, 一曰壽, 二曰富, 三曰康寧, 四曰攸好德, 五曰考終命.〕"라고 하였다.

135 천지(天地)가……받으시길 : 숙휘공주 내외가 임금의 사랑을 영원히 받기 바란다는 말이다. 《중용장구(中庸章句)》 제30장에 "비유하면 하늘과 땅이 실어 주지 않음이 없고 덮어 주지 않음이 없는 것과 같다.〔辟如天地之無不持載, 無不覆幬.〕"라고 하였다.

136 크고……없으랴 : 집이 크고 아름답게 지어졌으니, 축하의 말이 있어야 한다는

가득하고 무성하니	苞矣茂矣
가만히 하관의 말을 올리네[137]	竊效下管之辭

말이다. 윤언환언(輪焉奐焉)은 집의 규모가 크고 아름답다는 뜻이다. 49쪽 각주90 참조.

137 가득하고……올리네 : 집안이 화평하기를 축원하는 말이다. 새 집을 지어 낙성(落成)하며 형제간에 화목하게 살기를 축원한 《시경》 〈사간(斯干)〉에 "질서정연한 이 물가요, 그윽하고 그윽한 남산이로다. 대나무가 총생하는 듯하고, 소나무가 무성한 듯하도다. 형과 아우가 서로 좋아하고, 서로 도모함이 없으리로다.〔秩秩斯干, 幽幽南山. 如竹苞矣, 如松茂矣. 兄及弟矣, 式相好矣, 無相猶矣.〕"라고 하였다. 하관(下管)의 말은 일시(逸詩)로 상량문에 으레 쓰이는 말이다.

동평공주[138]의 새 집 상량문 응제○신축년(1661, 현종2)

東平公主新第上樑文 應製○辛丑

아득하구나 별들이 북쪽으로 뻗어	迷夫瑤躔北控
태미[139]가 수녀[140]의 자리에 늘어서고	太微列婺女之墟
은하가 서쪽으로 돌아	銀漢西廻
하늘에 직녀의 집을 지었네	圓儀構天孫之室
비록 다시 밝은 빛이 밤에 빛나	雖復明輝曜夜
아름다운 광채가 한길에 드날리고	騰異彩於中逵
보배로운 상이 하늘에 걸려	寶象懸霄
상서로운 빛이 길에 걸렸지만[141]	綴祥光於上路
그러나 선계가 황홀하여	然而仙階惝怳

138 동평공주(東平公主) : 효종(孝宗)과 인선왕후(仁宣王后) 장씨(張氏) 사이에 태어난 숙정공주(淑靜公主)를 가리킨다. 42쪽 각주67 참조. 《명곡집(明谷集)》 권25 〈숙정공주묘지명(淑靜公主墓誌銘)〉에 "12세에 동평공에게 시집갔다. 장차 기해년 가을에 궁을 나가려고 하였는데, 그 해 5월에 효종께서 승하하시므로 3년의 상제를 마치고 비로소 인달방의 사제로 나갔다.〔十二歲, 釐降于東平公. 將以己亥秋出閤, 其年五月, 孝廟上賓, 三年制畢, 始出就仁達坊賜第.〕"라고 하였다.

139 태미(太微) : 태미원(太微垣)이다. 하늘에 있는 세 성원(星垣) 가운데 하나로 북두성(北斗星)의 남쪽에 있는데, 다섯 개의 별이 가운데 있는 제좌(帝座)를 둘러싸고 있다. 천제가 이곳에 거처한다고 하며, 흔히 임금이 있는 대궐을 뜻하는 말로 쓰인다.

140 수녀(婺女) : 별 이름으로 수녀(須女)와 같은 말이며, 28수(宿)의 무녀(婺女)를 가리킨다.

141 비록……걸렸지만 : 직녀의 집이 매우 아름다움을 형용한 부분이다.

구만 리 하늘 우러러보아도 창창하게 푸르고	仰九萬而蒼蒼
신령한 자취 아득하여	靈跡冥茫
이십팔수와 짝하여 머나멀기만 하지[142]	儷四七以邈邈
선계와 속계가 이미 멀어서	仙凡之界旣絶
보고 듣는 것이 다르지만	見聞之途爾殊
어찌 척번과 후강에	豈如戚藩侯疆
노나라가 왕희의 집을 세우고	魯築王姬之館
신고와 제리에	神臯帝里
한나라가 태주의 정원을 연 것과 같겠으며	漢開太主之園
심수공주의 특별한 영예가	沁水疏榮
널리 청쇄에 통하고	旁通靑瑣
상산공주의 총애가	常山席寵
주성에 가까이 닿은 것과 같겠는가[143]	近接朱城者哉
삼가 생각건대 숙정공주[144]는	伏惟淑靜公主

142 그러나……하지 : 직녀의 집이 아름다워도 하늘의 28수와 어울려 머나멀기만 하지 올라갈 수 없는 곳에 있다는 점을 말한 것이다.

143 어찌……같겠는가 : 천상세계에 있는 직녀의 집이 아름다워도 그곳에는 갈 수 없으므로, 도성의 민가 사이에 위치하여 대궐과 가까이 있는 숙정공주(淑靜公主)의 집만은 못하다는 것을 한 명제(漢明帝)의 딸 심수공주(沁水公主)의 집과 진 무제(晉武帝)의 딸 상산공주(尙山公主)의 집에 비유하여 말한 것이다. 척번(戚藩)은 근친(近親)의 번왕(藩王)들을 말하고, 후강(侯疆)은 제후들의 지역을 말하는데, 여기서는 신고(神臯), 제리(帝里)와 함께 모두 도성을 의미한다.

144 숙정공주(淑靜公主) : 1646~1668. 효종(孝宗)의 넷째 딸로, 어머니는 인선왕후 장씨이다. 7세에 숙정이라는 봉호를 받았고, 12세에 동평위 정재륜에게 시집갔으며, 3남 2녀를 두었다. 《明谷集 卷25 淑靜公主墓誌銘》 참고로 숙정공주를 효종의 다섯째

아름다운 자질로 왕실에서 태어나 誕美璿潢

화려함이 약목에 어리었네[145] 凝華若木

덕용이 본성에서 도야되어 德容冶性

겸하여 빈번에도 공경을 다하고[146] 兼盡敬於蘋蘩

온화하고 유순함을 마음에 간직하여 和柔宅心

일찍이 예교를 익혔네 早承閑於禮教

동평도위[147]는 東平都尉

빼어난 자질이 밖으로 성대하게 드러나 瑰姿外茂

아름다운 기림이 일찍이 드러났지 英譽夙彰

딸로 기록한 곳도 있는데, 이는 효종의 첫째 딸 숙신공주(淑愼公主)가 일찍 죽었기 때문이다. 42쪽 각주67 참조.

145 아름다운……어리었네 : 숙정공주가 왕실에서 태어나 아름다운 자질을 갖췄다는 말이다. 약목(若木)은 서해의 해가 지는 곳에 있다는 신목(神木)이다. 《산해경(山海經)》 권17 〈대황북경(大荒北經)〉에 "대황의 가운데 형석산과 구음산과 형야산이 있고, 그 위에 적색의 줄기와 청색의 잎과 적색의 꽃이 핀 나무가 있는데, 그 이름이 약목이다.〔大荒之中, 有衡石山九陰山洞野之山, 上有赤樹青葉赤華, 名曰若木.〕"라고 하였다.

146 덕용(德容)이……다하고 : 숙정공주가 덕스러운 위의를 갖추었을 뿐만 아니라 작은 일에도 정성을 다하는 됨됨이를 지녔다는 말이다. 빈번(蘋蘩)은 마름과 쑥이라는 뜻으로, 귀하지는 않아도 정성껏 올리는 제물(祭物)을 비유할 때 쓰는 표현이다. 《춘추좌씨전》 은공(隱公) 3년 기사에 "진실로 마음이 광명하고 신의가 있으면, 시내나 못에서 자라는 수초와 부평이나 마름 같은 야채와 광주리나 솥 같은 용기와 웅덩이나 길에 고인 물이라도, 모두 귀신에게 제물로 바칠 수 있고 왕공에게 올릴 수 있다.〔苟有明信, 澗溪沼沚之毛, 蘋蘩薀藻之菜, 筐筥錡釜之器, 潢汙行潦之水, 可薦於鬼神, 可羞於王公.〕"라고 하였다.

147 동평도위(東平都尉) : 정재륜(鄭載崙, 1648~1723)으로, 본관은 동래(東萊), 자는 수원(秀遠), 호는 죽헌(竹軒), 시호는 익효(翼孝)이다. 1656년(효종7) 효종의 딸 숙정공주와 혼인하여 동평위(東平尉)가 되었다.

특달의 규장으로　特達珪璋
집안의 쌓은 경사를 간직했고[148]　擁門闌之積慶
연이어 인끈을 드날려　聯翩組紱
정승의 큰 아름다움 계승하였네[149]　襲台鼎之閑休
이에 적승의 인연을 이루어　爰諧赤繩之緣
마침내 황상의 기쁨에 맞았네[150]　遂協黃裳之繇
패옥 소리 울리며 대궐 나서니　鳴環佩而出閤
그 집안사람들을 마땅하게 하고[151]　宜其家人

148 특달(特達)의……간직했고 : 정재륜이 덕성(德性)을 갖춘 인물이며, 음덕을 쌓은 가문에서 태어났다는 말이다. 규장(珪璋)은 고대 조빙(朝聘)에 사용하던 옥으로 만든 귀중한 예기(禮器)이다. 《예기》〈빙의(聘義)〉에 "규장 한 가지만으로 예를 이루고 다른 폐백을 쓰지 않는 것은 그 덕을 인함이다.〔圭璋特達, 德也.〕"라고 하였다. 여기서는 정재륜의 인품이 특출하다는 의미이다. 《주역》〈곤괘(坤卦) 문언(文言)〉에 "선행을 쌓은 집안은 반드시 남은 경사가 있다.〔積善之家, 必有餘慶.〕"라고 하였다.

149 연이어……계승하였네 : 정재륜의 선대(先代)가 고관을 역임하였고, 정재륜은 그런 집안의 가풍을 계승하였다는 말이다. 정재륜은 본래 정태화(鄭太和)의 다섯째 아들이다. 정태화의 동생 정치화가 정재륜을 양자로 삼으려고 하였으나, 정재륜이 효종의 부마가 되자 부마는 다른 사람의 양자가 될 수 없다는 법규 때문에 양자로 삼지 못했다. 그러나 숙정공주가 죽은 뒤에 정치화가 소장을 올려 왕의 허락을 받아 정재륜을 양자로 삼을 수 있었다. 《雪峯遺稿 卷28 大匡輔國崇祿大夫議政府左議政兼領經筵事監春秋館事世子傅鄭公墓誌銘》 이러한 내용으로 볼 때 이 글이 지어질 당시에는 정재륜이 아직 정태화의 아들이었던 것으로 보인다. 정태화는 영의정을 역임하였고, 5대조 정광필(鄭光弼)도 영의정을 역임하였으며, 정광성(鄭廣成)은 형조 판서를 역임하였다.

150 이에……맞았네 : 숙정공주와 정재륜이 혼인하였다는 말이다. 적승(赤繩)은 부부의 인연을 맺어 준다고 하는 노파이다. 황상(黃裳)은 적처(嫡妻)를 뜻한다. 《주역》〈곤괘(坤卦) 육오(六五)〉에 "황색 치마처럼 하면, 크게 선하여 길하리라.〔黃裳元吉〕"라고 하였다.

집을 지어 거주하니	締棟宇以爲居
대장괘에서 취하였네[152]	取諸大壯
봉우리가 우뚝 솟아	峯巒聳峙
면세가 건강에 바르고	面勢正於乾岡
시냇물 교차하니	川瀆交橫
물줄기가 손위를 지나가네[153]	脈絡經乎巽位
푸른 골짜기 차지하여 표지 세우고	據翠壑而樹臬
자동을 안고서 터를 만들었네[154]	包紫洞以裁基
요역에서 제외된 노는 장정을 부리니	召外徭之游丁
장작과 무관하고[155]	無關將作
내부의 묵은 돈꿰미 기울였으니	傾內府之朽貫
어찌 사농을 번거롭게 하였으랴[156]	詎煩司農

151 패옥(佩玉)……하고 : 숙정공주가 시집가서 집안을 화목하게 하리라는 말이다. 《시경》〈도요(桃夭)〉에 "이 아가씨 시집감이여, 그 집안사람들을 화목하게 하리로다.〔之子于歸, 宜其家人.〕"라고 하였다.

152 집을……취하였네 : 숙정공주 내외가 거처할 집을 새로 지었다는 말이다. 대장(大壯)은 대장괘(大壯卦)를 말한다. 58쪽 각주123 참조.

153 봉우리가……지나가네 : 집이 건좌손향(乾坐巽向)에 위치하여, 뒤에는 우뚝한 산이 있고 앞에는 시냇물이 흘러감을 말한 것이다. 건강(乾岡)은 집의 좌향(坐向)을 궁궐의 좌향인 건좌(乾坐)로 하였다는 말이다.

154 푸른……만들었네 : 숙정공주 내외의 새 집 위치를 설명한 것이다. 자동(紫洞)은 자하동(紫霞洞)의 준말로 선경(仙境)을 뜻하지만, 여기서는 집이 위치한 실제 위치를 가리키는 것으로 보이는데, 어디인지는 미상이다.

155 요역(徭役)에서……무관하고 : 집을 짓는 데 나라의 도움을 받지 않았다는 말이다. 장작(將作)은 장작감(將作監)으로, 토목이나 영선 등의 일을 맡아 보는 관청을 의미하는데, 뒤에 선공감(繕工監) 등으로 개칭되었다.

천 개의 공이가 우레처럼 울리니 千杵雷鳴
양원의 곡조와 나란히 화음 이루고[157] 竝和梁園之曲
많은 장인들이 비처럼 모여들어 群工雨集
영장의 도끼를 함께 휘두르네[158] 同揮郢匠之斤
푸른 기와가 구름처럼 드리우니 碧瓦雲垂
평양의 집과 진배없고[159] 彷彿平陽之第
붉은 기둥 안개 속에 솟아나니 彤楹霧矗
아스라한 소사의 누대 같구나[160] 縹緲蕭史之樓
겹겹 전각과 층층 난간에 疊榭層欄
즐거움이 팔절에 피어나고[161] 陶宴喜於八節
높은 누대와 깊은 누각에 崇臺邃閣
따뜻한 기운과 시원한 기운이 사시에 쌓이네 貯溫涼於四時

156 내부(內府)의……하였으랴 : 집 짓는 데 필요한 경비를 왕실에서 부담하고 국고를 축내지 않았다는 말이다. 사농(司農)은 호조(戶曹)의 별칭이다.

157 천 개의……이루고 : 공이로 집터를 다질 때 나는 소리를 말한 것이다. 양원(梁園)은 한(漢)나라 양효왕(梁孝王)의 으리으리한 정원으로, 토원(兎苑)이라고도 한다.

158 많은……휘두르네 : 집 짓는 목수들의 훌륭한 솜씨를 말한 것이다. 영장(郢匠)은 기량이 훌륭한 목공(木工)을 가리킨다. 57쪽 각주119 참조.

159 푸른……진배없고 : 숙정공주의 새 집을 당 고조(唐高祖)의 셋째 딸 평양공주(平陽公主)의 집에 비유하여 말한 것이다.

160 붉은……같구나 : 숙정공주의 새 집을 소사(蕭史)의 집에 비유하여 말한 것이다. 소사는 춘추 시대 진 목공(秦穆公) 때 퉁소의 명인으로, 목공의 딸 농옥(弄玉)과 결혼하였다. 45쪽 각주81 참조.

161 겹겹……피어나고 : 집에서 언제나 편안하고 즐겁게 지낼 수 있다는 말이다. 팔절(八節)은 입춘(立春), 입하(立夏), 입추(立秋), 입동(立冬), 춘분(春分), 하지(夏至), 추분(秋分), 동지(冬至)를 말한다.

흰 회 바른 벽에 등불 매달려	粉壁銜釭
새벽별처럼 떨어지지 않고	晨星不落
붉은 담에 구슬 달아 놓은 듯	丹墉帶璧
가을 달이 항상 곱구나[162]	秋月常鮮
선경에는 황금 아로새긴 듯한 집이 드러나고	瀛海表黃鏤之宮
치병[163]에 붉은 융단의 장식이 펼쳐지네	輜軿展絳罽之飾
삼전이 조용하니	從容三殿
북극을 바라보아도 멀지 아니하고[164]	瞻極北而非遙
고문과 가까우니	密邇高門
남산 바라보매 어찌 멀랴	望終南以何遠
왕골자리와 대자리에서 시를 지으니	詩成莞簟
선송이 웅비보다 앞설 것이 없는데[165]	善頌莫先於熊羆
아랑가를 불러	唱徹兒郎
그윽한 축하를 감히 연작보다 뒤에 하랴[166]	竊賀敢後於燕雀

162 흰 회……곱구나 : 집을 장식한 물건들이 별빛과 달빛처럼 빛남을 말한 것이다.

163 치병(輜軿) : 치거(輜車)와 병거(軿車)의 병칭으로, 비바람이나 남의 이목을 피하기 위해 의거(衣車)처럼 사방을 병풍처럼 막고, 누워서 쉴 수 있도록 안락하게 꾸민 수레를 말하는데, 보통 귀족의 부녀자들이 탑승한다.

164 삼전(三殿)이……아니하고 : 숙정공주의 집이 대궐과 멀지 않다는 말이다. 삼전은 효종(孝宗)과 인선왕후(仁宣王后), 그리고 인조(仁祖)의 계비인 장렬왕후(莊烈王后) 조씨(趙氏) 조대비(趙大妃)를 가리킨다.

165 왕골자리와……없는데 : 상량식을 거행하는 자리에서 숙정공주의 자손이 번성하기를 축원하는 일보다 더 중요한 일이 없다는 말이다. 웅비(熊羆)는 곰과 큰 곰으로, 아들을 낳을 꿈을 의미한다. 51쪽 각주99 참조.

166 아랑가를……하랴 : 누구보다 낙성을 먼저 축하한다는 말이다. 《회남자(淮南

들보를 동쪽으로 던져라 抛樑東
봄날 맑은 기운이 꽃떨기 기르네 韶年淑氣養花叢
잠 깨자 고운 누대에 아침 해 올라 睡罷粧樓初上日
푸른 깁 얇은 창에 붉은 햇살 아른댄다 碧紗窓薄弄遊紅

들보를 서쪽으로 던져라 抛樑西
비단 장막에 미풍 부니 물소 움직이는 듯 羅幌微風動水犀
다시 연못가로 멋진 자리 옮겨 가니 別向池塘移勝宴
석양이 굽은 성벽 아래로 지려 하네 斜陽欲傍曲城低

들보를 남쪽으로 던져라 抛樑南
여린 버들과 번화한 꽃이 한낮 햇살 머금었네 嫩柳繁花午景含
어제 태관이 석공을 열더니 昨日太官開錫貢
오늘 중사가 맛좋은 음식 보내오네[167] 今朝中使送珍甘

들보를 북쪽으로 던져라 抛樑北

子)》〈설림훈(說林訓)〉에 "목욕할 준비를 하면 벼룩과 이가 서로 애도하고, 집을 크게 지으면 제비와 참새가 서로 하례한다.〔湯沐具而蟣蝨相弔, 大厦成而燕雀相賀.〕"라고 하였다.

167 어제……보내오네 : 대궐에서 특별한 음식을 보내온다는 말이다. 태관(太官)은 궁중의 음식물을 관장하는 관청으로, 내자시(內資寺)의 별칭이다. 석공(錫貢)은 상공(常貢)과 달리, 천자(天子)의 명에 따라 수시로 진공(進貢)하는 물품을 말한다. 《서경》〈우공(禹貢)〉에 "싸 가지고 오는 귤과 유자는 바치라는 명령을 내리면 바친다.〔厥包橘柚, 錫貢.〕"라고 하였다. 중사(中使)는 환관(宦官)을 말한다.

사직단 너머에 솔숲 빛깔 짙구나 社壇之外松林色
신거가 태미원에서 움직이지 않으니 辰居不動太微垣
한 점 붉은 마음 길이 북극을 향하네[168] 一點丹心長拱極

들보를 위로 던져라 抛樑上
푸른 하늘 어찌나 밝고 넓은지 諸天碧落何昭曠
은하를 아래로 기울이듯 두터운 은혜 베푸니 銀潢下注渥恩濃
은혜로운 햇살과 자애로운 구름이 언제나 따르네 惠日慈雲隨俛仰

들보를 아래로 던져라 抛樑下
시원한 집과 따뜻한 방이 겨울과 여름에 알맞네 涼軒煖屋宜冬夏
작은 부용 장막에 부드러운 바람 불어오고 芙蓉帳小軟風吹
비췻빛 주렴 아래 단이슬 뿌리네 翡翠簾低甘露灑

삼가 바라건대 상량한 뒤에 伏願上樑之後
지기석이 문드러지고 支機石爛
바자울 만든 금이 녹으며 作埒金銷
하늘과 땅이 다 이지러지도록 二儀俱騫
공고한 터전에 결함 없고 鞏基罔缺

168 신거(辰居)가……향하네 : 임금에 대한 충성과 효성이 변하지 않을 것이라는 말이다. 신거는 제왕의 자리를 뜻한다. 공자가 "정사를 덕으로써 하는 것은 비유하자면 북극성이 제자리에 있으면 뭇별이 그곳으로 향하는 것과 같다.〔爲政以德, 譬如北辰居其所, 而衆星共之.〕"라고 하였다. 《論語 爲政》 태미원(太微垣)은 제왕의 거처를 상징한다. 64쪽 각주139 참조.

두 별이 나란히 빛나 雙星齊煥
무궁하게 장수하시기를[169] 遐算無窮
산세가 서쪽에 서렸으니 山勢西盤
봉황의 누대가 영원히 견고하고 鳳凰之臺永固
강물이 동쪽으로 흘러가니 河流東注
오작의 다리가 언제나 새롭기를 烏鵲之橋恒新
비파와 거문고 연주하여 鼓瑟與琴
소아에서처럼 맑고 고움을 읊고[170] 詠淑嫩於宵雅
노래하고 춤추며 式歌且舞
석인처럼 아름다운 덕 드리우기를[171] 垂令德於碩人
주옥같이 꽃다운 자질 전하여 珠玉傳芳
여혈의 상서로운 기운 잉태하고 孕驪穴之瑞氣
지란처럼 빼어나 芝蘭競秀

169 지기석(支機石)이……장수하시기를 : 숙정공주의 집이 영원토록 보존되고, 숙정공주 내외가 만수무강하기를 기원한 말이다. 지기석은 직녀의 베틀을 괴고 있던 돌이다. 48쪽 각주87 참조. 작날금(作埒金)은 바자울을 채웠던 황금이라는 말로, 왕제(王濟)와 상산공주(常山公主)와 관련된 고사이다. 43쪽 각주72 참조.

170 비파와……읊고 : 숙정공주 내외의 금실을 기원한 말이다. 소아(宵雅)는 소아(小雅)와 같은 말로, 《시경》을 이루는 한 부분이다.

171 노래하고……드리우기를 : 숙정공주 내외가 화목하게 살면서 덕을 드리우라는 말이다. 석인(碩人)은 《시경》 위풍(衛風)의 편명으로, 위(衛)나라 장공(莊公)의 부인이 시집올 때의 정경을 읊었는데, 그 첫머리에 "석인이 키가 헌칠하니, 비단옷 입고 그 위에 홑옷을 걸치셨네. 제나라 임금의 따님이요 위나라 임금의 아내이며, 태자의 누이이고 형나라 임금의 처제이며, 담나라 임금은 형부가 되신다네.〔碩人其頎, 衣錦褧衣, 齊侯之子, 衛侯之妻, 東宮之妹, 邢侯之姨, 譚公維私.〕"라고 하였다.

연침의 어린 향기 전파하기를[172]	播燕寢之凝香
애오라지 하관[173]의 말을 펼쳐서	聊申下管之辭
규방의 복을 기리네	用贊中閨之祉

172 주옥(珠玉)같이……전파하기를 : 숙정공주 내외가 훌륭한 자제를 두기 바란다는 말이다. 지란(芝蘭)은 훌륭한 자제를 의미한다. 62쪽 각주133 참조.

173 하관(下管) : 당하(堂下)에서 연주하는 취주악(吹奏樂)을 가리킨다. 《주례(周禮)》에 의하면, 당상(堂上)에서는 〈녹명(鹿鳴)〉의 시를 노래하고, 당하에서는 일시(逸詩)인 〈신궁(新宮)〉의 시를 연주한다고 하였다.

홍평공주[174]의 새 집 상량문 응제○을사년(1665, 현종6)

興平公主新第上樑文 應製○乙巳

생각건대 구만 리 하늘이	粤以璿儀九萬
물거울과 같이 푸르고	共水鏡而蒼蒼
삼천의 보계[175]가	寶緯三千
은승과 더불어 아득하네	與銀繩而落落
달님의 집 이미 정해지니	蟾居旣奠
청고한 선녀의 궁이고	淸高仙媛之宮
오작교 처음 이루어지니	鵲橋初成
아득한 천손의 집일세[176]	縹緲天孫之室
그러나 뗏목 타고 가는 길 막혀	然而乘槎路阻
은하 물가에서 나루 물을 기약 끊어졌고[177]	銀陼絶問津之期

174 홍평공주(興平公主) : 숙경공주(淑敬公主)로, 효종과 인선왕후(仁宣王后) 장씨(張氏) 사이에서 태어났으며, 홍평위(興平尉) 원몽린(元夢鱗)과 혼인하였다. 42쪽 각주67 참조.

175 삼천의 보계(寶界) : 불교에서 보계는 아미타불(阿彌陀佛)의 극락정토(極樂淨土)를, 삼천은 삼천대천세계(三千大千世界)로 우주 전체를 가리킨다.

176 달님의……집일세 : 직녀(織女)의 집을 형용한 것이다. 천손(天孫)은 직녀를 가리킨다. 42쪽 각주68 참조.

177 뗏목……끊어졌고 : 직녀의 집이 아름다워도 갈 수 없다는 말이다. 박망후(博望侯)에 봉해진 장건(張騫)이 대하(大夏)에 사신으로 나가서 황하의 근원을 찾을 적에 뗏목을 타고 달포를 지나 은하수 위로 올라가 견우와 직녀를 만나고 왔다는 전설이 전한다.《天中記 卷2》도성의 민가 사이에 있는 숙경공주의 집이 직녀의 집보다 좋다는

깎던 도끼의 자취 희미해 斲斧蹤迷
무지개 치마로 춤출 날 없구나[178] 霓裳無按舞之日
어찌 신주의 귀리에서 豈如神州貴里
아래로 밥 짓는 연기 피어나는 곳 임하고 下臨煙火之區
자극과 단소가 紫極丹霄
위로 구름과 노을의 경계에 접하며 上接雲霞之境
번화한 자리에 芬華地位
한나라 심수공주의 정원을 만들고 漢開沁水之園
화려한 집을 璀璨門闌
진나라 상산공주의 집처럼 짓는 것과 같으랴[179] 晉啓常山之宅者哉

말로 전개하기 위한 안배이다.

178 깎던……없구나 : 달나라에 새로 집을 지을 수도 없으며, 가무를 즐기는 선녀들도 없다는 말이다. 전설에 의하면, 당나라 태화(太和) 연간(827~835)에 어떤 이가 숭산(嵩山)에 놀러 갔다가 보자기를 베고 자는 사람을 만나 어디서 왔느냐고 묻자, 그가 웃으며 말하기를 "그대는 저 달이 칠보로 합성된 것을 아는가.……항상 8만 2천 호가 그것을 수리하는데, 내가 바로 그중의 한 사람이다.〔君知月乃七寶合成乎.……常有八萬二千戶修之, 予卽一數.〕"라고 하고 보자기를 열어 보이는데, 그 속에 도끼와 자귀 두어 자루가 들어 있더라는 고사가 있다. 《山堂肆考 卷3 玉斧修》 예상(霓裳)은 신선의 의상을 가리킨다. 《초사(楚辭)》 〈동군(東君)〉에 "웃옷은 푸른 구름 아래옷은 흰 무지개, 긴 화살 메겨서 천랑성을 쏘네.〔青雲衣兮白霓裳, 擧長矢兮射天狼.〕"라는 말이 있다. 나공원(羅公遠)이 비술(秘術)이 많았는데, 일찍이 현종(玄宗)과 함께 월궁(月宮)에 이르니, 선녀 수백 명이 흰 비단 무지개 치마로 넓은 뜰에서 춤추고 있었다. 그 곡을 물으니, '예상우의(霓裳羽衣)'라 했다. 나공원이 잠자코 그 음조를 기억하고 돌아와 다음날 악공을 불러 그 음조대로 〈예상우의곡〉을 지었다고 한다. 《樂府詩集 卷56 霓裳辭》 위와 마찬가지로 민가 사이에 있는 숙경공주의 집이 더 좋다는 말을 하기 위한 안배이다.

삼가 생각건대 숙경공주는	伏惟淑敬公主
아름다운 가지 빼어나	瓊枝擢秀
약목과 나란히 빛나고[180]	竝若木而疏榮
옥 물줄기 흘러넘쳐	玉派橫流
긴 회수까지 부어 주었네[181]	控長淮而注液
흥평도위[182]는	興平都尉
띠를 나누고 땅을 받아	分茅胙土
집안에 높은 승상 있었고[183]	家擁丞相之尊

179 어찌……같으랴 : 갈 수 없는 신선 세계보다는 도성의 민가 사이에서 거주하는 것이 더 좋다는 말이다. 자극(紫極)은 자극궁(紫極宮)으로, 도교(道敎)에서 일컫는 천상의 선인(仙人)이 머무는 궁전인데, 제왕의 궁전을 비유한다. 단소(丹霄)는 구소(九霄) 가운데 하나로, 하늘의 가장 높은 곳을 말한다. 구소는 신소(神霄)·청소(靑霄)·벽소(碧霄)·단소·경소(景霄)·옥소(玉霄)·낭소(琅霄)·자소(紫霄)·태소(太霄)이다. 심수(沁水)는 후한(後漢) 명제(明帝)의 딸 심수공주인데, 공주의 원림(園林)을 두태후(竇太后)의 오빠 두헌(竇憲)이 빼앗았다고 한다.《後漢書 卷53 竇融列傳 竇憲》상산(常山)은 진(晉)나라 무제(武帝)의 딸 상산공주(常山公主)로, 왕제(王濟)와 결혼하였다. 43쪽 각주72 참조.

180 아름다운……빛나고 : 숙경공주가 왕실의 후예로 아름다운 자질을 지녔다는 말이다. 경지(瓊枝)는 옥수경지(玉樹瓊枝)의 준말로, 고귀한 가문의 자제를 일컫는 말이다. 약목(若木)은 해가 지는 곳에 있다는 나무이다. 44쪽 각주74 참조.

181 옥……주었네 : 숙경공주가 왕실에서 태어났다는 말이다. 옥파(玉派)는 왕실을 의미한다.

182 흥평도위(興平都尉) : 원몽린(元夢麟, 1648~1674)으로, 본관은 원주(原州), 자는 용여(龍歟), 호는 죽서(竹西)이다. 1659년(효종10) 효종의 딸 숙경공주와 혼인하여 흥평위가 되었다.《陶谷集 卷9 興平尉元公神道碑銘 幷序》

183 띠를……있었고 : 원몽린의 선대(先代) 인물 가운데 공신에 봉해진 사람이 있고, 승상이 있었다는 말이다. 분모(分茅)는 제후에 봉해지는 것을 말한다. 천자의 대사(大

홀을 잡고 동어부 드리워 秉笏垂魚
조정에서 어사의 중책을 추천하였네[184] 廷推御史之重
두 사람의 아름다움 당겨 합하니 援雙美而作合
육례를 이미 행하고[185] 六禮旣行
양사의 사이에 마을 있으니 間兩社以爲閭
두 가지 기이함 복의 조짐 보이네 二奇示兆
진산이 크고 울창하니 秦山盤鬱
넓고 평평한 소사의 누대 같고[186] 寬平蕭史之樓
곡부에 큰 길 뻗어 있으니 曲阜通莊

社)에는 오색의 흙을 쌓아서 단(壇)을 만드는데, 옛날 천자가 제후를 봉할 때에는 그 땅의 방위에 걸맞은 색깔의 흙을 단에서 떠서 흰 띠풀〔白茅〕에 담아 수여했기 때문에 생긴 말이다.《書經 禹貢 註》이의현(李宜顯)의 글에 "증조 휘 유남은 지중추부사로 원계군에 봉해졌고 우의정에 증직되었으며 시호는 충숙이다. 조부 휘 두추는 광주 부윤을 지냈다. 선고 휘 만리는 평안도 관찰사를 지냈다.……관찰사를 지낸 만리는 좌의정 원평부원군 충익공 휘 두표의 중자인데, 부윤을 지낸 두추의 후사가 되었다. 원평공과 원계공은 정사훈에 참여하고 재상에 이르렀다.〔曾祖諱裕男, 知中樞府事原溪君, 贈右議政, 諡忠肅. 祖諱斗樞, 廣州府尹. 考諱萬里, 平安道觀察使.……觀察公以左議政原平府院君忠翼公諱斗杓中子, 後府尹公. 原平公曁原溪公, 參靖社勳, 臻宰相.〕"라고 하였다.《陶谷集 卷9 興平尉元公神道碑銘 并序》

184 홀을……추천하였네 : 원몽린의 조부는 광주 부윤을 지냈고, 선친은 평안도 관찰사를 지냈기에 한 말이다. 77쪽 각주183 참조.

185 두 사람의……행하고 : 숙경공주와 원몽린이 혼인하였다는 말이다.

186 진산(秦山)이……같고 : 숙경공주 내외의 새 집을 소사(蕭史)의 집에 비유하여 말한 것이다. 진산은 중국 섬서성(陝西省) 남쪽에 있는 산으로, 주봉(主峯)은 장안현(長安縣)의 남쪽에 있으며, 장안을 상징한다. 여기서는 숙경공주의 집이 도성 안에 있기에 한 말이다. 소사는 춘추 시대 진 목공(秦穆公) 때 퉁소의 명인으로, 목공의 딸 농옥(弄玉)과 결혼하였다. 45쪽 각주81 참조.

제후의 집 모두 갈 수 있네[187]	洞達齊侯之館
천 명의 장인이 부지런히 일하니	千工競勸
영장의 도끼에서 바람이 일고[188]	風生郢匠之斤
만 명의 사람이 달려오니	萬夫爭趨
우레가 저양의 공이에서 울리네[189]	雷動雎陽之杵
앞은 트였고 뒤는 넓으니	前脩後廣
훌륭한 집의 제도 다 갖추어지고	甲第之制俱存
겨울에는 따뜻하고 여름에는 시원하니	冬溫夏寒
병사의 규모 모두 완비되었네	丙舍之規咸備
두 들보 나란히 올리니	雙樑齊擧
감히 장로의 말을 빠뜨릴 수 있으며[190]	敢闕張老之辭
백 개의 담장 다 일어나니	百堵皆興
어찌 〈사간〉의 노래를 그만두랴[191]	寧廢斯干之詠

187 곡부(曲阜)에……있네 : 숙경공주의 집이 도성의 번화가에 있다는 말이다. 곡부는 노(魯)나라의 수도였으므로, 여기서는 도성을 의미한다.

188 천 명의……일고 : 목수들이 부지런히 일하는 모습을 읊은 것이다. 영장지근(郢匠之斤)은 초(楚)나라의 장인 장석(匠石)과 관련된 고사이다. 57쪽 각주119 참조.

189 만 명의……울리네 : 많은 사람들이 집 짓는 광경을 형용한 것이다. 저양(雎陽)은 양효왕(梁孝王)이 쌓은 저양성(雎陽城)을 의미하며, 성을 쌓을 때 공이 소리에 맞춰 제창하고 화답한 〈저양곡(雎陽曲)〉의 고사가 있다. 49쪽 각주91 참조.

190 두 들보……있으며 : 새 집의 완공을 축하하는 말이 없을 수 없다는 말이다. 진(晉)나라 헌문자(憲文子)가 저택을 신축하여 준공하자 대부들이 가서 축하할 때, 장로(張老)가 축원한 고사가 전한다. 49쪽 각주90 참조.

191 백 개의……그만두랴 : 집의 완공을 축하하는 노래를 하지 않을 수 없다는 말이다. 〈사간(斯干)〉은 집을 새로 지어 낙성식의 잔치를 벌이며 송축한 《시경》의 편명이다.

들보를 동쪽으로 던져라 拋樑東
팔달의 붉은 대문 큰 길 가운데 있구나 八達朱門大道中
궁궐의 새벽 종소리에 문 열고 바라보니 金闕曉鍾擠戶望
화려한 처마 높아 붉은 상서로운 구름 보이네 華簷高捧靄雲紅

들보를 서쪽으로 던져라 拋樑西
버들 그늘 깊은 곳에 낮 닭이 우는구나 楊柳陰深過午鷄
장막 올린 굽은 성에 비췻빛 경치 저물고 捲幔曲城蒼翠晩
창에 머금은 햇볕 사람 향해 나직하네 窓含日影向人低

들보를 남쪽으로 던져라 拋樑南
우뚝한 흰 집에 자색 노을 둘렀네 白閣亭亭鎖紫嵐
옥 난간에서 한가로이 풀싸움하니 試向玉欄閒鬪草
섬돌에 비치는 봄빛 온통 의남초로다[192] 映階春色摠宜男

들보를 동쪽으로 던져라 拋樑北
백록[193]의 송림 천 척이나 곧구나 白麓松林千尺直
상설 속에도 만고의 위용 길이 머금었으니 霜雪長含萬古容

26쪽 각주32 참조.

192 섬돌에……의남초(宜男草)로다 : 섬돌 주위에 의남초가 가득 자란 모습을 읊은 것으로, 숙경공주 내외의 자손이 번성하기를 바라는 말이다. 의남(宜南)은 풀이름으로, 훤초(萱草)라고도 하는데, 옛날에 임신한 부인이 허리에 차고 다니면 아들을 낳는다고 믿었다 한다.

193 백록(白麓) : 백악산(白岳山), 즉 북악산을 가리키는 것으로 보인다.

상서로운 빛이 항상 이궁의 곁에 맴도네　祥光每繞離宮側

들보를 위로 던져라　抛樑上
하늘에 밝은 해 지나가니 봄 풍경 아름답다　白日行空麗春望
짙은 호박[194] 빛 천장에 선명하고　琥珀光濃藻井鮮
온화한 용향묵 향기 부용 장막에 맴도네　龍香氣煖芙蓉帳

들보를 아래로 던져라　抛樑下
수탄[195]이 금 화로에 밤마다 피어나네　獸炭金爐薰夜夜
안개가 성 덮을 제 새벽꿈 깨어　霧壓朱城曉夢回
은 술병 곁에 누워 조구에 쏟아지는 물소리 듣네　銀壺臥聽槽溝瀉

삼가 바라건대 상량한 뒤에　伏願上樑之後
군평의 주렴 아래　君平簾下
지기석이 항상 새롭고[196]　支機之石常新

194 호박(琥珀) : 송진이 땅속에 들어가서 천 년이 지나면 복령(茯苓)이 되고, 다시 천 년이 지나면 귀한 화석(化石)이 되어 호박으로 변한다고 한다. 참고로 소식(蘇軾)의 시에 "복령을 캐는 사람 아무도 없어, 천년 세월 지나 호박으로 변했네.〔茯苓無人采, 千歲化琥珀.〕"라는 말이 나온다.《東坡詩集 卷23 與正輔遊香積寺》

195 수탄(獸炭) : 석탄을 가루로 만들어 짐승 모양으로 뭉쳐 놓은 것인데, 도성의 호귀가(豪貴家)들이 이것을 가지고 술을 데워 마셨다는 고사가 전한다.《晉書 卷93 外戚列傳 羊琇》

196 군평(君平)의……새롭고 : 숙경공주 내외의 집이 언제나 튼튼하기를 기원한 말이다. 군평은 전한(前漢)의 은사(隱士) 엄준(嚴遵)의 자이다. 지기석(支機夕)은 직녀의 베틀을 괴던 돌이다. 48쪽 각주87 참조.

무자의 섬돌 앞에	武子階前
편날의 금이 의구하기를[197]	編埒之金依舊
노을 휘장과 달빛 장막에	霞幬月幌
취굴의 맑은 향이 어리고[198]	凝聚窟之淸香
아름다운 연못에	粉沼脂塘
전가의 상서로운 기운이 얽히기를	繞全家之瑞氣
제을이 누이 시집보냄을 이어	襲帝乙之歸妹
봉황이 날고[199]	鳳凰于飛
태인의 점괘 받아	膺太人之推占
곰과 담비가 꿈에 들어오기를[200]	熊羆入夢

197 무자(武子)의……의구(依舊)하기를 : 숙경공주 내외의 집이 영원히 보존되고 부귀를 누리기 바란다는 말이다. 무자는 진 무제(晉武帝)의 딸 상산공주(尙山公主)와 결혼한 왕제(王濟)를 가리킨다. 43쪽 각주72 참조.

198 노을……어리고 : 숙경공주 내외의 화목을 기원한다는 말이다. 서해(西海)의 먼 바다 속에 있는 취굴주(聚窟洲)에 반혼수(返魂樹)라는 나무가 있는데, 이 나무의 뿌리에서 채취한 향의 냄새를 맡으면 죽은 자도 바로 살아난다는 전설이 있다. 《海內十洲記》

199 제을(帝乙)이……날고 : 숙경공주 내외가 복을 받고 화목하기를 기원한다는 말이다. 《주역》 〈태괘(泰卦) 육오(六五)〉에 "제을이 누이를 시집보냄이니, 이로써 복을 받으며 크게 선하여 길하리라.〔帝乙歸妹, 以祉元吉.〕"라고 하였고, 〈귀매괘(歸妹卦) 육오(六五)〉에 "제을이 누이를 시집보내는데, 군의 소매가 언니의 소매의 아름다움만 못하고, 달이 거의 보름이 되었으니 길하리라.〔帝乙歸妹, 其君之袂, 不如其娣之袂良, 月幾望吉.〕"라고 하였다. 한편, 《시경》 〈권아(卷阿)〉에 "봉황이 나니, 그 깃을 퍼덕인다.〔鳳凰于飛, 翽翽其羽.〕"라고 하였는데, 이는 부부의 금실이 좋음을 비유한 것이다.

200 태인(太人)의……들어오기를 : 숙경공주 내외의 자손이 번성하기를 기원한 말이다. 《시경》 〈사간(斯干)〉에 "태인이 꿈을 점치니, 곰과 큰 곰 꿈은 아들을 낳을 조짐이고, 큰 뱀과 뱀의 꿈은 딸을 낳을 조짐이네.〔大人占之, 維熊維羆, 男子之祥, 有虺有蛇,

애오라지 하관에서 노래 드날려	聊揚徽於下管
중규에 하례를 올리네[201]	庸獻賀於中閨

女子之祥.〕"라고 하였다.

201 애오라지……올리네 : 상량문을 지어 새 집의 완공을 축하한다는 말이다.

잠 箴

천명의 근원을 말하는 잠
原命箴

사람과 만물의 삶이	人物之生
있는 듯 없는 듯 하지	若存若亡
와서 주선할 때는	來之斡旋
부산하고 번잡하여	擾擾穰穰
없어도 이미 잃은 것이 아니고	無非已失
있어도 이미 간직한 것이 아니지	有非已藏
이미 흩어지는 데 이르러서는	及其旣散
끝없이 망막하니	浩乎芒芒
기는 떠올라 고요해져	氣浮而靜
하늘과 함께 밝게 빛나지	與天昭光
잠들지도 말고 깨지도 말아	不寢不寤
담담하게 오래도록 지속해야	湛然久長
거의 하나를 지켜	庶幾守一
큰 떳떳함에 맞으리라	合乎大常

명 銘

일본국 일광사의 등롱명[202] 병서○응제
日本國日光寺燈籠銘 幷序○應製

일본의 선대군(先大君)이 그의 선조 대권현(大權現)을 위하여 크게 일광도량(日光道場)을 열었는데, 금대군(今大君)도 선대군을 위하여 절을 건립하고[203] 육시(六時)[204]마다 공양을 바치고 온갖 도구를 갖추

202 일본국 일광사의 등롱명 : 1642년(인조20)에 일본 일광산의 사당이 준공되자, 일본에서 사신을 보내와 조선 임금의 어필과 시문을 받아가기를 요청하였다. 이에 의창군(義昌君) 이광(李珖)이 큰 글씨로 '일광정계(日光淨界)'라는 편액을 쓰고 종을 주조하여 보내게 하였다. 여기에 이명한(李明漢)이 서(序)를 짓고 이식(李植)이 명(銘)을 짓고 오준(吳竣)이 글씨를 썼다. 또 최명길(崔鳴吉)·이식·홍서봉(洪瑞鳳)·이명한·이성구(李聖求)·이경전(李慶全)·신익성(申翊聖)·심기원(沈器遠)·김시국(金蓍國) 등이 시를 지었다. 《仁祖實錄 20年 2月 18日》

203 일본의……건립하고 : 선대군(先大君)은 일본 에도 막부의 초대 쇼군인 덕천가강(德川家康, 1543~1616)의 아들 덕천수충(德川秀忠)을 가리킨다. 대권현(大權現)은 덕천가강을 신격화하여 일컫는 말이다. 금대군(今大君)은 덕천수충의 아들인 덕천가광(德川家光)을 가리킨다.

204 육시(六時) : 불교에서 말하는 낮 세 때〔晝三時〕와 밤 세 때〔夜三時〕를 합친 것으로, 낮은 신조(晨朝), 일중(日中), 일몰(日沒)이고, 밤은 초야(初夜), 중야(中夜), 후야(後夜)이다. 이때마다 예불(禮佛)을 한다. 《阿彌陀經》

어 놓았다. 우리가 이웃 나라로서 지극한 효성을 아름답게 여겨 적금(赤金)으로 등롱(燈籠)을 주조하여 제사 지내는 일에 쓰게 하니, 신령스런 빛이 환하게 빛나 청정한 시방세계를 두루 비추었다. 이에 시종신(侍從臣)에게 명하여 명(銘)을 짓게 하였다. 시는 다음과 같다.

깨달음의 길은 한결같이 멀기만 하니 覺路一遠
어두운 거리는 칠흑과도 같네 昏衢如漆
이에 자비로운 등 만들어 乃設慈燈
불일[205]을 대체하였네 用替佛日
구리로 등롱 만들어 範銅作籠
매달아 걸었네 有揭其懸
신령한 빛을 도와 발하니 助發神光
널리 법연을 비추도다 廣照法筵
위로 제천으로부터 上自諸天
아래로 십지[206]까지 통한다네 下徹十地
영험한 빛이 휘황찬란하여 靈耀焜煌

205 불일(佛日) : 불교에서 부처의 경칭(敬稱)으로 쓰는 말이다. 즉 부처의 광대한 법력(法力)으로 중생을 널리 제도(濟度)하는 것이 마치 태양이 대지(大地)를 두루 비추는 것과 같다 하여 부처의 덕을 태양에 비유한 것이다.

206 십지(十地) : 불교에서 말하는 수행의 단계와 그 경지를 뜻하는데, 성문(聲聞)·연각(緣覺)·보살(菩薩)·불(佛)의 십지가 각각 있으나, 보통은 대승 보살(大乘菩薩)의 십지, 즉 《화엄경(華嚴經)》의 〈십지품(十地品)〉에 나오는 환희지(歡喜地)·이구지(離垢地)·발광지(發光地)·염혜지(焰慧地)·난승지(難勝地)·현전지(現前地)·원행지(遠行地)·부동지(不動地)·선혜지(善慧地)·법운지(法雲地)를 가리킨다.

사방을 비춰 널리 퍼지네 　四燭旁被
효심과 그리움이 끝이 없어 　孝思無方
명복을 이에 빌어 올리니 　冥福是薦
사찰을 길이 밝히며 　寶坊長明
해처럼 영원히 구르리라 　金輪永轉

마니석 벼루의 명
摩尼石硯銘

검푸른 빛깔에 문채도 있고	黝而文
은은하면서도 광채가 나네	闇而光
속은 단단하고 겉은 온화하며	中剛外溫
둥글면서도 모났네	旣員旣方
곧음 지녀[207] 빛나지 않지만	居貞不耀
발하게 되면 휘황하게 빛나네	其發煌煌
나와 짝해 그윽한 데에 처하니	配我處幽
세월 다하도록 사이좋게 함께하리라	卒歲偕臧

207 곧음 지녀 : 벼루의 성질을 말한 것이다. 거정(居貞)은 정도(正道)를 준수한다는 뜻으로, 《주역》 〈이괘(頤卦) 육오(六五) 상(象)〉에 "정하게 처신하여 길함은 순하게 윗사람을 따르기 때문이다.〔居貞之吉, 順以從上也.〕"라고 하였다.

전 傳

포구주자전 정해년(1647, 인조25)[208]

浦口舟子傳 丁亥

정축년(1637, 인조15) 정월 21일 오랑캐들이 갑곶(甲串)[209]의 동쪽 해안에 이르자, 강도(江都)는 혼란에 빠졌다. 금상(今上)께서 당시 봉림대군(鳳林大君 뒷날의 효종(孝宗))이셨는데, 여러 재신(宰臣)들에게 이르기를 "공들 가운데 한 사람이 먼저 가서 적정(賊情)을 살펴보시오."라고 하셨지만, 좌우의 신하들 가운데 나서는 사람이 없었다. 나는 속으로 그들을 비루하게 여기면서 대답하기를 "제가 먼저 나가 보겠습니다. 다만 장신(張紳)[210]이 수군과 육군을 모두 광성진(廣城津)[211]에 집결시켰습니다. 제가 적정을 살필 수는 있겠으나, 지키는

208 정해년(丁亥年) : 1647년(인조25)이다. 이 글은 1636년 병자호란이 발생한 뒤인 1637년에 강화도가 함락될 당시의 일을 다루고 있다. 이 글에서 금상(今上)과 봉림대군(鳳林大君)을 동일 인물로 설정하고 있으므로, 금상은 효종(孝宗)을 가리킨다. 그러므로 정해년이라고 한 것이 오류이거나, 10년 전의 일을 추억하여 지은 것으로 보인다.

209 갑곶(甲串) : 지금의 인천광역시 강화군 강화읍 갑곶리이다.

210 장신(張紳) : ?～1637. 본관은 덕수(德水), 자는 현국(顯國), 호는 취애(翠崖)이다. 병자호란 당시 강화 유수(江華留守)였다.

일은 군사가 없으니 어찌한단 말입니까?"라고 하였다. 대군(大君)[212]께서 말씀하시기를 "공은 다만 가서 상황을 살펴보고 보고하시오. 내가 병사들을 모아 뒤따라 달려가겠소."라고 하셨다. 나는 곧바로 일어나 말을 달려 갑곶 도청(甲串都廳)에 도착하였다. 당시 어두운 밤이었기 때문에 다만 물 건너에서 깜빡이는 적진의 불빛만이 보일 뿐이었다. 나는 본 내용을 작은 종이에 직접 써서 보고하였다.

동이 틀 무렵에 적들의 털 장막 대여섯 줄이 문수산(文殊山)[213] 아래에 있었고, 곳곳에서 밥 짓는 연기가 피어났다. 사시(巳時) 쯤 되었을 때, 적들이 대포로 서쪽 해안을 연이어 폭격하니, 흙과 돌이 부서졌다. 앞에는 작은 배 수십 척을 띄워 장차 건너올 형세였다. 조금 있다가 대군께서 도착하셨고, 재상 김상용(金尙容),[214] 판서 이상길(李尙吉),[215] 판서 조익(趙翼),[216] 동지 여이징(呂爾徵),[217] 참의 유성증

211 광성진(廣城津) : 현재의 인천광역시 강화군 불은면에 있다.

212 대군(大君) : 상(上)은 임금 곧 효종(孝宗)를 가리킨다. 이 글을 쓸 때 효종이 재위하고 있었으므로 이렇게 표현했으나, 글의 내용은 강화도에 있을 당시의 일을 말하고 있으므로, 여기서 상은 강화도에 피란했던 봉림대군을 가리키기에 대군이라 풀이하였다.

213 문수산(文殊山) : 현재의 경기도 김포시 월곶면에 있으며, 강화도의 갑곶과 마주하고 있다.

214 김상용(金尙容) : 1561~1637. 본관은 안동(安東), 자는 경택(景擇), 호는 선원(仙源)·풍계(楓溪)·계옹(溪翁)이다. 1636년(인조14) 병자호란 때, 묘사(廟社)의 신주를 받들고 빈궁(嬪宮)과 원손(元孫)을 수행해 강화도에 피난했다. 이듬해 성이 함락되자, 성의 남문루(南門樓)에 있던 화약에 불을 지르고 순절하였다. 《樂全堂集 卷14 右議政金公諡狀》

215 이상길(李尙吉) : 1556~1637. 본관은 벽진(碧珍), 자는 사우(士祐), 호는 동천(東川)이다. 병자호란 당시 묘사의 신주를 모시고 강화도에 들어갔다가, 1637년(인조15) 운명하였다. 《潛谷遺稿 卷11 資憲大夫工曹判書贈左議政李公諡狀》

(兪省曾),[218] 헌납 이일상(李一相),[219] 전적 이행진(李行進)[220] 등 10여 명도 이어서 도착하였다. 충청도 수영(水營)의 전함(戰艦) 7척은 급류에 정박하여 갑자기 제어할 수 없었다. 본부(本府)의 수군 소속 27척의 배는 광성진에서 조수를 타고 북쪽으로 올라왔는데, 조수가 밀려나가자 전진하지 못하였다.

이때 본부의 중군(中軍) 황선신(黃善身)[221]이 광성진에서 비로소 육군 113명을 이끌고, 개펄에서 저지하며 멀리 돌아서 왔다. 겨우 봉우리 정상에 올라서서 미처 전열을 정비하지도 못했는데, 적선(賊船)은 이미 중류를 지나고 있었다.[222] 대군께서 내게 일러 말씀하시기를 "공은 여기에 머물러 있으시오. 내가 군사들을 더 모아서 오겠소."라고 하시며, 말을 달려 부중(府中)으로 돌아가셨고, 여러 재신(宰臣) 이하의 사람들도 흩어졌다.

216 조익(趙翼) : 1579~1655. 본관은 풍양(豐壤), 자는 비경(飛卿), 호는 포저(浦渚), 시호는 문효(文孝)이다. 《宋子大全 卷162 浦渚趙公神道碑銘 幷序》

217 여이징(呂爾徵) : 1588~1656. 본관은 함양(咸陽), 자는 자구(子久), 호는 동강(東江)이다.

218 유성증(兪省曾) : 1576~1649. 본관은 기계(杞溪), 자는 자수(子修), 호는 우곡(愚谷)이다. 《白軒集 卷42 江原道觀察使兪公神道碑銘》

219 이일상(李一相) : 1612~1666. 본관은 연안(延安), 자는 함경(咸卿), 호는 청호(青湖)이다. 《芝村集 卷23 伯父青湖府君墓誌》

220 이행진(李行進) : 1597~1665. 본관은 전의(全義), 자는 사겸(士謙), 호는 지암(止菴)이다. 《老村集 卷5 嘉善大夫吏曹參判止庵李公墓表陰記》

221 황선신(黃善身) : 1570~1637. 본관은 평해(平海), 자는 사수(士修)이다.

222 적선(賊船)은……있었다. : 청나라 전함이 김포 월곶 쪽에서 강화도로 진격하여 바다의 중간 지점을 지나고 있다는 말이다.

그때 나는 그대로 갑곶 도청의 북쪽 언덕에 있었는데, 적들이 배를 댄 곳과는 겨우 4, 5십 보 밖에 떨어져 있지 않았다. 적들은 재빠르게 본부의 군사를 무찌르려고 곧장 진격하여 성으로 접근하기 위해 갑옷을 걷어붙이고 재빨리 달려가느라 우리 일행을 무시한 채 지나쳐 곧장 황선신의 군대와 마주쳤는데, 황선신의 군대는 패하고 말았다. 잠시 뒤에 언덕 위는 텅 비어 적들이 없었고, 내 수하에는 오직 편비(偏裨) 전득추(田得秋)와 최상원(崔尙元), 배리(陪吏) 두 사람, 소서(小胥) 한 사람, 노비 한 사람만이 말을 잡고 곁에 있었다. 부내(府內)로 돌아가려 해도 적의 많은 병사들이 길을 가로막고 있었고, 내가 있던 곳은 삼면이 물로 막혀 있어 한 발짝도 움직일 수 없었다. 푸른 바다가 눈앞에 있고 날카로운 칼이 허리에 있으니, 물에 빠져 죽거나 칼로 자결하여 오직 죽는 길밖에 없었다.

이윽고 스스로 생각해 보니, 강화도 땅은 내가 지킬 책임이 없고 병사는 내가 지휘할 권한이 없었다. 또 수륙의 방비를 장신에게 전적으로 위임하니 간섭하는 문제가 없게 하라는 임금의 중지(中旨)를 두 차례나 받았으니,[223] 나에게는 죽을 책임이 없었다. 그러나 적들 속에 홀로 서 있는 신세였으므로 조만간 적의 칼을 맞아 죽게 될 상황이었고, 해주(海舟)[224]는 너무 멀리 있어서 갈 수 없었으니, 마침내 죽음만

223 수륙의……받았으니 : 중지(中旨)는 임금이 조정을 거치지 않고 직접 어필로 써서 내린 명령을 말한다. 여기서는 무인 최상원(崔尙元)이 남한산성으로부터 밀랍으로 봉한 글을 가지고 온 일과 이름을 기억할 수 없는 승려가 남한산성에서 명령서를 가지고 온 일을 가리킨다.《東州集 文集 卷1 答鄭判書書》

224 해주(海舟) : 바다에 떠 있는 배라는 뜻이나, 문맥의 흐름이나 정황으로 추론해 볼 때, 장신이 거느리고 있던 수군의 배를 이르는 것으로 보인다. 당시 장신은 수군의

이 있을 뿐이었다.

정오를 지날 무렵, 얼핏 보니 방석만 한 작은 배가 부(府)의 남쪽 고속포(古束浦) 쪽에서 내려오고 있었다. 한 아이가 노를 잡고 있었는데, 나이는 17, 8세 정도이고 용모는 조심스럽고 순박해 보였으며, 배 안에는 다른 아무것도 없었다. 종자(從者)가 배를 부르자, 배를 저어 해안에 대주었으므로, 드디어 배에 올라 해주(海舟)에 도달할 수 있었다. 그러나 다급한 나머지 노를 잡았던 아이가 누구인지 물을 겨를조차 없었다. 잠시 후 바다를 두루두루 둘러보았으나 오가는 작은 배가 하나도 없었으니, 끝내 그 배가 어디로 갔는지 알 수 없었다.

한창 위급할 때, 병 하나만 얻어도 목숨을 의탁해 구할 수 있다면, 사람들은 천금을 다투는 것보다 더 심하게 그 병을 얻기 위해 다툴 것이다. 성 밖으로부터 포구까지 십 리 길에 해안을 끼고 살기 위해 도망치는 사람들이 얼마나 많았겠는가. 하지만 이 배가 지나가는 것을 보고도 목숨을 구걸하며 태워달라는 사람이 하나도 없었으니, 대단히 괴이한 일이었다. 포구까지 십 리 길에 오랑캐들이 말을 타고 해안을 끼고 달리면서 백성들을 노략질한 것이 얼마나 많았겠는가. 앞서 달려가는 사람을 쫓아가 잡을 수 없으면 마치 짐승을 사냥하듯 활을 쏘아 죽였는데, 이 배가 지나가는 것을 보고 일찍이 화살 한 발 쏘는 사람이 없었으니, 더욱 괴이한 일이었다.

배를 몰아 중류에 있으면서 진실로 해안 가까이 다가가는 것을 두려워했다면, 비록 도끼와 톱을 들고 협박하고 금과 비단으로 유혹한다고

대장으로 큰 배에 올라 바닷가에 정박하고 있었으나, 조수가 밀려가서 물이 얕다는 이유로 배를 진격시키지 않고 있었다.

하더라도, 어찌 기꺼이 뱃머리를 돌려 남을 도우려는 사람이 있겠는가. 어떤 사람과 평소 친분도 없고 돌봐 주는 은혜도 없었다면, 엄격한 지시로도 죽음을 막을 수 없고, 많은 이끗으로 회유해도 목숨을 살 수 없는 것이다. 그런데도 쌓인 시체 가운데 피를 흘리는 몇 사람이 손을 들어 한 번 부르자마자 마치 명령을 받고 기한 내에 달려오듯이 서둘러 와서 맞아 주었다. 아아, 이것이 어찌 사람의 힘으로 할 수 있는 일이겠는가.

가령 그 사람이 귀신이었다면, 비록 천둥 번개가 몰아치는 위급한 때라도 사람의 생사(生死)는 각각 반드시 주장하는 것이 있어서, 살 수 없는 사람을 살게 한 것이다. 가령 그 사람이 진짜 사람이었더라도, 또한 묵묵히 지켜 주고 곡진히 보전해 주려는 신령의 마음에서 나와, 마땅히 죽어서는 안 되는 죽음을 죽지 않게 해 준 것이 매우 분명하다.

이윽고 해주(海舟) 위에서 일렁이는 물결을 굽어보니, 떨어진 나뭇잎과 떠다니는 감처럼 작은 물건이라도 낱낱이 세고 하나하나 헤아릴 수 있을 정도로 시계(視界)가 좋았다. 그러나 원근 수십 리에 끝내 조각배 그림자조차 볼 수 없었으니 더욱 이상한 일이었다. 갑곶의 북쪽 언덕에 있을 때, 저 사람의 배를 타면 살고 타지 못하면 죽게 되는 처지였다. 탄다면 다행히 목숨을 보전하고 몸을 온전히 할 수 있지만, 타지 못한다면 목이 잘려 나가고 개펄을 피로 물들일 수 있는 상황이었다. 그런데 지금까지 뻔뻔한 얼굴로 사람 행세를 하며 천지 사이에서 금수(禽獸)처럼 살아가는 것은 과연 누가 베풀어 준 것인가. 내가 그때는 다급한 나머지 노를 젓던 사람이 누구인지 물어볼 겨를이 없었지만, 밥을 먹을 때마다 기도하기를 "포구주자"라고 한다.

부 賦

남정부 병서
南征賦 幷敍

예전에 동정(東征), 서정(西征), 북정(北征) 등의 부(賦)는 있었지만 남정부(南征賦)는 없었으니, 어쩌면 나를 기다린 것인가.

내가 갑자년(1624, 인조2)에 능력도 없으면서 영남 관찰사가 되어 각 고을의 풍속을 모두 살펴보고, 그 지역의 풍토(風土)가 진실로 아름다운 것을 가상하게 여겼다. 선비들은 모두 겸양(謙讓)의 태도가 잘 갖추어져 있었다. 그 고을에 현달한 선배들이 있는지 물어보니, 또한 세상에 이름난 대가(大家)들이 많았다. 오현(五賢) 선생[225]이 동방의 해와 달이 되어 몽매한 후학들을 깨우쳐 주신 것은 말할 것도 없고, 마을마다 뛰어난 선비들이 있음을 입이 마르도록 자랑하고, 지금까지도 마음속에 흔쾌히 아로새기고 있었으니, 이들이 선배들에게서 본받은 것이 있음을 알 수 있었다. 그 지역에는 또한 시의 재료가 될 만한 유적과 기록이 매우 많았다. 산천(山川)과 영악(嶺嶽)의 뛰

225 오현(五賢) 선생 : 김굉필(金宏弼), 정여창(鄭汝昌), 조광조(趙光祖), 이언적(李彦迪), 이황(李滉)을 가리킨다.

어난 경치는 맑고 그윽하며 툭 트이고 멀리까지 뻗어서 눈과 귀를 즐겁게 하고 성정(性情)을 도야(陶冶)시킬 만하였다. 푸른 바다에 가서 일출을 보는 데 이르러서는 사마장경(司馬長卿)이 〈자허부(子虛賦)〉에서 펼쳐낸 자랑거리는 하루아침에 보잘것없는 것이 되어 버렸다.[226] 서둘러 창과 벽 사이에 종이와 붓을 마련하여 좌태충(左太沖)의 성대한 일[227]을 모방하여 영남 지방을 드러내려고 하였으나, 공무는 바쁘고 재주는 모자라 세월만 보내며 실행으로 옮기지 못하였다. 지금 다행히 강원도 관찰사가 되어 공무의 여가에 지난 시절 지나가면서 눈으로 보고 기억했던 것들을 차례로 엮어서 자문에 대비한다. 그러나 대부의 능사(能事)가 아닌 것을 가지고 장부(壯夫)의 경계를 어겼으니, 집안사람이 장독 덮개로 쓰는 것을 면하지 못할 것이다.[228]

226 푸른……버렸다 : 동해에서 본 일출의 장관이 비견될 것이 없을 만큼 아름다웠다는 말이다. 장경(長卿)은 전한(前漢)의 문장가 사마상여(司馬相如)의 자이다. 〈자허부(子虛賦)〉는 그의 대표적인 작품으로, 초나라 운몽택(雲夢澤)의 거대함과 풍물의 아름다움이 묘사되어 있다.

227 좌태충(左太沖)의 성대한 일 : 서진(西晉)의 좌사(左思)가 〈삼도부(三都賦)〉를 지었던 것을 말한다. 태충은 좌사의 자이다. 좌사가 10년을 구상하여 지은 〈삼도부〉는 낙양(洛陽)의 지가(紙價)를 올렸다는 말을 들을 정도로 유명하였다.

228 그러나……것이다 : 글이나 지어 남기는 것이 높은 벼슬아치의 자랑거리가 아니라는 겸사이다. 한(漢)나라 양웅(揚雄)의 《법언(法言)》 권2 〈오자(吾子)〉에 어떤 사람이 "그대가 젊어서 부를 좋아하였는가.〔吾子少而好賦〕"라고 묻자, 양웅이 "그렇다. 동자 시절에 조충전각과 같은 일이었다.〔然. 童子雕蟲篆刻.〕"라고 하고, 잠시 뒤에 다시 "장부가 할 일이 아니다.〔壯夫不爲也〕"라고 말한 내용이 보인다. 부부(覆瓿)는 장독의 뚜껑인데, 유흠(劉歆)이 양웅의 《법언》을 보고 "나는 후대의 사람들이 장독을 덮는 데 쓰지나 않을까 염려된다.〔吾恐後人用覆醬瓿也〕"라고 했던 고사가 전한다. 《漢書 卷87下 揚雄傳》

훌륭한 성인이 큰 공덕을 창조하여　粵玄聖之洪造兮
동방에 자리잡아 나라 열고[229]　跨震維而啓疆
자손들 널리 퍼지니　胤柯條之布濩兮
거룩하게 선원에서 흘러나왔네[230]　皇導流于璿潢
세대가 멀수록 점차 빛나더니　世逾遠而寖光兮
사마에 이르러 크게 드러나고[231]　逮司馬以龍驤
아름다운 명성을 길이 이어　懿烈聞之永嗣兮
옥 같이 맑은 덕 밝게 드날렸네　輝玉潔而明揚
선대가 쌓은 음덕으로 하늘이 복을 주어　載世德而錫羡兮
내가 명을 받아 상서로움 이었네　台受命以襲祥
북두성 자루가 맹추를 가리킬 때[232]　魁杓紀乎孟陬兮
어머니 꿈을 꾸시고 아버지 점을 치시니　妣發夢而考貞

229 훌륭한……열고 : 조선 태조(太祖)가 왕조를 창업했다는 말이다. 진유(震維)는 동방(東方)을 가리킨다. 《주역》 문왕 팔괘(文王八卦)에서 진괘(震卦)는 방위로 동쪽에 해당한다.

230 자손들……흘러나왔네 : 조선 왕족의 후손이 널리 퍼졌다는 말이다. 이민구가 태종(太宗)과 효빈(孝嬪) 김씨(金氏) 사이에서 태어난 경녕군(敬寧君)의 후손으로, 전주 이씨(全州李氏)이기에 한 말이다.

231 세대가……드러나고 : 이민구는 경녕군의 후손으로, 5대조는 모양군(牟陽君) 이직(李稙), 고조는 선사군(仙槎君) 이승손(李承孫), 증조는 하동군(河東君) 이유(李裕)이다. 그의 조부 이희검(李希儉)에 이르러 처음으로 과거에 급제하여 관직이 병조판서(兵曹判書)에 이르렀다. 조부에 이르러 관직에 나아가게 되었기 때문에 이렇게 말하였다.

232 북두성……때 : 이민구가 태어난 때를 말하는 것이다. 맹추(孟陬)는 정월을 의미한다. 이민구는 1월 14일에 태어났다.

구고의 신령스러운 새가[233]	曰九皐之靈禽兮
귀한 집에 날아들어 난간에 머물고	萃丹戺而稽衡
계수나무가 곱게 꽃 피우고	桂樹婀娜以敷榮兮
구름이 뭉게뭉게 휘장에 내렸다네	雲霏霏而承幄
내가 이미 이처럼 좋은 조짐을 크게 받고	余旣弘此俶曜兮
거기다가 꽃다운 은혜까지 거듭 더해졌으니[234]	又重之以芳澤
형악에서 야광주를 캐낸 것이	掇夜光於荊岳兮
황하에서 구슬을 일어 낸 듯하였지[235]	淘玉英於河源
여러 향초 섞어 성대한 예복 지었으니	雜群芳以袨服兮
어찌 오직 초나라의 난초 뿐이겠는가[236]	豈惟楚國之蘭蓀
풍운에 의지하여 높이 일어서니	託風雲而高擧兮
봄볕이 아직 저물지 않았을 때였고[237]	及春陽之未暮

233 구고(九皐)의 신령스러운 새가 : 《시경》 〈학명(鶴鳴)〉에 "학이 구고에서 울면 소리가 하늘에 들린다.〔鶴鳴于九皐, 聲聞于天.〕"라고 한 것을 원용한 것이다.

234 내가……더해졌으니 : 이민구의 어머니가 상서로운 태몽을 꾼 뒤에 이민구를 낳았고, 이민구가 태어난 뒤에는 부모님의 사랑을 받으며 성장했다는 말이다.

235 형악(荊岳)에서……듯하였지 : 초(楚)나라 형산(荊山)에서 야광주(夜光珠)를 얻은 것이 황하에서 구슬을 일군 것과 같다는 말로, 덕성과 소질을 잘 닦았다는 뜻이다.

236 여러……뿐이겠는가 : 굴원(屈原)의 〈이소경(離騷經)〉에 "기하를 마름질하여 저고리를 짓고, 부용을 모아서 치마를 짓네.〔製芰荷以爲衣兮, 集芙蓉以爲裳.〕"라고 하였고, 또 "아침에는 모란의 이슬방울 받아 마시고, 저녁에는 가을 국화 떨어진 꽃잎 주워서 먹네.〔朝飮木蘭之墜露兮, 夕餐秋菊之落英.〕"라고 하였는데, 이러한 고결함보다 이민구 자신이 못하지 않다는 말이다.

237 풍운(風雲)에……때였고 : 이민구가 일찍 출세했음을 말한다. 《주역》 〈건괘(乾卦) 문언(文言)〉에 "구름은 용을 따르고, 바람은 범을 좇는다.〔雲從龍, 風從虎.〕"라고 하였다.

금마문에 들어와 관적에 이름 올리니　入金馬而通籍兮
용문에 올라 발걸음 당당하였지[238]　跋龍門以布武
어찌 짙은 구름이　何蓊浡之浮雲兮
밝은 해를 가리는가　掩白日之昭昭
임금의 총명하지 못함 한하노니　恨靈脩之不聰兮
오직 당인의 말만 따랐지[239]　惟黨人之是要
단구의 어린 봉황도　鳳凰丹丘之弱羽兮
멀리 가기 위해 힘을 기를 줄 아는데　亦知夫遠逝而增厲
하물며 고요하고 종요로운 현사가　況賢士之靜約兮
무턱대고 행동하여 거듭 가려지게 하겠는가　可冥行而重蔽
궁액을 만나매 수행을 좋아하였으니　謇處阨而好脩兮
장차 화평함으로 세상 마치려 하였지　將以愉乎畢世
단정한 무명옷 걸치고　披毛褐之襜襜兮
기다란 호승을 매고서[240]　綰胡繩之纚纚

238 금마문(金馬門)에……당당하였지 : 이민구가 관직에 나아갔다는 말이다. 금마문은 한(漢)나라 미앙궁(未央宮)의 문으로, 인재들이 이 문에서 대기하다가 벼슬에 임명을 받는다는 고사가 있다.

239 임금의……따랐지 : 광해군(光海君)의 혼란한 정치를 말한 것이다. 영수(靈脩)는 신명원견(神明遠見)의 덕을 지닌 사람이란 뜻으로, 군왕(君王)을 상징한다. 굴원이 〈이소(離騷)〉에서 초 회왕(楚懷王)을 가리켜 "영수의 걸걸함을 원망함이여, 끝내 사람의 마음 살펴주지 않는구나.〔怨靈脩之造蕩兮, 終不察夫人心.〕"라고 하였다.

240 단정한……매고서 : 관직에서 물러난 이민구가 초야의 선비로서 지내는 모습을 묘사한 것이다. 모갈(毛褐)은 짐승의 털로 만든 옷이다. 호승(胡繩)은 향초의 이름인데, 굴원(屈原)의 〈이소(離騷)〉에 "계수나무를 들어 난초 꿰어 달고, 호승으로 노끈을 길게 꼬리라.〔矯菌桂以紉蘭兮, 索胡繩之纚纚.〕"라고 하였다.

남겨진 좋은 글 보며 세월 보내니　玩遺寶以愒日兮

하류에서 지내며 끝내 자취 감추려 했지[241]　汩下流而終翳

큰 걱정거리가 진실로 오래가지 않았으니　固殷憂之不長兮

하늘의 뜻 정해지면 사람을 이기지[242]　天有定而勝人

용이 노니는 것에 응하여 때를 만나고　應龍游以逢時兮

갈단새 울어 새벽을 얻었네[243]　鶡鴠鳴而得晨

저 귀뚜라미 같은 미물도　彼蟋蟀之微品兮

시절에 맞춰 울 것을 생각하나니　思應候而振股

진흙길에서 더러워진 높은 관을 빨고　濯泥塗之軒冕兮

조정에 등용된 유생들 반열에 참여하였지[244]　厠揚庭之章甫

반딧불과 촛불의 작은 빛까지도 거두어들이니　收螢燭之炯爝兮

대명의 끝자락 빛을 받았네[245]　承大明之末照

241 남겨진……했지 : 광해군의 혼란한 정치가 계속되므로, 초야에서 인생을 마치려 했다는 말이다.

242 큰……이기지 : 광해군의 혼란한 정치가 오래가지 못하고, 하늘이 뜻을 정해서 인조반정(仁祖反正)이 성공하게 되었다는 말이다. 《사기(史記)》 권66 〈오자서열전(伍子胥列傳)〉에 "사람이 많으면 하늘을 이기지만, 하늘의 뜻이 정해지면 또한 능히 사람을 깨뜨린다.〔人衆者勝天, 天定亦能破人.〕"라고 하였다. 뒤에 소식(蘇軾)이 "사람이 많으면 하늘을 이기지만, 하늘의 뜻이 정해지면 또한 사람을 이긴다.〔人衆者勝天, 天定亦勝人.〕"라는 시를 쓰기도 하였다. 《東坡全集 卷25 用前韻再和孫志擧》

243 용이……얻었네 : 인조반정 뒤에 출사(出仕)하여 자신의 경륜(經綸)을 펼칠 기회를 얻었다는 말이다. 갈단(鶡鴠)은 새 이름이다. 《예기》 〈월령(月令)〉에 "갈단새가 울지 않는다.〔鶡旦不鳴〕"라고 했는데, 정현(鄭玄)의 주에 "갈단은 아침이 오기를 바라는 새이다.〔鶡旦, 求旦之鳥也.〕"라고 하였다.

244 진흙길에서……참여하였지 : 초야에서 지내던 생활을 청산하고 조정의 관리로 나아가게 되었다는 말이다. 장보(章甫)는 유생들이 쓰는 관이다.

그러나 능력 부족하여 아무런 보탬도 되지 못하니 然襪線之莫補兮
변방에 나아가 충성 바치고자 하였건만[246] 願乘邊而自效
사나운 알유를 만나고도[247] 值猰貐之頷頷兮
내가 그 뿔을 부러뜨리지 못했네 余未能乎折角
임금이 치욕 당하면 신하가 죽어야 한다 하니 蓋聞主辱而臣死兮
이 의리 따라 고난의 삶 살려 했는데 循此義以震剝
어이할까 넉넉한 은혜로 何惠風之優渥兮
도리어 허물 있는 죄인을 높이고 총애해 주셨네[248] 反崇尤而寵罪
빛나는 인장과 인끈 차고 褻金朱之煌煌兮

245 반딧불과……받았네 : 인조(仁祖)가 왕위에 오른 뒤에 인재를 널리 등용하므로, 이민구 자신처럼 능력이 없는 사람도 관직에 나아가게 되었다는 겸사이다. 형촉(螢燭)은 반딧불과 촛불이라는 말로 미력(微力)을 뜻하는데, 자신을 비유하는 말로 사용되었다. 삼국 시대 위(魏)나라 조식(曹植)의 글에 "반딧불과 촛불은 하찮은 빛이지만, 해와 달에 광휘를 더하리이다.〔螢燭末光, 增輝日月.〕"라고 하였다. 《曹子建集 卷8 求自試表》 대명(大明)은 인재를 구하는 인조를 비유한 말이다.

246 그러나……하였건만 : 이민구 스스로 자신의 능력이 부족하여 지방으로 나아가 일하고자 하였다는 겸사인데, 여기서는 이괄(李适)의 난 때 도원수 장만(張晩)의 종사관(從事官)이 된 것을 말한 듯하다. 말선(襪線)은 버선을 꿰맨 실이라는 말로, 재주가 부족한 것을 비유한다. 촉(蜀)의 한소(韓昭)는 거문고와 바둑과 글씨와 산수와 활쏘기와 법률을 모두 섭렵하였으나 정밀하지 못하였으므로, 이태하(李台瑕)가 말하기를 "한 팔좌의 재주는 버선 꿰맨 실을 끊어 놓은 것 같아서, 한 가닥도 긴 것이 없다.〔韓八座技藝, 如拆襪線, 無一條長.〕"라고 했다는 고사가 전한다. 《山堂肆考 卷47 才如襪線》

247 사나운 알유(猰貐)를 만나고도 : 알유는 사람을 잡아먹는다고 알려진 전설상의 맹수이다. 여기서는 이괄의 난을 가리킨다.

248 임금이……주셨네 : 이괄의 난이 발생하여 인조가 공주까지 몽진하는 치욕을 겪었으므로 신하의 입장에서는 마땅히 죽어야 하는데, 도리어 경상도 관찰사에 임명되는 은혜를 입었다는 말이다.

펄럭이는 깃발 세우고서[249]	設旍常之旆旆
옥 부절 잡고 지방 살피러 가니	秉玉節而省方兮
혁거세가 다스리던 지역이네	于赫居之四履
도성 나와 한강 건널 때	出國門而濟漢兮
신령스러운 산 바라보며 눈물 훔치고[250]	望神嶽以掩涕
엄숙하고 위엄 있는 대궐 떠올리니	想宸居之肅穆兮
눈에 눈물 글썽이며 시선 머무네	目瀏瀏而凝睇
마음은 간절하게 돌아올 것을 생각하니	魂營營以思返兮
백 리 길 가면서 수없이 마음 날아가는데[251]	行百里而九逝
화려한 도성 등지고	背黃圖之赫戲兮
날마다 달려 지방으로 떠나가네	日駸駸而遙裔
치렁치렁한 고삐를 잡고 달려	攬余轡之瀰瀰兮
충주에 이르러 멈추고	戾中原而言稅
드디어 수레로 달천에 이르러	遂漸車於達川兮
화살 흔들어 원혼 부르노라[252]	欻復矢之冤魄

249 빛나는……세우고서 : 관찰사의 행차를 읊은 것이다. 금주(金朱)는 금인주수(金印朱綬)의 준말로, 고대에 제후가 차던 황금 인장과 붉은 인끈이다. 여기서는 관찰사의 직책을 의미한다.

250 도성……훔치고 : 한강을 건너면서 임금을 생각했다는 말이다. 신악(神嶽)은 대궐 뒤쪽의 산을 가리키는 것으로 보인다.

251 마음은……날아가는데 : 도성으로 돌아가고픈 생각에 마음이 편안하지 못했다는 말이다. 구서(九逝)는 생각이 간절하여 마음이 그쪽으로 향해 가면서 불안한 모습을 말한다.

252 드디어……부르노라 : 충주(忠州)에 가서 신립(申砬)의 군대가 패했던 곳을 방문하고, 그곳에서 전사한 장군의 혼을 부른다는 말이다. 달천(達川)은 충청북도 보은군

장군의 군세는 약하고 적들은 강하여　將軍氣寡而敵彊兮
한 번 패배에 수많은 군사 죽었네[253]　擠萬師於一覆
골짜기를 헤치고 올라　排雙峽以上襄兮
높고 높은 조령을 바라보니　瞓鳥嶺之嶷嶷
산은 하늘에 닿을 듯 높아　山峻高以造天兮
남과 북을 나누어 경계 지었네　區北南而作閾
우거진 숲 아득히 하늘을 가리고　穹林窅而蔽虧兮
길은 구불구불 험하게 막혔도다　路倭遲以阻折
말은 지쳐 움츠린 채 전진하지 못하고　驂連蜷以不進兮
일행은 겁에 질린 눈빛으로 비틀거리네　班迭睢而膠葛
주흘산이 우뚝 정상 드러내니　主屹嶅以表顚兮
멀리서 바라보고 제사하는 곳이라네[254]　云望祀之攸秩
큰 시내를 따라 왼쪽으로 돌자　順洪流而左轉兮
비탈진 산골 마을 보이는데　睨巖邑之斜界
진실로 남방의 부드러운 기풍 강하니　固風氣之南强兮
백성의 풍속 살펴보고 속으로 옳다 여기네[255]　考民俗而內契

속리산에서 발원하여 괴산군을 거쳐 충주시로 흘러드는 하천으로, 탄금대(彈琴臺)를 지난다. 복시(復矢)는 화살을 내저으며 초혼(招魂)하는 것이다. 18쪽 각주17 참조.

253 장군의……죽었네 : 임진왜란 당시 신립이 이끄는 조선군이 충주 탄금대에서 왜군에게 대패한 사건을 읊은 것이다.

254 주흘산(主屹山)이……곳이라네 : 주흘산이 망사(望祀)를 지내는 곳 가운데 하나라는 말이다. 망사는 산천의 신에게 지내는 제사이다.

255 진실로……여기네 : 백성들의 풍속을 살펴보고서 남방의 풍기가 듣던 대로임을 알게 되었다는 말이다. 자로(子路)가 강함에 대하여 묻자, 공자(孔子)께서 "너그럽고

노나라 사람처럼 느긋하고 자질 순박하여[256] 魯人皐而材朴兮
매미처럼 부드럽고 표범처럼 빛나네 而蟬緌以豹炳
마름을 캐서 귀신에게 올리니 採蘋藻而羞神兮
장차 꽃과 이삭도 바치리 將以薦夫苕穎
개미가 봄에 나돌아다니는 것을 보니[257] 觀玄駒之春步兮
교화를 서두르지 않을 수 없음을 알겠네 知不可以後化
함지를 따라 가다가 쉬나니[258] 遵咸池而流憩兮

부드럽게 가르쳐 주고, 무도함에 보복하지 않는 것은 남방의 강함이니, 군자가 여기에 처한다.〔寬柔以敎, 不報無道, 南方之强也, 君子居之.〕"라고 하였다.《中庸章句 第10章》

256 노나라……순박하여 : 경상도 사람들의 성격을 말한 것이다. 노인고(魯人皐)는 《춘추좌씨전》 애공(哀公) 21년 기사에 "노나라 사람들이 느긋하여 몇 해 동안 알지 못한다.〔魯人之皐, 數年不覺.〕"라고 하였는데, 그 주에 "고는 느긋한 것이다.〔皐, 緩也.〕"라고 하였다. 한편 《기보통지(畿輔通志)》 권55 〈하간부(河間府) 노(魯)〉에 "사람들이 덕을 귀하게 여기고, 풍속이 순박하다.〔人多貴德, 俗皆淳樸.〕"라고 하였다.

257 개미가……보니 : 봄에 돌아다니는 개미를 본다는 것은 서민(庶民)을 측은지심(惻隱之心)으로 보살펴야 함을 비유한 말이다. 현구(玄駒)는 개미로, 깜깜한 땅속을 달린다고 하여 붙여진 이름이다. 봄이 되어 양기가 오르면 개미가 돌아다닌다고 한다. 진(晉)나라 최표(崔豹)의 《고금주(古今注)》에 "옛날에 하내 사람이 일찍이 수천만의 인마를 보았는데, 모두 기장알 만큼 자잘한 것들이 아침부터 저녁까지 이리저리 분주하게 왕래하므로, 가인이 거기에 불을 질러 태우고 보니, 사람으로 보였던 것은 모두 모기였고 말로 보였던 것은 모두 큰 개미였으므로, 모기의 호칭을 서민이라 하고 개미의 호칭을 현구라고 했다.〔昔河內人見有人馬數千萬, 有皆如黍米, 遊動往來, 從旦至暮, 家人以火燒之, 人皆蚊蚋, 馬皆大蟻, 故呼蚊爲黍民, 蟻爲玄駒.〕"라고 하였다.

258 함지(咸池)를……쉬나니 : 날이 저물어 유숙한다는 말이다. 함지는 해가 지는 곳이다. 《회남자(淮南子)》 〈천문훈(天文訓)〉에 "해는 양곡에서 떠올라 함지에서 목욕한다.〔日出於暘谷, 浴於咸池.〕"라고 하였다.

멀리 떠나온 회포를 긴 밤에 부치네	寄遠懷於長夜
문창에 들어서니 매우 피곤하고[259]	入文昌而洪悴兮
험한 산골에 들어서니 위엄이 서질 않네	矢危邦以權挫
상주의 선비들 마음껏 유람하니	商山士之游肆兮
낙동강이 그 빼어난 모습 드러내고	洛水泄其英爽
향교들 날개 펼친 듯 거듭거듭 늘어섰고	儒宮翼以疊楹兮
유생들 겸양 익힌 모습이네	逢掖都其習讓
중모가 화령과 이어져 있으니	中牟接乎化寧兮
노 재상의 유풍 본받네[260]	挹餘瀾於盧相
금오산이 깎아지른 듯 우뚝 솟았으니	金烏巀其拔峙兮
손바닥으로 높이 받들어 신령함 드러낸 듯하네[261]	高掌標其靈異
지주석에 올라 옛일 회상하노니	登砥柱以顧懷兮

259 문창(文昌)에……피곤하고 : 문경새재를 넘기가 힘들다는 말이다. 문창은 문경(聞慶)의 옛 지명이다. 새재를 넘어 문경에 도착했기 때문에 이렇게 읊은 것이다.

260 중모(中牟)가……본받네 : 경상북도 상주(尙州) 출신인 노수신(盧守愼, 1515~1590)의 인품과 유풍을 읊은 것이다. 중모와 화령(化寧)은 모두 상주 주변에 있던 고을로 상주에 편입되었다. 상산(商山)은 상주의 옛 이름이다. 노상(盧相)은 노수신을 가리킨다. 그의 본관은 광주(光州), 자는 과회(寡悔), 호는 소재(穌齋)·이재(伊齋)·암실(暗室)·여봉노인(茹峰老人), 시호는 문간(文簡)이다. 선조(宣祖)가 즉위하자, 19년간의 긴 유배에서 풀려나와 교리(校理)에 기용되고, 1585년 영의정에 올랐다. 상주의 봉산서원(鳳山書院)에서 유생들에게 강학하였다. 봉산서원, 도남서원(道南書院) 등에 배향되었다.

261 금오산(金烏山)이……듯하네 : 금오산의 우뚝한 모습을 말한 것이다. 장형(張衡)의 〈서경부(西京賦)〉에 "거령이 힘차게 손바닥으로 높이 떠받들고 발로 멀리 차버려, 하수를 흐르게 하였다.〔巨靈贔屭高掌遠蹠, 以流河曲.〕"라고 하였다.

유풍 소급해 떠올리자 눈물 흐르네	遡流風而悵泗
길재는 관지를 깎아 벼슬살이 부끄럽게 여겼고[262]	冶削款以祿恥兮
김주는 강가에 임해 말고삐 돌렸지[263]	澍臨江而回轡
위지는 목 잘려 명예 온전하게 했으니	緯地捐脰而完名兮
옛 임금 위해 죽어서 의리 지켰도다[264]	殉故君以爲義
긴 봄날의 고사리를 읊으니	詠薇蕨之長春兮
백이숙제와 나란하다 한들 어찌 부끄러울까[265]	儷首陽而奚愧
종직이 훌륭한 글솜씨로 명문 지어	宗直之炫藻以昌辭兮

262 길재(吉再)는……여겼고 : 고려가 망하자, 길재(1353~1419)가 조선에서 주는 벼슬을 부끄럽게 여겼다는 말이다. 야(冶)는 야은(冶隱) 길재를 가리킨다. 그의 본관은 해평(海平), 자는 재보(再父), 호는 야은・금오산인(金烏山人), 시호는 충절(忠節)이다. 조선이 건국한 후에는 조선 왕조의 부름에 두 임금을 섬길 수 없다며 응하지 않았다. 김숙자(金叔滋), 김종직(金宗直), 김굉필(金宏弼), 정여창(鄭汝昌), 조광조(趙光祖) 등으로 그의 학맥이 이어졌다.

263 김주(金澍)는……돌렸지 : 김주의 본관은 선산(善山), 호는 농암(籠巖)이다. 1392년(공양왕4)에 하절사(賀節使)로 명(明)나라에 갔다가 돌아오는 길에 압록강에 이르러 고려의 패망과 조선의 개국 소식을 듣고, 동쪽을 향하여 통곡하며 부인 유씨에게 "충신은 두 임금을 섬기지 않는다 하였으니, 내가 강을 건너가면 몸 둘 곳이 없다."라는 편지를 쓰고, 중국으로 돌아가 다시 귀향하지 않았다. 그가 중국에 들어가자, 명나라 태조는 그에게 예부 상서(禮部尙書)에 임명하였으나 끝내 사양하므로, 평생 동안 그에 해당하는 녹(祿)을 주었다고 한다.

264 위지(緯地)는……지켰도다 : 1456년(세조2) 단종(端宗)의 복위를 도모하다가 죽은 하위지(河緯地, 1412~1456)의 절개를 읊은 것이다. 하위지의 본관은 진주(晉州), 자는 천장(天章)・중장(仲章), 호는 단계(丹溪)이다. 경북 선산 출신이다.

265 긴……부끄러울까 : 길재, 김주, 하위지의 절의(節義)는 수양산(首陽山)에서 고사리를 캐먹다가 아사(餓死)한 백이(伯夷)와 숙제(叔齊)에게 견주어도 뒤지지 않는다는 말이다.

백대에 명성 높이 드날렸지 振百代而駝翔
문장으로 말미암아 매서운 재앙 만났으니 由文靡以禍烈兮
뼈는 문드러졌어도 이름은 날로 드러났네[266] 骨雖縻而名日彰
나의 배를 강가에 대고 緤余榜於江滸兮
산모퉁이로 내 말을 타고 가네 步余馬於山郛
금호강 건너 더욱 멀리 가서 涉琴湖而逾邁兮
달성의 높은 언덕에 올랐어라 升達城之高丘
성과 해자에 무성한 잡목 둘렀고 臺隍繞以灌莽兮
강물은 구불구불 흘러가네 焉乃逝而缪流
고아한 명성 울리던 서사원이 조적을 대신하여 徐鳴雅以代逖兮
갓 벗고 투구 썼네[267] 蟬冕化爲兜鍪

266 종직(宗直)이……드러났네 : 김종직(金宗直, 1431～1492)의 〈조의제문(弔義帝文)〉으로 인해 발생한 일을 말한 것이다. 김종직의 본관은 선산, 자는 계온(季昷), 호는 점필재(佔畢齋)이다. 1498년(연산군4) 사관(史官) 김일손(金馹孫, 1464～1498)이 사초(史草)에 적어 넣은 스승 김종직의 〈조의제문〉을 문제 삼아, 당시 훈구파인 이극돈(李克墩), 유자광(柳子光) 등이 사화를 일으켰으니, 이것이 바로 무오사화(戊午士禍)이다. 이 사건으로 김종직은 부관참시(剖棺斬屍)되었고, 그의 문집이 모두 소각되었으며, 김일손, 권오복(權五福) 등 많은 제자들과 사림(士林)들이 죽임을 당하였다.

267 고아한……썼네 : 임진왜란 당시 의병활동을 했던 서사원(徐思遠, 1550～1615)에 대해 회고한 것이다. 그의 본관은 달성(達城), 자는 행보(行甫), 호는 미락재(彌樂齋)·낙재(樂齋)이다. 《東州集 卷9 戶曹正郎樂齋徐公墓碣銘 幷序》 대적(代逖)은 조적(祖逖)을 대신한다는 말로, 서사원이 국난 극복에 나섰음을 의미한다. 동진(東晉)의 조적이 중원의 회복을 자신의 사명으로 삼아, 초모(招募)한 군대를 이끌고 장강(長江)을 건널 때, 뱃전을 두드리며 "중원을 평정하지 못하면, 이 강을 다시 건너지 않겠다."라고 맹세한 고사가 전한다. 《晉書 卷62 祖逖傳》 선면(蟬冕)은 선관(蟬冠)과 같은 말로, 한나라 때 시종관(侍從官)들이 쓰던 관인데, 여기서는 유생이었던 서사원을 상징하는

임고서원에 경건히 배알하고 초상 바라보니　款臨皐而瞻像兮
흐르는 눈물이 내 옷깃을 흠뻑 적시네　霑余襟之淋浪
생각건대 성철한 인물이 세상에 태어나　夫惟聖哲之載誕兮
어찌하여 좋지 못한 때를 만났는가　何遭時之不昌
하늘이 이미 고려의 명을 거두고서　皇天旣訖夫麗命兮
어찌 이처럼 충정한 분을 내리셨나[268]　曷又畀此忠貞
옥산서원에서 내 옷자락 잡아 올리고　攝余齊於玉山兮
유적 어루만지며 회상하네[269]　撫遺塵而抽思
충과 신을 행하고 도덕 지켰으니　服忠信而秉迪兮
어찌 간사한 자들이 달가워했을까[270]　胡不悅於奸回
그러므로 몸을 숨겨 도를 닦으며　故約身以董道兮
후진 가르쳐 도가 행해지기를 기약했네　詔來世而爲期
장군의 무덤을 살펴보니　略將軍之象冢兮

말이다.

268 임고서원(臨皐書院)에……내리셨나 : 현재의 경상북도 영천시 임고면에 있는 임고서원에 가서 포은(圃隱) 정몽주(鄭夢周, 1337~1392)를 회상한 것이다. 정몽주의 위패를 봉안한 임고서원은 1553년(명종8)에 창건되었다가 임진왜란 때 소실되었고, 1603년(선조36)에 재건되었다.

269 옥산서원(玉山書院)에서……회상하네 : 경건한 자세로 옥산서원에 들어가 배알하는 모습을 표현한 것이다. 옥산서원은 경상북도 경주시 안강읍에 있으며, 회재(晦齋) 이언적(李彦迪, 1491~1553)의 위패를 봉안한 곳이다.

270 충(忠)과……달가워했을까 : 이언적이 윤원형(尹元衡)의 무리와 어울리지 않고 도의를 지켰다는 말이다. 이언적은 윤원형 등이 주도한 을사사화(乙巳士禍) 당시 추관(推官)에 임명되었으나 관직에서 스스로 물러났고, 1547년(명종2) 양재역벽서사건(良才驛壁書事件)에 무고하게 연루되어 강계로 유배되었다가 그곳에서 운명하였다.

시림이 시들었구나[271]	睋始林之黃落
옛날 세 성씨[272]가 나라 다스릴 때부터	昔三姓以官國兮
법도를 쓰지 않음이 없었네	靡不用夫矩矱
뛰어난 인재 뽑아 나라 세우고	擢才傑以造邦兮
지혜와 용기 있는 이에게 맡겨 바로잡았네	任智勇而匡略
고구려와 백제를 통합하여 국운을 여니	統麗濟以開運兮
공명이 드러나고 국토 넓어졌네	功名著而境拓
문무의 위엄 갖추고 국운은 융성했는데	文武儼而祚隆兮
암탉이 새벽에 울어 나라 위태롭게 했지[273]	牝鷄晨以邦削
누가 거센 물결과 같은 혼란한 시대 구제하랴	孰亂流之可濟兮
끝내 은나라 선비가 주나라의 객이 되었네[274]	終殷士以周客
쑥 무더기가 겹겹이 무덤 두르고	蓬顆纍以匝壟兮
왕릉이 무너진 성곽에 줄지어 있네	亙陵岃迤於殘郭
짐승들이 달려다니며 무리 짓고	獸走壙而逸群兮
올빼미가 떼 지어 날아와 엿보네	鴟鴞接翼以窺薄

271 장군의……시들었구나 : 김유신의 무덤을 바라보면서 멸망한 신라의 모습을 회상한 것이다. 시림(始林)은 신라 초기 경주(慶州)의 지명이다. 65년(탈해왕9) 3월에 계림(鷄林)으로 고쳤다.

272 세 성씨 : 신라의 왕위에 오른 박씨(朴氏), 석씨(石氏), 김씨(金氏)를 가리킨다.

273 암탉이……했지 : 신라 제51대 진성여왕(眞聖女王, ?~897)의 실정(失政)을 지적한 것이다. 진성여왕의 실정으로 인해 후삼국(後三國)이 정립하게 되었다.

274 누가……되었네 : 신라가 망하는 것을 누구도 구제하지 못하여, 신라의 신하들이 고려의 신하가 되었다는 말이다. 《시경》 〈문왕(文王)〉에 "은나라 선비 중에 아름답고 민첩한 자들이 주나라 서울에서 강신제를 돕는다.〔殷士膚敏, 祼將于京.〕"라고 하였다.

최치원은 중국에 가서 배우고[275]	崔阿飡之北學兮
설총[276]은 충직하며 박식하였지	薛弘儒之謇博
화랑은 도의로 강마하고	郎徒輔以道義兮
열사는 임전무퇴 힘썼네	烈士勉以死敵
저 천 년의 벼슬아치들	彼千載之簪纓兮
모두가 한 언덕에 모인 담비와 같구나[277]	咸一丘之聚貉
월성에서 〈맥수가〉를 부르는데[278]	賦麥秀於月城兮
높이 솟은 누각에 구름이 흘러가네	緬亘雲之飛閣
긴 서까래의 화려한 단청 퇴색되었으니	曖脩榱之文雘兮
굽은 연못에서 잔을 비운 일 거울삼네[279]	鏡曲池而寫爵

275 최치원(崔致遠)은……배우고 : 최아찬(崔阿飡)은 최치원(857~?)으로, 본관은 경주(慶州), 자는 고운(孤雲)·해운(海雲)이다. 당(唐)나라에 유학하여 문장으로 명성을 떨쳤다.

276 설총(薛聰) : 설홍유(薛弘儒)는 설총(655~?)으로, 자는 총지(聰智)이다. 1022년(현종13)에 홍유후(弘儒侯)라는 시호가 추증되고, 최치원과 함께 문묘(文廟)에 배향되었다.

277 저……같구나 : 신라를 망친 사람들의 용렬함을 지적한 것이다. 《한서(漢書)》 권66 〈양창전(楊敞傳) 양운(楊惲)〉에 "옛날과 지금은 같은 동산의 담비와 같다.〔古與今, 如一丘之貉.〕"라는 말이 나오는데, 그 주에 "동류라는 의미이다. 낙은 짐승 이름인데, 여우와 비슷하면서 잘 존다.〔言其同類也. 貉獸名, 似狐而善睡.〕"라고 하였다.

278 월성(月城)에서 맥수가(麥秀歌)를 부르는데 : 옛 왕조의 도성을 지나며 흥망의 역사를 되새긴다는 말이다. 월성은 경주이다. 〈맥수가〉는 기자(箕子)가 은(殷)나라의 옛 도성을 지나던 중, 궁궐터가 모두 보리밭이 되어 있는 것을 보고, 그 패망의 슬픔을 읊은 노래이다.

279 긴……거울삼네 : 일락(逸樂)을 신라 패망의 한 원인으로 본 것이다. 곡지(曲池)는 포석정(鮑石亭)을 가리킨다. 927년 신라의 경애왕(景哀王)이 이곳에서 연회를 벌이

비단 짜서 무늬 이루고 織繢錦以成文兮
〈회소곡〉[280] 부르며 유쾌하게 놀았지 理會蘇而縱謔
화려한 자취 안개 사라지듯 아득히 사라져 英華藐其霧歇兮
거센 파도에 뒤섞여 까마득히 멀어졌네 混驚波而冥莫
순박한 풍속 멀어져 보존을 생각해야 하는데 唐風遠而思存兮
오직 마을마다 방아타령[281]만 울리네 唯萬井之碓樂
첨성대에 올라 하늘에 묻노니 陟星臺而天問兮
아득한 화표주에 학 돌아왔네[282] 杳華表之歸鶴
황당한 이야기를 왕조의 자취에 부치나니 齊諧寓於龍跡兮

다가 후백제군의 공격을 받아 죽었다고 한다. 《三國史記 卷50 列傳10》

280 회소곡(會蘇曲) : 회악(會樂)이라고도 하며, 《삼국사기(三國史記)》에 그 유래가 전한다. 신라 유리왕(儒理王)이 6부(六部)의 여자들을 두 패로 나누고 왕녀 둘을 각 패의 우두머리로 삼아, 7월 보름부터 8월 한가위까지 길쌈 경쟁을 하게 하였다. 이 경쟁에서 진 쪽이 이긴 쪽을 춤과 노래로 대접했는데, 이 때 진 쪽의 여자가 "회소, 회소."라는 감탄구를 가진 노래를 부르며 춤을 추어 〈회소곡〉이라 했다고 한다.

281 방아타령 : 대악(碓樂)은 방아타령의 기원이 되는 음악이다. 《삼국사기(三國史記)》에 의하면, 신라의 경주 낭산(狼山) 기슭에 살던 가난한 백결선생(百結先生)이 세모(歲暮)를 맞아 가야금으로 방아 찧는 소리를 내며 부인을 위로하였다고 한다. 그 곡조가 대악이란 이름으로 후세에 전해져 방아타령의 기원이 되었다.

282 아득한……돌아왔네 : 천 년의 세월이 흘렀다는 말이다. 한(漢)나라 때 요동(遼東)의 정 영위(丁令威)가 영허산(靈虛山)에 들어가 도를 배우고, 천 년 뒤에 학으로 변하여 고향의 성문 화표주(華表柱)에 날아와 앉았다. 이때 한 소년이 활로 그를 쏘려고 하자, 공중으로 날아올라 "새여, 새여, 정 영위가, 집 떠나 천 년 만에 비로소 돌아왔네. 성곽은 예와 같은데 사람들은 다르구나, 어찌 신선되기를 배우지 않고 무덤만 늘어서 있는가.〔有鳥有鳥丁令威, 去家千年今始歸. 城郭如故人民非, 何不學仙冢纍纍.〕"라고 했다는 고사가 전한다. 《搜神後記 卷1》

경계의 거울 포석정에 남아 있네[283] 殷鑑存於鮑石

가시나무 떨기 사이로 유허 살펴보니 披遺墟於叢棘兮

민가보다 절간이 더 많구나 僧舍多於民屋

사람의 노력 홀시하고 자랑 일삼아 忽人功而務夸兮

그 종묘사직 망했네[284] 于爾祀之顚覆

징험할 문헌 없음에 상심하며 傷文獻之靡徵兮

내 장차 남울산으로 가려 하네 吾將往乎南蔚

무기고에 번쩍이는 병기 살펴보고 閱武庫之霜電兮

산을 둘러싼 성가퀴 더듬어 보네 撫夷堞之嬰茀

애오라지 높은 바위에서 검에 기대니 聊倚劍於穹石兮

침울한 원숭이 울음소리 애통하네 痛猿蟲之沈鬱

굽은 물가 따라 배 띄우고 遵枉渚而方舟兮

사원[285]의 경치 구경하네 候沙苑之雲物

283 황당한……있네 : 경주에서 신라의 유적을 살펴보며, 신라 패망의 원인 가운데 하나가 포석정(鮑石亭)에서의 일락(逸樂)에 있다고 판단하고, 이를 경계로 삼아야 한다고 생각한 것이다. 제해(齊諧)는 《장자(莊子)》 〈소요유(逍遙遊)〉에 "제해는 괴이한 것들을 기록한 것이다.〔齊諧者, 志怪者也.〕"라고 하였는데, 일설에는 괴담(怪談)을 잘 하는 사람의 이름이라고 한다. 여기서는 이민구 자신의 말을 제해라고 한 것이다. 은감(殷鑑)은 《시경》 〈탕(蕩)〉에 "은나라의 거울이 멀리 있지 않아서, 하후의 세대에 있느니라.〔殷鑑不遠, 在夏后之世.〕"라고 한 데서 온 말이다. 이는 은나라의 후손은 마땅히 하나라가 멸망한 것을 거울로 삼아 경계해야 한다는 뜻이므로, 신라가 멸망한 원인을 거울로 삼아야 한다고 한 것이다.

284 가시나무……망했네 : 통일신라가 불교(佛敎)를 신봉하다가 나라를 망쳤다는 의미이다.

285 사원(沙苑) : 미상이다. 원래는 중국 섬서성(陝西省) 대려현(大荔縣) 위수(渭

듣자니 봉래산 매우 가깝다기에	聞蓬萊之孔邇兮
수레 타고 달려갔더니[286]	偃輕蓋而載馳
훼복 걸친 이들 오가니	酒卉服之交會兮
어찌 신선들이 기약한 바이겠는가[287]	豈靈眞之所期
유배객이 전하는 거문고 노래에 원망 남았고	遷客傳琴而留怨兮
충신은 의리 실천해 소신 굽히지 않았네[288]	忠臣蹈義以不回
동쪽 문이 상수 물가에 임해 있고	青門枕乎湘澤兮
활대가 강회에 맞닿아 있네[289]	滑臺連乎江淮

水) 가에 있는 지명이다. 이곳은 목축하기에 알맞은 곳이라 당(唐)나라 때 사원감(沙苑監)을 두었다. 일반적으로 조정의 말을 목축하는 곳을 의미한다.

286 듣자니……달려갔더니 : 현재의 부산광역시 일대를 향해 가는 모습을 말한 것으로 보인다. 봉래(蓬萊)는 본래 동해에 떠 있다는 삼신산(三神山)의 하나로, 신선이 거주한다고 한다. 그러나 부산광역시 영도(影島)에도 봉래산이 있다.

287 훼복(卉服)……바이겠는가 : 지명이 봉래이기 때문에 한껏 기대를 품고 찾아갔지만, 훼복 걸친 왜인(倭人)들이 오가는 모습을 보고 실망했다는 말이다. 훼복은 풀을 엮어 만든 옷으로, 《서경》 〈우공(禹貢)〉에 "섬 오랑캐는 훼복을 입는다.〔島夷卉服〕"라고 하였다. 영진(靈眞)은 도가에서 도를 체득한 사람을 가리키는 말로, 여기서는 봉래산이 본래 신선이 산다는 삼신산 가운데 하나이기 때문에, 거기에 사는 신선을 의미하는 말로 사용되었다.

288 유배객이……않았네 : 동래(東萊)로 유배 와서 〈정과정곡(鄭瓜亭曲)〉을 썼던 정서(鄭敍)의 일을 말한 것으로 보인다. 정서의 본관은 동래, 호는 과정(瓜亭)이다. 1151년(의종5)에 참소를 받아 동래 및 거제로 유배되었다가 1170년(명종1)에 풀려났다. 〈정과정곡〉은 오랫동안 귀양살이에서 풀려나지 못한 억울한 마음과 왕에 대한 충정을 읊은 것이다. 정서가 동래에 유배되었을 때 지은 것으로 추측되는데, 거제도에서 지은 것이라는 학설도 있다.

289 동쪽……있네 : 유배지이면서 군사적 요충지로 사용되었던 곳의 지형을 읊은 것인데, 어디인지 자세하지 않다. 청문(青門)은 동쪽 문을 말한다. 활대(滑臺)는 본래

임금의 도량 가없이 넓은 줄을 알겠으니 識王度之無外兮
원수에 대한 원한 풀고 편안히 오게 하네[290] 姑釋讎而綏來
수군 진영을 펼쳐 무비 갖추고[291] 橫水陣而詰戎兮
삼대를 잘 살펴 뛰어난 인재 선발하네[292] 徧三臺以選奇
일렁이는 파도 너머에서 해 나오니 雲濤蕩而出日兮
동남을 기다림은 언제던가[293] 待童男以何時
수많은 골짝의 물이 바다로 흘러드는 걸 보고 瞰萬壑之朝宗兮
하늘과 땅의 높고 낮음을 알겠네 辨二儀之尊卑
치령에서 망부석 우러르고[294] 仰貞石於鵄嶺兮

하남(河南) 활현(滑縣) 동쪽에 있었던 성루(城壘) 이름으로, 예부터 군사적 요충지로 꼽혔던 곳이다. 여기서는 동래성을 말한 것으로 보인다.

290 임금의……하네 : 임진왜란 당시 왜인(倭人)들이 조선(朝鮮)을 유린했지만, 지금은 그들이 자유롭게 부산 지역에 와서 왕래하고 있음을 말한 것이다. 수래(綏來)는 《논어》 〈자장(子張)〉에 "부자께서 나라를 얻으신다면, 이른바 '세우면 이에 서고 인도하면 이에 따르고, 편안하게 해주면 이에 따라오고 고무시키면 이에 화하여, 그분이 살아계시면 영광스럽게 여기고, 돌아가시면 슬퍼한다.'는 것이리니, 어떻게 미칠 수 있겠는가.〔夫子之得邦家者, 所謂立之斯立, 道之斯行, 綏之斯來, 動之斯和, 其生也榮, 其死也哀, 如之何其可及也.〕"라고 한 데서 원용한 것이다.

291 수군(水軍)……갖추고 : 부산 앞바다의 수군 방비를 말한 것이다. 힐융(詰戎)은 《서경》 〈입정(立政)〉의 "능히 너의 갑옷과 병기를 다스린다.〔其克詰爾戎兵〕"라고 한 데서 온 말이다.

292 삼대(三臺)를……선발하네 : 조정에서 동래성의 중요성을 감안하여 조정의 훌륭한 인재를 선발해 파견했다는 말이다. 삼대는 본래 한(漢)나라의 중대(中臺), 헌대(憲臺), 외대(外臺)를 가리키는 말로, 조정을 의미한다.

293 일렁이는……언제던가 : 일출을 보면서 진 시황(秦始皇)의 명령으로 동남동녀(童男童女) 수천 명을 이끌고 장생불사약을 구하러 바다에 들어갔다는 서불(徐市)을 생각한 것이다. 《史記 卷6 秦始皇本紀》

구포에서 북극성 맞이하네 邀罡始於龜浦
수로왕은 저녁에 하늘에서 내려오고 首露紛其夕降兮
허 황후를 풍사와 우사가 따랐네[295] 從元妃以風雨
구름 수레 기다리지만 오지 않으니 望雲軿而不來兮
장차 가까워질까 했는데 멀리 떠났네 將若近以遠擧
지난 일을 설홍에서 징험하려[296] 徵往事於雪鴻兮
전쟁터에서 이리저리 거니네 憑戰地而容與
봄 숲에 깃든 제비 서글프니 悲春林之巢燕兮

294 치령(鵄嶺)에서 망부석 우러르고 : 치령은 현재 경상북도 경주시와 울산광역시 경계에 있는 치술령(鵄述嶺)이다. 《삼국유사(三國遺事)》에 눌지마립간의 동생인 미사흔(未斯欣)을 구하러 갔다가 죽은 박제상(朴堤上)의 아내가 세 딸을 데리고 치술령에 올라 왜국을 바라보며 통곡하다 죽어 치술신모(鵄述神母)가 되었다는 전설이 전한다. 정석(貞石)은 박제상의 아내가 변했다는 망부석을 가리킨다.

295 수로왕(首露王)은……따랐네 : 가야의 시조인 수로왕과 허 황후(許皇后)에 얽힌 전설을 읊은 것이다. 《삼국유사(三國遺事)》 권2 〈가락국기(駕洛國記)〉에 다음과 같은 이야기가 전한다. 하늘로부터 붉은 줄이 내려와 땅에 드리워지고, 그 줄의 끝에 붉은 보자기로 싼 황금 상자가 있어 열어보니, 황금알 여섯 개가 들어 있었다. 이튿날 여섯 개의 알들이 사내아이로 변하였는데, 그 가운데서도 수로왕은 15일이 지나자 키가 9척이나 되었다. 처음 나타났다는 의미로 수로라 이름하고, 그가 세운 나라를 가야(伽倻)라고 불렀다. 나머지 다섯 알에서 태어난 아이도 각각 다섯 가야의 왕이 되었다. 한편 수로왕이 나라를 다스린 지 4년이 지날 즈음, 꿈에 상제의 계시를 받은 인도 아유타국(阿踰陀國)의 공주 허황옥(許黃玉)이 많은 종자를 거느리고 김해의 남쪽 해안에 도착하자, 그녀를 배필로 맞아들였다고 한다.

296 지난……징험하려 : 확실한 근거가 없는 상황에서 옛 역사의 자취를 더듬어 본다는 말이다. 설홍(雪鴻)은 설니홍조(雪泥鴻爪)의 준말로, 눈 녹은 진창에 남아 있는 기러기 발자국이라는 뜻이다. 얼마 안 가 그 자국이 지워지고, 또 기러기가 날아간 방향을 알 수 없다는 데서 유래하여, 모호하거나 확실하지 않다는 의미로 사용된다.

차마 같은 하늘 이고 살겠는가[297]	忍戴天以終古
높다란 영남루[298]에 누워	臥南樓之百尺兮
이어진 들판 굽어보네	俯莽蒼之相接
갈바람이 갑자기 새벽에 매서워져	秋風忽以晨厲兮
차가운 교외의 낙엽을 쓸어가네	卷寒郊之零葉
필옹이 문예를 닦을 때	當畢翁之游藝兮
김일손도 청도에서 분발했지[299]	馹亦奮於淸邑
그 글을 꾸며 재앙 불렀으니	脩厥辭而招殃兮
간사한 무리의 공격에 걸렸네[300]	罹淫昏之噂沓

297 봄……살겠는가 : 임진왜란 뒤에 백성들의 참혹한 삶의 현장을 보면서 왜인(倭人)에 대한 원한을 피력한 것이다. 《자치통감(資治通鑑)》 권126 〈송기(宋紀) 태조문황제(太祖文皇帝)〉에 "봄 제비가 숲의 나무에 깃들었다.〔春燕歸巢於林木〕"라고 하였는데, 그 주에 "민가가 모두 불타서 제비가 돌아갈 곳이 없으므로, 숲의 나무에 깃든 것이다.〔室廬焚蕩, 燕無所歸, 故巢林木.〕"라고 하였다. 여기서는 임진왜란 이후 백성들의 참혹한 삶을 비유한 것이다.

298 영남루(嶺南樓) : 남루(南樓)는 현재의 경상남도 밀양시에 있는 영남루를 가리킨다. 밀양강 절벽의 아름다운 경관과 뛰어난 건축미로 유명한 누각이다.

299 필옹(畢翁)이……분발했지 : 김종직(金宗直, 1431~1492)과 그의 제자 김일손(金馹孫, 1464~1498)의 행적을 읊은 것이다. 필옹은 점필재(佔畢齋) 김종직으로, 본관은 선산(善山), 자는 계온(季昷)·효관(孝盥), 호는 점필재, 시호는 문충(文忠)이다. 경상남도 밀양 출신이다. 벼슬은 형조 판서, 지중추부사(知中樞府事)에 이르렀고, 조선 초기 성리학의 대가로 평가된다. 정여창(鄭汝昌), 김굉필(金宏弼), 김일손, 유호인(兪好仁), 남효온(南孝溫) 등을 제자로 두어 영남학파의 종조(宗祖)로 존경받았다. 일(馹)은 김일손으로, 본관은 김해(金海), 자는 계운(季雲), 호는 탁영(濯纓), 시호는 문민(文愍)이다. 청읍(淸邑)은 경상북도 청도군으로, 김일손이 태어난 곳이다.

300 그 글을……걸렸네 : 1498년(연산군4)에 일어난 무오사화(戊午史禍)에서 김종직과 김일손이 화를 당한 일을 읊은 것이다. 무오사화는 김종직의 〈조의제문(弔義帝

문장이란 해서는 안 되는 것　文章不可爲兮
빛이 드러나기도 전에 재앙의 불꽃 닥쳐오네　光未顯而焰及
한훤당은 홑옷 걸치고 질박하였는데　寒暄之尙絅而衷質兮
어찌 기이하고 꽃다운 이를 함께 태웠던가[301]　胡異芳以竝爇
초나라 늙은이가 남긴 글을 엮어　綴楚老之遺辭兮
사당 열고 경건히 배알하였도다[302]　啓儒祠而虔謁
한 여름 멋진 배[303] 타고　倚火王之麗譙兮
정암나루[304]로 배 저어가게 하였네　指鼎津而命棹

文)〉을 그의 제자 김일손이 사초(史草)에 실은 것을 문제 삼아, 이극돈(李克墩), 유자광(柳子光) 등의 훈구파(勳舊派)에 의해 사림이 화를 당한 사건이다. 이 사건에서 김일손은 사형되고 김종직은 부관참시되었다. 준답(噂沓)은 시끄럽게 공격한다는 말이다.

301 한훤당(寒暄堂)은……태웠던가 : 김굉필(金宏弼, 1454~1504)이 무오사화 당시 유배되었다가, 1504년(연산군10) 갑자사화에 무오 당인이라는 죄목으로 극형에 처해진 일을 말한 것이다. 김굉필의 본관은 서흥(瑞興), 자는 대유(大猷), 호는 사옹(簑翁)·한훤당, 시호는 문경(文敬)이다. 김종직의 문하에서 학문을 배웠는데, 무오사화로 평안도 희천(熙川)에 유배되어 그곳에서 만난 조광조(趙光祖)에게 학문을 전수하였다. 상경(尙絅)은 아름다운 자질을 감춘다는 의미이다. 《중용장구》 제33장에 "《시경》에 이르기를 '비단옷을 입고 홑옷을 걸친다.' 하였으니, 그 문채가 드러남을 싫어해서이다.〔詩曰衣錦尙絅, 惡其文之著也.〕"라고 하였다.

302 초나라……배알하였도다 : 초로(楚老)는 유배지에서 죽은 초(楚)나라의 굴원(屈原)을 가리키는데, 김굉필이 그와 같기 때문에 굴원의 뜻을 인용하여 글을 만들어 사당에 찾아뵈었다는 말이다.

303 멋진 배 : 여초(麗譙)는 본래 삼국 시대 조조(曹操)가 지은 누각의 이름인데, 화려하기로 유명하다. 여기서는 화려한 누선의 의미로 보았다.

304 정암나루 : 정진(鼎津)은 현재의 경상남도 의령군(宜寧郡)에 있는 지명이다. 《연려실기술(燃藜室記述)》 별집 권17에 "의령현(宜寧縣)은 낙동강(洛東江) 하류에 있으며, 한 갈래는 진주의 단성(丹城)으로 이르는데 이름이 기강(岐江)이고, 그 위로

회산은 마음의 상처 많았던 곳이라　　檜山秀其情刃兮
군부가 지휘부를 옮겼네[305]　　軍府移其牙纛
둔영이 합포를 바라보고 있으니　　屯營臨乎合浦兮
일찍이 물길 익혀 적을 물리쳤네[306]　　曾習流而九伐
황금 부절을 연삭에서 받아　　分金符於燕朔兮
옥장 받들어 왜놈과 싸웠지[307]　　奉玉帳以戎羯
안타깝다 나루 잃은 전함들　　慨迷津之鬪艦兮
신기루 따라 모두 사라졌지　　隨蜃氣而共滅
외로운 구름은 멀리 바다로 떠가고　　孤雲遠以海廓兮

15리에 정암나루가 있는데 제일의 요충지이다."라고 하였다.

305 회산(檜山)은……옮겼네 : 창원으로 군영을 옮겼다는 말이다. 회산은 경상남도 창원의 옛 이름이다. 아독(牙纛)은 절도사의 깃발이다. 군영을 창원으로 옮긴 사실은 정확히 고증할 수 없으나, 《선조실록》 34년 1월 28일 기사에 "지금 창원(昌原), 마산(馬山) 등 적의 소굴이었던 곳이 형세가 험한 것을 의거할 만하면, 병영을 그곳으로 옮기는 것이 과연 마땅합니다."라는 기록이 있고, 《인조실록》 16년 1월 15일 기사에 "본영(本營)은 옛날 웅천(熊川) 제포(薺浦)에 처음 창설되었다가, 얼마 후에 창원 합포(蛤浦)로 옮겼다."라는 기록이 있는 것으로 보아, 임진왜란 당시 왜적들이 점령하였던 창원을 요충지로 보아, 뒤에 군영을 옮겼던 것으로 보인다.

306 둔영(屯營)이……물리쳤네 : 1592년 임진왜란(壬辰倭亂) 때 일어난 합포해전(合浦海戰)을 읊은 것으로 보인다. 합포(合浦)는 경상도 마산의 옛 이름이다. 구벌(九伐)은 주(周)나라가 제후국을 다스릴 때 썼던 법제로서, 아홉 가지 죄악을 토벌한다는 말이다. 《周禮注疏 卷29 大司馬》 여기서는 합포해전에서 승리한 것을 말한다.

307 황금……싸웠지 : 임진왜란 당시 합포 부근에서 싸웠던 인물에 대해 말하는 것인데, 누구인지는 자세하지 않다. 연삭(燕朔)은 미상인데, 아마도 임진왜란 당시 선조(宣祖)가 의주(義州)로 몽진(蒙塵)한 일이 있으므로, 의주를 연삭이라고 한 것으로 보인다. 옥장(玉帳)은 장군의 막부(幕府)를 가리키는 말이다.

오래된 누대에 차가운 달만 남았어라　　留古臺之寒月
진양은 울타리 튼튼하니　　晉陽雄其保障兮
도회지 이루어 백성들 많아라[308]　　都會繁其民物
여러 강씨들 중국에까지 명성 떨쳤고[309]　　諸姜振乎上國兮
조식이 풍절 닦았지[310]　　曺氏厲其風節
풍속은 부침을 반복하여 세상 변하니　　俗升降以世變兮
선비들이 눈 부릅뜨고 어려움을 말했네[311]　　士瞋目而語難
지초와 난초는 물리쳐 곁에 두지 않고　　却芝蘭而不御兮

308 진양(晉陽)은……많아라 : 경상남도 진주(晉州)의 번화한 모습을 말한 것이다. 진양은 진주의 옛 이름이다. 춘추 시대 진(晉)나라 조간자(趙簡子)가 윤탁(尹鐸)으로 하여금 진양(晉陽)을 다스리게 하자, 윤탁이 묻기를 "부세를 많이 거두어들이는 정치를 합니까? 아니면 보장을 튼튼하게 하는 정치를 합니까?〔以爲繭絲乎, 抑爲保障乎.〕"라고 하였다. 이에 조간자가 "보장을 튼튼하게 하는 정치를 하라.〔保障哉〕"라고 대답한 고사가 전한다.《國語 晉語》 진주의 옛 이름이 진양이므로, 이 고사를 염두에 두고 이와 같이 표현한 것이다.

309 여러……떨쳤고 : 진주 강씨(晉州姜氏)의 명성이 중국에까지 자자하다는 말이다. 진주 강씨의 시조 강이식(姜以式) 장군은 598년에 수 문제(隋文帝)의 30만 대군을 물리쳤으며, 강감찬(姜邯贊, 948~1031)과 강민첨(姜民瞻, 963~1021)은 여진(女眞)을 물리쳤고, 특히 귀주대첩(龜州大捷)에서 거란(契丹)의 대군을 무찔렀다.

310 조식(曺植)이 풍절(風節) 닦았지 : 조식(1501~1572)이 진주에서 수양과 강학에 힘썼던 일을 읊은 것이다. 조식의 본관은 창녕(昌寧), 자는 건중(楗仲), 호는 남명(南冥)이다.

311 풍속은……말했네 : 조식의 수제자였던 정인홍(鄭仁弘, 1535~1623)의 일에 대해 말한 것으로 보인다. 정인홍은 문묘종사 문제가 대두되자, 소장을 올려 이언적(李彦迪)과 이황(李滉)을 비방하였다. 이 일로 인해 전국의 유생들로부터 탄핵을 받아 청금록(靑襟錄)에서 삭제되기도 하였다. 계축옥사(癸丑獄事)를 일으켜 영창대군을 제거하는 데 동조하였으며, 인목대비의 유폐에도 가담하였다.

사나운 매만 나오게 하였지[312] 進鷹隼之鵕䴊

정화수를 서사[313]에 떠놓고 酌明水於西祠兮

세 영혼 부르며 우두커니 서서 맞이하였네 招三魂而延佇

띠를 두르고 아홉 번 물리쳤건만 旣嬰帶以九却兮

사람은 죽고 일은 지나갔구나[314] 人之亡而事去

촉석루에 눈물 남겼으니 血遺咀於矗石兮

하늘은 어둑어둑하고 귀신도 성내는 듯[315] 天陰陰而鬼怒

세월은 가고 왕사의 노정 다급하니 日月徂而王程迫兮

산천은 아름다우나 돌아갈 생각 급하네 山川美以歸意速

수레에 올라 급하게 내달려 騰玉軑以橫騖兮

사수[316] 지나며 쉬지 못했네 過泗水而不息

철성[317] 남쪽 바닷가 바라보니 睹鐵城之南陼兮

통제영에는 영루가 많구나 夥統制之營壁

312 지초와……하였지 : 광해군이 이이첨(李爾瞻)과 정인홍 등을 신뢰하여 영창대군과 김제남을 죽이고 인목대비를 유폐한 일을 말한 것으로 보인다. 지란(芝蘭)은 향기로운 풀로, 여기서는 어진 인재를 가리키는 말로 사용되었다. 응준(鷹隼)은 송골매로, 여기서는 광해군이 신뢰했던 무리들을 가리킨다.

313 서사(西祠) : 진주의 창열사(彰烈祠)를 가리키는 것으로 보인다. 임진왜란 때 진주대첩을 거두고 전사한 진주 목사 김시민(金時敏, 1554~1592)과 의병장 창의사 김천일(金千鎰, 1537~1593) 등 39위와 모든 군졸의 신위를 안치하기 위하여 1595년(선조28) 진주 목사 정사호(鄭賜湖)가 건립하였다. 1607년 창열사로 사액되었다.

314 띠를……지나갔구나 : 김시민을 중심으로 한 진주성 전투를 말한 것으로 보인다.

315 촉석루에……듯 : 진주 촉석루에서 논개(論介)를 떠올린 것이다.

316 사수(泗水) : 경상남도 사천의 옛 지명이다.

317 철성(鐵城) : 경상남도 고성의 옛 지명이다.

즐비한 배들을 통제하고　　御樓船之鱗櫛兮
창과 갑옷 소리 울리는 군사들 살펴보네　　按戈甲之戛札
깃발 걸자 하늘까지 선명하게 비추고　　旌旗揭而燭雲兮
종과 북이 우렁차게 울리네　　金鼓填以鞱喝
파도신과 바다신도 함께 나아가고　　陽侯海若竝出進兮
거북과 악어가 나란히 달리며 호위하네　　龜鼉駢以奔衛
사람이 군대 규율 도모해 장점 잃지 않는다면　　人謀師律不失其臧兮
사실상 동남 지방의 방패로다　　實東南之扞蔽
원 절사는 이런 여건 속에서도 군사를 버렸고　　元節使持成以棄師兮
이 장군은 패잔병 거느리고 개가를 올렸네[318]　　李將軍因敗而奏凱
우자와 지자가 달리 이용한 것을 헤아려 보니　　忖愚智之異用兮
승전과 패전의 원인이 그에 달렸네　　諒勝敗之攸在
소용돌이치는 물을 지나 곧장 건너며　　淹回水而徑渡兮
여기저기 늘어선 많은 진들 순시하네　　巡列鎭之布絡
배가 출렁이며 빠르게 나아가　　帆低昂以飀逝兮
노량[319]에 배를 대고 정박하네　　艤露梁而西泊

318 원 절사(元節使)는……올렸네 : 원균(元均, 1540~1597)과 이순신(李舜臣, 1545~1598)의 일에 대해 읊은 것이다. 원 절사는 원균으로, 본관은 원주(原州), 자는 평중(平仲)이다. 수군절도사 등을 역임하며 공을 세웠으나, 이순신과 화합하지 못하고 칠천량해전(漆川梁海戰)에서 전사하였다. 그가 죽은 뒤 이순신이 다시 삼도수군통제사에 임명되어, 명량(鳴梁)에서 불과 13척의 배로 130여 척의 왜군과 맞서 대승을 거두었다. 이 명량해전을 계기로 조선 수군은 다시 제해권을 장악하며 정유재란의 전세를 뒤집을 수 있었다.

319 노량(露梁) : 지금의 경상남도 남해군에 있었다.

드디어 하동으로 배를 몰아	遂揚舲於河東兮
횡포[320]를 거슬러 올라가네	溯橫浦而上下
상국의 옛 마을[321] 찾아오니	歷相國之故里兮
뛰어난 인재가 멀리 감을 알겠네	認長才之遠駕
어찌 공훈을 세우지 못했으랴	豈勳名之不立兮
새로운 교화에 풍미하였으리[322]	而茅靡於新化
섬진강에 차갑게 저녁 파도 일렁이고	蟾江冷以夕波兮
악양산[323]은 그윽하게 가을 경치 맑구나	岳陽窈而秋霽
쌍계의 푸른 물줄기 휘돌아가는데	雙溪轉其碧流兮
석문으로 들어가 쉬노라	石門開而遊憩
저 멀리 절간에서 저녁 풍경소리 들려오고	招提遠以暮磬兮
절 누각이 우뚝 솟아 아련히 보이네	寺樓騫而迢遞

320 횡포(橫浦) : 지금의 경상남도 하동군에 있었다.

321 상국(相國)의 옛 마을 : 정여창(鄭汝昌, 1450~1504)이 살던 경상남도 하동군(河東郡)을 가리키는 것으로 보인다. 정여창의 본관은 하동, 자는 백욱(伯勗), 호는 일두(一蠹), 시호는 문헌(文獻)이다. 김종직(金宗直)의 문인으로, 지리산에 들어가 3년간 오경(五經)과 성리학을 연구하였다. 1498년(연산군4) 무오사화(戊午士禍) 때 종성(鍾城)에 유배되었다가 1504년에 사망하였는데, 갑자사화(甲子士禍)에 연루되어 부관참시(剖棺斬屍)되었다. 1517년(중종12)에 우의정에 추숭되었다. 정여창은 하동군 화개면 덕은리에 있는 덕은사 경내에 악양정(岳陽亭)을 짓고 학문을 연구하며 제자를 양성하였다.

322 어찌……풍미(風靡)하였으리 : 정여창이 사화에 연루되어 죽지 않았다면 중종반정(中宗反正) 이후에 조정에 나와 공훈을 세웠을 것이라는 말이다. 신화(新化)는 1506년에 일어난 중종반정(中宗反正)을 가리킨다.

323 악양산(岳陽山) : 경남 하동군 악양면에 있는 산이다.

용머리는 불탑에 아로새겨졌고　螭頭軼於雁塔兮
멋진 글씨가 벽려 사이에서 빛나네[324]　金薤映於薜荔
맑은 바람 불어와 향기로운 눈 날리는데　淸風颯以蘭雪兮
푸른 학은 언제나 돌아오려는가　靑鶴返而幾歲
신선은 떠나가고 골짝은 폐쇄되니　仙人去而洞閉兮
원숭이와 새만 계수나무 숲에서 슬피 우네　猿鳥怨以叢桂
매화나무에서 묵은 가지 잘라내며　剔荒榴於梅楂兮
학사의 풍류 흠모하네[325]　欽學士之風流
단성에서 이 마을에 대해 물으니　諏邑里於丹城兮
갈홍이 찾던 곳 아니구나[326]　非葛洪之所求
반갑구나 산음의 정자　悅山陰之亭宇兮
같은 이름에서 고사 전하네[327]　傳故事於仿像

324 용머리는……빛나네 : 국보 제47호로 지정된 쌍계사의 진감선사탑비(眞鑑禪師塔碑)를 형용한 것이다. 금해(金薤)는 아름다운 글씨를 의미하는데, 진감선사탑비는 최치원(崔致遠)이 비문을 짓고 직접 글씨를 쓴 것으로 전해진다.

325 학사의 풍류 흠모하네 : 최치원의 풍류를 그리워한다는 말이다. 신라 왕실의 타락과 무능에 실망하고 좌절한 최치원은 관직을 버리고 은거하여 여러 곳을 주유하였는데, 지리산의 쌍계사(雙磎寺)도 그 은거지의 하나여서 그의 자취가 전설이 되어 전한다.

326 단성(丹城)에서……아니구나 : 단성이 그 이름과는 달리 도교(道敎)의 연단술(煉丹術)과 아무런 관계가 없다는 말이다. 단성은 현재의 경상남도 산청군 단성면 일대이다. 갈홍(葛洪)은 동진(東晉)의 도사(道士)로, 자는 치천(稚川)이고, 포박자(抱朴子)라 자호(自號)하였다. 강소성(江蘇省) 단양(丹陽) 사람으로 불로장생의 연단술에 심취하였다. 《진서(晉書)》 권72 〈갈홍열전(葛洪列傳)〉에 "나이가 들어 연로하자 단약을 만들어 수명을 늘리고자 하였는데, 교지에서 단사가 나온다는 소문을 듣고 자원하여 구루 령이 되었다.〔以年老, 欲煉丹以祈遐壽, 聞交阯出丹, 求爲句漏令.〕"라고 하였다.

327 반갑구나……전하네 : 경상남도 산청군에 있는 환아정(換鵝亭)에 대해 말한 것

강좌에 아득한 상상 펼치며 起遐想於江左兮
좁은 땅에서 보잘것없는 감회를 부치네[328] 寓微感於偏壤
팔수를 건너 북쪽으로 올라가 亂八水而北上兮
홍류동 찾아가네[329] 叩紅流之巖洞
산사가 아름답고 웅장하게 서 있는데 琳宮嵬瑋而傑構兮
일주문이 날듯이 높이 솟았네 一柱騫飛而高聳
긴 행랑이 검푸르게 골짝을 가득 차지했는데 脩廊黝以彌壑兮

이다. 산음(山陰)은 산청의 옛 이름이다. 《청장관전서(靑莊館全書)》 권68 〈한죽당섭필상(寒竹堂涉筆上) 종단(終丹)〉에 "영종대왕 병술년에 산음현 어느 마을의 계집애 종단이가 6세에 아들을 낳았다. 그래서 상이 어사 구상을 보내 사실을 조사하도록 하여 간통한 남자를 찾아 유배형을 내리고 종단과 그녀의 아들을 흑산도로 귀양 보냈다. 그리고 산음현을 산청현으로 고쳤다.〔英宗大王丙戌, 山陰縣村女終丹, 六歲生子. 上遣御史具庠, 按覈, 刑配所奸男子, 而配終丹及所生子于黑山島. 改山陰爲山淸.〕"라는 기록이 보인다. 환아정은 1395년 산음 현감 심린(沈潾)이 객사 서쪽에 세운 정자이다. 정자의 이름은 권반(權攀)이 중국 왕희지(王羲之)의 고사를 인용하여 짓고 글씨는 당대 최고의 명필 한석봉(韓石奉)이 썼다. 왕희지가 절강성(浙江省) 산음현에 난정(蘭亭)을 짓고 문인들과 교유하며 살았는데, 이곳의 한 도사가 키우는 거위가 탐나 도경(道經)을 베껴 주고 거위를 얻어왔다고 하는 우군환아(右軍換鵝)의 고사가 전한다. 우군은 우군장군을 지낸 왕희지를 가리킨다. 《晉書 卷80 王羲之列傳》

328 강좌(江左)에……부치네 : 왕희지를 그린다는 말이다. 강좌는 중국 강동 지역으로, 여기서는 남북조 시대(南北朝時代)의 동진(東晉)을 가리키는데, 왕희지가 동진 사람이다. 편양(偏壤)은 좁은 땅이라는 말인데, 여기서는 조선을 의미하는 말로 사용되었다.

329 팔수(八水)를……찾아가네 : 산청에서 합천의 해인사로 이동한 것을 말한다. 팔수는 미상이다. 여정을 감안할 때 산청에서 합천으로 가는 길에 있는 여러 물들을 말한 것으로 보인다. 홍류지암동(紅流之巖洞)은 해인사 주변에 있는 홍류동 계곡을 말하는 것으로 보인다.

넘쳐나는 불경이 건물에 가득하네[330] 溢梵籍而充棟
복정에서 우인 만나니 仍羽人於福庭兮
느긋하게 오가며 지내는구나[331] 得棲遲之徃躅
생각건대 세상에는 풍진 가득하니 想四海之風塵兮
군자가 달아나 빈 골짝에서 살며 君子遯而空谷
구름과 노을에 의탁해 해로움 멀리 피하니 托雲霞而遠害兮
대개 말세의 모습이지 蓋末路之物色
세대가 내려올수록 날로 편협해지니 世逾下而日狹兮
이런 사람들 생각하며 크게 한숨짓네 懷若人以太息
함양에서 일두를 조상하고 弔一蠹於咸陽兮
서원 바라보며 떠나지 못하네[332] 瞻棟宇而不能去
어진 사람이 무슨 죄로 죽임 당했던가 賢何辜而葅醢兮
하늘에는 먹구름만 짙게 얽혀 있네[333] 天霴霼以回互

330 긴……가득하네 : 해인사에는 국보 제32호로 지정된 팔만대장경(八萬大藏經)이 보관되어 있다. 여기서 수랑(脩廊)은 팔만대장경을 보관하고 있는 해인사의 장경판전을 가리킨다.

331 복정(福庭)에서……지내는구나 : 해인사의 승려들이 생활하는 모습을 읊은 것이다. 우인(羽人)은 신선을 뜻하는데, 여기서는 산사의 승려를 가리킨다. 복정은 행복이 가득한 곳이라는 의미로, 신선이나 부처가 있는 곳을 가리킨다. 진(晉)나라 손작(孫綽)의 〈천태산부(天台山賦)〉에 "도사를 단구에서 방문하여, 불사의 복정을 찾노라.〔訪羽人於丹丘, 尋不死之福庭.〕"라고 하였다.

332 함양(咸陽)에서……못하네 : 현재의 경상남도 함양군 수동면 원평리에 있는 남계서원(灆溪書院)에서 정여창(鄭汝昌)을 참배했다는 말이다. 일두(一蠹)는 정여창의 호이다. 남계서원은 1552년(명종7)에 정여창의 학문과 덕행을 추모하기 위해 건립되었고 1566년에 사액되었다.

문효공의 정려에 예를 갖추며 軾文孝之棹楔兮
옥계의 빛나는 행적을 떠올리네[334] 攬玉溪之光㶑
몸과 명에 모두 온당함을 찬미하며 美身名之俱泰兮
옛 철인이 때를 만나지 못한 것을 슬퍼하네 悼曩哲之不時
가벼운 걸음으로 용유동 지나 散輕策於龍游兮
얼음과 눈 덮인 중봉을 오르네[335] 犯中峯之氷雪
안개 헤치며 천왕봉에 올라 排天王之沆瀣兮
깎아지른 듯 높은 성단에 앉았네[336] 踞星壇之嶄絶
팔방의 형세 바라보니 覽八荒之體勢兮
천지는 티끌이 쌓여 만들어졌구나 天地由其芥滯

333 어진……있네 : 정여창처럼 어진 사람이 죄도 없이 죽게 되었으니, 하늘의 이치는 알기 어렵다는 말이다.

334 문효공(文孝公)의……떠올리네 : 노진(盧禛, 1518~1578)의 정려문을 바라보면서 예를 갖추고 그의 충효를 생각한다는 말이다. 노진의 본관은 풍천(豐川), 자는 자응(子膺), 호는 옥계(玉溪), 시호는 문효이다. 효성이 지극하여 정문이 세워졌다. 《葛川集 卷2 玉溪盧公行狀》 경상남도 함양군 지곡면 공배리에 있었던 당주서원(溏州書院)에 배향되었다.

335 가벼운……오르네 : 지리산에 오르는 모습을 말한 것이다. 용유(龍游)는 용유담(龍游潭), 또는 용유동(龍游洞)으로 불리는 곳으로, 《신증동국여지승람(新增東國輿地勝覽)》 〈경상도(慶尙道) 함양군(咸陽郡)〉 기사에 "군 남쪽 40리 지점에 있으며, 임천 하류이다."라고 하였다. 중봉(中峯)은 천왕봉(天王峯)으로 가는 길에 있는 봉우리 이름이다.

336 안개……앉았네 : 지리산 천왕봉 정상에 도달한 모습을 읊은 것이다. 항해(沆瀣)는 깊은 밤중에 내리는 이슬 기운으로, 도가(道家)에서는 이것을 수명(修命)의 약으로 마신다고 하는데, 여기서는 천왕봉을 덮은 안개의 의미로 보았다. 성단(星壇)은 별에 제사를 올리는 제단이다.

아홉 고을이 겹겹 산중에 펼쳐 있고[337]	九郡隱見於襞積兮
강물이 띠처럼 가로질러 흘러가네	江海橫流以襟帶
향적의 바람과 이슬 속에 머물며	棲香積之風露兮
신선을 만날까 내심 바랐건만[338]	冀靈仙之可遻
무당들이 난잡한 제사 좋아하니	而巫習之好淫兮
또 어찌 오래 머물랴	又何可以久住
유서 깊은 거타[339] 고을 지나	越居陀之古縣兮
안음[340]에 이르러 수레를 멈췄네	抵安陰而輟軛
산은 가파르게 높고 냇물은 빠르니	山嵂嵬而流駛兮
그 사람의 강직함과 닮았구나[341]	像夫人之伉直

337 아홉……있고 : 지리산에서 바라보이는 주변 고을들의 모습을 말한 것이다. 벽적(襞積)은 원래 주름치마처럼 옷의 주름을 잡은 것인데, 여기서는 오르락내리락 뻗어 있는 지리산 자락을 가리킨다.

338 향적(香積)의……바랐건만 : 향적은 본래 부처의 이름이기도 하고, 사찰을 의미하기도 하며, 불가의 음식을 말하기도 하는데, 여기서는 이런 의미와는 거리가 있어 보인다. 이육(李陸)의 글에 "천왕봉에서 조금 내려와 서쪽으로 가면 향적사가 있다.〔自天王稍下而西, 有香積寺.〕"라는 내용이 있으므로, 실제 천왕봉 주변에 절이 있었음을 알 수 있다.《續東文選 卷21 遊智異山錄》 그러나 이어진 내용에 영선(靈仙)을 말하고 있는 것으로 보아, 향적사를 직접 가리키는 것도 아닌 듯하다. 아마도 향적사가 있던 곳 주변에 도가의 수련장이 있었던 것으로 추측된다.

339 거타(居陀) : 현재의 경상남도 거창군의 옛 이름이다.

340 안음(安陰) : 현재의 경상남도 함양군 안의면의 옛 이름이다.《영조실록》 43년 윤7월 30일 기사에 "안음을 안의로 고치고 산음을 산청으로 고친다.〔安陰改以安義, 山陰改以山淸.〕"라고 하였다.

341 산은……닮았구나 : 안의의 지세를 보면서 안의, 또는 그 주변과 관련이 있는 사람의 강직한 기상과 비슷하다고 말한 것인데, 누구를 대상으로 한 말인지 미상이다.

권빈에서 수레 멈추니 留征牽於勸賓兮
용담의 풍토도 아름답구나[342] 嘉涌潭之風壤
금천[343]에서 늦도록 술 마신 몸 부축 받아 扶金泉之晩醉兮
약목[344]을 돌아 더 멀리 가네 轉若木而彌往
구불구불한 옛 길 더듬어 尋羊腸之舊路兮
한강의 큰 절의 그리나니[345] 尙寒岡之姱節
소장 올려 대궐문에 부르짖어 抗尺疏而叫閽兮
끊어진 줄을 한 가닥 머리칼로 이었지 係絶綱以絲髮
어두운 거리에 일월처럼 밝게 걸렸으니 揭日月於昏衢兮
아아 의리 밝혀 선철 따랐어라[346] 嗟明誼以迪哲

다만 안의는 해평 길씨(海平吉氏)의 세거지이고, 함양군 유림면에 길재(吉再)가 우거했던 제계서재(蹄溪書齋)가 있으므로, 길재를 가리킨 것으로 추측된다.

342 권빈(勸賓)에서……아름답구나 : 권빈은 현재의 경상남도 함양군 봉산면 권빈리 지역으로, 역참이 있었다. 용담(涌潭)은 미상이다.

343 금천(金泉) : 경상남도 함양군 안의면 금천리를 가리킨다. 금천 계곡이 유명한데 이곳에 광풍루가 있고, 상류에 농월정(弄月亭)과 거연정(居然亭)이 있다.

344 약목(若木) : 현재의 경상북도 칠곡군 약목면 일대이다.

345 구불구불한……그리나니 : 경상북도 칠곡군에 도착하여 절의를 지켰던 정구(鄭逑, 1543~1620)를 떠올린 것이다. 양장(羊腸)은 구절양장(九折羊腸)과 같은 말로, 구불구불 험한 산길을 가리키는데, 칠곡의 지명이 7개의 봉우리가 7개의 골짜기를 이룬다는 뜻에서 유래하였으므로, 그 주변의 험한 산길을 말한 것이다. 정구의 본관은 청주(淸州), 자는 도가(道可), 호는 한강(寒岡)이다. 칠곡의 사양서원(泗陽書院)에 제향되었다. 《旅軒集 卷13 皇明朝鮮國……寒岡鄭先生行狀》

346 소장……따랐어라 : 광해군(光海君)이 영창대군(永昌大君)을 해치려 할 때, 정구가 소장을 올려 극력 간쟁한 사실을 말한다. 《한강집(寒岡集)》 권2의 〈계축차자(癸丑箚子)〉 3편이 당시 정구가 올린 글이다.

물가 따라 여정 바꿔 循河濱而改轍兮

효령[347]에서 훌륭한 인물 찾아보네 採嘉名於孝靈

다인을 물어서 살고자 하니 詢多仁而願處兮

비옥에 살며 표창 받을 것 생각하네[348] 舍比屋以思封

영화로운 이름 늙을 때까지 지킨 사람 保榮名於戴艾兮

오직 제명대로 살다 간 약포라네[349] 唯藥圃之令終

예천에서 원화의 기운 마시고[350] 飮元化於醴泉兮

문소에서 봉황이 춤추기를 기다리네[351] 佇鳳儀於聞韶

347 효령(孝靈) : 현재의 경상북도 군위군 효령면 일대이다.

348 다인(多仁)을……생각하네 : 도착한 곳의 지명을 염두에 두고 살기 좋은 곳이라고 읊은 것이다. 다인은 경상북도 의성군 다인면을 가리킨다. 《논어》 〈이인(里仁)〉에 "마을의 인심이 인후한 것이 아름다우니, 가려서 인에 처하지 않는다면 어찌 지혜롭다 하겠는가.〔里仁爲美, 擇不處仁, 焉得知.〕"라고 하였는데, 고을 이름이 공자의 말과 유사하므로 말한 것이다. 비옥(比屋)은 현재의 경상북도 의성군 비안면 일대를 가리킨다. 《신증동국여지승람(新增東國輿地勝覽)》 권25 〈경상도(慶尙道) 비안현(比安縣)〉 기사에 "본래 신라 아화옥현인데, 경덕왕이 비옥이라 고치고 문소군의 영현으로 삼았다.〔本新羅阿火屋縣, 景德王改比屋, 爲聞韶郡領縣.〕"라고 하였다. 한편 한(漢)나라 육가(陸賈)의 《신어(新語)》 권상 〈무위(無爲)〉에 "요순의 백성들은 집집마다 표창할 사람이 나오는데, 걸주의 백성들은 집집마다 죽일 자들이 나오니, 이는 임금의 교화가 그렇게 만든 것이다.〔堯舜之民, 可比屋而封, 桀紂之民, 可比屋而誅者, 敎化使然也.〕"라는 말이 나온다.

349 영화로운……약포(藥圃)라네 : 약포는 정탁(鄭琢, 1526~1605)으로, 본관은 청주(淸州), 자는 자정(子精), 호는 약포·백곡(栢谷)이다. 그의 생애는 이민구가 쓴 시장(諡狀)에 자세하다. 《東州集 文集 卷6 議政府左議政西原府院君鄭公諡狀》

350 예천(醴泉)에서……마시고 : 경상북도 예천군에서 좋은 물을 마신다는 말이다. 예천이라는 지명은 좋은 우물로 말미암아 붙여졌다.

351 문소(聞韶)에서……기다리네 : 문소는 경상북도 의성군의 옛 이름이다. 소(韶)

얼음이 바람구멍에 맺히니 玄陰結於風隧兮
어찌 불볕더위인들 녹일 수 있으랴[352] 豈朱炎以可消
높은 누대는 불타 사라지고 高樓蕩以灰燼兮
귀신의 노래 야담으로 기록되었네 紀野譚於鬼謠
사방이 산인데 북쪽 더 높아 山環衛而北起兮
냇물이 천천히 남쪽으로 흘러가네 水維緩以南注
거마가 자주 왕래하는 길을 따라가니 控一路之綰轂兮
안동의 풍수 빼어나구나[353] 壯安東之龍虎
태사가 조짐을 밝게 알아 太師之炳幾兮
혼란한 군주 물리치고 참 임금 도와 襄僭亂而翊眞主
백성들이 재앙에서 벗어났으니 生靈旣脫於水火兮
봉토에 경사 넘치는 것이 마땅하네[354] 宜慶流於胙土

는 순 임금의 음악 이름인데, 《서경》 〈익직(益稷)〉에 "소소를 아홉 번 연주하니, 봉황이 와서 춤을 춘다.〔簫韶九成, 鳳凰來儀.〕"라고 하였다.

352 얼음이……있으랴 : 경상북도 의성군 춘산면 빙계리에 있는 빙계계곡(氷溪溪谷)을 읊은 것이다. 현음(玄陰)은 겨울철의 극심한 음기(陰氣)를 말하는데, 여기서는 얼음으로 풀이하였다. 빙계계곡에는 빙혈(氷穴)이 있어서 이곳에서 찬바람이 일어난다고 한다.

353 거마(車馬)가……빼어나구나 : 안동에 도착하여 풍수적으로 지세가 잘 갖추어진 모습을 보고 읊은 것이다. 관곡(綰轂)은 거마가 자주 왕래하는 요충지를 말한다. 용호(龍虎)는 풍수에서 말하는 좌청룡(左青龍)과 우백호(右白虎)를 말한다.

354 태사(太師)가……마땅하네 : 왕건(王建)을 도와 고려 건국에 공을 세운 세 명의 태사를 읊은 것이다. 이들은 모두 안동(安東) 출신으로, 김선평(金宣平), 권행(權幸), 장정필(張貞弼)이다. 이들의 공적을 기린 태사묘(太師廟)가 안동에 있고, 그 안에 고려 삼태사 묘정비(高麗三太師廟庭碑)가 있다.

어지러운 고려 말에 이르러　迄麗季之搶攘兮
현릉이 오랑캐에게 곤란 겪었는데[355]　玄陵窘於草莽
백성들이 정선을 공손히 하여　士女虔其征繕兮
맑게 머물렀다가 왕의 거처로 돌아갔지[356]　淸蹕返其王度
산하를 믿고 망할 짓을 좋아했다면　顧山河而娛亡兮
어찌 시를 지어 오랑캐 물리치랴　焉賦詩以却虜
인문이 매우 밝으니　相人文之競爽兮
성대하게 많은 인재들 태어났네　鬱群才之鍾聚
마을 노래에 현가가 섞였으며　絃歌雜乎里詠兮
학교가 관아에 이어져 있네[357]　庠序聯乎廨宇
옛날 요순이 서로 이어 제위에 올랐어도　昔勛華之繼陟兮
하늘이 무서운 위세로 노여움 나타냈지　天疾威以俾怒
충정공 아니면 매서운 위세 맞서지 못하는데　微忠定不攝於霆擊兮
세상이 경시할까 나는 두렵네　吾恐擧世以纖趨

355 어지러운……겪었는데 : 1361년 홍건적의 침입으로 공민왕(恭愍王)이 안동 청량산으로 몽진한 일을 읊은 것이다. 현릉(玄陵)은 황해북도 개풍군 해선리에 있는 공민왕의 능이다.

356 백성들이……돌아갔지 : 안동으로 몽진한 공민왕을 그곳의 백성들이 공손하게 모셨다가 개성으로 돌아가게 했다는 말이다. 정선(征繕)의 정(征)은 부세(賦稅)를 받아들이는 것이고, 선(繕)은 병기(兵器)를 수선하는 것이다. 《춘추좌씨전》 희공(僖公) 15년 기사에 "정선하여 유자를 돕는다.〔征繕以輔孺子〕"라고 하였다.

357 마을……있네 : 안동에 교화가 잘 행해진 것은 학교를 세워 잘 가르쳤기 때문이라는 말이다. 현가(絃歌)는 거문고를 연주하며 노래하는 것으로, 예악(禮樂)의 교화를 뜻한다. 공자의 제자 자유(子遊)가 무성(武城)의 지방관으로 있으면서 현가로 백성을 교화하였다. 《論語 陽貨》

혼탁한 시대를 만나 귀양 가니　遭紛濁而遷謫兮

몸은 망가졌어도 의리 얻었네[358]　謇身疚以義取

농암[359]은 물러나 풍속을 바로잡고　聾巖退以厲俗兮

학봉[360]은 그 의표 드높았지　鶴峯峻其標擧

낙동강의 서애를 바라보며　望河水之西厓兮

중흥시킨 어진 재상 생각하네[361]　憶中興之哲輔

혼란한 세상에서 국운 안정시켜　恢天步於板蕩兮

우리나라의 풍우를 씻어냈네　洗一方之風雨

국난 극복에 뛰어난 계책 펼쳤으니　縻長策於拯濟兮

358 충정공(忠定公)……얻었네 : 권벌(權橃, 1478~1548)의 절의가 평가 절하될까 염려하며 그의 행적을 언급한 것으로 보인다. 권벌의 본관은 안동(安東), 자는 중허(仲虛), 호는 충재(冲齋)・훤정(萱亭), 시호는 충정이다. 1519년(중종14) 기묘사화에 연루되어 귀향하였고, 1545년(인종1) 을사사화가 일어나자 윤임(尹任), 유인숙(柳仁淑) 등을 구제하려고 계사(啓辭)를 올리기도 하였다. 위사 공신(衛社功臣)에 책록되고 길원군(吉元君)에 봉해졌으나, 얼마 뒤에 삭훈(削勳)되고 사헌부의 탄핵을 받아 파면되었다. 1547년(명종2) 양재역벽서사건에 연루되어 구례로 유배 갔다가 태천, 삭주로 이배되었으며 삭주에서 운명하였다.《冲齋集 卷8 有明朝鮮國……五衛都摠府都摠管權公神道碑銘 幷序》

359 농암(聾巖) : 이현보(李賢輔, 1467~1555)로, 본관은 영천(永川), 자는 비중(棐仲), 호는 농암・설빈옹(雪鬢翁)이다. 1504년(연산군10) 사간원 정언(司諫院正言)으로 있을 때, 서연관(書筵官)의 비행을 논박하여 안동으로 유배되었다.《聾巖集 卷4 附錄 行狀》

360 학봉(鶴峯) : 김성일(金誠一, 1538~1593)로, 본관은 의성(義城), 자는 사순(士純), 호는 학봉이다.《鶴峯集 附錄 卷2 行狀》

361 낙동강의……생각하네 : 임진왜란을 전후로 발생한 혼란으로부터 나라를 구한 유성룡(柳成龍, 1542~1607)에 대해 읊은 것이다. 유성룡의 본관은 풍산(豐山), 자는 이현(而見), 호는 서애(西厓)이다.《蒼石集 卷17 西厓柳先生行狀》

백성들 지금도 노래하고 춤추네	民到今而歌舞
태상시에서 업적 살폈으니	稽成績於太常兮
참된 선비의 공로 볼 수 있네[362]	見眞儒之功敍
청부[363]는 험한 산골에 자리하여	靑鳧介乎巖阻兮
사방이 높은 산으로 둘러싸였네	周防繚以労峊
사록의 그윽한 아름다움 경사스러우니	慶沙麓之陰休兮
두 번이나 임금 받드는 왕비 나셨네[364]	再承乾而配極
영주의 유교 흡족하니	樂榮州之儒敎兮
학가산 넘어 드디어 가노라	踰鶴柯而遂徂
양양의 노인 비록 없어도	襄陽之耆舊雖亡兮
여남의 선현 속이지 않았으니	汝南之先賢不誣
집집마다 글을 외우고 강론하여	紛家誦而戶講兮
고을에 도포 입은 선비 많구나[365]	盛邑子之襟裾

362 태상시(太常寺)에서……있네 : 안동과 관련된 인물들을 나열하고, 그들의 시호(諡號)에서 그들의 공로를 알 수 있다고 말한 것이다. 태상(太常)은 태상시로, 국가의 제례(祭禮)를 주관하고 왕의 시호와 묘호 등의 관리와 제정을 담당하던 부서이다. 《서경》〈군아(君牙)〉에 "그 이룩한 업적이 태상에 기록되어 있다.〔厥有成績, 紀于太常.〕"라고 하였다.

363 청부(靑鳧) : 경상북도 청송군의 옛 이름이다.

364 사록(沙麓)의……나셨네 : 청송 심씨(靑松沈氏) 가문에서 두 분의 왕비가 나왔기에 말한 것이다. 사록은 한(漢)나라 원제(元帝)의 비(妃)인 원후(元后)가 태어난 곳으로, 대개 왕비의 출생지를 가리킨다. 세종(世宗)의 비(妃) 소헌왕후(昭憲王后, 1395~1446)는 청천부원군(靑川府院君) 심온(沈溫)의 딸이고, 명종(明宗)의 비 인순왕후(仁順王后, 1532~1575)는 청릉부원군(靑陵府院君) 심강(沈鋼)의 딸이다.

365 양양(襄陽)의……많구나 : 영주에 유교가 홍성하여 집집마다 글 읽는 소리가 들

관할 지역 북쪽으로 소백산에 끝나니	提封北盡乎小白兮
문성공 태어난 곳이지[366]	乃文成之所興
후학들 교화시켜 선하게 하고	化蛾子以式穀兮
끊어진 학문 이어 넓힐 생각으로	紹絶學而思弘
시끄러운 세상에 홀로 외쳐서	發孤倡於群咻兮
불교가 흥성한 시대에 성인의 경전 내세웠네[367]	揭聖經於佛乘
백록동 본떠 학문 연마하니	倣白鹿以藏修兮
주 선생 아니면 어찌 알았으랴[368]	非周氏其焉徵

린다는 말이다. 양양지기구(襄陽之耆舊)는 양양 고을의 덕망이 높은 늙은이라는 뜻인데, 진(晉)나라 습착치(習鑿齒)가 양양에 살았던 방덕공(龐德公)을 위시한 여러 고사(高士)의 전기를 모아 《양양기구전(襄陽耆舊傳)》을 지었던 데서 유래하여, 고을의 덕망 있는 인물을 비유하는 말로 사용된다. 여기서는 특히 안향(安珦, 1243~1306)을 가리키는 말로 사용되었다. 그의 본관은 순흥(順興), 자는 사온(士蘊), 호는 회헌(晦軒), 시호는 문성(文成)이다. 고려 말에 주자학을 도입하여 유학 진흥에 공헌하였으며, 조선의 학자들로부터 동방의 주자(朱子)로 불렸다. 영주의 소수서원(紹修書院)은 우리나라 최초의 서원으로, 사당에 안향을 배향하고 있다. 여남지선현(汝南之先賢)은 중국 하남성 여남에서 강학한 주희(朱熹)를 가리킨다.

366 관할……곳이지 : 경상도의 북쪽 경계가 영주의 소백산에서 끝나는데, 문성공(文成公) 안향이 이곳에서 태어났다는 말이다.

367 후학들……내세웠네 : 안향이 불교가 융성한 고려 시대에 후학을 양성하여 유학 부흥에 노력했다는 말이다. 의자(蛾子)는 개미로, 《예기》 〈학기(學記)〉에 "개미는 수시로 흙을 물어 나르는 일을 배워 익힌다.〔蛾子時術之〕"라는 말이 있다. 이 말은 개미가 흙을 물어 날라서 둑을 만들 듯이 오랜 노력이 있어야 학문을 성취할 수 있음을 비유하는데, 여기서는 공부하는 선비를 비유하는 말로 사용되었다. 식곡(式穀)은 선하게 만든다는 말이다. 《시경》 〈소완(小宛)〉에 "네 아들을 잘 가르쳐서, 선을 써서 너와 똑같게 하라.〔教誨爾子, 式穀似之.〕"라고 하였는데, 그 주에 "식은 씀이요, 곡은 선함이다.〔式, 用也, 穀, 善也.〕"라고 하였다.

작은 고을에서 선현들 헤아려 보니 數前脩於十室兮
인접한 고을들 같은 풍조 이루어 좋구나 善比邑之同風
그러므로 선한 인재 키우는 데 근심 깊으니 故憂深於思善兮
어쩌면 이리도 척박한 땅에 인재가 많은가[369] 何壤瘠而材豐
좨주는 도끼 아래 엎드려 간하였으니 祭酒伏斧以正諫兮
역린을 건드려 기휘를 드러내고 批逆鱗而明忌
《주역》을 안고 멀리 숨었으니 抱羲經以荒遯兮
신운은 막혔으나 도는 빛났네[370] 羌身否而道賁

368 백록동(白鹿洞)……알았으랴 : 주세붕(周世鵬, 1495~1554)이 중국 강서성 성자현(星子縣) 노산(盧山)에 있는 백록동서원(白鹿洞書院)을 본떠 백운동서원(白雲洞書院)을 세우고 후학들을 가르쳤다는 말이다. 주세붕의 본관은 상주(尙州), 자는 경유(景游), 호는 신재(愼齋)·남고(南皐)이다. 장수(藏修)는 《예기》 〈학기(學記)〉에 "군자는 학문에 대하여 마음에 간직하고 공부하며 쉬기도 하고 놀기도 한다.〔君子之於學也, 藏焉修焉息焉游焉.〕"라고 한 데서 온 말로, 장(藏)은 늘 학문에 대한 생각을 품고 있는 것이고, 수(修)는 방치하지 않고 늘 익힌다는 의미이다. 여기서는 학문을 닦는다는 의미로 풀이하였다.

369 작은……많은가 : 경상북도 안동 주변의 작은 고을들이 모두 유학을 숭상하는 풍조를 이루어 많은 학자와 인재가 배출되었음을 예찬한 것이다. 십실(十室)은 작은 고장을 가리킨다. 공자(孔子)께서 "열 집이 안 되는 작은 읍에도 반드시 나처럼 진실하고 신의 있는 사람이 있지만, 나처럼 배우기를 좋아하지는 못할 것이다.〔子曰, 十室之邑, 必有忠信如丘者焉, 不如丘之好學也.〕"라고 하였다. 《論語 公冶長》

370 좨주(祭酒)는……빛났네 : 성균관 좨주(成均館祭酒)를 지낸 우탁(禹倬, 1262~1342)에 관해 읊은 것이다. 우탁의 본관은 단양(丹陽), 자는 천장(天章)·탁보(卓甫), 호는 백운(白雲)·단암(丹巖), 시호는 문희(文僖)이다. 충선왕이 충렬왕의 후궁인 숙창원비(淑昌院妃)를 간음하자, 흰 옷에 도끼를 들고 거적자리를 멘 채 대궐로 나아가 간언하였다. 경상북도 안동으로 은퇴하여 학문에 정진하였고, 특히 역학(易學)에 밝아 역동선생(易東先生)으로 불렸다. 역린(逆鱗)은 용의 턱밑에 거꾸로 난 비늘로, 이를

도산은 무이산과 닮았고	陶山像乎武夷兮
퇴계는 비유하자면 수사와 같구나[371]	退溪比則洙泗
시서를 익히던 정신 어렴풋이나마 남아	詩書僾而尙存兮
그로 인해 예악이 실추되지 않았네	禮樂由之不墜
명성과 업적 광대해 후학 인도하였으니	聲猷廣以牖迪兮
전형이 아득히 멀어졌어도 풍의를 알 수 있네	典刑邈而風義
창랑의 물결에 씻고 뱃노래 부르며	濯滄浪以棹歌兮
월담을 따라가며 먼 옛날 생각하네[372]	沿月潭而遐思

건드리면 용이 노하여 건드린 자를 죽인다고 한다. 임금의 노여움을 샀을 때 흔히 비유하는 표현이다. 《韓非子 說難》 희경(羲經)은 복희(伏羲)가 팔괘(八卦)를 만들었다고 한 데서 유래하여 《주역》을 가리킨다.

371 도산(陶山)은……같구나 : 이황(李滉, 1501~1570)이 거주하던 지역을 주희(朱熹)와 공자(孔子)께서 살던 곳에 비유하여 말한 것이다. 이황의 본관은 진보(眞寶), 자는 경호(景浩), 호는 퇴계(退溪)・퇴도(退陶)・도수(陶叟), 시호는 문순(文純)이다. 무이(武夷)는 중국 복건성에 있는 산으로, 산 가운데 구곡의 시내가 있고 그 경치가 매우 아름답다고 한다. 주희가 그 경치의 아름다움을 〈무이구곡가(武夷九曲歌)〉로 읊었는데, 이황이 이를 본받아 〈도산구곡가(陶山九曲歌)〉를 지었다. 수사(洙泗)는 노(魯)나라의 수수(洙水)와 사수(泗水)를 합칭한 말로, 공자께서 이 사이에서 강학하셨으므로, 후대에는 공자의 학문을 뜻하는 말로 쓰였다.

372 창랑(滄浪)의……생각하네 : 이황의 자취를 더듬어 보며 읊은 것이다. 창랑은 물 이름인데, 한 어린아이가 "창랑의 물이 맑으면 나의 갓끈을 빨고, 창랑의 물이 흐리면 나의 발을 씻으리.〔滄浪之水淸兮, 可以濯我纓. 滄浪之水濁兮, 可以濯我足.〕"라고 부르는 노래를 듣고, 공자께서 "소자들아, 저 노래를 들어보라. 물이 맑으면 갓끈을 빨고, 물이 흐리면 발을 씻으니, 이는 물이 스스로 취하는 것이니라.〔小子聽之. 淸斯濯纓, 濁斯濯足, 自取之也.〕"라고 가르쳤다고 한다. 《孟子 離婁上》 월담(月潭)은 월명담(月明潭)을 가리킨다. 《퇴계집(退溪集)》 권1에 〈혼자서 고산을 유람하고 월명담에 도착하여 물 따라 산 따라 내려가서 저물녘에 퇴계에 도착하였는데, 승경을 만날 때마다 곧바로

도는 한때에 드러나기도 하고 숨기도 하지만　道隱見於一時兮
사람들은 후세에 영향을 받았네　人後世以受賜
청량산 정상에 올라　登淸涼之絶頂兮
황지의 소재를 묻노라[373]　問黃池之所在
절간에서 남긴 글 음미하나니　諷遺墨於禪莊兮
슬프다 옛사람이 나를 기다려 주지 않았구나[374]　悲古人之不待

한 절구를 지었다〔獨遊孤山 至月明潭 因竝水循山而下 晩抵退溪 每得勝境 卽賦一絶〕〉라는 작품이 있는데, 두 번째 작품 〈일동(日洞)〉의 주에 "동은 월명담 위쪽에 있다.〔洞在月明潭上〕"라고 하였다.

373 청량산(淸涼山)……묻노라 : 청량산에 올라가서 낙동강의 근원지인 황지(黃池)가 어디인지 묻는다는 말이다. 청량산은 경상북도 봉화군에 있는 산이다. 《퇴계집(退溪集)》 권43 〈주경유청량산록발(周景遊淸涼山錄跋)〉에 "안동부의 청량산은 예안현의 동북쪽 수십 리 지점에 있고, 나의 선려가 그 길의 중간쯤에 있었다. 새벽에 출발하여 산에 오르면 정오가 되기 전에 올랐고 배도 꺼지지 않았으니, 비록 경계는 다른 지역으로 나누어져 있지만 실로 우리 산이다.〔安東府之淸涼山, 在禮安縣東北數十里, 而滉先廬居其程之半焉. 晨發而登山, 則日未午而腹猶果然. 是雖境分他邦, 而實爲吾家山也.〕"라고 하였고, 어려서부터 자주 올라 다녔다고 하였다. 그만큼 청량산은 이황과 밀접한 관계가 있으며, 오산당(吾山堂)에서 강학하기도 하였다. 황지는 낙동강의 발원지이다. 《세종실록》 〈지리지(地理志)〉 강원도(江原道) 삼척도호부(三陟都護府) 기사에 "부의 서쪽에 있다. 제전을 두었고 관리가 제사를 지낸다. 하류로 30여 리쯤 되는 부의 서쪽에 이르러 작은 산을 뚫고 북쪽에서 산 남쪽으로 흘러 나가므로 천천이라 하니, 곧 경상도 낙동강의 근원이다.〔在府西. 置祭田, 其官行祭. 下流三十餘里, 至府西, 穿小山北出山南, 謂之穿川, 卽慶尙道洛東江之源.〕"라고 하였다. 여기서는 이황 학문의 근원을 생각해 본다는 뜻을 내포한 말이다.

374 절간에서……않았구나 : 이황의 글은 남아 있지만 만날 수 없음을 안타깝게 여긴 것이다. 김성일(金誠一)의 글에 "젊어서 청량산을 유람하고 〈백운암기〉를 지으셨는데, 절의 승려가 새겨서 암자의 벽에 남겨두었다. 선생께서 만년에 그 소식을 듣고 곧바로 없애게 하셨다.〔少時遊淸涼山, 作白雲庵記, 寺僧刊留庵壁. 先生晩乃聞之, 卽令去之.〕"

군문은 고요하고 업무도 제쳐 두었는데[375]	轅門靜而務屛兮
시절은 또 늦은 봄이라	時亦維其暮春
숲의 꽃은 향기롭고 새들은 지저귀며	林花馥而鳥嚶兮
들판은 아득히 평평하네	原隰敻以畇畇
마부 불러 채비하게 하니	召僕夫而俶裝兮
내가 장차 동해를 바라보리라	余將騁望乎東海
우뚝 솟은 관어대[376]에 올라 보니	魚臺嶒屼以上隮兮
큰 골짝이 쩍 갈라져 회오리 파도 일렁이네	巨壑呀而周滙
그 끝에 서서 저 멀리 바라보니	乘絶垠而游矚兮
하늘은 둥글게 탁 트여 있네	天形橢以開塏
드높은 청심각에 올라	升淸心之快閣兮
애오라지 나의 답답한 마음 풀어 보네	聊以抒吾恂愁
내연산 신성한 땅 거닐며	踐內延之神皐兮
노을 낀 길에서 오묘한 이치 궁구하네	窮幽眇於霞路
아홉 굽이 돌아가는 긴 강에 오니	臨長江之九曲兮
끊임없이 동쪽으로 흐르는 줄을 알겠구나[377]	感東流之無已

라고 하였으므로, 여기서 유묵(遺墨)은 이 글을 가리키는 것으로 보인다.

375 군문(軍門)은……두었는데 : 감영(監營)으로 돌아온 상황을 말한 것이다. 원문(轅門)은 본래 군진(軍陣)을 세울 때 수레로 울타리를 만들고, 드나드는 곳에는 두 수레를 뒤집어 놓아 문 역할을 하게 하였던 데서 유래하였다.

376 관어대(觀魚臺) : 목은(牧隱) 이색(李穡)의 《목은시고(牧隱詩藁)》 권1 〈관어대소부(觀魚臺小賦)〉에 "관어대는 영해부에 있다. 동해를 바라보고 있으며 바위 벼랑 아래 헤엄치는 물고기를 헤아릴 수 있으므로 이렇게 명명하였다.〔觀魚臺在寧海府, 臨東海, 石崖下游魚可數, 故以名之.〕"라고 하였다.

두 마리 까마귀 돌아오지 않았다는 말 들었으니	聞雙烏之不返兮
해를 맞이했다는 옛 기록 살펴보네[378]	摭迎日之古記
부상의 부드러운 가지 잡으려	攬扶桑之柔條兮
서쪽 물가의 절벽 위에 앉았네[379]	據西涘之斷石
진나라 다리가 가까이에 있는 줄을 아노니	知秦橋之偪側兮
우이의 동쪽 경계 가깝네[380]	狹嵎夷之東略
태양이 아른아른 모습 드러내더니	太陽杳杳以整駕兮

377 아홉……알겠구나 : 경상북도 남동부를 흐르는 형산강을 바라보며 감회를 말한 것이다. 《순자(荀子)》 〈유좌(宥坐)〉에 공자(孔子)께서 동쪽으로 흘러가는 물을 바라보고 계셨는데, 자공(子貢)이 군자가 큰물을 바라보며 반드시 살피는 이유가 무엇이냐고 묻자, 공자께서 "만 번 꺾여도 반드시 동쪽으로 가니, 이것은 의지와 유사하다.〔其萬折也必東, 似志.〕"라고 대답한 내용이 보인다.

378 두 마리……살펴보네 : 영일만(迎日灣)에서 그 이름의 유래를 살펴본다는 말이다. 《삼국유사(三國遺事)》에 의하면 신라 8대 아달라왕 때에 동해 바닷가에 살고 있던 연오랑(延烏郎)과 세오녀(細烏女) 부부가 일본으로 건너가 왕과 왕비가 되었는데, 마침 신라에서는 해와 달이 빛을 잃었다. 천문가의 말을 따라 사자를 연오랑 부부에게 보내어 세오녀가 짠 비단을 얻어와 이것으로 제사를 지냈더니, 해와 달이 다시 빛을 발하였다고 한다. 이 비단을 보관하는 창고를 귀비고(貴妃庫)라 하고, 제사를 지낸 곳을 영일, 또는 도기야(都祈野)라고 하였다.

379 부상(扶桑)의……앉았네 : 동해 바닷가에서 해가 나온다는 부상을 생각하며 일출을 기다리는 것이다. 《산해경(山海經)》 〈해외동경(海外東經)〉에 "탕곡 위에 부상이 있는데, 열 개의 태양이 목욕하는 곳이다.〔湯谷上有扶桑, 十日所浴.〕"라고 하였다.

380 진(秦)나라……가깝네 : 해가 뜨는 곳이 가깝다는 말이다. 진교(秦橋)는 진시황이 동쪽으로 유람할 때 지은 다리이다. 우이(嵎夷)는 해가 떠오르는 곳이다. 《서경》 〈요전(堯典)〉에 "희중에게 따로 명하여 우이에 머물게 하시니, 양곡이라 하니, 나오는 해를 공손히 맞이하여 봄 농사를 고르게 다스리도록 하였다.〔分命羲仲, 宅嵎夷, 曰暘谷, 寅賓出日, 平秩東作.〕"라고 하였다.

여섯 용이 고삐 매고 높이 오르자	六龍撰轡而高驤
희화가 채찍 멈추고 편안히 몰아가는데	羲和弭節以安驅兮
풍륭이 맴돌며 열렸다 가렸다 하네[381]	豐隆離合而披纕
내가 여러 신들에게 수레 준비시켜	吾令衆神備御兮
하늘 가운데로 이끌게 하네	導以之於天中
구망에게 앞장서게 하고	命句芒而先路兮
열결에게 재빨리 끌게 하며[382]	列缺奔以服箱
혜성을 잘라다가 깃발 만들고	屈彗星以爲旌兮
참창을 묶어 더 높이 날아오르네[383]	繚攙搶而飛揚
둥둥 떠 있는 정기 속에 노니나니	游精氣之浮浮兮
금세 한 번 음이 되었다가 다시 양이 되네	倏一陰而一陽
누런 규룡이 뛰어올라 수레 옆에 맴돌고	黃虯躍以挾轂兮

381 태양이……하네 : 동해에서 해가 나와 하늘로 오르면서 구름 사이를 지나가는 모습을 형용하였다. 희화(羲和)는 여섯 마리의 용이 끄는 수레를 몬다는 전설상의 인물이다. 풍륭(豐隆)은 고대 신화에 나오는 구름과 우레의 신이다.

382 구망(句芒)에게……하며 : 이민구가 신들을 시켜 하늘로 올라가 달리는 모습을 상상하여 말하고 있는 것이다. 구망은 봄을 담당하는 귀신이다. 열결(列缺)은 번개를 가리킨다. 하늘 높은 곳에 찢어진 틈이 있는데, 이곳에서 번개가 일어난다고 한다. 《초사(楚辭)》〈원유(遠遊)〉에 "위로 열결에 이르러, 아래로 큰 골짜기를 바라본다.〔上至列缺兮, 降望大壑.〕"라고 하였다. 복상(服箱)은 수레에 짐을 싣는 것을 말한다. 《시경》〈대동(大東)〉에 "반짝이는 저 견우성, 수레에 멍에하지 못하도다.〔睆彼牽牛, 不以服箱.〕"라고 하였다.

383 혜성(彗星)을……날아오르네 : 자신이 수레를 타고 하늘 높이 날아가는 모습을 상상하여 말한 것이다. 참창(攙搶)은 천참성(天攙星)과 천창성(天搶星)으로, 혜성을 가리킨다. 흉조(凶兆)를 알리는 요성(妖星)으로 여겨, 이 별이 낮에 빛나면 전란의 조짐으로 생각하였다.

난새가 오르락내리락 빙빙 나는구나	鸞鳥頡頏而回翔
고래가 물 뿜으며 구름 박차니	鯨鯢噴浪以蹴雲兮
물결 솟구치며 굉음 울리네	波水崩騰而雷硠
여섯 자라 떼어 내어 띄웠더니	劚六鼇以汎濫兮
내 뜻 알아 스스로 가는구나[384]	按余志而自將
신들의 호위 받으며 올라가니	陪神衛以將上兮
천제는 고요하고 온화하면서도 영험함 드러내네	皇靚穆而揚靈
떠다니는 안개의 향기로운 옥액 마시고	吸游霧之芳液兮
옥녀의 경장도 마시네[385]	嗽玉女之瓊漿
내 이윽고 혼탁하고 더러운 곳에서 벗어나	余旣蟬蛻於濁穢兮
죽지 않는 고장을 두루 유람하네	周覽乎不死之鄉
기수가 무성하게 물가 덮었고	琪樹蓁蓁以被涯兮
영지가 도방에 가득하네[386]	靈芝旖旎乎都房

384 여섯……가는구나 : 바다 위를 떠다니는 모습을 상상한 것이다. 중국의 고대 신화에 의하면 발해의 동쪽에 대여(岱輿), 원교(員嶠), 방호(方壺), 영주(瀛州), 봉래(蓬萊)라고 하는 다섯 산이 있는데, 이 산들은 뿌리가 없어 파도에 밀려다녔다. 다섯 산에 사는 신선들이 상제에게 호소하자, 상제가 큰 자라 15마리로 하여금 머리를 들어 다섯 산을 떠받치게 하였다. 한편 용백국에 거인이 살고 있었는데, 이 거인이 다섯 산에 이르러 한 번 낚싯줄을 드리워 여섯 마리의 자라를 잡아가자, 대여와 원교 두 산은 북극으로 흘러가 바다 속에 잠기고 세 산은 바다 위를 떠다닌다고 한다. 《列子 湯問》

385 떠다니는……마시네 : 상상 속에서 맛이 좋은 음료를 마시고 있는 것이다. 경장(瓊漿)은 맛이 좋은 음료로, 송옥(宋玉)의 〈초혼(招魂)〉에 "화려한 술잔 이미 베풀어졌는데, 경장도 있네.〔華酌旣陳, 有瓊漿些.〕"라고 하였다.

386 기수(琪樹)가……가득하네 : 신선 세계의 풍광을 묘사한 것이다. 기수는 옥을 드리우고 있다는 신선 세계의 나무이다. 한편 《초사(楚辭)》 〈구변(九辯)〉에 "저 혜초꽃

신선이 나를 맞이하여 더 멀리 가니 仙人邀余以增逝兮
어찌 영교와 봉방[387]을 따질 필요 있으랴 焉問瀛嶠與蓬方
왕교가 내게 읍하며 사귀기를 청하고 王喬揖余以請交兮
안기생은 나를 대접하며 같이 노니네[388] 安期儐余而相徉
바람을 타고 초탈하여 凌𡏖風以佚蕩兮
태을의 맑은 궁전에 나아가네 造太乙之淸宮
약목의 구슬 꽃을 꺾어 折若木之瑤華兮
저 동황에게 헌수하고[389] 將以壽夫東皇

이 핀 것을 슬퍼하노니, 도방에 가득하도다.〔竊悲夫蕙華之曾敷兮, 紛旖旎乎都房.〕"라고 하였는데, 유량(劉良)의 주에 "의니는 성대한 모습이다. 도는 크다는 뜻이고, 방은 꽃방이다.〔旖旎, 盛貌. 都, 大, 房, 花房.〕"라고 하였다.《六臣註文選 卷33 九辯》 여기서는 선선이 사는 곳에 영지가 가득 자란 모습을 말한다.

387 영교(瀛嶠)와 봉방(蓬方) : 동해에 있다고 하는 산이다.《열자(列子)》〈탕문(湯問)〉에 "발해의 동쪽에……그 가운데 다섯 개의 산이 있으니, 대여, 원교, 방호, 영주, 봉래이다.〔渤海之東……其中有五山焉, 曰岱輿曰員嶠曰方壺曰瀛洲曰蓬萊.〕"라고 하였다.

388 왕교(王喬)가……노니네 : 여러 신선들과 사귀며 노는 모습을 상상한 것이다. 왕교는 주(周)나라 영왕(靈王)의 태자인 왕자교(王子喬)로, 구지산(緱氏山)에서 백학을 타고 생황을 불며 구름 속으로 사라져 신선이 되었다고 한다. 안기(安期)는 동해(東海)의 봉래산(蓬萊山)에서 살았다는 전설상의 선인(仙人) 안기생(安期生)을 말한다. 한 무제(漢武帝) 때 방사(方士) 이소군(李少君)이 자기는 장생불사의 술법을 알고 있고 또 신선도 직접 만난 적이 있다고 하여 무제의 신임을 얻었는데, 그가 "제가 일찍이 해상에서 노닐 적에 안기생을 만났더니, 참외만 한 크기의 대추를 먹고 있었습니다.〔臣嘗遊海上, 見安期生, 安期生食巨棗大如瓜.〕"라고 하였다.《史記 卷28 封禪書》

389 바람을……헌수하고 : 상제의 궁에 가서 즐기는 모습을 상상한 것이다. 동황(東皇)은 천신(天神)인 동황태일(東皇太一)이라고도 하고 봄을 주관하는 신이라고도 한다. 약목(若木)은 서해의 해가 지는 곳에 있다는 신목(神木)이다.《산해경(山海經)》

균천에 모여 음악 들으니[390]	集鈞天以聆樂兮
마음 홍겨워지며 즐겁고 편안하네	心隆隆而樂康
양정의 심원함 엿보고	間陽精之沕穆兮
고요한 태초의 망망함 보았네[391]	覩泰初之茫茫
만상보다 앞서 홀로 있었으니	超象先以獨存兮
가없는 홍몽의 처음이었네[392]	極鴻濛之未央
고요히 무위로 하나를 지켜	湛無爲以守一兮
원화와 함께 그 장구함 같게 하리라[393]	與元化而齊長

권17 〈대황북경(大荒北經)〉에 "대황의 가운데 형석산과 구음산과 형야산이 있다. 그 위에 적색의 줄기와 청색의 잎과 적색의 꽃이 핀 나무가 있는데, 그 이름이 약목이다.〔大荒之中, 有衡石山九陰山泂野之山, 上有赤樹青葉赤華, 名曰若木.〕"라고 하였다.

390 균천(鈞天)에……들으니 : 천상의 음악을 듣는다는 말이다. 균천은 하늘의 중앙으로, 고대 전설상의 천제(天帝)가 머무는 곳이다. 《여씨춘추(呂氏春秋)》 권13 〈유시(有始)〉에 "하늘에는 구야가 있고, 땅에는 구주가 있고, 흙에는 구산이 있고, 산에는 구색이 있고, 못에는 구수가 있고, 바람에는 팔등이 있고, 물에는 육천이 있다.〔天有九野, 地有九州, 土有九山, 山有九塞, 澤有九藪, 風有八等, 水有六川.〕"라고 하였는데, 구야를 설명하면서 첫 번째로 "중앙은 균천이다.〔中央曰鈞天〕"라고 하였다.

391 양정(陽精)의……보았네 : 우주가 생겨나기 이전의 모습을 상상한 것이다. 양정은 하늘의 신이다.

392 만상(萬象)보다……처음이었네 : 우주가 생겨나기 이전의 모습을 말한 것이다. 《노자(老子)》에 "만물이 뒤섞여 있으니, 천지에 앞서 생하네. 소리도 없고 형체도 없이 홀로 서서 변하지 않고 어디를 가더라도 위태롭지 않으니, 천지의 어머니로다.〔有物混成, 先天地生. 寂兮寥兮, 獨立不改, 周行而不殆, 可以爲天下母.〕"라고 하였다. 또한 "고요하도다. 마치 있는 듯 없는 듯하구나. 나는 누구의 자식인 줄 알지 못하니, 상제보다 앞서 있는 것 같도다.〔湛兮似若存, 吾不知誰之子, 象帝之先.〕"라고 하였다. 홍몽(鴻濛)은 하늘과 땅이 나누어지지 않은 아득한 상태를 형용하는 말이다.

393 고요히……하리라 : 우주의 본원적 생명력을 지키며 우주 만물과 함께하겠다는

말이다. 무위(無爲)와 수일(守一)은 모두 도가의 요체이기도 하지만, 또한 유학의 대도(大道)이기도 하다. 《노자(老子)》에 "학문을 하면 날로 더해지고, 도를 하면 날로 덜게 된다. 덜고 또 덜어 무위에 이르면, 함이 없는데도 되지 않음이 없다.〔爲學日益, 爲道日損. 損之又損, 以至於無爲, 無爲而無不爲.〕"라고 하였고, 또 "성인은 하나를 품고 천하의 규범이 된다.〔聖人抱一, 爲天下式.〕"라고 하였다.

철옹성부[394]

鐵甕城賦

철옹산 옛 성에 올라	登鐵甕之故城兮
뭇 산맥 바라보노라	觀夫衆山之靡靡
북쪽으로 백두산에서 나뉘어	北分支於太白兮
원기 내달려 그치지 않고	元氣奔而未已
중간에 머물다가 다시 뻗어 가서	賽中留而復往兮
형세가 백리토록 웅장하게 펼쳐졌네	勢磅礴於百里
바야흐로 용이 날고 범이 뛰는 듯하다가	方龍矯而虎躍兮
두 강을 보고 멈춰 서니	見二江以乃止
깎아지른 절벽이 겹겹이 사방에서 일어나	崇崖疊以四起兮
우뚝 솟은 큰 성벽이 그 옆에 의지했고	巨防屹而旁倚
곤유가 이지러져 새어 나가니[395]	坤維缺以疏泄兮

394 철옹성부(鐵甕城賦) : 철옹성은 평안북도 영변군 영변읍을 둘러싼 산성으로, 영변산성이라고도 한다. 이민구는 1637년(인조15)에 영변에 유배되어 7년 동안 그곳에서 지냈는데, 이 작품은 당시에 지은 것으로 추정된다.

395 곤유(坤維)가……나가니 : 영변의 지형을 읊은 것으로 서남쪽이 낮아서 물이 그쪽으로 흘러간다는 말이다. 곤유는 땅을 유지한다는 동아줄인데, 서남쪽을 의미한다. 《산당사고(山堂肆考)》 권1 〈천문(天文)〉에 "공공씨가 전욱씨와 임금이 되려고 싸우다가 이기지 못하자, 화가 나서 머리로 들이받아 부주산을 무너뜨리고 천구를 부러뜨리고 지유를 이지러뜨리니, 여와씨가 오색의 돌을 단련하여 하늘의 이지러진 곳을 보수하고, 자라의 다리를 잘라 사극을 세웠다.〔共工氏與顓頊氏爭爲帝, 不勝而怒, 乃頭觸不周山崩天柱折地維缺, 女媧氏鍊五色石以補天缺, 斷鰲足以立四極.〕"라고 하였다. 또한 《주

계곡물이 거세게 흘러가네	川谷由其流惡
동대가 드높게 우뚝 솟아	東臺巀其嵽嵲兮
커다란 바위로 높은 의표 드러내니[396]	揭高標以穹石
지신이 수고롭게 공을 베풀었고	皇祇仡仡以效功兮
상제가 주재하여 규모를 웅장하게 하였어라	眞宰雄其規拓
에워싼 성벽 드높게 솟았으니	周墉繚以萬雉兮
실로 굳건한 방비를 여기에 의탁하지[397]	實鎖鑰之攸托
그 안에 수많은 민가 즐비하여	中千室之櫛比兮
수놓은 듯 마을이 펼쳐졌네	紛井落之繡錯
군대 거느리고 변방 막아	總士馬而制閫兮
나라 지키고 적을 위협하지만	圖保邦以威敵
지리적 이로움은 일정하지 않은지라	而地利之靡常兮
치란에 따라 역순이 달랐음을 볼 수 있네	見逆順於治亂
아아 고금의 일 차례로 따져 보니	喟上下而歷筭兮

역》〈곤괘(坤卦)〉에 "서쪽과 남쪽은 벗을 얻고, 동쪽과 북쪽은 벗을 잃는다.〔西南得朋, 東北喪朋.〕"라고 하였는데, 곤괘는 음(陰)으로, 방위로는 서남쪽에 해당한다.

396 동대(東臺)가……드러내니 : 정상에 바위가 있는 동대의 멋진 모습을 읊은 것이다. 동대는 영변의 약산(藥山)에 있다. 약산은 철옹성의 진산(鎭山)으로, 주위의 다른 산에 비하여 가장 험준하며 경관이 뛰어나다. 약산 제일봉을 중심으로 동쪽에 기암괴석이 층층이 쌓여 있는 가운데, 약 5m 가량 높은 곳에 주위가 20여m 정도의 반석이 있다. 그 모양이 마치 대(臺)와 같아 약산동대(藥山東臺)라 부른다. 관서팔경(關西八景)의 하나이다.

397 에워싼……의탁하지 : 철옹성의 웅장한 모습과 철옹성이 국방의 요충지임을 읊은 것이다. 치(雉)는 성벽의 척도(尺度) 단위로서, 높이 열 자에 길이 서른 자를 이른다. 쇄약(鎖鑰)은 자물쇠인데, 철옹성이 자물쇠처럼 굳건한 방비가 된다는 의미이다.

미치광이가 안에서 배반한 일에 분노하네[398]	憤狂竪之內叛
진실로 충성과 신의로 굳게 결속했다면	苟忠信之固結兮
띠를 두르고도 막을 수 있었으리[399]	嬰帶足以蔽扞
청천강의 옛 나루에 의지하여	依晴川之古渡兮
진서루[400] 바라보니	望鎭西之樓觀
사람의 꾀가 아니었다면 어찌 그런 공 세웠으랴	非人謀其奚立兮
수나라가 지금도 남은 한 있으리[401]	隋氏至今有遺恨
전쟁이 십 년이나 이어지니	兵戈彌以十年兮
온 세상이 도탄에 휩싸였지	八表混於塗炭
진책을 가지고 내어 주지 않았으니[402]	持秦策而莫贈兮

398 미치광이가……분노하네 : 이괄(李适)의 반란을 가리키는 것으로 보인다. 이괄의 반란 당시, 이민구는 도원수 장만(張晩)의 종사관이었다.

399 진실로……있었으리 : 이괄이 난을 일으키지 않고 이곳을 잘 지켰다면 정묘호란이나 병자호란을 막을 수 있었을 것이라는 말이다.

400 진서루(鎭西樓) : 영변에 있는 망루로 보이는데 자세하지 않다. 일반적으로 진의 서쪽에 있는 누대를 가리키기도 하는데, 《어촌집(漁村集)》 권4 〈영변관야좌(寧邊館夜坐)〉에 "진서루 아래에 정기 머문다.〔鎭西樓下駐旌旗〕"라는 내용이 있고, 《약재집(約齋集)》 권1 관서록(關西錄)에 〈숙필의 영변 진서루 운에 맞춰 짓다〔次叔弼寧邊鎭西樓韻〕〉라는 시가 있는 것으로 보아, 영변에 진서루가 있었던 것으로 보인다.

401 사람의……있으리 : 수 양제(隋煬帝)가 100만의 대군을 이끌고 고구려를 침입했을 때, 을지문덕(乙支文德)이 청천강에서 대승을 거둔 일이 있으므로, 그 일을 회상한 것으로 보인다.

402 진책(秦策)을……않았으니 : 을지문덕이 살수(薩水)에서 수공(水攻)으로 수나라 군대를 물리친 일을 말한 것이다. 진책(秦策)은 진나라의 계책이라는 말인데, 여기서는 왕분(王賁)이 하수를 대량(大梁)으로 끌어들여 위(魏)나라를 멸망시켰던 일을 가리킨다. 《史記 卷6 秦始皇本紀 22年》

을지문덕 생각하며 길이 감탄하노라	懷乙支以永歎
동해에 거친 파도가 이니	東海汨其揚波兮
조종의 길 아득히 끊겼네[403]	朝宗渺以路斷
오가는 사신의 수레 많다지만	聞冠蓋之織轍兮
근원 찾아간 박망후와 다르구나[404]	異博望之尋源
옛날 황화사가 황명 선포할 때는[405]	昔皇華之旬宣兮
옥 부절 바라보며 기뻐했는데	瞻玉節而載忻
상전벽해 문득 한 번 변하니	滄桑忽其一變兮
오직 천지 사이에 눈물만 뿌리네	唯雪涕於乾坤
파강[406]이 가로질러 경계 정하고	婆江亘以限域兮
적유령 우뚝 솟아 하늘 찌르는데	狄嶺嶫而攙天
금성탕지 버리고 도적 얕봤으니	捐金湯而玩寇兮

403 동해에……끊겼네 : 청나라가 중원을 차지하여 명나라에 조회갈 수 없는 상황을 읊은 것이다. 조종(朝宗)은 《서경》 〈우공(禹貢)〉의 "온갖 물줄기가 바다로 모여든다.〔江漢朝宗于海〕"라는 말에서 유래하여, 제후가 천자에게 조회하는 것을 의미한다.

404 오가는……다르구나 : 청나라와의 굴욕적 외교를 말한 것이다. 박망(博望)은 한 무제(漢武帝) 때의 문신으로, 박망후(博望侯)에 봉해진 장건(張騫)을 가리킨다. 그는 남방 월지국(月氏國)에 자원하여 사신으로 갔고, 오손(烏孫) 등과 서역(西域)으로 사신 가서 국위(國威)를 떨치고 그 나라들과의 교통을 개척하였다. 황하의 근원을 찾았다 하여 후인들이 심원사(尋源使)라 칭하기도 하였다. 《漢書 卷61 張騫傳》

405 옛날……때는 : 명나라 사신이 와서 황제의 칙명을 전하던 때를 회상한 것이다. 황화(皇華)는 《시경》 〈황황자화(皇皇者華)〉에서 유래한 말로, 임금의 명령을 받고 임무를 수행하는 것을 가리킨다.

406 파강(婆江) : 압록강의 한 지류이다. 중국 동북 회인현(懷仁縣)에서 남쪽으로 흘러 압록강에 합류한다.

도리어 울타리를 스스로 걷어낸 꼴이지 　反自撤其籬藩
내가 어려운 때를 만나 　余遭時之迫阨兮
먼 변방에 우거하게 되었네[407] 　來寄寓於絶國
늘그막에 멍하게 나날이 쇠하니 　頹齡貿以日索兮
황하 맑아지길 기다리지만 어찌 그날 오겠는가[408] 　俟河淸其焉得
아아 내 운명의 기구함이여 　嗟身命之蹇産兮
어찌하여 이 우주는 그리도 좁은가 　何宇宙之偪側
서울은 저녁 구름에 막혔고 　長安隔以暮雲兮
변방 숲은 어둑어둑 가을빛 띠었네 　關樹曖而秋色
나그네는 너른 들판에서 지치는데 　行人倦於曠野兮
가는 새는 훌쩍 힘차게 날아가네 　征鳥翩而厲翼
저녁 해가 박릉[409]에 지니 　徂輝斂於博陵兮
어두워지는 숲 바라보며 근심 일어나네 　悄林巒之曛黑
성가퀴 따라 서성이노라니 　循睥睨而徊遑兮

407 내가……되었네 : 1637년(인조15) 4월에 영변으로 유배된 사실을 말한다.

408 늘그마에……오겠는가 : 청나라를 무찌르고 문명의 세상이 다시 오기를 바라지만, 그런 때가 오기는 어려울 것이라는 말이다. 《습유기(拾遺記)》에 "단구가 천 년에 한 번 불타고 황하가 천 년에 한 번 맑아지는데, 성인이 나타날 큰 상서로움이다.〔丹丘千年一燒, 黃河千年一淸, 聖人之大瑞也.〕"라고 하였다. 《山堂肆考 卷21 千年一淸》

409 박릉(博陵) : 영변을 가리킨다. 《연려실기술(燃藜室記述)》 별집(別集) 권16 〈지리전고(地理典故) 주군(州郡)〉에 "박천은 고려 때의 박릉군인데, 고덕창이라고도 한다. 박주로 고쳤다가 태종 계사년(1413, 태종13)에 박천으로 고쳤다. 세조 기묘년(1459, 세조5)에 폐읍하고 영변부에 예속시켰다가 갑신년에 예전대로 하였다.〔博川, 高麗博陵郡, 一云古德昌, 改博州, 太宗癸巳, 改博川. 世祖己卯省之, 屬寧邊府, 甲申復舊.〕"라고 하였다.

근심 가득하여 가슴 답답하고 憂思壯以塡臆
높은 언덕에서 슬픈 노래 쓰노라니 寫哀詠於層阿兮
긴 슬픔 끝이 없네 結長悲於無極

몽서부
夢筮賦

차가운 밤에 홀로 근심하다가	靚寒夜之孤悄兮
노니는 정신에 의탁해 꿈꾸었는데	托游精而構夢
넓고 깊은 연못 바라보니	睹陂塘之廣深兮
높이 솟은 산등성이 있었지	屬陵岡之脩聳
돌이 쌓여 물결 막고	石有積而隱粼兮
풀 우거져 에워쌌네	草有翳以坌擁
마름과 연의 묵은 줄기 뽑아내고	拔菱荷之陳莖兮
강가의 나물 심고서	植江浦之菜茹
맑은 향이 진하게 퍼지면	謂馨香之蕪穢兮
장차 따서 광주리에 담으려 했는데	將以薦乎筐筥
안타깝게도 한 해가 저물어	惜歲律之云暮兮
남은 꽃 움켜쥐고 머뭇거렸네	把遺芳而容與
비뚤어진 항아리[410]에 자주 맞히니	接哨壺而屢中兮
화살[411]을 곽우에 내려놓네	謝雙翹於郭優

410 비뚤어진 항아리 : 초호(哨壺)는 주둥이가 비뚤어진 항아리를 말한다. 《예기》 〈투호(投壺)〉에 "투호의 예는 주인이 화살을 잡고, 사사가 계산하는 도구를 받들고, 사람으로 하여금 병을 잡게 한다. 주인이 말하기를 '저에게 굽은 화살과 주둥이가 비뚤어진 병이 있으니, 청컨대 손님을 즐겁게 해드리고자 합니다.' 한다.〔投壺之禮, 主人奉矢, 司射奉中, 使人執壺, 主人謂曰, 某有枉矢哨壺, 請以樂賓.〕"라고 하였다.

411 화살 : 쌍교(雙翹)는 투호 화살의 끝에 달린 장식이다.

옆에서 말하는 벗의 말 알아듣고　感故交之旁喻兮
드디어 짝에게 읍하고 던지기를 그만두었지　遂揖耦而釋投
붉은 천리마 타고 길을 나서　乘赤驥而取路兮
남쪽 밭에 가서 농사나 지으려고　逝服力乎南畝
조상께 떠날 것을 고하니　覲先靈而告行兮
아아 눈물이 비처럼 쏟아지네　羌涕灑其如雨
옥축 펼쳐 적힌 글 살펴보니　展玉軸而摛辭兮
일곱 줄에 세 줄은 문드러졌는데　爛七行之三乙
세상을 어둡게는 해도 밝게는 못하니　曰世可晦而不可明兮
힘껏 본분 지켜 스스로 깨끗이 하라 하네　勉汝守以自潔
이윽고 잠에서 깨어 가만히 생각해 보지만　憑余旣寤而靜思兮
멍하여 무슨 전조인지 알지 못하겠기에　怳前徵之未晰
시초로 점을 쳤더니　假蓍筴而占繇兮
유인정길의 점괘 나왔네[412]　獲幽人之貞吉
연못이 아래에 있지 않고 위에 있었으니[413]　澤違下而在顚兮
그 혜택이 널리 미칠 것 같은데　類厥施之斯弘

412 시초(蓍草)로……나왔네 : 꿈의 의미를 알기 위해 점을 치니 유인정길(幽人貞吉)의 점괘를 얻었다는 말이다. 유인정길은 《주역》 〈이괘(履卦) 구이(九二)〉에 "행하는 도가 평탄하니, 그윽한 사람이라야 정하고 길하리라.〔履道坦坦, 幽人貞吉.〕"라고 한 데서 나온 말이다.

413 연못이……있었으니 : 《주역》 〈이괘(履卦) 상(象)〉에 "위는 하늘이고 아래는 연못인 것이 이이다.〔上天下澤, 履.〕"라고 하였다. 이괘의 상은 본래 연못이 아래에 있어야 하는데, 이민구가 꿈을 꾸었을 때는 연못이 산꼭대기에 있었기 때문에 이렇게 말한 것이다.

그러나 저 물이 막혔으니　然彼水之塡淤兮
아아 불려 주고 관개함 어찌 통하랴　喟滋漑其奚通
돌은 어찌하여 물밑에 있으며　石何爲乎波底兮
풀은 어찌하여 물가에 있는가　草何爲乎沼沚
시들어 버린 부용은　芙蓉之鵂頳兮
호미로 매서 뽑아 버릴 수 있고　可鉏耘而棄之
지저분한 나물은　茱茹之闒茸兮
심고 가꾸어 바꿀 수 있지　可培栽而替之
문을 찾아 들어가려 하지만　欲求門而務入兮
애초에 아첨하여 사랑받는 이만 못하리니　曾不若乎佞嬖
위태롭고 모욕될까 두려워 그칠 줄 아는 것이　懼殆辱而知止兮
은미한 조짐을 살피는 지혜에 가까우리　近沈幾之智也
마침내 선조께서 주신 가르침 받드는 것이　卒奉教於喆考兮
무덤에서 맹세한 뜻 따름이라[414]　遵誓墓之義也
예전에 내가 글공부하여 조정에 나아가　昔余之撫翰而登朝兮
높은 지위에 오르리라 기약했다가　指雲衢以爲期
나의 몸과 명예가 더러워짐에 미쳐　逮身名之玷汚兮
먼 길 나서며 어찌할 줄 몰랐는데　臨遠道而狐疑
신명께서 나를 불쌍히 여겨　荷神明之矜愚兮

414 마침내……따름이라 : 꿈에서 옥축(玉軸)의 내용을 보고, 고향으로 돌아가 전원 생활을 해야겠다고 생각했다는 말이다. 서묘(誓墓)는 벼슬을 내놓고 고향으로 돌아가 은거하는 것을 말한다. 육유(陸游)의 〈상서걸사(上書乞祠)〉에 "묘소에 맹세하는 것이 어찌 한갓 조상이 그리워서겠는가. 세상 곳곳이 위기인 것을.〔誓墓那因一懷祖, 人間處處是危機.〕"이라고 하였다.

어리석은 내 마음 분명하게 열어 주시니	渙發蒙而啓衷
평생 벼슬 던져 버리고	抛軒冕於百齡兮
농사일에 내 몸 바치리라	效筋骨於田功
어려서의 멋진 뜻 베풀고 밝혀	紓宣昭之幼志兮
늙은 농부 내 기꺼이 되리라	汩吾甘乎老農
어찌 당풍을 좋아하는 마음 없으랴만	豈無唐風之好樂兮
본업이 바뀜을 아파하노라[415]	傷素業之變化
가뭄과 장마에 밭농사 이미 망쳤는데	菑畬旣夷於旱澇兮
눈과 서리마저 어지럽게 일찍 내리네	雪霜紛糅而早下
콩과 조를 세금으로 다 거두어 가니	官租竭乎菽粟兮
또 처자식 굶주릴까 걱정일세	又恐婦子之窮餓
그만두자	已矣乎
저마다 천명 타고났으니 어이할까	人生賦命可奈何
이 경의 땅도 적은 것이 아니고	二頃亦不少
천 종의 봉록도 많은 것이 아니지	千鍾亦不多
한 자가 짧고 한 촌이 길 수도 있으니	尺之短而寸之長兮
어찌 많다 자랑하고 적다 탄식하랴	胡夸盈而歎寡
가을날의 초목과 함께	共秋日之卉木兮
아득히 들판에 떨어졌어라	莽零落乎原野

415 어찌……아파하노라 : 당풍(唐風)은 《시경》 당풍의 근면함을 말한다. 여기서는 이민구가 유자(儒者)의 길을 포기하고 농업에 종사하게 되는 것을 말한 것이므로 유학(儒學)을 의미한다.

소은이 준 단소를 차운하다 신천익

次素隱贈短騷 愼天翊

원시[416]

하늘이 만물을 두루 덮어 주건만　惟皇天之宏覆
어찌하여 운명은 고르지 않단 말인가　何造命之不均
저 귀한 옥을 찬 사람　彼玉佩兮瓊琚
진실로 사람들이 귀하게 여겼지　固衆兆之所珍
법도를 살펴 더욱 잘 준수하고　按繩墨以益勵
또 내면의 미덕까지 갖추어　又重之以內美
바야흐로 지위 높아 멀리까지 가려고 했는데　方亢乘而遐躋
문득 중도에서 버려졌네　忽中途而委棄
아아 성공과 실패에 운수 있건만　咨成毁之有數
부질없이 시비 따지는 말만 분분하네　謾是非之紛紛
이미 먼 지방으로 쫓겨났으니　既屛伏於遐陲
또한 지난날의 잘못을 징계한 것이네　亦云懲夫曩愆
이치는 미묘해도 쉬 드러나는데　理有微而易著
실정은 은미하여 분별할 수 없네　情有隱而罔分
창오에 저문 구름 빽빽하고　蒼梧鬱其暮雲

416 원시 : 이 작품은 신천익의 《소은유고(素隱遺稿)》 권1에 〈감회를 적어 동주산인에게 주다〔感懷贈東洲散人〕〉라는 제목으로 수록되어 있으며, 그 주에 "관해 이민구가 강화도 방어에 실패한 때의 일이다.〔觀海李敏求江都失守時事〕"라고 하였다.

깊은 바닷물 만 리나 펼쳐졌으리[417]	海水深而萬里
힘써 난초 차고 향내 맡으며	勉紉蘭而茝香
애오라지 소요하며 때를 기다리게	聊逍遙兮且竢

굳은 절개 지닌 사람	若有人兮介石
어쩌면 성령이 이처럼 선량하고 공평한가[418]	何性靈之淑均
난초 모아 차고	集蘭茝而爲佩
고운 꽃 잡아 스스로 진귀하게 되었네	握瑤華以自珍
화려하게 빛나는 멋진 옷 입고	被奇服之璀璨
그 아름다움 고요하고 전일하게 내면에 간직했네	內靜專乎厥美
생각건대 좋은 옥이 박옥 속에 있는 것과 같으니	惟璿璧之處璞
어찌 수화를 버리랴만[419]	豈隋和之可棄
그러나 문 닫고 본성 지키며	然閉關而葆眞
혼란한 세상 관망하네	觀此世之縕紛
은미한 말 엮어 보내어	結微言而致詒

417 창오(蒼梧)에……펼쳐졌으리 : 조정의 상황을 언급하고 이민구의 유배지 모습을 상상하여 말한 것이다. 창오는 순 임금이 순행하다가 운명한 곳인데, 여기서는 임금이 있는 조정을 상징한다.

418 굳은……공평한가 : 신천익을 칭찬한 말이다. 개석(介石)은 바위처럼 확고부동한 마음을 말한다. 《주역》 〈예괘(豫卦) 육이(六二)〉에 "절개가 돌과 같아 하루를 마치지 않고 떠나가니, 정하고 길하다.〔介于石, 不終日, 貞吉.〕"라고 하였다.

419 좋은……버리랴만 : 신천익을 귀한 보배에 비유하여 말한 것이다. 수화(隋和)는 수화(隨和)와 같은 말로, 수는 수후(隨侯)가 뱀을 살려 준 보답으로 뱀에게서 얻었다는 명월주(明月珠)이며, 화는 변화(卞和)가 형산(荊山)에서 얻었다는 화씨벽(和氏璧)으로, 모두 천하에 진귀한 보배이다.

어그러진 내 신세 애달프게 여겨주었네	哀我生之震愆
현묘한 글은 어둑어둑 날로 어두워져	玄文幽而日昧
화려한 문채 섞여서 분간 못하고	章采混以弗分
손양이 고삐와 채찍 멈추니	孫陽輟其轡策
천리마가 천 리 길을 가겠는가[420]	驥馬程夫千里
세월은 속절없이 흘러 장차 끝나리니	時忽忽以將罷
남은 꽃 완상하며 무엇을 기다릴까	玩遺芳而奚竢

420 현묘(玄妙)한……가겠는가 : 신천익이 시를 보내 때를 기다리라고 당부한 것에 대해 이민구 자신의 생각을 말한 것이다. 손양(孫陽)은 춘추 시대 진 목공(秦穆公) 때에 준마를 잘 감별하는 것으로 유명했던 백락(伯樂)의 별명이다. 전국 시대 종횡가(縱橫家)인 소대(蘇代)가 순우곤(淳于髡)에게 유세하면서, 어떤 사람이 준마를 팔기 위해 사흘이나 시장에 서 있었지만 사람들이 알아주지 않자, 백락을 찾아가 시장에 가서 자신의 말을 한 번 본 뒤에 가면서 뒤돌아봐 달라고 부탁하였다. 백락이 그의 말대로 하자, 하루아침에 말의 값이 10배나 뛰어올랐다고 말한 부분이 있다.《戰國策 卷30 燕策》 여기서는 백락이 천리마를 알아보듯 이민구 자신을 알아보는 사람이 있어야 하는데, 현실은 그렇지 못하다는 말이다.

동주집

문집 제6권

행장 行狀

시장 諡狀

행장 行狀

선고 증 대광보국숭록대부 의정부영의정 겸 영경연홍문관예문관춘추관관상감사 세자사 행 정헌대부 이조판서 겸 지춘추관사 동지경연성균관사 홍문관제학 시 문간공 부군 행록

先考贈大匡輔國崇祿大夫 議政府領議政 兼領經筵 弘文館 藝文館 春秋館 觀象監事 世子師 行正憲大夫 吏曹判書 兼知春秋館事 同知經筵成均館事 弘文館提學 諡文簡公府君行錄

부군(府君)의 휘(諱)는 수광(睟光), 자는 윤경(潤卿), 호는 지봉(芝峯)이시다. 우리 이씨(李氏)는 태종(太宗) 공정대왕(恭定大王)의 아들 경녕군(敬寧君)에게서 나왔는데, 경녕군의 시호는 제간공(齊簡公), 휘는 비(裶)이시다. 이분이 바로 부군의 오대조이시다. 부군의 고조(高祖) 휘 직(稙)은 모양군(牟陽君), 증조(曾祖) 휘 승손(承孫)은 선사군(仙槎君), 조부(祖父) 휘 유(裕)는 하동군(河東君)이시다.

부군의 선고(先考) 휘 희검(希儉)[1]은 계부(季父) 신당군(神堂君) 정

1 이희검(李希儉) : 1516~1579. 이수광(李睟光, 1563~1628)의 아버지로, 본관은 전주(全州), 자는 경질(景質), 호는 동고(東皐)·국재(菊齋)이다.《象村稿 卷26 贈大

(禎)에게 아들이 없었으므로, 그 분의 후사(後嗣)가 되셨다. 우리 집안은 대대로 종적(宗籍)에 기록된 사람들로서 봉호를 받다가, 공에 이르러 비로소 과거를 통해 현달하였다. 충성을 다해 명종(明宗)과 선조(宣祖)를 섬겨 내외(內外)의 관직을 두루 역임하셨다. 머지않아 삼공(三公)의 지위에 오를 것 같았는데, 자헌대부(資憲大夫) 병조판서 겸 지경연사(兵曹判書兼知經筵事)의 관직에 있다가 세상을 떠나셨다. 이후 부군께서 여러 차례 종훈(從勳)에 참여하였으므로, 두 차례 증직되어 의정부(議政府) 영의정(領議政)에 이르고, 겸관(兼官)은 실직(實職)과 같게 하였다. 선비(先妣) 문화 유씨(文化柳氏)[2]는 정경부인(貞敬夫人)에 봉해졌다. 어질고 아름다우며 순수하고 명석하였으며, 여사(女士)의 행실이 있으셨다.

판서공(判書公 이희검)께서 일찍이 사간(司諫)으로 있을 때, 권세 있는 신하의 횡행(橫行)을 말했다가 장단 부사(長湍府使)로 좌천되셨다.[3] 그러므로 부군께서 장단의 관아(官衙)에서 태어나셨으니, 가정(嘉靖) 계해년(1563, 명종18) 2월 22일 임신(壬申) 축시(丑時)의 일이었다. 처음에 대부인(大夫人 이수광의 어머니)께서 흑룡이 꿈틀대는 꿈을 여러 차례 꾸셨는데, 만삭 때까지 점차 커지더니 부군이 태어나셨다.

부군은 태어나면서부터 아름다운 자질이 있어서 다른 아이들과 비교할 수 없을 정도로 또랑또랑하셨다. 어려서부터 단정하고 성실함을

匡輔國崇祿大夫……李公神道碑銘 幷序》

2 문화 유씨(文化柳氏) : 이수광의 어머니는 유오(柳塢)의 딸이다.

3 판서공(判書公)께서……좌천되셨다 : 이희검은 이량(李樑, 1519~1582)을 탄핵하였다가, 도리어 장단 부사(長湍府使)로 좌천되었다.

스스로 지녀, 장난하는 일이 없었다. 다섯 살에 가학(家學)에 나아가 공부하셨다. 판서공은 당시 이미 연세가 높아, 특별히 어여삐 여기실 뿐 일찍이 엄하게 가르치지 않으셨다. 그러나 부군께서는 총명하고 잘 기억하여 본래 익힌 것이 있는 것 같았다. 처음 글을 지을 줄 알게 되자, 입을 열어 말을 만들면 말마다 정교하고 지극히 자연스러웠다. 하루는 판서공께서 눈을 소재로 시를 짓게 하셨다. 부군께서 지은 시에 "뜰 앞에 달 떠있는데 소나무 그림자 없고, 난간 밖에 바람 불지 않는데 대나무에서 소리 나네."라는 구가 있었다. 이 시구를 보는 사람들마다 경탄(驚歎)하며 사씨(謝氏)[4]의 집안에도 없었던 일이라고 하였다.

13세에 사서 이경(四書二經)에 통달하셨다. 14세에 국학(國學)에 나아가 공부하였는데, 시관(試官)이 크게 칭찬하자 화려한 명성이 더욱 널리 퍼졌으며, 와서 붙좇는 벗들이 날로 많아졌다. 16세에 진사 초시에 합격하셨다.

기묘년(1579, 선조12) 봄에 판서공께서 돌아가셨다. 부군께서는 어린 나이에 상을 당하였고, 예제(禮制)보다 지나치게 슬퍼하다가 건강을 잃어 원기가 쇠약해졌으니, 마침내 고질병의 근원이 되었다.

신사년(1581)에 상기(喪期)를 마치고, 생원 초시에 합격하셨다. 부군께서는 일찍 아버지를 여의었기 때문에,[5] 부지런히 공부하여 자립하

4 사씨(謝氏) : 진(晉)나라 사안(謝安)을 가리킨다. 그의 자질(子姪)들이 시를 잘하였는데, 사안이 눈 오는 날 자질들과 함께 연구(聯句)를 지으면서 눈 내리는 모양이 무엇과 비슷한지 물어보았다. 조카 사랑(謝朗)이 "공중에서 소금을 뿌리는 것에 비길 만합니다.〔撒鹽空中差可擬〕"라고 하니, 질녀(姪女) 사도온(謝道韞)이 "버들개지가 바람에 일어난다고 하는 것보다는 못합니다.〔未若柳絮因風起〕"라고 하여, 사안이 크게 기뻐했다는 고사가 전한다. 《世說新語 言語》

지 못하면 선대의 유업을 이어 드날려 대부인의 마음을 위로해 드릴 수 없었으므로, 굳은 각오로 학문에 힘쓰셨다. 매번 글을 읽을 때마다 한밤중까지 그치지 않았으며 뒷간에서도 글 읽는 소리가 들렸으니, 부엌에서 밥 짓는 여종도 부군의 글 읽는 소리를 듣고 때때로 시서(詩書)의 글을 욀 정도였다. 사찰에서 상주(常住)하며 열심히 공부하느라 집에 오지 못하신 적도 있었다. 당시 이율곡(李栗谷)[6]이 문병(文柄)을 잡아 평가 수준이 매우 높았는데, 부군의 시문을 보고 칭찬해 마지않으면서 장원감이라고 인정해 주었다. 임오년(1582, 선조15)에 마침내 진사시에 급제하셨다. 을유년(1585) 10월에 별시 문과에 급제하셨다.

병술년(1586)에 승문원 권지부정자(承文院權知副正字)에 선보(選補)되셨다. 무자년(1588)에 임금께서 중국어를 익힌 사람을 뽑아 궁궐에 들어오게 하여 시험하셨다. 부군께서 수석을 차지하여 임금께서 내려 주신 말을 받으셨다. 가을에 전례대로 승진하여 정자(正字)에 이르렀다. 겨울에 예문관 검열(藝文館檢閱)에 천거되어 임명되셨다. 부군께서는 본래 명망이 높으셨는데, 함께 벼슬길에 진출한 사람들에

5 아버지를 여의었기 때문에 : 정훈(庭訓)은 뜰에서 내린 교훈이란 뜻으로, 아버지가 자식에게 내리는 교훈을 말하니, 실정훈(失庭訓)은 아버지를 여의었다는 의미이다. 공자(孔子)의 제자 진강(陳亢)이 공자의 아들 백어(伯魚)에게 "그대는 특이한 들음이 있는가.〔子亦有異聞乎〕"라고 묻자, 백어가 "없었다. 일찍이 홀로 서 계실 때, 내가 종종걸음으로 뜰을 지나는데 '시를 배웠느냐.'고 물으시기에 '아직 배우지 못했습니다.'라고 대답하였더니, '시를 배우지 않으면 말을 할 수 없다.' 하시기에 내가 물러나와 시를 배웠다.〔未也, 嘗獨立,鯉趨而過庭, 曰學詩乎, 對曰未也. 不學詩, 無以言, 鯉退而學詩.〕"라고 대답했다는 말을 원용하였다.《論語 季氏》 이수광은 17세에 부친상을 당했다.

6 이율곡(李栗谷) : 이이(李珥, 1536~1584)로, 본관은 덕수(德水), 자는 숙헌(叔獻), 호는 율곡이다.《栗谷全書 卷36 諡狀》

게 시기를 받아, 이때에 이르러서야 비로소 사국(史局)에 들어가셨으니, 말하는 사람들이 늦었다고 여겼다.

기축년(1589, 선조22)에 대교(待敎)로 옮기셨다. 가을에 어떤 일 때문에 파직되었다가, 얼마 지나지 않아 봉교(奉敎)로 서용(敍用)되셨다. 정여립(鄭汝立)의 옥사(獄事)[7]가 일어나 동료 관리들이 많이 관련되었기 때문에, 부군께서 혼자 사직(史職)을 맡아 밤새 붓을 잡았으므로 손에 동상이 걸렸다. 성균관 전적(成均館典籍)으로 승진하고, 얼마 후에 사헌부 감찰(司憲府監察)로 옮기셨다.

경인년(1590)에 사간원 정언(司諫院正言), 호조와 병조의 좌랑(佐郎) 겸 지제교(知製敎)를 역임하셨다. 여름에 성절사 서장관(聖節使書狀官)에 차임(差任)되어 연경에 가게 되었으므로, 병조 좌랑에서 체직되어 전적(典籍)에 임명되셨다. 겨울에 일을 마치고 귀국하여 곧바로 황해 도사(黃海都事)로 나갔고, 광국 원종공신(光國原從功臣) 및 평난(平難) 원종공신에 책록(策錄)되셨다.[8]

7 정여립(鄭汝立)의 옥사(獄事) : 기축옥사(己丑獄死)를 말한다. 1589년(선조22) 10월에 정여립이 모반을 꾸민다는 고변을 계기로, 동인(東人)에 대한 탄압이 심해지고 서인(西人) 정철(鄭澈)이 옥사를 엄하게 다스려 이발(李潑), 이길(李洁), 최영경(崔永慶) 등이 처형되고, 정언신(鄭彦信), 정개청(鄭介淸) 등이 유배되었다.

8 광국 원종공신(光國原從功臣)……책록(策錄)되셨다 : 광국 공신(光國功臣)은 종계변무(宗系辨誣)의 일을 해결한 공로를 표창하기 위해 1590년(선조23) 윤근수(尹根壽) 등 19인에게 내린 공신 훈호(勳號)이다. 종계변무는 명나라의 《태조실록(太祖實錄)》과 《대명회전(大明會典)》에 태조(太祖) 이성계(李成桂)가 고려의 권신 이인임(李仁任)의 아들로 기록되자, 여러 차례에 걸쳐 사절을 파견하여 종계의 개정에 성공한 사실을 말한다. 평난 공신(平難功臣)은 토역(討逆)한 공인데, 1589년에 정여립의 난을 평정하고 나서 박충간(朴忠侃) 등 22인에게 내린 공신 훈호이다. 원종공신(原從功臣)

신묘년(1591, 선조24)에 모친(母親)의 병을 이유로 사직을 청하였으나, 내직으로 예조 좌랑(禮曹佐郎)에 서임(敍任)되었고, 정언(正言)으로 옮겼다가 호조(戶曹)로 체직되셨다. 정과(程課)의 성적이 뛰어났으므로, 특별히 표범 가죽을 하사받으셨다. 6월에 홍문관(弘文館)에 뽑혀 들어가 부수찬(副修撰)이 되었다가 사헌부 지평(司憲府持平)으로 옮기셨다. 10월에 이조 좌랑(吏曹佐郎)에 임명되셨다. 처음에 사론(士論)이 전형(銓衡)을 담당한 자리를 중시하고 끼리끼리 도와 이끌어주었다. 그러나 부군께서는 엄숙한 태도로 조정에 나가고, 공무를 마치고 돌아와서는 자취를 감추어 일찍이 명함을 들고 남들을 찾아다니지 않으셨다. 백사(白沙) 이공(李公)[9]이 대단히 탄복하여 말하기를 "요즘 세상의 선비 가운데 요직에 마음을 두지 않고서도 전랑(銓郎)에 오른 사람은 이모(李某)뿐이다."라고 하였다. 정도(正道)를 지키며 화평하고 단아한 지조는 신진(新進) 때부터 이미 그러하셨다. 얼마 후 어떤 일로 파직되었으나, 곧 홍문관 교리(弘文館校理)에 서용되었고, 다시 이조 좌랑이 되셨다.

임진년(1592)에 또 어떤 일로 인해 파직되었다가, 서반직(西班職)[10]

은 각 등급에 해당되는 정식의 공신 이외에 작은 공이 있는 사람에게 주는 등외(等外)의 공신을 말하는데, 원종공신(元從功臣)이라고도 한다.

9 백사(白沙) 이공(李公) : 이항복(李恒福, 1556~1618)으로, 본관은 경주(慶州), 자는 자상(子常), 호는 백사이다. 《月沙集 卷49 鼇城府院君白沙李公墓表》

10 서반직(西班職) : 당시에 벼슬하는 사람이 사직하면 군직이나 중추부(中樞府) 벼슬을 주는 것을 서반(西班)이라 하였으니, 대개 문관은 동반(東班), 무관은 서반이다. 그러나 문관도 서반을 할 수 있다. 또 벼슬하는 사람이 죄가 없는 한 벼슬을 아주 없애는 것이 아니고 녹이 끊어지지 않게 하니, 서반을 주는 것은 휴직봉(休職俸)을 주는 것과

에 서용되어 부사직(副司直)이 되셨다. 4월에 왜구가 쳐들어오자 온 나라가 크게 술렁였다. 경상우도 방어사(慶尙右道防禦使) 조경(趙儆)[11]이 부군을 종사관으로 삼았다. 당시 제사(諸使)의 막좌(幕佐)들은 모두 한 시대의 지극히 뛰어난 인재들이었다. 방어사 조경 공은 부군과 같은 고을 사람으로, 이미 부군을 사모하여 함께 일하자고 요청하였다. 그러나 한편으로는 부군이 독자로 형제가 없는데다가, 대부인마저 늙고 병든 몸으로 집에 계신 사정을 차마 외면할 수 없었으므로, 부군에게 종군법(從軍法)에 따라 스스로 면직할 수 있다고 하였다. 하지만 부군께서는 평소 임금의 녹을 먹었으니 보답해야 한다고 생각하여 "국가가 갑자기 곤경에 처했는데, 어찌 편안함을 꾀하여 위험을 피하겠습니까."라고 하였다. 곧바로 대부인께 하직 인사를 올리고 말을 달려 김산(金山)[12]에 도착해 보니, 순변사(巡邊使) 이일(李鎰)[13]의 군대가 상주(尙州)에서 패하여 군사들이 모두 도망쳤으므로, 이미 아무 일도 할 수 없었다. 부군께서 방어사(防禦使)를 따라 여러 차례 칼날이 번득이고 화살이 빗발치는 전장(戰場)을 만나 전후(前後)로

같은 것이다.

11 조경(趙儆) : 1541~1609. 본관은 풍양(豐壤), 자는 사척(士惕)이다. 1592년(선조25) 4월에 영남우도 방어사(嶺南右道防禦使)가 되었다. 《浦渚集 卷31 豐壤君趙公神道碑銘 幷序》

12 김산(金山) : 경상북도 금릉군의 옛 이름으로, 현재의 김천시 일대이다.

13 이일(李鎰) : 1538~1601. 본관은 용인(龍仁), 자는 중경(重卿)이다. 임진왜란이 일어나자, 경상도 순변사가 되어 북상하는 왜적을 상주에서 맞아 싸우다가 크게 패배하고 충주로 후퇴하였다. 충주에서 도순변사 신립(申砬, 1546~1592)의 진영에 들어가 재차 왜적과 싸웠으나 패하였다. 《損窩遺稿 卷13 巡邊使武勇大將李公諡狀》

교전하면서도 일찍이 대열에서 벗어난 적이 없었는데, 그때마다 천행(天幸)으로 죽음을 면하셨다.

비로소 조정에서 부군을 홍문관 수찬(弘文館修撰)에 서용하였는데, 부군께서는 한참 뒤에야 대가(大駕)가 서쪽으로 파천(播遷)하였고, 대부인께서 병란을 피해 북쪽으로 가셨으며, 방어사가 호남(湖南)의 관군(官軍)과 진(陣)을 합하였으나 용인(龍仁)에서 패했다는 소식을 들으셨다. 부군께서는 전장에 홀로 남아 임금과 어머니와 길이 막혔으므로 마음이 매우 심란하였다. 그러나 또 대의(大義)로 결단하여 필마를 타고 달려가 임금을 문안하였는데, 유혈이 낭자한 길을 이리저리 다니며 온갖 고생을 하셨다.

8월에 성천(成川)에서 세자를 뵈었다. 그 길로 용만(龍灣 의주(義州))의 행재소(行在所)에 갔는데, 곧바로 홍문관부교리 겸 비국랑(弘文館副校理備局郞)에 임명되셨다. 9월에 상소하여 사정을 아뢰고 노모의 생사를 알아보게 해달라고 청하셨다. 임금께서 하교하시기를 "함경도 전체가 변란 이후로 소식이 끊겼으니, 이모(李某)를 사호(使號)로 충당하여 들여보내, 나의 덕의(德意)를 선유(宣諭)하고 겸하여 함경도의 사정을 살펴보게 하라."라고 하셨다. 이에 선유 어사(宣諭御史)로 차임되어 고개를 넘어 명천(明川)에 이르러 대부인이 계신 곳을 알게 되셨다.

이때 함관령(咸關嶺) 이북은 간사한 자들의 속임수에 넘어가 곳곳마다 적을 후대하고, 두 왕자 및 재신(宰臣)과 관속(官屬)들을 구속하였으며,[14] 장리(將吏)들을 죽이고 성읍을 차지하고 있었다. 이 때문에

14 두 왕자……구속하였으며 : 임해군(臨海君)과 순화군(順和君) 두 왕자가 회령부

정절(情節)을 의심하여 가로막으니, 길을 다니기가 어려웠다. 부군께서 역말을 타고 군중(軍中)으로 들어가 격문(檄文)을 지어 군신(君臣), 역순(逆順), 화복(禍福), 이해(利害)의 도리를 가지고 깨우치셨는데, 간절하고 조리가 있어서 반측(反側)한 자들로 하여금 마음을 고쳐먹게 하시자, 듣는 자들이 씻은 듯이 경도되어 눈물을 흘리며 감격하였다. 이에 의병들이 더욱 떨쳐 일어나고 여러 성들이 향응(響應)하여 관북 일로(一路)가 마침내 무사하였으니, 이것은 부군의 힘이었다.

계사년(1593, 선조26) 정월(正月)에 복명(復命)하셨다. 사헌부 지평과 홍문관 교리에 세 번 임명되었고, 병조 정랑(兵曹正郎)과 사간원 헌납(司諫院獻納)에 한 번 임명되셨다. 옛 제도에 대관(臺官)은 비국랑(備局郎)을 겸할 수 없었다. 이때에 이르러 대신(大臣)들이 변란 후 절개를 지키다 목숨을 잃은 사람들은 마땅히 표양(表揚)해야 한다며 부군에게 찬집(撰集)을 맡기자, 부군께서 대직(臺職)을 맡게 될 때마다 그대로 맡은 일을 마무리할 수 있게 해달라고 요청하셨다. 여름에 병 때문에 교서관 교리(校書館校理)로 옮기고, 병조 정랑과 홍문관 교리를 역임하셨다. 가을에 시강원 필선(侍講院弼善)과 사헌부 장령(司憲府掌令)에 임명되어 춘추관 편수관(春秋館編修官)을 겸하셨다. 얼마 뒤에 집의(執義)로 승진하자, 시대가 중흥을 향해 가므로 일을 잘 진행하여 좋은 성과를 거두어야지, 임시변통하거나 세월만 보내서는

(會寧府)에 있었는데, 왜적이 회령으로 온다는 소식을 들은 회령 사람들이 반란을 일으켜 임해군과 순화군, 좌의정 김귀영(金貴榮)과 판중추부사 황정욱(黃廷彧) 부자(父子) 및 남·북도 병사(兵使) 몇 명을 사로잡아 왜적에게 항복하였다. 이 반란을 주도한 인물은 그 지역 토관 진무(土官鎭撫)였던 국경인(鞠景仁)이다. 이 사건은 1592년 7월 1일을 전후하여 일어났으며, 회령지변(會寧之變)이라고 한다.

안 된다는 취지로 차자를 올려 조목별로 열 가지의 폐단을 지적하니, 임금께서 넉넉한 비답(批答)을 내리셨다.

11월에 어가(御駕)를 따라 도성으로 돌아오셨다. 당시 여러 가지 일들이 혼란스럽고 어수선하여 사령(辭令)이 답지하였는데, 안으로는 군민(軍民)을 교유(教諭)하는 일로부터 밖으로는 자게(咨揭)에 응하는 일까지 창졸간에 곧바로 이루어진 것은 대부분 부군 덕분이었다. 12월에 비국(備局)에서 이전에 맡았던, 절의를 지키다 죽은 사람들을 표양하기 위하여 찬집(撰集)한 것이 모두 네 권의 책으로 완성되었는데, 중국 사신이 때마침 이르렀다가 그것을 가지고 중국으로 돌아갔다.

갑오년(1594, 선조27) 봄에 역적 송유진(宋儒眞)[15]이 처형되었는데, 부군께서 수개월 동안 국문(鞫問)에 참여하였으므로, 구마(廐馬)와 각궁(角弓)을 하사받으셨다. 6월에 승선(承宣)의 자리가 비자, 특명으로 자급(資級)이 기준에 미달한 사람도 함께 의망(擬望)하게 하였다. 이에 부군께서 통정대부(通政大夫) 승정원 동부승지(承政院同副承旨)에 초배(超拜)되셨으니, 대개 이전에 없었던 일이다. 겨울에 순서에 따라 좌부승지(左副承旨)로 승진하였다가, 체직되어 대호군(大護軍)에 임

15 송유진(宋儒眞) : ? ~ 1594. 조선 중기의 민란 주도자로, 본관은 홍산(鴻山)이다. 임진왜란 중의 혼란과 1593년(선조26)의 대기근으로 굶주리는 백성 및 병졸을 모아 천안, 직산 등지를 근거지로 하여 지리산, 계룡산 일대까지 세력을 폈으며, 무리는 2,000여 명에 달하였다. 당시 서울의 수비가 허술함을 보고 습격할 계획을 세워 스스로 의병대장이라 칭하였으며, 오원종(吳元宗), 홍근(洪瑾) 등과 함께 아산, 평택의 병기를 약탈하여 1594년 정월 보름날 한성에 진군할 것을 약속하였으나, 이 해 정월 직산에서 충청 병사 변양준(邊良俊)에 의해 체포되어 왕의 친국(親鞫)을 받고 사형 당하였다. 《孤臺日錄 人名錄》

명되었고 승문원 부제조(承文院副提調)를 겸했는데, 이때부터 항상 이 직책을 겸하여 해임되지 않으셨다.

을미년(1595, 선조28)에 우승지(右承旨)에 임명되었다가, 얼마 후 체직되어 병조 참지(兵曹參知)로 옮기셨다. 2월에 대부인의 상을 당하여 슬픔과 예법을 두루 지극히 하였고, 부신(附身) 이후에는 성신(誠信)을 다하여,[16] 상란(喪亂)과 어려운 상황을 이유로 서운함이 있지 않게 하셨다.[17]

정유년(1597) 4월에 상을 마치고 우승지에 임명되었다가, 병 때문에 호군(護軍)으로 체직되셨다. 5월에 성균관 대사성(成均館大司成)에 임명되셨다. 당시에 왜구가 다시 침략하자, 명나라 장수 양원(楊原)이 남원(南原)에 진을 쳤다. 부군께서 분호조 참의(分戶曹參議)로 차임(差任)되어 향도(餉道 군량을 운반하는 길)를 관리하게 되었으므로, 그날 곧바로 임금께 작별 인사를 드렸다. 그러나 상을 치르느라 야윈 부군의 몸이 회복되지 않은 것을 임금께서 살피시고 특명으로 보내지

16 부신(附身)……다하여 : 부신은 빈렴(殯斂)하는 것을 말한다. 《예기》 〈단궁(檀弓)〉에 "자사가 말하기를 '상을 당하면 3일 만에 빈을 한다. 무릇 시신에 사용하는 것은 반드시 성과 신으로써 하여 뒷날에 후회하는 일이 없도록 해야 한다.' 하였다.〔子思曰, 喪三日而殯. 凡附於身者, 必誠必信, 勿之有悔焉.〕"라고 하였다.

17 어려운……하셨다 : 시굴(時屈)은 시굴거영(時屈擧贏)의 준말로, 어려운 상황 속에서도 사치스러운 일을 벌이는 것을 말하는데, 여기서는 어려운 상황을 이유로 상례(喪禮)를 소홀히 하지 않았다는 뜻으로 쓰였다. 《사기(史記)》 권45 〈한세가(韓世家)〉에 "지난해에 진나라에게 의양을 빼앗기고 금년에는 가뭄이 들었는데, 소후가 이러한 시기에 백성을 구휼하는 것을 급하게 여기지 않고 도리어 더욱 사치하니, 이것이 시굴거영이다.〔往年秦拔宜陽, 今年旱, 昭侯不以此時卹民之急, 而顧益奢, 此謂時絀擧贏.〕"라고 하였다.

말라고 하셨다. 가을에 황극전(皇極殿)에 화재가 일어났으므로, 진위사(進慰使)가 되어 연경에 가셨다.

무술년(1598, 선조32) 봄에 조정으로 돌아와 우승지, 예조 참의(禮曹參議), 좌승지(左承旨)에 임명되었으나 모두 병으로 체직되셨다. 겨울에 병조 참의(兵曹參議)를 거쳐 좌승지에 임명되고, 얼마 뒤에 체직되어 병조(兵曹)로 돌아오셨다.

기해년(1599) 정월에 다시 좌승지가 되었다가 첨지중추부사(僉知中樞府事)에 체직되셨다. 가을에 병조에서 다시 좌승지로 돌아왔다가 체직되어 대호군이 되셨다. 12월에 이조 참의(吏曹參議)에 임명되셨다. 당시 고관들이 알력이 심하여 서로 어지러이 배격하였는데, 이미 서애(西厓) 유 상공(柳相公)[18]을 내쫓고, 아울러 완평(完平) 이공(李公)[19]까지 자리를 불안하게 여겼다. 그러자 부군께서 병을 핑계로 스스로 면직하고, 또한 조정의 큰 혼란을 언급하셨다. 이에 시류를 따르는 무리들이 떠들어대어 거의 탄핵을 면하지 못할 상황이었는데, 체직되어 대사성(大司成)에 임명되셨다.

경자년(1600) 봄에 병조 참의와 대사성을 역임하셨다. 5월에 사간원 대사간(司諫院大司諫)에 임명되셨다. 조정의 논의는 더욱 분열되어, 헌납(獻納) 이이첨(李爾瞻)[20]이 떼를 지어 터무니없는 거짓말을

18 서애(西厓) 유 상공(柳相公) : 유성룡(柳成龍, 1542~1607)으로, 본관은 풍산(豐山), 자는 이현(而見), 호는 서애이다. 《西厓集 年譜 卷3 有明朝鮮國輸忠翼謨光國忠勤貞亮効節協策扈聖功臣……豐原府院君西厓柳先生行狀》

19 완평(完平) 이공(李公) : 이원익(李元翼, 1547~1634)으로, 본관은 전주(全州), 자는 공려(公勵), 호는 오리(梧里)이다. 1604년(선조37)에 호성 공신(扈聖功臣)에 책록되었고 완평부원군(完平府院君)에 봉해졌다. 《梧里集 附錄 卷2 諡狀》

퍼뜨리고 온갖 계책으로 부군을 흔들었지만 뜻대로 되지 않자, 심지어 무명(無名)으로 투서하여 겁박하고 모함하였다. 부군께서는 동요하지 않고 조용히 물러나 사직을 고하면서 "훌륭한 재상이 조정을 떠났으니, 국사가 날로 잘못되고 있습니다."라고 하고 마침내 체직되셨다. 가을과 겨울 사이에 두 번 병조 참의에 임명되셨다.

신축년(1601, 선조34) 정월에 홍문관 부제학(弘文館副題學)에 임명되어 《고문주역(古文周易)》을 교정하여 올리자, 임금께서 구마(廐馬)를 하사하셨다. 2월에 체직되어 대사성에 임명되셨다. 전란 뒤에 문묘(文廟)를 처음 세우고 비로소 중건(重建)할 것을 청하여 중상(中庠)과 강사(講舍)가 차례로 완성되었다. 6월에 병조 참의로 옮기셨다. 당시 제주(濟州)의 역적 길운절(吉云節)[21]을 죽이고, 임금께서 어사(御史)를 보내 안무(安撫)하려고 곧바로 옥당에 명하여 교서(敎書)를 작성하게 하셨는데, 여러 학사(學士)들이 이를 크게 어렵게 여긴 나머지 오래도록 글을 짓지 못하였다. 마침내 부군에게 교서를 기초하게 하셨는데, 글이 완성되자 한 자도 정정할 것이 없었으니, 여러 학사들이 마침내 크게 탄복하였다. 겨울에 황태자(皇太子)를 책봉하는 예식이 끝나고 조사(詔使)가 장차 우리나라에 오게 되자, 부군께서 도사 영위사(都司迎慰使)에 뽑히셨으니, 실로 문한(文翰) 중에서도 매우 신중하게 선발

20 이이첨(李爾瞻) : 1560~1623. 본관은 광주(廣州), 자는 득여(得輿), 호는 관송(觀松) 또는 쌍리(雙里)이다.

21 길운절(吉云節) : ?~1601. 1601년(선조34) 정여립(鄭汝立)의 역모사건에 연루되어 제주도에 유배된 소덕유(蘇德兪)를 찾아가 역모를 도모하였다. 이러한 사실이 소덕유의 처에게 알려지자, 그 자신이 먼저 관에 나아가 고변하였다. 이후 국가로부터 포상을 받지 못함을 원망하다가 체포되어 참형에 처해졌다. 《孤臺日錄 人名錄》

하는 자리였다. 그러나 평양(平壤)에 도착했을 때 말에서 떨어져 병이 중해지자, 체직되어 호군에 임명되셨다.

임인년(1602, 선조35) 봄과 여름에 두 번 이조 참의에 임명되었으나, 모두 병으로 체직되셨다. 5월에 부제학(副提學)에 임명되어 여러 유생들과 함께 《주역언해(周易諺解)》를 교정(校正)하셨다. 책이 완성되자 임금께서 구마(廐馬)를 하사하셨다. 선조(宣祖)께서 계비(繼妃)[22]를 책봉하시는데, 예(禮)가 대부분 간략하고 질박하였다. 부군께서 차자(箚子)를 올리셨으니, 내용은 대략 다음과 같았다.

"혼례는 두 성씨의 좋음을 합하여, 위로는 종묘(宗廟)를 받드는 일입니다.[23] 그러므로 옛사람은 사당을 알현한 후에야 부도(婦道)가 이루어진다고 여겼으니,[24] 혼례의 중요함이 이와 같습니다. 지금 육례(六禮)를 이미 행하고 의문(儀文)도 빠짐없이 갖추어졌는데, 사당을 알현하는 중대한 예만 빠뜨리고 강구하지 않으셨습니다. 만약 《오례의(五禮儀)》에 기록되지 않아서 경솔하게 행하기 어렵다고 하신다면, 친영(親迎)의 예 또한 《오례의》에 기록되어 있지 않습니다. 그러나 중묘조(中

22 계비(繼妃) : 인목왕후(仁穆王后, 1584~1632)로, 본관은 연안(延安)이며, 연흥부원군(延興府院君) 김제남(金悌男)의 딸이다. 영창대군(永昌大君)의 생모이다.

23 혼례는……일입니다 : 《예기》 〈혼의(昏義)〉에 "혼례란 장차 두 성씨의 좋음을 합하여 위로는 종묘를 섬기고 아래로는 후세를 잇는 것이다. 그러므로 군자가 중히 여긴다.〔昏禮者, 將合二姓之好, 上以事宗廟, 而下以繼後世也. 故君子重之.〕"라고 하였다.

24 옛사람은……여겼으니 : 송(宋)나라 정이(程頤)의 글에 "딸이 시집갔을 때 부모가 사람을 보내어 위안하는 것을 치녀라고 한다. 옛날에 석 달이 되어야 사당에 알현하여 비로소 부도가 이루어졌다.〔女旣嫁, 父母使人安之, 謂之致女. 古者, 三月而廟見, 始成婦也.〕"라고 하였다. 《程氏經說 卷5 春秋》

廟朝)에 이르러 처음 시행되었고, 마침내 성조(聖朝)의 아름다운 전범(典範)이 되었습니다. 하물며 사당에 알현하는 하나의 절차는 혼례에서 더욱 중요하기 때문에 고례(古禮)를 상고하고 《회전(會典)》[25]을 참고하여 역대 제왕들이 모두 행하였습니다. 어찌 근대에 행할 겨를이 없었던 법이며, 《오례의》에 기록되지 않은 글이라고 핑계를 대어 행하지 않겠습니까."

이에 대하여 임금의 비답(批答)이 있었다. 겨울에 대사간(大司諫)에 임명되었다가 호군으로 체직되셨다.

계묘년(1603, 선조36) 6월에 병조 참의를 거쳐 부제학에 임명되어 《사기찬(史記纂)》을 교정하여 올리자, 임금께서 또 구마(廐馬)를 하사하셨다. 가을에 이조 참의에 임명되셨다.

갑진년(1604) 여름에 체직되어 병조 참의와 대사성이 되고, 호성원종공신(扈聖原從功臣)[26]에 책록되셨다. 이에 앞서 요직에 있는 어떤 사람이 조정의 권력을 멋대로 휘두르기를 좋아하여 자기와 견해가 다른 사람을 배척하였다. 부군께서 인사행정을 맡으셨을 때, 사류(士流) 3인을 대각(臺閣)에 의망(擬望)한 일로 탄핵의 논의가 일어났다. 그리

25 회전(會典) : 《대명회전(大明會典)》을 가리킨다. 1497년에 명나라 효종(孝宗)이 《대명회전》의 찬수를 명하여 1502년에 완성하였고, 1549년에 중수(重修)하여 1576년에 간행 반포하였다.

26 호성 원종공신(扈聖原從功臣) : 원래 호성 공신(扈聖功臣)은 임진왜란 때 서울에서 의주(義州)까지 어가(御駕)를 호종한 사람들에게 내린 공신 훈호(勳號)이며, 1604년(선조37)에 86명을 3등으로 나누어 녹훈(錄勳)하였다. 원종공신(原從功臣)은 각 등급에 해당되는 정식의 공신 이외에 작은 공이 있는 사람에게 주는 등외(等外)의 공신을 말한다.

고 당시 재상에게 본래 무뢰한이었던 조카가 있었는데, 재상이 갑자기 그 조카를 요직에 앉히려고 하다가 부군에게 제지당하자, 미워하는 마음이 쌓였다. 또 당시 마침 선묘(宣廟)께서 장차 존호(尊號)를 받으려고 하였으므로 여러 신하들이 모두 상청(上請)하였는데,[27] 부군만 홀로 하지 않으셨다. 이런 일로 말미암아 조정에 있기가 더욱 불안하게 되자, 외직으로 나가기를 청하여 안변 부사(安邊府使)가 되어 을사년(1605, 선조38) 봄에 임지에 도착하셨다.

이 해 여름에 가뭄이 들자 부군께서 친히 제문을 지어 비가 내리기를 기도하니, 그 날로 단비가 내렸다. 부지(府地)에 예전에는 연꽃이 없었는데, 봉래(蓬萊) 양사언(楊士彦)[28]이 이곳의 수령으로 있으면서 연못을 파고 연뿌리를 심었었다. 중간에 황폐한 채로 또 수십 년이 흘렀는데, 이때에 와서 다시 연꽃이 피기 시작하자 부로(父老)들이 모두 감탄하며 기이하게 여겼다. 가을에 관외(關外)에 홍수가 나서 민가(民家)가 무너지고 전답은 거의 다 물에 떠내려갔으며, 외로이 살아남은 백성과 굶어 죽은 시체가 눈앞에 넘쳤다. 또한 그 이전 해부터 북쪽 오랑캐가 변방의 관문에 함부로 들어와 징발(徵發)이 많아지고, 군사를 뽑고 군량을 조달하느라 밤낮으로 겨를이 없었다. 부군께서 이런 일들을

27 선묘(宣廟)께서……상청(上請)하였는데 : 1604년(선조37) 10월에 신하들이 임금에게 존호(尊號)를 올렸는데, 처음에 임금이 사양하였다. 그 후 조정과 종실(宗室)·삼사(三司)·정원(政院)·예문관(藝文館)이 매일 세 번씩 청하였는데, 한 달이 지난 뒤에 임금이 허락하여 지성대의 격천희운(至誠大義格天熙運)이라고 존호를 올렸다. 《國朝寶鑑 卷33 宣祖朝10》

28 봉래(蓬萊) 양사언(楊士彦) : 1517~1584. 본관은 청주(淸州), 자는 응빙(應聘), 호는 봉래·해객(海客)이다. 《龍洲遺稿 卷15 府使蓬萊楊公墓碣銘 并序》

잘 처리하고 적절히 조절하셨으니, 백성들이 편안히 생업에 종사하고 궁곤(窮困)하지 않을 수 있었다. 임금께서 특별히 비단 옷의 안감과 겉감을 하사하여 포양(褒揚)하고 가상히 여기셨다. 그러나 부군은 업무에 시달려 병에 걸리고, 또 풍토(風土)에도 민감하셨다. 마침내 병오년(1606, 선조39) 3월에 면직하고 돌아오셨는데, 이전의 서운한 감정들이 그때까지도 남아 있어서 시기와 질투가 특히 심하였다.

정미년(1607) 겨울에 이르러 비로소 홍주 목사(洪州牧使)에 서용되셨다. 홍주에서도 안변(安邊)에서처럼 정사를 펼쳐 청정(淸靜)한 태도로 풍속을 교화하는 데 전력을 기울이셨다. 신 감사(申監司)[29]에게 공문으로 보고한 뒤, 고을의 제생(諸生)들을 향교에 모아 학업에 힘쓰게 하였는데 법도가 있었으므로, 이웃 고을의 학생들까지 많이 모여 들었다. 방백(方伯)이 부군의 치적(治蹟)을 상세히 갖추어 임금에게 보고하였으나, 부군께서는 또 병이 심해져서 기유년(1609, 광해군1) 4월에 마침내 관직을 그만두고 떠나셨다. 가을에 첨지중추(僉知中樞)에 서용되었다가 병조 참의로 옮기고, 얼마 뒤에 승정원 도승지(承政院都承旨)에 임명되셨다.

경술년(1610) 6월에 선묘(宣廟)의 부례(祔禮)[30]가 끝나자, 특별히 가선대부(嘉善大夫)에 가자(加資)되고 예조참판 겸 승문원제조에 임

29 신 감사(申監司) : 신식(申湜, 1551~1623)으로, 본관은 고령(高靈), 자는 숙지(叔止), 호는 졸재(拙齋)이다. 1608년(선조41) 가을에 호서 관찰사(湖西觀察使)로 부임하여 1609년에 조정으로 돌아왔다. 《葛庵集 別集 卷6 嘉善大夫司憲府大司憲……拙齋先生申公謚狀》

30 부례(祔禮) : 삼년상을 마치고 신주를 사당으로 옮겨 모시는 부묘(祔廟)의 예를 말한다.

명되셨다. 가을에 잇달아 사간원 대사간(司諫院大司諫), 사헌부 대사헌(司憲府大司憲)에 임명되었으나 모두 곧바로 사직하고, 체직되어 동지중추(同知中樞)에 임명되셨다. 가을에 광해군(光海君)의 세자 복장이 내려오지 않자, 주청부사(奏請副使)에 뽑혀 8월에 연경으로 가셨다. 부군은 세 차례 중국을 다녀왔는데, 스스로 청백(淸白)[31]한 몸가짐을 견지하여 서적이나 향(香), 약(藥) 같은 물품을 털끝만큼도 가까이하는 일이 없으셨다. 연경에 계실 때 전후로 안남(安南, 베트남), 유구(琉球, 오키나와), 섬라(暹羅, 태국)의 사신들을 만나셨는데, 번번이 부군께 시문(詩文)을 지어달라고 부탁하였다. 주리(侏離)와 조언(鳥言)[32]을 하는 이들이 몽매하여 아는 것이 없었으나, 또한 공벽(拱璧)을 얻은 것처럼 모두 겹겹이 싸서 소중히 간직해 가지고 가지 않는 이가 없었다.[33] 안남의 사신은 부군의 시문 수십 편을 얻어 가지고 돌아가 자기 나라에 전파하여 집집마다 외우고 읊었는데, 일본을 통하여 끌려

31 청백(淸白) : 빙벽(氷蘗)은 맑은 얼음물을 마시고 쓰디쓴 소태나무를 씹는다는 뜻으로, 굳게 절조를 지키면서 청백하게 사는 것을 비유할 때 쓰는 표현이다. 당(唐)나라 백거이(白居易)의 "3년 동안 자사로 있으면서, 맑은 얼음물을 마시고 쓰디쓴 소태를 씹었노라.〔三年爲刺史, 飮氷復食蘗.〕"라는 시구에서 유래하였다. 《白樂天詩集 卷1 三年爲刺史》

32 주리(侏離)와 조언(鳥言) : 주리는 방언(方言)으로, 소수 민족 혹은 외국의 언어나 문자를 말한다. 조언은 새 소리라는 말이니, 연경에서 만난 안남, 유구, 섬라의 사신들이 쓰는 언어를 뜻하지만, 여기서는 그 사람들을 가리키는 말로 사용되었다.

33 공벽(拱璧)을……없었다 : 연경에서 만난 안남, 유구, 섬라의 사신들이 이수광의 시문을 진귀한 보배처럼 소중하게 간직하여 가지고 갔다는 말이다. 십습(什襲)은 열 겹으로 싼다는 뜻으로, 매우 소중히 간직함을 의미한다. 공벽은 두 손으로 감싸 잡을 만큼 큰 벽옥(璧玉)으로, 더없이 진귀한 보배를 뜻한다.

간 우리나라 사람 조완벽(趙完璧)[34]에게 자랑하며 말하기를 "너는 너희 나라에 이지봉(李芝峯)이라는 분이 계시다는 것을 아는가. 이것이 바로 그분의 작품이다."라고 하였다고 한다. 아마도 그가 부군을 대단히 존모하고 숭상하여 일찍이 부군의 이름을 부르지 않았던 것이다. 조완벽이 그 뒤에 귀국하여 자기가 보고 들은 것을 이와 같이 자세히 말해 주었다.

임자년(1612, 광해군4) 5월에 사행에서 돌아오시자, 가의대부(嘉議大夫)로 품계가 올랐다. 가을에 대사성 겸 동지춘추관사(同知春秋館事), 대사간, 병조 참판(兵曹參判), 대사헌, 동지중추부사(同知中樞府事)를 역임하고 겨울에 부제학에 임명되셨다.

광해군(光海君)이 "경도(京都)는 기운이 쇠하였고, 교하(交河)[35]는 형세가 좋으니, 마땅히 터를 살펴서 도읍을 옮기는 것이 좋겠습니다."라는 술사(術士) 이의신(李懿信)의 말에 따라, 갑자기 재신들을 소집하여 의논하게 하니, 인정(人情)이 당황하고 의혹스러워하였다. 부군께서 여러 동료들을 이끌고 차자를 올리셨는데, 그 내용은 다음과 같다.

"풍수지리설은 경전에 보이지 않는데, 후세에 좋지 못한 선례(先例)를 만들었습니다.[36] 그 말은 애매하여 징험할 수 없고 그 술법은 황당하

34 조완벽(趙完璧) : 생애는 미상이다. 《청장관전서(青莊館全書)》 권35 〈지봉시파원국(芝峯詩播遠國)〉에 "조완벽은 진주 사람이다. 정유년에 포로가 되어 왜에 들어갔다가 상선을 따라 세 차례 안남에 들어갔다.〔趙完璧晉州人也. 丁酉被虜入倭, 隨商舶入安南凡三度.〕"라고 하였다.

35 교하(交河) : 경기도 파주시의 옛 지명이다.

36 후세에……만들었습니다 : 작용(作俑)의 용(俑)은 장사(葬事)에 쓰는 나무로 만

여 근거가 없으니, 이것은 진실로 이치를 아는 군자가 취하지 않는 것입니다. 신들은 처음에 예조(禮曹)에 의계(議啓)하라는 비답을 내리셨다는 소식을 듣고, 마음속으로 전하께서 풍수지리설을 절대 따르고 믿을 이치가 없으므로 반드시 예관(禮官)으로 하여금 먼저 시비를 의논하게 하고, 뒤에 망언(妄言)한 죄를 의논하실 것이니, 이는 그만둘 수 없는 일이라고 생각하였습니다. 그런데 지금에 이르러서 회의(會議)하라는 명을 내리셨습니다. 이는 그의 망언을 처벌하지 않을 뿐만 아니라, 아마도 장차 그 말을 수용하여 정사(政事)에 시행하시려는 것입니다.

이른바 회의라는 것은 어떤 이는 편리하다고 하고 어떤 이는 그렇지 않다고 할 경우에 절충하려는 뜻이 있는 것입니다. 그런데 지금 이의신(李懿信)이 소장에서 한 말은 나라 안의 사람들이 모두 처벌해야 한다고 생각하고, 도읍을 옮기는 일은 나라 안의 사람들이 모두 편리하지 않다고 여기니, 편리한지 그렇지 않은지는 논의의 결과를 기다릴 필요가 없습니다.

하늘이 수도를 정해줄 때 우리나라에서 으뜸인 곳으로 하였으니, 형세의 빼어남은 진실로 말할 나위도 없습니다. 이백여 년 동안 인재가 많이 나왔고 민물(民物)까지 풍성하여, 다스림은 융성하고 나라는 태평하였습니다. 만약 술사의 말이 믿을 만하고 징험할 수 있다면, 그들

든 허수아비인데, 이는 좋지 못한 선례(先例)를 뜻한다. 《맹자》〈양혜왕 상(梁惠王上)〉에 "중니께서 말씀하시기를 '처음으로 용을 만든 자는 아마 후손이 없을 것이다.' 하셨으니, 이는 사람을 형상하여 장례에 사용하였기 때문이다.〔仲尼曰, 始作俑者, 其無後乎, 爲其象人而用之也.〕"라고 한 말에서 유래하였다.

이 말하는 복지(福地)라는 것은 마땅히 이보다 나은 곳이 없을 것입니다. 성스럽고 신령하신 우리 태조께서 이곳에 도읍을 정하고 후대의 임금들에게 전하셨으니, 만대토록 공고(鞏固)하고 빼앗을 수 없는 터전입니다. 종사(宗社)가 여기에 있고 신민(臣民)이 여기에 있는데, 하루아침에 아무런 이유도 없이 사리에 어긋나고 망령된 소견을 따라 가벼이 구업(舊業)을 버리고 떠나간다면, 하늘에 계신 조상의 혼령께서 기꺼이 '내게 후손이 있다.'[37]라고 하시겠습니까.

국가가 변고를 겪은 이래 상처가 겨우 아물었고, 종묘와 대궐을 건축하고 수리하느라 백성들도 지쳐서 눈을 흘기며 서로 비방하는 말을 차마 들을 수 없을 정도입니다. 그런데 도리어 시세(時勢)를 헤아리지 못하고 인심을 거스르면서 황야(荒野) 가운데로 몰아넣어 백성들에게 궁궐 쌓는 수고를 감당하게 한다면, 형세로 볼 때 물고기처럼 놀라고 새처럼 흩어지는 상황이 반드시 닥쳐올 것입니다. 민심은 들끓고 국사는 갈가리 찢길 것이니, 발생할 변고가 장차 말할 수 없는 정도에 이를까 두렵습니다."

이처럼 반복하여 수백 글자로 개진하셨으니, 비록 임금께서 곧바로 따르시지는 않았으나 일이 마침내 중단되었다.

당시에 광해군의 생모 김씨(金氏)를 추숭하여 공성왕후(恭聖王后)로 삼고, 중국 조정에 사신을 보내 책명(冊命)을 청하게 하였다. 부군

37 내게 후손이 있다 : 《서경》 〈대고(大誥)〉에 "그 아버지가 밭을 일구었거늘, 그 자식이 기꺼이 파종도 하려고 하지 않는데, 하물며 기꺼이 수확하려 하겠는가. 부로가 공경히 섬기는 자들이 기꺼이 '내 후손이 있으니 기업을 버리지 않을 것이다.'라고 말하겠는가.〔厥父菑, 厥子乃弗肯播, 矧肯穫. 厥考翼, 其肯曰, 予有後, 弗棄基.〕"라고 한 데서 원용하였다.

께서 또 차자를 올려 다음과 같이 말씀하셨다.

"집에는 두 존자(尊者)가 없고, 예에는 두 적처(嫡妻)가 없으니,[38] 대경대법(大經大法)이 지극히 엄격하고 지극히 분명합니다. 그러므로 노(魯)나라 은공(隱公)이 중자(仲子)에게 한 일과 희공(僖公)이 성풍(成風)에게 한 일[39]에 대하여 《춘추(春秋)》에서 깊이 비판하였으니, 이것은 진실로 선유(先儒)들의 정론(定論)입니다. 노나라의 두 임금이 추후에 천자에게 책명을 요청했다는 말을 듣지 못했으니, 그것은 어쩌면 예를 지키고 의를 두려워하여 감히 하지 못한 것이 아니겠습니까. 옛 사람의 이른바 '국중(國中)에서 사칭(私稱)하는 것은 국경 밖으로 나가서는 안 된다.'[40]라는 것을 여기에서 알 수 있습니다. 지금 세상의

38 예에는……없으니 : 《통전(通典)》 권68 〈이적처의(二嫡妻議)〉와 《회암집(晦庵集)》 권51 〈답만정순(答萬正淳)〉에 "예에 의하면 적처는 둘을 둘 수 없다.〔禮無二嫡〕"라는 말이 나오는데, 대개 제후(諸侯)는 정비(正妃)를 한 사람만 두고 그 나머지는 모두 잉첩(媵妾)들로서 정비보다 등급이 낮은 지위를 부여하며, 죽은 뒤에도 정비만 부묘(祔廟)할 수 있다는 뜻이다.

39 은공(隱公)이……일 : 《춘추(春秋)》 은공 5년 기사에 "9월에 중자의 궁을 완성하고, 처음으로 육우의 춤을 바쳤다.〔九月, 考仲子之宮, 初獻六羽.〕"라고 하였고, 문공(文公) 9년 기사에 "진나라 사람이 와서 희공과 성풍에게 드리는 수의를 바쳤다.〔秦人來, 歸僖公成風之襚.〕"라고 하였다. 중자와 성풍은 각각 은공과 희공의 생모로, 모두 부왕의 측실이었다.

40 국중(國中)에서……된다 : 《통전(通典)》 권72 〈제후숭소생모의(諸侯崇所生母議)〉에 "곡량이 이르기를 '진나라 사람이 와서 성풍에게 수의를 바치면서 부인이라고 하지 않은 것은 밖에 나가서는 부인이라고 할 수 없어서이니, 여기에서 정도를 볼 수 있다. 무릇 자신은 임금이고 어머니는 첩인 경우에 서자와 서손이 차마 신하로 삼지 못하는 것은 마음이 편안하지 못해서이다. 그러므로 나라 안에서는 사사로이 부인이라 칭하지만, 나라 밖에서는 부인이라 칭하지 않는다. 이것은 자식의 정이니, 국인이 사사

선비들 중에 조금이라도 글을 읽을 줄 아는 사람이라면, 이 의리를 알지 못하는 사람이 없습니다. 하물며 중국 조정에는 정도(正道)를 지키고 예를 아는 군자들이 반드시 많을 것인데, 만약 경의(經義)를 인용하여 엄한 말로 지척(指斥)한다면 손해되는 바가 적지 않을 것이니, 장차 되돌릴 수 없는 후회가 있을 것입니다."

당시 광해군이 혼란한 정사를 일삼아 곧은 말 듣기를 싫어하였기 때문에, 대각(臺閣)에 있는 신하들이 주저하며 관망만 할 뿐, 조정의 중대한 의론(議論)을 만나도 먼저 나서서 의견을 개진하는 사람이 없었다. 그러나 부군께서는 조금도 개의치 않고 반드시 앞장서셨으니, 사림(士林)들이 부군을 정도를 지키는 사람으로 여겼다.

계축년(1613, 광해군5)에 두 번 대사헌에 임명되었으나 모두 숙배(肅拜)하지 않았고, 동지중추부사에 임명되셨다. 당시에 이이첨(李爾瞻) 등이 사형수(死刑囚)를 사주하여 큰 옥사를 일으키고 광해군을 부추겨 재앙을 키워서, 영창대군(永昌大君)과 국구(國舅)를 죽이고 선왕조(先王朝)의 원로대신들을 내쫓으니, 조정이 텅 비게 되었다. 또 국모를 서궁(西宮)에 유폐하고 장차 존호를 폄하하려고 모의하였다.[41]

로이 하는 것으로 예법의 정도에 그쳐야 한다. 가령 서자 여럿이 함께 삼공이 되어 각각 그 어머니를 높이고자 한다면, 장차 어떻게 제지하겠는가. 성인을 비방하는 것은 법도를 무시하는 것이니, 이는 큰 환란을 부르는 길이다.' 하였다.〔穀梁云, 秦人來歸成風之襚, 秦不云夫人也, 就外不云夫人而見正焉. 夫身爲國君而母爲妾, 庶子孫所不忍臣下, 所不安. 故私稱於國中, 不加境外. 此人子之情, 國人之私而止於禮法之正也. 假有庶子數人竝爲三公, 欲各尊其母, 將何以止之. 非聖人無法, 此大亂之道也.〕"라고 한 말을 원용하였다.

41 이이첨(李爾瞻)……모의하였다 : 이이첨(1560~1623)의 본관은 광주(廣州), 자는 득여(得輿), 호는 관송(觀松)·쌍리(雙里)이다. 선조(宣祖)의 노여움을 사서 갑산

부군께서는 의리상 그런 일에 발을 들여놓을 수 없었으므로, 대사성에 임명되었으나 얼마 후 사직하여 체직되셨다. 이후 4년간 산질(散秩)에 있으면서 뜻을 기르는 일에만 충실하셨다. 다만 갑인년(1614, 광해군 6) 가을에 동지성균관사(同知成均館事)를 겸하게 되자, 마지못해 조정에 나아가 한 번 사은(謝恩)하셨을 따름이었다.

병진년(1616) 8월에 순천 부사(順天府使)로 나가게 되니, 온갖 덫이 설치되어 있는 것과 같은 조정에서 벗어나 종적을 감추고 은거하듯이 생활하셨다. 현옹(玄翁) 신공(申公)은 당시 추방되어 강외(江外)에 있었는데,[42] 서로 바라보며 탄식하고 비통해하면서 밤새도록 강개한 회포를 나눈 뒤에 길을 떠나셨다. 부임해서는 스스로 솔선수범으로 백성들을 이끌어 일찍이 백성들에게 함부로 하지 않으셨다. 그러므로 백성들이 기뻐하여 교화에 따르고 세금을 기한 내에 냈으므로 형벌을 가할 필요가 없었다. 부군 또한 그들의 풍속이 순박하여 쉽게 다스릴 수

에 유배되었으나, 광해군이 즉위하면서 예조 판서에 올랐고, 이어 대제학을 겸임하고 광창부원군(廣昌府院君)에 봉해졌다. 1613년(광해군5) 강도죄로 잡힌 박응서(朴應犀) 등에게 영창대군을 옹립하려 했다고 무고하도록 사주하여, 영창대군을 서인(庶人)으로 강등하여 강화에 안치시켰으며, 국구(國舅) 김제남(金悌男) 등을 사사시켰다. 1614년 영창대군을 살해하고, 1617년 인목대비(仁穆大妃)의 폐모론을 발의하여, 1618년 대비를 서궁(西宮)에 유폐하게 하였다.

42 현옹(玄翁)……있었는데 : 현옹 신공(申公)은 신흠(申欽, 1566~1628)으로, 본관은 평산(平山), 자는 경숙(敬叔), 호는 현헌(玄軒)·상촌(象村)이다. 1616년(광해군8) 인목대비의 폐비 및 이와 관련된 김제남의 가죄(加罪)와 함께 다시 논죄된 뒤 춘천(春川)에 유배되었으며, 1621년에 사면되었다. 이보다 앞서 신흠은 삭직되어 김포(金浦)의 선영(先塋) 부근에서 생활하고 있었는데, 이수광이 순천으로 떠날 때 김포에서 신흠을 만났던 것으로 보인다.《月沙集 卷44 領議政贈諡文貞申公神道碑銘 幷序》

있는 것을 기뻐하셨다. 3년이 다하도록 돌아오지 못하고 읍사(邑事)를 경영하였는데, 학교와 마을의 일로부터 어염(魚鹽)이나 땔감과 같은 자잘한 일에 이르기까지 처리하고 계획하는 것이 방법이 있었으니, 그것을 글로 써서 영원한 법식(法式)으로 삼았다.

기미년(1619, 광해군11) 봄에 임기가 다하였는데, 고을 사람들이 더 계시기를 바랐지만 그럴 수 없게 되자 커다란 비석을 세워 그리워하는 마음을 부쳤다. 그 뒤 부군의 부고가 이르자 모두 흐느껴 울면서 친상(親喪)을 당한 것처럼 슬퍼하였다고 한다. 돌아온 뒤로는 수원의 시골집에서 지내셨다. 시사(時事)가 날로 더욱 변하여 사나운 재앙의 불꽃이 더욱 성하게 일어났으니, 대상을 지적하여 물색하면 어떤 사람도 벗어날 수 없었다. 부군께서는 근기(近畿)에서 지내면서 멍에 풀고 쉴 곳이 없었으므로, 방안에서 조용히 지내며 한 여름에도 문을 열지 않으셨다. 그러므로 집안사람들이 부군의 기침소리만 들었을 뿐 얼굴 뵐 기회가 드물었다. 전후(前後)로 부호군(副護軍), 대사성, 분병조참판(分兵曹參判), 동지중추부사, 조사영위사(詔使迎慰使)에 임명되었으나 모두 사직하고 나가지 않으셨다.

11월이 되자, 광해군이 부군과 최관(崔瓘)[43] 공, 정엽(鄭曄)[44] 공을 거명(擧名)하여 비국(備局)에 하교하기를 "이들은 모두 품계가 높은 재신(宰臣)의 위치에서 국가의 두터운 은혜를 받았다. 그런데 지금

43 최관(崔瓘) : 1563~1630. 본관은 강화(江華), 자는 영중(瑩仲), 호는 미옹(迷翁)이다. 《順菴集 卷27 資憲大夫戶曹判書迷翁崔公行狀》

44 정엽(鄭曄) : 1563~1625. 본관은 초계(草溪), 자는 시회(時晦), 호는 수몽(守夢)이다. 《月沙集 卷44 左參贊贈右議政諡文肅鄭公神道碑銘 幷序》

임금이 곤욕을 치르고 있는 때에 신하가 목숨을 바치는 의리를 생각하지 않고 교외에서 빈둥거리면서 국가를 위하여 힘쓸 마음이 없으니, 신하의 도리가 과연 이와 같을 수 있는 것인가. 또 대신(大臣)과 대간(臺諫)이 이에 대하여 한 마디의 언급도 없으니 대단히 괴이하다. 그들을 무겁게 추고하라."[45]라고 하였다. 사면되자, 부군께서 소장을 올려 사례하고 병들어 직무를 감당할 수 없는 상황을 진달하셨다.

임술년(1622, 광해군14) 2월에 또 하교하기를 "정엽과 이수광처럼 품계가 높은 재신들이 일체 출사하지 않으니, 그 까닭을 알지 못하겠다. 모두 불러들여라."라고 하였다. 비국에서 계(啓)를 올려 말하기를 "신하가 출사하지 않는 것이 어찌 그들의 본심이겠습니까. 혹은 부모님이 연로하여 집으로 돌아가 봉양하는 경우도 있고, 혹은 자신이 병들어 물러나는 경우도 있습니다. 또한 시의(時議)에 맞지 않아 감히 나오지 못하는 경우도 있으니, 마땅히 대언(代言)으로 하여금 간절하게 타일러 불러 오도록 해야 합니다."라고 하였다. 이에 관찰사가 거듭 공문을 보내와 수레를 타고 서울로 가도록 권하니, 그 형세가 매우 급박하여 장차 닥쳐올 재앙을 예측할 수 없는 상황이었다. 그러나 부군의 확고부동한 마음[46]은 더욱 견고해져, 잠시 서울에 갔다가 즉시 돌아오셨다.

45 이들은……추고하라 : 이것은 《광해군일기(光海君日記)》 11년 11월 22일 기사에 수록된 내용이다. 종중추고(從重推考)는 벼슬아치에게 과실이 있을 때 죄과를 따져서 그중 중한 벌에 따라 징계하는 것을 말한다.

46 확고부동한 마음 : 개석(介石)은 자신의 신념과 어긋날 때에는 지조를 돌처럼 굳게 지키는 확고부동한 마음을 말한다. 《주역》 〈계사전 하(繫辭傳下)〉에 "군자는 기미를 보고 일어나 하루가 마치기를 기다리지 않는다. 역에 이르기를 '돌처럼 절개가 굳은지라 하루를 마치지 않으니, 정하고 길하다.' 하였으니, 절개가 돌과 같으니, 어찌 하루를

계해년(1623, 인조1) 3월에 금상(今上 인조(仁祖))께서 거의(擧義)하여 반정(反正)하자마자, 곧바로 부군을 도승지로 임명하여 불러들이셨고, 얼마 후에 홍문관 제학(弘文館提學)을 겸직하셨다. 여름에 대사간에 임명되었으나, 얼마 되지 않아 병으로 체직되셨다. 7월에 이조참판(吏曹參判)에 임명되었고, 겨울에 체직되어 공조(工曹)에 임명되셨다.

갑자년(1624) 봄에 이괄(李适)이 반란을 일으키자 임금께서 남쪽으로 몽진(蒙塵)하시니, 부군께서 병든 몸을 이끌고 대가(大駕)를 호종(扈從)하셨다. 환도(還都)한 뒤에 대사간으로 옮기고, 대가를 호종한 공로로 자헌대부(資憲大夫)에 올라 의정부 우참찬(議政府右參贊)에 임명되셨다. 가을에 대사헌 겸 지춘추관사(大司憲兼知春秋館事)에 임명되었다가, 우참찬(右參贊)으로 옮기셨다. 10월에 왕대비의 옥책문(玉冊文)을 지으셨는데, 특명으로 정헌대부(正憲大夫)에 가자(加資)되고 대사헌에 임명되셨다. 12월에 체직되어 좌참찬 겸 동지경연(左參贊兼同知經筵)에 임명되셨다.

을축년(1625, 인조3)에 대사헌, 지돈녕부사(知敦寧府事), 공조 판서(工曹判書)를 역임하셨다. 겨울에 재이(災異)가 발생하자, 임금께서 하교(下敎)하여 해결 방안을 구하셨다. 부군께서 마침 대사헌에 임명되셨는데, 임금께서 등극(登極)하신 지 3년 동안 화란(禍亂)이 거듭 이르는 것은 군신(君臣)과 상하(上下)의 사람들이 한가롭게 지내는 것이 거의 습관이 되어, 인사(人事)가 아래에서 잘못되자 천변(天

마치겠는가. 결단함을 알 수 있다.〔君子見幾而作, 不俟終日. 易曰, 介于石, 不終日, 貞吉. 介如石焉, 寧用終日, 斷可識矣.〕"라고 하였다.

變)이 위에서 응하기 때문이라고 생각하셨다. 이에 차자를 올려 문제의 근원을 지적하셨는데, 그 내용은 다음과 같다.

"인사를 형체라고 한다면 천변은 그림자와 같습니다. 하늘에 있는 그림자는 아득하여 징험하기 어렵지만, 사람에게 있는 형체는 분명하여 보기 쉽습니다. 만약 인사의 미진(未盡)한 것으로 말한다면, 정신을 가다듬고 다스림을 도모할 때 전하의 뜻이 간절하지 않은 것은 아닙니다. 그러나 시행하고 조처하는 사이에 실질적인 조치를 다하지 못하는 점이 있습니다. 직책에 따라 공무를 받들 때에 여러 신하들의 뜻이 정성스럽지 않은 것은 아닙니다. 하지만 받들어 행하는 즈음에 실질적인 정성을 기울이지 못하는 점이 많습니다. 전하와 신하들의 이러한 문제로 인해 공적(功績)도 이루지 못하고 다스림의 효과도 드러나지 않아, 국사(國事)는 날로 흐지부지하게 되고 조정의 기강은 날로 문란해지고 있습니다. 이러한 원인은 다른 데 있는 것이 아닙니다. 모두 실질적이지 못하다는 한 가지 문제에서 기인한 것입니다.

천하의 사무(事務)가 지극히 광범위하지만 그것을 조종하는 것은 성(誠)이니, 성은 바로 진실입니다. 만약 진실에 힘쓰지 않고 다만 겉치레로 다스리는 공(功)을 억지로 이루려 한다면, 온갖 일들이 모두 허투(虛套)로 돌아가고 말 것입니다. 이것은 비유하자면 그림의 떡으로 주린 배를 채우고 뱃전에 새겼다가 칼을 찾는 것과 같으니,[47] 마침내

47 그림의……같으니 : 아무 소용이 없는 어리석은 행위라는 말이다. 계주멱검(契舟覓劍)은 각주구검(刻舟求劍)과 같은 말이다. 초(楚)나라의 어떤 사람이 강을 건너다가 칼을 빠뜨렸는데, 서둘러 뱃전에 표시하고 말하기를 "여기는 내 칼이 빠진 곳이다.〔是吾劍之所從墜〕" 하였다. 배가 멈추자 표시한 지점에서 물속으로 들어가 칼을 찾았지만, 배는 가고 칼은 그대로 있었으므로 찾지 못했다고 한다. 《呂氏春秋 卷15 察今》

모색해서 손댈 곳이 없게 됩니다. 진실로 바라건대 전하께서는 위에서 성심을 다하시고 아래의 신하들에게 실질에 힘쓰도록 권면하여, 진실한 마음으로 진실한 정사를 행하고 진실한 일로 진실한 효과를 거두게 하십시오. 그리하여 생각마다 모두 진실하고 일마다 모두 진실되게 하신다면, 정사를 시행하여 거행되지 않는 정사가 없고 다스림을 펼쳐서 이루어지지 않는 다스림이 없을 것입니다. 그러므로 신은 감히 '무실(懋實)' 두 글자로 말씀 올립니다."

그러면서 차례로 12조목을 거론하셨으니, 첫째, 부지런히 배우는 실제, 둘째, 마음을 바르게 하는 실제, 셋째, 하늘을 공경하는 실제, 넷째, 백성을 구휼하는 실제, 다섯째, 간쟁을 받아들이는 실제, 여섯째, 기강을 진작하는 실제, 일곱째, 대신을 임용하는 실제, 여덟째, 훌륭한 인재를 양성하는 실제, 아홉째, 붕당을 없애는 실제, 열째, 군비를 갖추는 실제, 열한째, 풍속을 돈후하게 하는 실제, 열두째, 법제를 밝히는 실제이다. 그 내용이 무려 만여 글자에 달하였는데, 그 말이 명쾌하고 통절(痛切)하였으며 남김없이 다 드러내어 마치 의원이 증세에 맞게 약을 쓰는 것과 같았으니, 모두 실용에 적합하였다. 학식 있는 사람들이 중흥 이후에 가장 뛰어난 봉사(封事)라고 하였다. 한편 임금께서 후한 비답을 내려 다음과 같이 말씀하셨다.

"차자를 살펴보니 임금을 사랑하고 나라를 걱정하는 경의 정성이 가상하오. 누누이 진달한 내용들은 지극한 말과 바른 의론이 아닌 것이 없는데, 차자의 요지는 오로지 무실(懋實)에 있으니, 요체를 아는 의론이라 이를 만하오. 내가 감히 잘 새기고 힘써 실행하여 경의 뜻에 부응하지 않을 수 있겠소."

병인년(1626, 인조4)에 좌참찬과 지중추부사(知中樞府事)를 역임하고 또 동지경연(同知經筵)을 겸하였는데, 강력히 사직을 청하여 면직되셨다.

정묘년(1627) 정월에 노적(奴賊 후금(後金))이 갑자기 변방의 성을 함락시키고 방비가 허술한 곳을 통해 깊숙이 쳐들어오니, 삼궁(三宮)[48]이 강화도로 옮겨갔다. 섬은 협소하고 곡식과 물을 융통할 수 없었는데, 흉적의 예봉(銳鋒)이 날로 압박을 가해오므로 상황이 매우 위태롭고 급박하였다. 왕세자는 분조(分朝)를 맡아서 남하하였다.[49] 임금께서 연로하고 병든 조신(朝臣)들은 각자 편의대로 갈 곳을 골라 피난하고, 반드시 대가를 따를 필요는 없다고 명하셨다. 당시 부군께서는 겨우내 병을 심하게 앓으셔서 기력이 쇠약한 상태였다. 불초(不肖) 성구(聖求)는 마침 정관(政官)으로서 이름이 분조에 포함되어 있었고,[50] 나 민구(敏求)는 임천 군수(林川郡守)로 재직하고 있었다. 친지들이 대부분 부군에게 위태로운 곳에 있지 말고 우선 동조(東朝, 분조)를 따라 남쪽으로 내려가라고 권하였다. 그러나 부군께서는 즉시 의연히 말씀하기를 "임금께서 어진 마음으로 신하들이 편의대로 피난하는 것을 허락하셨는데, 한 가닥 숨이라도 붙어 있는 신하가 어찌 감히

48 삼궁(三宮) : 원래 왕과 대비(大妃)와 왕비를 가리키는데, 여기서는 인조(仁祖), 인목대비(仁穆大妃), 인열왕후(仁烈王后)를 말한다.

49 왕세자는……남하하였다 : 1625년(인조3) 세자로 책봉된 소현세자(昭顯世子)는 정묘호란이 일어나자, 분조를 이끌고 전주(全州)로 내려가서 민심을 수습했다.

50 성구(聖求)는……있었고 : 이민구의 형 이성구(李聖求, 1584~1644)의 자는 자이(子異), 호는 분사(汾沙), 시호는 정숙(貞肅)이다. 정관(政官)은 인사행정을 맡은 관직이다. 이성구는 1627년(인조5)에 이조 참의(吏曹參議)로서 분조를 호종하여 남하하였다. 《東州集 文集 卷7 伯氏領議政分沙李公神道碑銘 幷序》

병을 핑계하겠는가."라고 하시고, 마침내 대조(大朝, 인조가 있는 곳)로 달려가셨다. 전에 맡고 있던 홍문관 제학을 여러 차례 사직하였지만 허락받지 못했었는데, 이때에 와서 비로소 병으로 체직되셨다.

3월에 대사헌에 임명되셨다. 구적(寇賊)이 막 물러간 상황이라 온갖 법도가 바뀌었다. 게다가 후진(後進)들이 자못 날카롭고 사나워 탄핵의 논의를 힘쓰니, 처벌될까 봐 두려워하는 사람들이 많았다. 그러나 부군께서 항상 관대하고 용서하는 자세를 견지하여 공평한 법을 펼치셨으므로 인심이 안정되었다. 대책(對策)을 올려 정사를 논함에 이르러서는 국가의 이로움과 병폐에 대해 말씀하신 것이 매우 많았는데, 이미 끝난 뒤에는 외부에 누설하지 않으셨기 때문에 그 내용을 아는 사람이 없었다. 부군께서 일찍이 말씀하시기를 "천하에는 본래 아무 일도 없는 것이니, 선왕(先王)의 법도를 따라 행하고서 잘못된 경우는 아직까지 있지 않았다. 지금 여러 차례 상란(喪亂)을 겪은 터라 인심이 안정되지 못하고 있으니, 이는 마치 큰 병을 앓은 뒤에 죽을 먹으며 보양(補養)하는 것조차도 오히려 제대로 못할까 두려운 것과 같다. 그러나 국가가 능히 아무것도 하지 않을 수 없어서 때때로 어지러이 변경하기를 좋아하니, 이것이 바로 폐단이다."라고 하셨다.

이에 앞서, 조정에서 백성들 가운데 떠돌며 게으름을 피우는 자들이 많은데, 이들이 호적과 부역에 속하지 않아 군사의 수가 비고 양민(良民)의 피해가 크다고 판단하였다. 이에 호적에 기록하고 호패를 만들 것을 명하니, 조정의 대소 신료들 가운데 사리를 잘 안다고 이름난 자들이 다투어 그 편리함을 말하였다. 그러나 부군만은 백성들을 어지럽게 해서는 안 되니, 장차 그 폐단의 부담을 떠안게 될 것이라고 하셨다. 이때에 이르러 호적이 완성되었지만 사람들이 대부분 좋아하지 않아 마침내 시행되지 못하였다. 4월에 환도하여 다시 대사헌, 지중추부사, 좌참찬, 우참찬에 임명되셨다.

무진년(1628, 인조6) 6월에 참찬(參贊), 지중추(知中樞)에서 체직되어 다시 홍문관 제학을 맡으셨다. 7월에 이조 판서(吏曹判書)에 임명되셨다. 병인년(1626) 이후로 총재(冢宰 이조 판서) 자리가 비어 있을 때마다 부군께서 반드시 유력한 후보자로 거론되었는데, 이때에 와서 비로소 발탁되셨다.

부군은 평소 성품이 물러나기를 좋아하여 지위가 높아지는 것을 좋아하지 않으셨다. 조정에 출사한 44년 동안 역임한 관직이 성대한 지위가 아닌 것이 없었는데, 고심하고 겸양하는 태도가 진실한 마음에서 나와, 머뭇거리며 피하기를 마치 겁쟁이가 함정을 만난 것처럼 하셨다. 그러므로 임명장이 내려올 때마다 서너 차례 면직을 청하지 아니하고서 곧바로 받아들이는 경우가 없었으며, 임명되더라도 오래 재직하려고 하지 않아 번번이 얼마 못가서 물러나셨다. 또한 불초한 우리 형제가 요행히 조적(朝籍)에 이름을 올려 함께 높은 벼슬에 오르자, 복록(福祿)이 넘쳐나는 것을 매우 염려하여 여러 차례 나이를 핑계로 관직에서 물러나려 하였으나, 또한 감히 뜻대로 하지 못하셨다.

이 자리에 임명됨에 이르러서는 더욱 심하게 자세를 낮춰 세 번씩이나 사양해도 허락을 받지 못하자, 조정에 나아가 해직을 청하여 소장을 올리신 것이 또한 다섯 차례였다. 그러나 임금께서는 특별히 후하게 부군을 아끼셨다. 그러자 부군께서 말씀하기를 "내가 죽을힘을 다하여 이 직책을 수행하겠다."라고 하셨다. 이에 품평(品評)를 맑게 하고 임용 순서를 분명히 하여, 요행으로 벼슬에 오르려는 사람을 억제하고 혐의 있는 사람을 멀리하셨다. 뇌물을 가지고 오는 사람이 집에 발을

들이지 못하게 하였으며, 청탁하는 말이 인사를 결정하는 자리에서 오가지 못하게 하셨다. 한 가지라도 잘한 점이 있고 작은 노고라도 드러난 사람을 반드시 먼저 추천하고, 친구나 친척들에 대해 전혀 사심을 두지 않으셨다. 사람들도 또한 추호(秋毫)라도 사리에 맞지 않는 일로 부군에게 누를 끼치는 자가 없었다.

부군께서는 한 관직에 오래 근무한 관리들이 고생하며 이제나저제나 조용(調用)되기만을 기다리는데, 적신(積薪)의 기롱[51]은 조정으로 몰린다고 일찍이 생각하셨다. 그러므로 제위(諸衛)와 산지(散地)에 머물러 있던 무사(武士)들과 대감(臺監)과 주부(注簿)에 오래 머물러 있던 음관(蔭官)들을 모두 취하여 차례대로 옮겨 임용하니, 인사행정을 담당한 수개월 만에 조용의 효과가 두루두루 미쳤다. 지방관을 선임하는 데는 더욱 신중을 기하여, 그 사람의 능력과 전임(前任) 당시의 평판과 치적(治績)이 어떠했는가를 반드시 살피셨다.

어느 날 병 때문에 인사행정을 논하는 자리에 참석하지 못하셨는데, 동료들이 전례에 따라 부군을 혜민서 제조(惠民署提調)에 임명하였으니, 부군을 의원과 약재 가까이에 두려는 것이었다. 부군께서는 "이조의 장관 자리에 있으면서 어떻게 스스로 편한 관서(官署)를 차지할

51 적신(積薪)의 기롱 : 땔나무를 쌓아둘 때 먼저 쌓은 나무는 아래에 있고, 뒤에 쌓은 나무는 위에 있게 되는 것처럼, 조정에서 인사를 행할 때 신진 인사들을 먼저 선발하여 먼저 출사한 사람보다 높은 자리에 있게 만드는 것에 대한 기롱을 말한다. 한 무제(漢武帝)가 사람을 쓰는데, 먼저 벼슬한 사람보다 뒤에 벼슬한 사람을 높여서 쓰니, 급암(汲黯)이 "폐하께서 신하를 등용하는 것은 장작을 쌓는 것과 같아서, 뒤에 온 자가 위에 올라갑니다.〔陛下用群臣, 如積薪耳, 後來者居上.〕"라고 했다는 고사가 전한다.《史記 卷120 汲黯列傳》

수 있겠습니까."라는 요지로 두 번 차자를 올려 사직하셨다. 임금께서 부군의 정성스러운 뜻을 살펴 알고 특별히 윤허하셨다. 그러자 말하는 사람들이 "이 한 가지 일은 또한 쇠퇴한 세상에서 보기 드문 일이다."라고 하였다.

당시 재상의 자리가 비어 있었는데 오랫동안 후보자를 정하라는 명령이 없었으므로, 조야(朝野)의 사람들이 관심을 기울여 기다렸으나, 부군께서 갑자기 중풍에 걸리셨다. 불초 성구는 당시 호남 감사(湖南監司)로 있었는데, 법률상 돌아와 부군을 뵐 수 없었다. 그러므로 나 민구가 죽음을 무릅쓰고 형님을 체직시켜 달라고 아뢰어, 혹시라도 기다려 눈을 감으시게 해달라고 하였다. 임금께서 안타깝게 여겨 허락하시고, 선전관(宣傳官)을 보내 후임자를 기다리지 말고 서둘러 돌아오라고 하셨다. 이어서 어의(御醫)를 보내 사제(私第)에 가서 밤낮으로 치료하게 하였으며, 필요한 약물을 모두 내국(內局)에서 내주셨다. 대신(大臣) 이외의 사람 가운데 임금의 이러한 은혜를 받는 것은 특별한 예우(禮遇)였다.

부군께서 병이 심해지자 정신이 혼미하여 말씀을 하실 수 없었다. 그럼에도 중요한 직책을 맡고 있는데 곧바로 그만두지 못하는 것을 괴롭게 여겨 애타는 마음 그지없으셨다. 그리고 일찍이 제조(提調)[52]로 계시던 장악원(掌樂院)에서 응납(應納)하는 하인들의 고치(雇直 인부

52 제조(提調) : 제조는 잡무와 기술 계통 기관에 겸직으로 임명되었던 고위 관직이다. 각 사와 원에 관제상 우두머리가 아닌 종1품, 또는 2품의 품계를 가진 사람이 겸직으로 임명되어, 그 관청의 일을 지휘하고 감독한 관직이다. 제조의 제(提)는 거(擧)의 뜻이고 조(調)는 화(和)의 뜻이니, 제조는 한 관사의 사무를 조화롭게 처리한다는 뜻이다.

에게 지급하는 품삯)를 집안사람들에게 받지 말라고 당부하셨으니, 그 뜻이 매우 슬펐다. 그러나 맑은 흉금과 깨끗한 지조는 애당초 병이 심해도 혼란해지지 않으셨다. 불초한 우리 형제가 또 소장을 올려 부군의 뜻을 아뢰니, 지중추부사로 체직되셨다.

12월 26일 임자(壬子)에 부군께서 마침내 운명하셨다. 부음이 전해지자 임금께서 조회를 하지 않으시고, 조문과 부의(賻儀)와 치제(致祭)를 모두 상례(常例)보다 더하게 하셨다. 마침 불초한 우리 형제가 나란히 원종공신(原從功臣)에 녹훈되었으므로, 마침내 대광보국숭록대부(大匡輔國崇祿大夫) 의정부영의정 겸 영경연홍문관예문관춘추관관상감사 세자사(議政府領議政兼領經筵弘文館藝文館春秋館觀象監事世子師)에 추증되셨다. 태상시(太常寺)에서 시호를 의논하여, 학문에 부지런히 힘쓰고 묻기를 좋아한다는 의미의 문(文)과 한결같은 덕으로 게을리하지 않는다는 의미의 간(簡)을 취하여 문간(文簡)이라는 시호를 내렸다. 뒷날 임금께서 조정에 나와 인사행정의 정도(正道)를 논할 때 탄식하며 말씀하기를 "근년에 오직 이수광 만이 이조 판서로서 능히 관리의 고과(考課)에 따라 사람을 등용했었는데, 이것을 이어나가기가 어렵겠구나."라고 하셨다. 부군께서 조정에 출사한 뒤로 시종의 경력, 그리고 살아서의 영예와 돌아가신 뒤에 받은 애도(哀悼)[53]가 여기에 이르러 다 갖추어졌다.

53 살아서의……애도(哀悼) : 존몰애영(存歿哀榮)은 생영사애(生榮死哀)와 같은 말로, 생전이나 사후에 모두 영예스럽게 되는 것을 말한다. 《논어》〈자장(子張)〉의 "살아계시면 영광스럽게 여기고, 죽으면 슬퍼한다.〔其生也榮, 其死也哀.〕"라는 말에서 유래하였다.

부군께서는 어려서 부친을 잃고 스승에게 배운 적이 없었으나, 타고난 자질이 매우 빼어나고 청명함이 월등하였다. 성균관 유생이 된 뒤로 뜻을 세움이 구차하지 않았고, 경서의 뜻을 상고하여 이미 향상(向上)의 학문을 알고 계셨다. 지행(知行)의 방법에 있어서는 체인(體認)한 것이 더욱 간절하였고, 극치(克治)에 노력하여 한결같이 경(敬)을 위주로 하셨다. 그러나 장중(莊重)하고 간묵(簡默)하여 규각(圭角)을 드러내지 않으셨으므로, 사람들은 부군의 조예(造詣)를 알지 못하였다. 평소 독서를 좋아하여 자사 백가(子史百家)를 즐기지 않는 것이 없었으나, 만년에는 모두 다 물리치고 오직 성리서(性理書)만 남기셨는데, 그것도 고작 서너 권만을 남기시며 말씀하기를 "'간약으로써 번다함을 제어하고, 고요함으로써 움직임을 제어한다.〔簡以制煩, 靜以制動.〕'라는 여덟 글자를 내가 평생 가슴에 새겼으나 그 경지에 이르지 못했다." 라고 하셨다. 또 다음과 같이 말씀하셨다.

"내가 이단(異端)의 학설에 대해 귀결되는 취지(趣旨)를 터득한 뒤에 잠깐은 그 학설이 고원하고 원대한 것이라고 믿었다. 그러나 반복하여 완미하고 탐구한 뒤에는 끝내 유교(儒敎)의 정밀하고 핵심적인 것이 극치에 이르러 지극히 간략하고 지극히 합당한 것만 같지 못했다. 이것을 두고서 이단의 서적으로 가겠는가. 생각건대 역대의 여러 유자들이 학설을 개진하고 몽매함을 일깨운 것과 우리나라 제현(諸賢)들이 각각 드러내 밝힌 것은 진실로 흠잡을 것이 없으니,[54] 예컨대 회재(晦齋) 이 선생(李先生)[55]은 식견이 고매하니, 그 분이 자득(自得)한 뜻을

54 흠잡을 것이 없으니 : 《논어》 〈태백(太白)〉에 "우 임금은 내가 흠잡을 것이 없다. 〔禹吾無間然矣〕"라는 공자(孔子)의 말씀이 있다.

후학들이 알지 않으면 안 된다.”

일찍이 〈학계(學戒)〉[56]를 지어 다음과 같이 말씀하셨다.

“내가 15세부터 지향해야 할 것을 대강 듣고 ‘풀어진 마음을 거두어들인다.〔收放心〕’[57]라는 한 구절에 종사하였는데, 문자(文字)에 잘못 빠져 반평생을 헛되이 보냈다. 그러다가 나이 오십에[58] 흠칫 놀라 깨닫고서 구습(舊習)을 씻어버리고, 사이에 성현의 말씀에 나아가 반복하여 탐구하고 음미하여 도체(道體)의 소재를 구하려고 하였는데, 가만히 마음으로 이해하여 터득한 바가 있는 것 같았다. 노자(老子)와 석가(釋迦)의 학설에 이르러서는, 그 동이(同異)와 득실(得失)을 또한 제법 파악하여 거기에 빠질 것이 못됨을 분명히 알았다. 그렇게 된 뒤에야 비로소 학문상에 있어서 믿어 의심하지 않고 즐겨 싫증나지 않았으니, 천하의 어떤 즐거움도 이것과 바꿀 수 없다고 생각하였다. 그러나 병으로 정신이 혼미하고 게을러져서 전념하여 노력을 기울이지 못하고, 게다가 사우(師友)들이 강명(講明)해 주는 도움도 받지 못하였다. 그런데도 노쇠한 몸으로 처음 배우는 선비의 길을 가려고 하니, 비유하

55 회재(晦齋) 이 선생(李先生) : 이언적(李彦迪, 1491~1553)으로, 본관은 여주(驪州), 자는 복고(復古), 호는 회재이다. 《乙巳傳聞錄 晦齋李先生傳》

56 학계(學戒) : 이수광의 《지봉집(芝峯集)》 권20에 수록되어 있다.

57 풀어진 마음을 거두어들인다 : 수방심(收放心)은 《서경》 〈필명(畢命)〉의 “비록 그 풀어진 마음을 거두었으나 막기가 어렵다.〔雖收放心, 閑之惟艱.〕”라는 말에서 유래하였다. 《맹자》 〈고자 상(告子上)〉에도 “학문하는 방도는 다른 것이 없다. 그 풀어진 마음을 찾을 뿐이다.〔學問之道無他, 求其放心而已矣.〕”라고 하였다.

58 나이 오십에 : 지비(知非)는 50세가 되었다는 말이다. 춘추 시대 위(衛)나라 대부(大夫) 거백옥(蘧伯玉)이 “나이 50세에 49년 동안의 잘못을 알았다.〔年五十而知四十九年非〕”라고 말한 고사에서 유래하였다. 《淮南子 原道訓》

자면 날은 저물고 길은 먼 것과 같다. 성취를 바랄 수 없으니 우습구나.

세상 사람들도 나를 낮추어 보고서 고투(故套)를 따라 으레 사인(詞人) 묵객(墨客)으로 지목하니, 이 말을 들을 때마다 문득 부끄러워 편치 못한 지가 오래되었다. 여기에서 군자가 진덕수업(進德修業)[59]을 모름지기 젊은 시절에 해야 하고, 사람이 학술을 선택하는 것 또한 신중하지 않으면 안 된다는 것을 알 수 있다. 한번 품평을 받은 뒤로 평생 그 평가를 벗어나지 못하였으니, 진실로 개탄스럽다. 비록 그렇지만, 세상에서 유자(儒者)라고 부르는 자들 중에 간혹 학문에 어두우면서도 헛된 명성을 차지하여, 자기 스스로를 속이고 남도 속이는 자가 있으니, 그 불행함이 또한 어떠한가. 뒷날의 군자들은 마땅히 경계할 줄을 알아야 한다."

무진년(1628, 인조6) 정월 초하루에 〈자신잠(自新箴)〉[60]을 지어 스스로 일깨우고 성찰하셨는데, 그 내용 중에 다음과 같은 글이 있다.

나이는 다시 젊어질 수 없어도	年不再新
덕이야 다시 새로울 수 있다네	德則更新
사람이 참으로 새로워진다면	人苟得新
비록 늙었어도 새로워질 수 있으니	雖老猶新

59 진덕수업(進德修業) : 덕을 진전시키고 학업을 닦는다는 뜻이다. 《주역》〈건괘(乾卦) 문언(文言)〉에 "군자는 덕을 진전시키고 학업을 닦나니, 충과 신이 덕을 진전시키는 것이고, 말을 함에 그 성실함을 세움이 학업을 닦는 것이다.〔君子進德修業, 忠信, 所以進德也, 修辭立其誠, 所以居業也.〕"라고 하였다.

60 자신잠(自新箴) : 이수광의 《지봉집(芝峯集)》 권20에 수록되어 있으나, 이 글과는 약간의 출입이 있다.

늙은이가 어떻게 새로워질까 老何由新
오직 배워야만 새로워진다네 惟學能新
허물을 고치면 새로워지고 改過則新
착한 데로 옮기면 새로워지나니 遷善則新
옛것을 버리고 새로운 것으로 나아감 舍舊就新
이것을 일러 일신이라 하지 是謂一新
성현의 도는 진정 새로우니 聖賢道新
만고에 길이 새롭다네 亘古長新

마침내 이 해에 세상을 떠나시니, 부군께서 평소에 성찰하고 단속하는 일을 일찍이 조금도 그만두지 않으셨다는 사실을 사람들이 비로소 알았다. 부군께서 "병으로 정신이 혼미하고 게을러져서 전념하여 노력을 기울이지도 못하였다."라고 하신 것은 다만 겸손한 말씀으로 사람들에게 보이신 것이고, 삶과 죽음이 오가는 것을 이미 알고 계셨던 것 같다.

부군께서는 실천이 독실하여 거짓으로 꾸미는 행동을 하지 않았으며, 법도가 매우 엄격하여 일찍이 털끝만큼도 어김이 없으셨다. 겸허(謙虛)하고 퇴양(退讓)하는 자세를 견지하여 옷의 무게도 감당하지 못할 것 같았지만,[61] 의리와 명분에 이르러서는 날카로운 자세로 분명

61 겸허(謙虛)하고……같았지만 : 평소 이수광이 겸손한 태도를 견지했다는 말이다. 약불승의(若不勝衣)는 공손한 모습을 형용한 것이다. 주공(周公)이 부친 문왕(文王)을 섬길 때에 너무도 공손하여 "몸은 옷을 가누지 못할 듯하고, 말은 입 밖에 나오지 못할 듯했다.〔身若不勝衣, 言若不出口.〕"라고 하였다.《淮南子 氾論訓》

하게 결단하여 조금도 머뭇거리지 않으셨으니, 온 세상이 흉흉(恟恟)할 때도 부군의 지키는 바는 더욱 확고하였다. 약관(弱冠)의 나이에 벼슬길에 올라 화려한 관직을 두루 역임하였으나, 권세가의 집에 발을 들여놓지 않았고 편당의 지목을 받게끔 처신하지도 않으셨으니, 항상 여대방(呂大防)[62]과 범조우(范祖禹)[63]를 기준으로 삼았다.

중간에 어둡고 막힌 시대를 만나 간사한 무리들이 정직한 사람을 시기하였으나, 부군에 대해서는 감히 경솔하게 헐뜯거나 배척하지 못하였으니, 초연히 스스로 법망(法網)에서 멀리 벗어나셨다. 지난 수십 년간 사대부들이 점차 바른 절조(節操)를 잃어 출세를 위한 지름길에 달라붙었으니, 요행의 문이 크게 열렸다.[64] 상공(相公) 심희수(沈喜

62 여대방(呂大防) : 송(宋)나라 남전(藍田) 사람으로, 자는 휘중(徽仲), 시호는 정민(貞愍)이다. 유학의 실천을 중시하였고 향촌의 질서 유지와 상호 부조를 목적으로 여씨향약(呂氏鄕約)을 조직하였다. 여대방은 성품이 박후(朴厚)하고 강직하여 붕당을 만들지 않고 왕실을 도왔다. 조정에 우뚝 서서 공평무사하게 백관을 진퇴(進退)시켰는데, 8년 동안 처음과 끝이 한결같았다고 한다.《宋史 卷340 呂大防列傳》

63 범조우(范祖禹) : 1041~1098. 송(宋)나라 화양(華陽) 사람으로, 자는 순부(淳夫)이다. 그는 진강할 때에 고의(古義)를 열거하고 시사(時事)를 곁들여 말하였는데, 그 말이 간략하면서도 합당하여 군더더기가 하나도 없었으므로, 소식(蘇軾)이 그를 강관(講官) 중에 제일이라고 칭찬했다고 한다.《宋史 卷337 范祖禹列傳》

64 사대부들이……열렸다 : 사대부들이 스스로의 지조를 지키지 않고 출세를 위해 아부와 아첨을 일삼았기 때문에 자격도 없는 사람이 요행히 관직에 나가는 경우가 생겨났다는 말이다. 염우(廉隅)는 행실이 단정하고 의지가 견고한 것을 말하며, 사람이 지켜야 할 지조를 뜻하기도 한다.《예기》〈유행(儒行)〉에 "예절을 가까이 하여 강구하고, 염우를 갈고 닦는다.〔近文章, 砥礪廉隅.〕"라고 하였다. 반부(攀附)는 반룡부봉(攀龍附鳳)의 준말로, 제왕 혹은 명사(名士)에게 몸을 의탁하여 이름을 이루는 것을 말한다. 한(漢)나라 양웅(揚雄)이 지은《법언(法言)》〈연건(淵騫)〉에 "용의 비늘을 끌어

壽)[65]가 일찍이 일컫기를 "맑은 절조를 온전히 보존하여 궁액(宮掖)에 이름이 알려지지 않은 사람은 오직 지봉(芝峯) 한 사람 뿐이다."라고 하였다. 연흥(延興) 김공(金公)[66]이 국구(國舅)로 한가로이 지내며 경치 좋은 곳에 명사들을 모아 잔치를 벌이면서, 아울러 부군을 맞이하려는 뜻이 매우 두터웠고 이웃에 살았기 때문에 서너 번이나 초대했지만, 부군께서는 자신의 신조를 견지하여 참석하지 않으셨다. 그 뒤 재앙이 일어나자[67] 김공의 초대 자리에 참석했던 사람들에게 대부분 여파가 미쳤으니, 몸가짐과 행실을 삼가면서 높은 식견으로 멀리 내다보시는 것이 매번 이와 같았다.

평소 옷깃을 단정히 여미고 앉아 종일토록 조용히 사색하였고 비속

잡고 봉의 날개에 붙는다.〔攀龍鱗附鳳翼〕"라고 하였다. 행문(倖門)은 요행을 바라는 소인이 진출할 수 있는 권문(權門)을 이른다.

65 심희수(沈喜壽) : 1548~1622. 본관은 청송(靑松), 자는 백구(伯懼), 호는 일송(一松), 시호는 문정(文貞)이다. 1606년(선조39)에 좌의정이 되었다.《樊巖集 卷46 大匡輔國崇祿大夫議政府左議政……諡文貞公一松沈公神道碑銘》

66 연흥(延興) 김공(金公) : 김제남(金悌男, 1562~1613)으로, 본관은 연안(延安), 자는 공언(恭彦)이다. 1602년(선조35) 둘째딸이 선조의 계비가 되자 돈녕부 도정(敦寧府都正)이 되었고, 왕비로 책봉되자 연흥부원군(延興府院君)에 봉해졌다.《象村稿 卷24 延興府院君墓誌銘》

67 재앙이 일어나자 : 1613년(광해군5)에 일어난 계축화옥(癸丑禍獄)을 말한다. 1608년에 대북파(大北派)의 정인홍·이이첨 등이 영창대군을 왕으로 옹립하려 했다는 이유로, 소북(小北)의 영수 유영경(柳永慶)을 사사(賜死)하게 하고 소북을 모조리 몰아낸 일이 있었다. 그 뒤 계축년(1613)에 다시 역모사건을 꾸며 영창대군의 외조부이며 인목대비의 아버지인 김제남을 사사하게 하고, 영창대군을 서인(庶人)으로 강등시켜 강화도에 수금(囚禁)했다가 살해하였으며, 기타 당대의 명류(名流)들까지 제거한 사건이다.

한 말을 입에 담지 않으셨으며 거만하고 게으른 기운을 몸에 나타내지 않으셨으니, 비록 병을 앓아 몹시 고달플 때에도 일찍이 기대어 눕거나 느른하게 하품하신 적이 없었다. 집안사람과 어린아이조차 일찍이 부군께서 관을 벗은 모습을 보지 못하였고, 종이나 신분이 낮은 사람들에게도 일찍이 업신여기는 말씀을 하지 않으셨다. 일을 처리할 때에는 반드시 장중한 자세로 임하셨고 글자를 쓸 때에는 반드시 반듯하게 쓰셨으니, 비록 서간(書簡)[68]이나 재미삼아 쓰는 글이라도 단정하여 거칠지 않았다.

과부가 된 누님을 정성으로 대하여 함께 살면서 봉양하고, 생질(甥姪) 셋을 정성껏 가르치고 혼인시키셨다. 기타 궁핍한 친족들 가운데 불행한 일이 있어도 의지할 데가 없는 자가 있으면 뒷바라지하여 일어설 수 있게 하셨으니, 은혜로운 마음이 지극하셨다. 사람을 대할 때는 온화하고 공손하여 처음부터 격의 없게 하였지만, 몸가짐을 엄격하고 바르게 하여 친소(親疎)에 따라 달라지지 않으셨으니, 혹 사사롭게 청탁을 하려다가도 끝내 감히 말하지 못하였다. 손님은 귀천(貴賤)과 노소(老少)를 막론하고 반드시 당(堂) 아래로 내려가 인사를 나누고, 봄기운처럼 따뜻하게 대하며 잘 이끌어 주기를[69] 게을리하지 않으셨다.

68 서간(書簡) : 혁제(赫蹏)는 옛날에 글씨 쓰는 데 썼던 폭이 좁은 비단을 말하는데, 종이를 칭하는 말로 전용되기도 하였다. 여기서는 작은 종이에 써서 타인에게 보내는 서간의 의미로 사용되었다.

69 잘 이끌어 주기를 : 안연(顔淵)이 크게 탄식하며 "부자께서는 차근차근히 사람을 잘 이끄시어, 문으로써 나의 지식을 넓혀 주시고 예로써 나의 행동을 요약하게 해 주셨다.〔夫子循循然善誘人, 博我以文, 約我以禮.〕"라고 한 말이 있는데, 이를 원용하였다. 《論語 子罕》

그러므로 부군께서 세상을 떠나신 날 와서 곡하는 사람들이 모두 대단히 슬퍼하였다.

일찍이 말씀하기를 “사람이 세상을 살다 보면 다소의 역경이 있기 마련인데, 진실로 역경에 동요된다면 그 고통을 견뎌낼 수 없다.”라고 하셨다. 그러므로 외물이 이르면 알맞게 처리하여 순응하고, 권세와 이익의 길에서는 놀란 것처럼 몸을 단속하셨다. 오직 문을 닫아걸고 고요함을 지켜[70] 집안의 마당조차도 나오지 않은 채, 성명(性命)의 본원(本源)을 탐구하고 함양하는 바탕에 전념하여, 먼지로 가득한 방에서 사람이 없는 것처럼 조용히 지내셨다. 그러나 마음만은 환하게 밝은 상태로 작은 물결조차 일어나지 않았으므로, 병이 날로 고질화 되어도 정신은 더욱 맑았고 외물에 대한 사려(思慮)가 마음에 들어오지 않아 꿈자리도 번잡하지 않아서, 꿈에서 얻은 시문(詩文)을 깨어난 뒤에 분명히 기억하셨다. 성품이 또 분명하게 살피고 감식(鑑識)이 정밀하여 일의 성패를 논하면 꼭 들어맞아 어긋나지 않았고, 시비를 분석하고 가부(可否)를 변별하여 흑백(黑白)처럼 쉽게 볼 수 있도록 하셨으니, 친척들이 부군에게 와서 묻고 결정하였다.

선조(先祖)들께서 청렴결백하기로 명성이 자자하여 집안 살림이 본래 빈한(貧寒)하였는데, 부군께서는 주고받기를 더욱 삼가 조금도 구차스럽게 한 적이 없으셨다. 내직(內職)과 외직(外職)을 출입하면서 자신을 청렴하고 각박하게 단속하고, 깨끗한 손으로 공무를 받들어

70 문을……지켜 : 세상에 나서지 않고 마음을 편히 가진다는 말이다. 정수(靜守)는 습정수졸(習靜守拙)의 준말로, 습정은 마음을 항상 고요하고 맑게 가지는 것이고, 수졸은 세상과 어울리기 위해 교사(巧詐)한 짓을 하지 않고 분수를 지켜 나가는 것이다.

사사로운 만남을 물리쳐 멀리하셨다. 녹봉 이외에는 재산을 조금도 늘리지 않았고, 전원(田園)과 노비들에 대하여 전혀 상관하시는 일이 없었다. 어머니께서 하세(下世)하신 뒤로는 살림이 더욱 어려워져 아침저녁 끼니조차 꾸어다 먹었고, 쌀독이 자주 비어도 또한 걱정하지 않으셨다.

검소함을 실천하는 덕은 천성적으로 타고나서 음악과 여색, 분잡(紛雜)하고 화려한 것 등, 외부에서 유혹하여 부러워할 만한 것에 대해 담박하게 전혀 욕심내지 않으셨다. 향을 피우지도 않았고 촛불을 밝히지도 않았으며, 연회도 베풀지 않았고 음악도 듣지 않으셨다. 진지를 잡수실 때 두 가지의 맛있는 반찬을 놓지 않았으며 앉으실 때 온전한 방석도 없었다. 겨울에는 갖옷 하나로 지내셨는데 15년 동안 바꾸지 않았고, 상탑(床榻)이 초라했지만 매우 편안하게 거처하셨다. 스스로 포의(布衣)를 입고 한사(寒士)처럼 생활하고, 옷과 이불이 해지고 터져서 묵은 솜이 드러나 보이기도 하였다. 입거나 사용하는 물건들 중에 아로새긴 무늬를 넣었거나 단칠(丹漆)한 것은 가까이하지 않으셨다. 집안사람이 비단으로 겉옷을 지으려고 하면 정색하며 허락하지 않으셨다. 화려한 옷을 입은 사람을 보면 실망한 표정으로 좋아하지 않으셨으니, 그 사람도 부군과 마주치면 또한 스스로 부끄러워하며 물러갔다. 일찍이 예설(禮說)에 근거하여 심의(深衣)[71]와 건대(巾帶)를 지으셨는데, 완성하고 나서 병석에 누우셨다. 임종(臨終)[72]하신 후에 친척과

71 심의(深衣) : 선비가 입던 웃옷이다. 대개 흰 베로 두루마기 모양으로 만드는데, 소매를 넓게 하고 검은 비단으로 가를 두른다. 허리 위는 네 폭, 허리 밑은 열두 폭으로 만들어서 춘하추동 사시와 1년 열두 달을 상징하였다.

빈객들이 그것을 가지고 염습(斂襲)하며 말하기를 “무늬 있는 비단옷을 입혀 우리 공을 욕되게 해서는 안 된다.”라고 하고, 단지 흰 명주옷만 사용하였는데, 부군께서 좋아하시던 것을 따른 것이다.

부군의 문장은 육경(六經)에 뿌리를 두어 그 문체가 전아(典雅)하였고, 제가(諸家)의 험벽(險僻)한 표현들은 숭상하지 않으셨다. 시율(詩律)은 초당(初唐)과 성당(盛唐)의 것을 좋아하여, 말씀하기를 “이 시기 이전의 시는 체재와 기상이 불완전하고, 이 시대 이후의 시는 연약해서 힘이 없다. 오언고시(五言古詩)는 한(漢)나라와 위(魏)나라의 악부(樂府)가 진선(盡善)하다고 하겠다.”라고 하셨다. 부군께서 지으신 글의 수준은 그 글이 가집(家集)에 갖추어져 있으니, 오직 말을 아는 세상의 군자를 기다릴 뿐, 감히 불초(不肖)한 우리 형제의 사사로이 기리는 말이 끼어들 수 없다. 만일 주제넘게 말하는 것이 있더라도 누가 기꺼이 불초한 우리 형제들의 말을 따르겠는가. 그러나 생각건대 신 문정공(申文貞公)[73]은 부군과 평생 도의(道義)로 사귀신 분인데, 부군의 시에 대해 신묘하고 자연스러웠다고까지 말씀하였으니, 확실하게 정견(定見)이 있지 않다면 반드시 이와 같은 말로 경솔하게 인정하지는 않았을 것이다. 간이(簡易) 최립(崔岦)[74]도 말씀하기를 “사문

72 임종(臨終) : 속광(屬纊)은 임종 때 솜을 코 밑에 대어 숨이 끊어진 것을 확인하는 것으로, 임종을 달리 이르는 말이다.

73 신 문정공(申文貞公) : 신흠(申欽, 1566~1628)으로, 본관은 평산(平山), 자는 경숙(敬叔), 호는 현헌(玄軒)・상촌(象村), 시호는 문정이다.《月沙集 卷44 領議政贈諡文貞申公神道碑銘 幷序》

74 간이(簡易) 최립(崔岦) : 1539~1612. 본관은 통천(通川), 자는 입지(立之), 호는 간이・동고(東皐)이다.《記言 卷18 簡易堂墓誌》

(斯文)이 의탁할 곳이 여기에 있다."라고 하였다. 오산(五山) 차천로(車天輅),[75] 남창(南窓) 김현성(金玄成)[76]도 모두 부군의 시문을 지극히 높여 "품격이 높고 말이 아름다우며 구(句)가 원만하고 뜻이 활발하니, 넉넉하게 성당(盛唐)의 경지에 들어갈 수 있다."라고 하였다. 혹자는 "한담(閑淡)하고 온아(溫雅)하여 정인(正人), 군자(君子)의 기상이 있으니, 참으로 성정(性情)이 바르다."라고 하였다. 이 세 분은 세상에서 문사(文辭)에 능하여 남에게 기꺼이 뒤지지 않는다고 일컬어지니, 거의 이 분들의 말씀을 통해 당세의 평가를 볼 수 있다.

부군은 저술이 매우 많았지만, 문예(文藝)에 전념한 사람으로 평가되기를 바라지 않으셨기 때문에 산삭(刪削)한 것이 거의 반이나 된다. 《견록시문(見錄詩文)》 23권, 《채신잡록(采薪雜錄)》 1권, 《독서해(讀書解)》 1권, 《제사(題辭)》 1권, 《병촉잡기(秉燭雜記)》 2권, 《경어잡편(警語雜編)》 1권, 《잉설여편(剩說餘編)》 2권, 《지봉유설(芝峯類說)》 20권, 《승평지(昇平志)》 2권, 그리고 여러 서적들을 찬록(纂錄)한 5부(五部) 25권이 집안에 소장되어 있다.

부군께서 돌아가실 때 향년 66세였다. 이듬해 기사년(1629, 인조7) 2월 11일 정유(丁酉)에 양주(楊州) 서산(西山)의 장흥리(長興里)에 있는 선조의 묘역에 안장하였다. 어머니께서 을묘년(1615, 광해군7)에 세상을 떠나셨을 때 부군께서 지문(誌文)을 쓰셨는데, 이때에 이르러

75 오산(五山) 차천로(車天輅) : 1556~1615. 본관은 연안(延安), 자는 복원(復元), 호는 오산이다. 《五山集 續集 卷4 行狀》

76 남창(南窓) 김현성(金玄成) : 1542~1621. 본관은 김해(金海), 자는 여경(餘慶), 호는 남창이다. 《谿谷集 卷7 南窓雜稿序》

합장하였다.

두 아들은 성구와 민구이고, 딸은 승문원 부정자(承文院副正字) 권경(權儆)[77]에게 시집갔으나 먼저 세상을 떠났다. 성구는 의정부 사인(議政府舍人) 권흔(權昕)의 딸과 결혼하여 4남 2녀를 두었다. 아들은 상규(尙揆)와 동규(同揆)이다. 딸은 승문원 권지부정자(承文院權知副正字) 이일상(李一相)[78]에게 시집갔고, 나머지는 어리다. 민구는 성주 목사(星州牧使) 윤휘(尹暉)[79]의 딸과 결혼하여 2남 1녀를 두었다. 아들 원규(元揆)는 부평 부사(富平府使) 오준(吳竣)[80]의 딸과 결혼하였고, 중규(重揆)는 전창군(全昌君) 유정량(柳廷亮)[81]의 딸과 결혼하였으며, 딸은 사인(士人) 신변(申昪)[82]에게 시집갔다. 권경(權儆)의 세 아들은

77 권경(權儆) : 1582～1615. 본관은 안동(安東), 자는 경오(警吾)이다.

78 이일상(李一相) : 1612～1666. 본관은 연안(延安), 자는 함경(咸卿), 호는 청호(靑湖)이다. 이정귀(李廷龜)의 손자이며, 이명한(李明漢)의 아들이다.《芝村集 卷23 伯父靑湖府君墓誌》

79 윤휘(尹暉) : 1571～1644. 본관은 해평(海平), 자는 정춘(靜春), 호는 장주(長洲), 시호는 장익(章翼)이다.《東州集 文集 卷10 刑曹判書長洲尹公墓碣銘 幷序》

80 오준(吳竣) : 1587～1666. 본관은 동복(同福), 자는 여완(汝完), 호는 죽남(竹南)이다.《藥山漫稿 卷18 高祖輔國崇祿大夫……世子左賓客府君墓誌銘》

81 유정량(柳廷亮) : 1591～1663. 본관은 전주(全州), 자는 자룡(子龍), 호는 소한당(素閒堂)이다. 1604년(선조37) 선조(宣祖)의 딸 정휘옹주(貞徽翁主)와 혼인하여 전창위(全昌尉)에 봉해졌다. 1612년(광해군4) 할아버지 유영경(柳永慶)의 사건으로 일가가 멸족될 때 전라도 고부에 유배되었다가, 1619년에 경상도 기장(機張)으로 이배되었다. 1623년 인조반정으로 작위가 회복되어 숭덕대부(崇德大夫)에 승품되고, 여러 차례 승진하여 성록대부(成祿大夫)에 이르러 세훈(世勳)을 물려받고 군(君)에 봉해졌다.《東州集 卷10 全昌君柳公墓碣銘 幷序》

82 신변(申昪) : 1610～1664. 본관은 평산(平山), 자는 중열(仲悅), 호는 춘주산인

제(躋),[83] 적(蹟),[84] 지(趾)[85]이고, 네 딸은 각각 윤원거(尹元擧),[86] 김정곤(金挺坤),[87] 한후기(韓後琦), 이선징(李善徵)에게 시집갔다. 증손자와 증손녀 여섯은 모두 어리다.

아아, 부군의 평소의 행적은 사람들의 눈과 귀에 분명하게 남아 있어서 대개 그 크고 작은 일들을 기억하고 있으니, 속일 수도 없고 과장하여 넘치게도 할 수 없다. 불초(不肖)한 우리 형제가 가슴이 아프고 경황이 없어서 글에 순서가 없으니, 선인(先人)의 아름다운 덕을 만분의 일이라도 말로 드러낼 수가 없다. 만약 선부군(先府君)의 일에 대해 한 마디 말의 글을 지어서 공정하게 후세에 보여 준다면, 실로 불초한 우리 형제에게 다행한 일이다. 고애자(孤哀子) 이성구와 이민구는 눈물을 흘리며 삼가 기록한다.

(春州散人)이다. 동양위(東陽尉) 신익성(申翊聖)의 아들이다.《歸溪遺稿 卷下 故秉節校尉翊衛司洗馬申公墓誌銘》

83 권제(權躋) : 1604~1657. 1657년(효종8) 2월에 평산 부사(平山府使)로 부임하여 8월에 임지에서 사망하였다.

84 권적(權蹟) : 1611~? 본관은 안동(安東), 자는 성유(聖由)이다.

85 권지(權趾) : 1613~? 본관은 안동, 자는 성초(聖初)이다.

86 윤원거(尹元擧) : 1601~1672. 본관은 파평(坡平), 자는 백분(伯奮), 호는 용서(龍西)이다.《龍西集 附錄下 龍西先生行狀》

87 김정곤(金挺坤) : 1601~? 본관은 경주(慶州), 자는 예달(禮達)이다.

의정부 영의정 시 문정 김공 행장
議政府領議政諡文貞金公行狀

고조(高祖) 휘(諱) 식(湜)[88]은 성균관 대사성을 역임하였고, 천과(薦科)[89]에서 장원하였다. 정암(靜庵) 조광조(趙光祖)[90] 선생과 함께 화를 입었으며, 이조 참판(吏曹參判)에 증직되었다. 증조(曾祖) 휘 덕수(德秀)[91]는 집안의 재난(災難) 때문에 출사(出仕)하지 않았으며, 이조 판서(吏曹判書)에 증직되었다. 조부(祖父) 휘 비(棐)는 군자감 판관(軍資監判官)을 역임하였고, 좌찬성(左贊成)에 증직되었다. 선고(先考) 휘 흥우(興宇)[92]는 성균 진사(成均進士)로, 영의정(領議政)에 증직되었다.

88 김식(金湜) : 1482~1520. 본관은 청풍(淸風), 자는 노천(老泉), 호는 사서(沙西)·동천(東泉)·정우당(淨友堂)이다. 《龍洲遺稿 卷18 大司成金公神道碑銘 幷序》

89 천과(薦科) : 1519년(중종14)에 조광조(趙光祖)의 건의로 실시한 현량과를 가리킨다. 한(漢)나라의 현량방정과(賢良方正科)를 본보기로 삼아, 학문과 덕행이 뛰어난 인재를 천거하여 관리로 임명하는 제도이다. 서울에서는 홍문관·춘추관 등 4개의 관(館)에서, 지방에서는 유향소(留鄕所)에서 적격자를 추천하여 예조에 보고하였다. 예조는 후보자의 천거 사항을 종합하여 의정부에 보고한 뒤, 천거된 사람들을 대궐 뜰에 모아 임금이 참석한 가운데 대책(對策)으로 시험을 보아 선발하였다.

90 조광조(趙光祖) : 1482~1519. 본관은 한양(漢陽), 자는 효직(孝直), 호는 정암(靜菴)이다. 《靜菴集 附錄 卷6 行狀》

91 김덕수(金德秀) : 1500~1552. 본관은 청풍, 자는 경진(景眞), 호는 이진자(頤眞子)이다. 《歸溪遺稿 卷下 高祖贈吏曹判書府君行狀》

92 김흥우(金興宇) : 1564~1594. 본관은 청풍, 자는 선경(善慶)이다. 《歸溪遺稿 卷下 祖考贈領議政府君墓表》

청풍 김씨(淸風金氏)는 가계가 신라(新羅) 왕실에서 시작되어, 고려(高麗)로부터 조선(朝鮮)에 이르기까지 후세 자손들의 벼슬이 끊이지 않았다. 처음에 의정공(議政公 김흥우(金興宇))이 한양 조씨(漢陽趙氏)로 현감을 역임한 조희맹(趙希孟)의 집에 장가들어 만력(萬曆) 경진년(1580, 선조13)에 공을 낳았다. 공의 휘는 육(堉), 자는 백후(伯厚)이다. 어려서부터 총명하여 예닐곱 살 때부터 성인(成人)처럼 정숙하고 전일하였다. 닭이 우는 새벽에 일어나 독서하면서 단정하게 앉아 눈길을 돌리지 않았으니, 식견 있는 사람들이 이미 큰 인물이 될 것으로 기대하였다. 문장은 우뚝하게 기개가 있었다.

갑오년(1594)에 의정공의 병환이 위중하였다. 공을 돌아보며 "네가 공업(功業)을 수립하여 우리 집안을 일으킨다면, 내 혼백이 마땅히 알 것이다."라고 말씀하셨다. 공이 일찍 아버지를 여의고 나라 안에 전란이 일어나자 호서 지방을 떠돌게 되었는데, 몸소 보리를 짊어지고 어머니를 봉양하였으며, 일찍이 천 리 길을 걸어서 황해도에 계신 계조모(繼祖母)를 뵈러 갔다. 얼마 뒤에 계조모가 별세하고 어머니도 별세하셨다. 7년 사이에 세 번의 상사를 당하여 삼태기와 삽을 잡고 큰일을 마치니, 그 슬픔에 길가는 사람들도 감동하였다.

상례를 마쳤으나 허약해진 건강을 회복하지 못하였으므로, 을사년(1605)에야 비로소 성균관에 오르고, 과목(科目)에는 마음을 두지 않아 명성이 있었으며, 사론(士論)이 모두 공을 존중하였다. 관학(館學)의 학생들이 오현(五賢)의 종사(從祀)를 요청하면서 공의 이름을 들어 많은 선비들의 맨 위에 놓았다. 사전(祀典)을 행하는 데 이르러 정인홍(鄭仁弘)[93]이 형세를 엎고서 회재(晦齋)[94]와 퇴계(退溪)[95] 두 선생을 헐뜯자, 유생들이 정인홍을 유적(儒籍)에서 삭제하였다. 광해군(光海

君)이 진노하여 앞장서서 주장한 사람을 금고(禁錮)시켰다. 공이 말씀하기를 "내가 장의(掌議)가 되어 어찌 그 사람을 들춰내겠는가." 하고 장차 글을 올려 그 벌을 함께 받으려 했는데, 마침 여러 대신들의 말 때문에 그치게 되었다. 공은 시사(時事)가 날로 변하는 것을 보고, 가족을 모두 이끌고 가평(加平)의 궁벽한 곳으로 옮겨 손수 농사를 지었다. 이로 인하여 호를 잠곡(潛谷)이라 하고 시를 지어 의지를 나타내니, 그곳에서 생을 마칠 것처럼 하였다.

10년 뒤인 계해년(1623, 인조1)에 국내의 위난이 평정되자, 가장 먼저 유일(遺逸)로 천거되어 금오랑(金吾郎)에 임명되었다. 갑자년(1624) 봄에 역적 이괄(李适)[96]이 군사를 일으켰다. 당시 공은 댁에 머물고 있었는데, 길에서 임금의 안부를 물었다. 음성 현감(陰城縣監)에 발탁되자 한결같이 정성스러운 자세로 고을을 다스려 게을리하지 않았다. 소장을 올려 누적된 폐단을 조목조목 진달하고, 나라는 백성으로 근본을 삼아야 하니 한 고을의 정사를 미루어 팔도(八道)에 미치게 하고자 한다고 말하였다. 낮은 관직에 있을 때도 이미 아는 것을 다 말하여 널리 시행하려 하였으니, 단서를 볼 수 있다.

93 정인홍(鄭仁弘) : 1535~1623. 본관은 서산(瑞山), 자는 덕원(德遠), 호는 내암(來庵)이다. 문묘종사의 문제를 두고 이언적(李彦迪)과 이황(李滉)을 비방하여 두 사람의 종사를 저지시키려 하였으나 팔도 유생의 탄핵을 받았다. 《孤臺日錄 人名錄》

94 회재(晦齋) : 이언적(李彦迪, 1491~1553)으로, 본관은 여주(驪州), 자는 복고(復古), 호는 회재·자계옹(紫溪翁)이다. 《晦齋集 附錄 晦齋李先生行狀》

95 퇴계(退溪) : 이황(李滉, 1501~1570)으로, 본관은 진보(眞寶), 자는 경호(景浩), 호는 퇴계·퇴도(退陶)·도수(陶叟)이다. 《思菴集 卷4 退溪先生墓誌銘 幷序》

96 이괄(李适) : 1587~1624. 본관은 고성(固城), 자는 백규(白圭)이다.

그해 가을에 장원으로 뽑혀 정언(正言)에 임명되니, 고을 사람들이 비석을 세워 공의 덕을 기록하였다. 여러 번 옮겨 병조 좌랑(兵曹佐郎), 정언, 사서(司書), 문학(文學), 지평(持平), 지제교(知製敎)를 역임하였는데, 일고여덟 번 임명된 자리도 있었다. 일을 만나 논쟁할 때는 강직한 태도를 견지하여 아첨하지 않았다. 일이 훈척(勳戚)과 관계되어도 망설이지 않아, 때로 훈척들이 꺼리는 일을 범하더라도 개의치 않았다. 호패법(號牌法)을 없애 백성들을 안정시키고 교생(校生)[97]을 군사로 징발하는 것을 멈춰서 몽학(蒙學)의 교육을 장려하자고 요청한 것은 작은 일에 불과하다.

4년 뒤인 정묘년(1627, 인조5)에 청나라 태감(太監)이 황제의 칙명(勅命)을 가지고 오니, 빈사(儐使) 이홍주(李弘胄)[98]가 공을 종사관으로 뽑았다. 이로 인해 관서 지방의 이로운 점과 병폐를 잘 알게 되어, 소장으로 수천 글자에 달하는 내용을 진달하였다. 그 가운데 "흉년이 들어 백성들이 굶주리고 민심이 뿔뿔이 흩어지고 있는데, 나라를 위해 계책을 도모하는 말은 한 마디도 이 일을 언급하지 않습니다. 두세 가지 방책이 있어도 반드시 가장 낮은 방책을 사용하고 있습니다."[99]라

97 교생(校生) : 지방 향교(鄕校)에 다니는 생도를 말한다. 원래 상민(常民)으로 향교에서 오래 공부하면 유생(儒生)의 대우를 받았으며, 우수한 자는 생원 초시(生員初試)나 생원 복시(生員覆試)에 응시할 자격을 얻었다. 공생(貢生)이라고도 한다.

98 이홍주(李弘胄) : 1562～1638. 본관은 전주(全州), 자는 백윤(伯胤), 호는 이천(梨川)이다. 《인조실록》 5년 5월 9일 기사에 이홍주를 접반사(接伴使)로 삼았다는 기록이 있다.

99 흉년이……있습니다 : 이 내용은 《잠곡유고(潛谷遺稿)》 권4 〈논양서사의소(論兩西事宜疏)〉의 일부이다.

고 하니, 말하는 사람들이 옳게 여겼다. 또 체찰사(體察使)의 막좌(幕佐)로[100] 남쪽 지방에서 군사를 시찰하고, 영남을 삼로(三路)로 나누어 다스리기 좋게 하자고 요청하였다. 수찬(修撰)과 교리(校理)와 헌납(獻納)을 거쳐, 이조 좌랑(吏曹佐郎)이 되고, 정랑(正郎)에 올랐다.

기사년(1629, 인조7) 가을에 전관(銓官)이 김세렴(金世濂)을 낭관에 천거하는 데 관여한 사람이 있다고 논의하여, 대신이 그 문제를 언급하자 공이 조사를 받게 되었다.[101] 공이 이미 법에 걸리자, 광주(廣州)의 우천(牛川)으로 돌아와 작은 집을 짓고 느긋하게 자적(自適)하며 지냈다. 2년 뒤에 서용(敍用)되어 원래의 관직이 모두 회복되었다. 응교(應敎), 검상(檢詳), 사인(舍人), 사간(司諫), 보덕(輔德)을 거쳐 인목대비(仁穆大妃)[102]의 산릉(山陵)에 수고한 공로로 통정대부(通政大夫)에 올랐다.

계유년(1633, 인조11)에 참지(參知)를 거쳐 승지(承旨)에 임명되었다. 승정원(承政院)에서 왕명(王命)을 출납하고, 만일 짬이 있으면 글을 교정하고 옛것을 상고하였는데, 복서(卜筮), 역상(曆象), 방기(方

100 체찰사(體察使)의 막좌(幕佐)로 : 김류(金瑬)가 체찰사가 되었을 때, 김육(金堉)을 종사관(從事官)으로 뽑았다. 《白軒集 卷42 領議政文貞金公神道碑銘》

101 전관(全館)이……되었다 : 김세렴(金世濂, 1593~1646)의 본관은 선산(善山), 자는 도원(道源), 호는 동명(東溟)이다. 《東溟集 附錄 墓表陰記》 1629년(인조7) 좌상 김류(金瑬)가 김세렴을 이조 전랑으로 삼으려고 하였으나, 김육은 김세렴이 상중(喪中)에 비방을 들은 바 있다는 이유로 반대하였고, 결국 나만갑(羅萬甲)이 임명되었다. 《승정원일기》 인조 7년 7월 12일 기사에 나만갑의 관직을 삭탈하여 멀리 유배하고, 김육을 체포하여 죄상을 밝히라는 기록이 있다.

102 인목대비(仁穆大妃) : 1584~1632. 선조(宣祖)의 계비(繼妃)로, 김제남(金悌男)의 딸이다.

技), 침자(鍼炙)의 학설에 이르기까지 연구하지 않은 것이 없었으므로, 잠시도 한가한 겨를을 볼 수 없었다. 그 해 겨울에 안변 부사(安邊府使)에 임명되었다. 안변에 부임해서는 교육 정책에 힘을 기울이고 무예(武藝)를 익히게 하였다. 공채(公債)를 탕감하고 형벌을 가볍게 하였으며 폐단을 제거하여 교화를 일으키니, 치적(治績)이 가장 우등으로 보고되어 임금께서 안감과 겉감을 하사하셨다.

병자년(1636)에 임기가 만료되고 하지사(賀至使)에 뽑혔다.[103] 바닷길을 가는 것은 대부분의 사람들이 두려워하는 일이었지만, 공은 험한 길을 가면서도 더욱 차분하여 태도의 변화가 없었다. 8월에 남신구(南汛口)[104]에 배를 댔다. 당시 청(淸)나라 군대가 이미 백마령(白馬嶺)을 넘어 연경(燕京)에 육박하였는데, 도독 진홍범(陳洪範)이 갑옷을 입고 관외(關外)에 있었다. 공이 글을 보내 대의(大義)로 격려하니,[105] 진홍범이 부끄러워 사죄할 뿐이었다. 천하가 도탄에 빠져 빙조(聘朝)의 예가 사라졌으나, 오직 공은 길을 재촉해 서둘러 가서 기일에 맞춰 황제를 뵈었다. 예부 상서(禮部尙書) 강봉원(姜逢元)이 관사에 와서 매우 정성스럽게 위로해 주었다. 객관에 머물며 겨울을 넘겼다. 그 사이 각 부(部)에 올린 정문(呈文)이 십수 편인데, 모두가 정성과 사실에서 나온 것이었다. 본국(本國)이 오랑캐들에 의해 위태롭게 되었다

103 병자년에……뽑혔다 : 《인조실록》 14년 3월 5일 기사에 김육을 동지사(冬至使), 이시우(李時雨)를 서장관으로 삼았다는 기록이 보인다.

104 남신구(南汛口) : 우리나라 사신이 바닷길을 이용해 북경에 가는 도중에 거치는 곳으로, 여순구(旅順口)의 철산취(鐵山觜)와 영원(寧遠)의 사이에 있다.

105 공이……격려하니 : 《잠곡유고(潛谷遺稿)》 권9에 수록된 〈도독 진홍범에게 올리는 편지〔上都督陳洪範書〕〉가 당시 김육이 진홍범에게 보낸 글이다.

는 소식을 듣고 동쪽을 향해 통곡하니, 중국 사람들도 둘러서서 그 모습을 보고 눈물을 흘렸다. 일을 마치고 돌아올 때, 황제가 병부(兵部)에 명령하여 병사 3천으로 나루를 지키게 하여 바닷길로 나왔다. 병조 참의(兵曹參議)에 임명되고, 예조(禮曹)와 승지로 자리를 옮겼다.

공은 오랫동안 대각(臺閣)에서 관직을 맡아 일에 따라 충직하게 간언해 마지않았지만, 능력을 펼친 것은 호서를 다스린 일[106]에서 볼 수 있다. 어려운 시절을 만나 시행할 일들을 조목조목 아뢰었는데, 이는 모두 핵심에 부합하였다. 그러나 나라를 살리는 큰 계획이 아니면 우선 생략하였다. 공은 호서의 전역(田役)을 통틀어 계산하여 쌀과 베로 거두어 상공(上供)에 응하고, 모든 세금을 주(州)에 남겨 두어 처리하였으니, 이렇게 하는 것을 대동법(大同法)이라 하였다. 이 제도는 관리들이 멋대로 세금을 늘리거나 줄일 수 없으며, 법이 간단하여 쉽게 따를 수 있고 색목(色目)을 크게 줄일 수 있으므로, 소장을 통해 조정에 요청하여 반드시 행할 수 있다는 것을 역설하였지만, 끝내 담당 관원에게 막히고 말았다. 대개 공이 어릴 때 책을 읽다가 "맨 처음 벼슬에 나간 선비가 진실로 남을 사랑하는 마음을 가지고 있으면, 반드시 사람에게 도움을 주는 일이 있다."[107]라는 내용에 이르러, 척연(惕然)히 마음에 새겨서 나라를 다스리는 데는 반드시 먼저 백성을 편안하게 해야 한다고 생각하여 마음가짐을 단단히 하였으니, 빼앗을 수 없는 것이 있었다. 대동법을 이미 시행하지 못하게 되자, 가난하고 굶주린

106 호서를 다스린 일 : 《승정원일기》 인조 16년 6월 25일 기사에 김육을 충청 감사(忠淸監司)에 임명한 기록이 있다.

107 맨 처음……있다 : 《근사록(近思錄)》 권10에 있는 정호(程顥)의 말이다.

백성들을 온전히 구제할 수 없는 것을 부끄럽게 여긴 나머지, 연이어 소장을 올려 해임을 요청하였다.

조정으로 돌아와 예조와 병조(兵曹)의 참의(參議)를 역임하고 대사성(大司成)을 겸임하였다. 승지로 재직한 것은 전후의 기간을 합하면 총 3년이었다. 대사간(大司諫)과 부제학(副提學)을 거쳐 특별히 우윤(右尹)에 임명되었고 가선대부(嘉善大夫)에 올랐으니, 실상 계미년(1643, 인조21)의 일이다. 부제학과 도승지(都承旨)를 거쳐 예조와 병조와 이조의 참판을 지내고 비변사(備邊司)와 선혜청(宣惠廳) 등을 겸관(兼管)하였다.

갑신년(1644)에 형조 판서(刑曹判書)와 세자 빈객(世子賓客)에 뽑혔다. 을유년(1645)에 소현세자(昭顯世子)의 묘소 봉축을 감독하고 애책문(哀冊文)을 지었는데, 임금께서 구마(廏馬)를 하사하셨다. 우참찬(右參贊), 대사헌(大司憲), 예조 판서(禮曹判書)에 임명되었다.

병술년(1646) 봄에 강씨(姜氏)의 죄를 논한 일[108] 때문에 임금께서 여러 재상들에게 엄격한 교지를 내리셨다. 공이 대신들을 따라 대궐문 밖에서 명을 기다렸는데, 임금께서 더욱 진노하여 공의 관직과 내의원 제조(內醫院提調)를 면직하셨다. 곧바로 사명(使命)을 받들어 연경에 가게 되었는데, 연도에 《감개록(感慨錄)》을 지어 〈서리(黍離)〉와 〈맥수(麥秀)〉의 감회를 담았다.[109]

108 강씨(姜氏)의……일 : 강씨는 소현세자(昭顯世子)의 빈(嬪)으로, 강석기(姜碩期)의 딸이다. 1646년(인조24) 인조의 수라에 독을 넣은 장본인으로, 모함을 받아 사사되었다.

109 감개록(感慨錄)을……담았다 : 명나라가 멸망한 것에 대한 비애의 마음을 담았다는 말이다. 〈서리(黍離)〉는 《시경》 왕풍(王風)의 편명인데, 동주(東周)의 대부가

이듬해 송도 유수(松都留守)가 되었다. 인재를 양성하는 데 전념하여 글방 두 칸을 새로 세우고 정성껏 가르쳤으며, 봄과 가을의 두 정일(丁日)에 실시하는 석채례(釋菜禮)를 반드시 몸소 행하였다. 포은(圃隱) 선생께서 순절한 곳에 성인비(成仁碑)를 세웠다. 《효충전경(孝忠全經)》과 《노론정문(魯論正文)》을 간행하여 반포하였다. 양로례(養老禮)를 거행하니, 법도가 볼만하였다.

기축년(1649, 인조27)에 70세가 되어 기로사(耆老社)에 들어갔다. 여름 5월에 인조께서 승하하셨다. 공이 임시로 예조 판서를 맡았다. 여러 유생들이 자기의 견해를 고집하여 사람마다 말이 달랐는데, 선왕(先王)께서 정한 제도를 바꿀 수 없다는 입장을 공께서 고수하자, 나라의 예가 비로소 온전하게 되었다.

9월에 우의정(右議政)에 임명되자, 힘껏 상소하여 면직을 요청하였다. 이윽고 나가게 되자 평구(平丘)의 선영에 분황(焚黃)[110]하였다. 또 10여 본의 사직 소장을 올려, 예(禮)를 이끌어 치사(致仕)를 요청하였다. 임금께서 그때마다 온화한 비답을 내리셨는데, 그 가운데 "나는 경을 지주(砥柱)처럼 여기건만, 경이 물러나기를 바라는 것은 마치

행역(行役)을 나가는 길에 이미 멸망한 서주(西周)의 구도(舊都)인 호경(鎬京)을 지나가다가, 옛 궁실과 종묘가 폐허로 변한 채 메기장과 잡초만이 우거진 것을 보고 비감에 젖어 탄식하며 부른 노래이다. 〈맥수(麥秀)〉 또한 조국이 멸망한 것을 슬퍼한 노래로, 은(殷)나라 기자(箕子)가 주(周)나라에 조회하러 가는 길에 은허(殷墟)를 지나다가 차마 아낙네처럼 울지는 못하고 시를 지어 불렀다고 한다. 김육의 연보에 의하면, 67세인 1646년(인조24)에 《연행감개록(燕行感慨錄)》을 지었다고 한다.

110 분황(焚黃) : 선조(先祖)에게 증직(贈職)이 내려졌을 때, 그 임명장을 누런 종이에 복사하여 무덤 앞에 가지고 가서 고한 뒤에 불태우는 것을 말한다.

급류와 같소."라는 말씀이 있었다. 공이 "늙고 병든 신하 하나를 버려서 성스러운 조정에 퇴양(退讓)하는 풍조를 이룬다면, 어찌 아름다운 일이 아니겠습니까."라고 하니, 드디어 체직되었다. 다시 연경에 갔다가 복명하고서 곧바로 평구로 돌아와 서둘러 이전의 요청을 거듭하였다. 또 재이(災異)가 일어난 것을 계기로 말을 올렸으니 "재앙을 만나 두려워하면 재앙을 없앨 수 있고, 말을 구하여 쓰면 말을 하게 할 수 있습니다. 그러나 두려워하기만 하고 정성이 없으면 이는 하늘을 속이는 것이고, 구하고서 쓰지 않는다면 이는 사람을 속이는 것입니다."라는 내용이었다.

신묘년(1651, 효종2) 이후로 상상(上相)에 세 번 올랐으나 한결같이 떠나기를 요청하였다. 을미년(1655) 임명 때에는 시종 고사하여 나아가지 않았다. 그러나 그릇된 일을 만나면, 비록 산질(散秩 실직이 없는 벼슬)에 있더라도 반드시 소장을 올려 힘껏 간쟁(諫爭)하였다. 혹시라도 임금을 뵙게 될 경우에는 시비(是非)를 정확히 진달하였으니, 그 말이 모두 절실하였다. 호서(湖西)의 안흥(安興)에 성을 쌓는 일과 영남(嶺南)의 속오군(束伍軍)에게 급보(給保)하는 일[111]과 어영군(御營軍)의 번상숙위(番上宿衛)와 각 진관(鎭管)에 새로 영장(營將)을 두려는 정책을 그만두자고 청한 것은 다 백성을 살리고 폐단을 제거하여 나라의 근본을 아끼기 위한 것이었다. 추쇄(推刷)의 정사(政事)에 이

111 영남(嶺南)의……일 : 속오군 급보법(束伍軍給保法)을 말한다. 급보는 보인(保人)을 지급하는 것을 말한다. 즉 출역(出役)한 군정(軍丁) 등의 생활을 돕기 위해 보포(保布)를 내는 보인을 매겨 주는 것이다. 《효종실록》 5년 8월 9일 기사에 "비로소 경상도에서 속오군 급보법을 시행하였다."라고 하였다.

르러서는 의견이 가장 분분하였으므로, 차자를 올려 극력 말하였다. 만세별전(萬歲別殿)을 장차 흠경각(欽敬閣)의 옛 터에 세우려고 하자, 한 가지 불편함과 두 가지 불가함을 말하였는데,[112] 말과 취지가 매우 옳았다. 조정에서 비록 공의 말을 다 쓰지는 않았지만, 임금께서 공의 충성심과 굳은 절개가 지극함을 아시고 일찍이 말씀하기를 "밤이나 낮이나 나라를 염려하는 간절한 정성은 어찌 김 상국과 같은 사람을 얻겠는가."라고 하셨다. 이처럼 임금께서 공을 그리워하는 마음은 공이 운명하는 날까지 그치지 않았다.

일찍이 이시해(李時楷)[113]가 정사를 어지럽히는 조짐을 논하여 조정을 바로잡았다. 또 박장원(朴長遠)이 어버이 곁을 떠나 북쪽으로 유배가니, 정리가 불쌍하다고 말하여 내지(內地)로 이배(移配)되게 하였다.[114] 김홍욱(金弘郁)이 소장을 올려 강옥(姜獄)의 원통함을 논하였는데, 그 죄가 사형에 이르렀다.[115] 이에 대해 공은 응지(應旨)로 진언(進

112 만세별전(萬歲別殿)을……말하였는데 : 이와 관한 내용은 《잠곡유고(潛谷遺稿)》 권6 〈논수리도감차(論修理都監箚)〉에 자세히 보인다.

113 이시해(李時楷) : 1600~1657. 본관은 전주(全州), 자는 자범(子範), 호는 남곡(南谷)·송애(松崖)이다.

114 박장원(朴長遠)이……하였다 : 박장원(1612~1671)의 본관은 고령(高靈), 자는 중구(仲久), 호는 구당(久堂)·습천(隰川)이다. 1653년(효종4)에 삼수(三水)로 유배되었는데, 김육 등의 말로 인해 홍해(興海)로 이배(移配)되었다. 《明齋遺稿 卷42 吏曹判書久堂朴公神道碑銘》

115 김홍욱(金弘郁)이……이르렀다 : 김홍욱(1602~1654)의 본관은 경주(慶州), 자는 문숙(文叔), 호는 학주(鶴洲)이다. 1654년(효종5) 황해도 관찰사 재임 시에 천재(天災)로 인해 효종(孝宗)이 구언(求言)하자, 8년 전 사사된 민회빈(愍懷嬪) 강씨(姜氏)의 억울함을 풀어줄 것을 상소하였다. 이것이 이른바 강옥(姜獄)이라는 사건이다.

言)한 것은 이미 그 죄를 용서하기로 허락한 것이니, 마땅히 한 등급 낮은 법률을 적용해야 한다고 하였다. 능천(綾川) 구인후(具仁垕)가 이어서 그의 죽음에 대해 재고할 것을 요청하니, 임금께서 진노하여 구인후의 관직을 파하셨다.[116] 공이 그와 함께 처벌되기를 바랐지만, 그렇게 되지 않자 힘껏 사직하여 관직에서 물러났다. 전후로 실록 편찬을 총괄하고[117] 부묘(祔廟)와 책례(冊禮)를 감독하고 사직단(社稷壇)에 기우제를 지낸 공로[118]로, 모두 안마(鞍馬)를 하사받았다.

공이 정승에 올랐을 때, 호서(湖西)와 호남(湖南)에 대동법을 시행하자고 말하는 사람이 있었다. 공이 이에 건의하여 호남과 호서의 백성들이 부역에 시달리고 있으니, 서둘러 변통해서 고통을 덜어주어야 한다고 하였다. 임금께서 말씀하기를 "공이 백성들을 편안하게 하고 부역을 균등하게 하는 계책을 내놓았으니, 그 책임도 맡아야만 하오."

이 문제는 종통(宗統)에 관한 문제였으므로, 효종의 노여움을 사서 친국을 받다가 장살되었다. 《鶴洲全集 附錄 卷3 尊周彙編》

116 구인후(具仁垕)가……파하셨다 : 구인후(1578~1658)의 본관은 능성(綾城), 자는 중재(仲載), 호는 유포(柳浦), 시호는 충무(忠武)이다. 인조반정의 모의에 참여하여 정사 공신(靖社功臣) 2등에 책록되고 능천군(綾川君)에 봉해졌다. 1654년(효종 5) 김홍욱이 강빈(姜嬪)의 신원을 언급했다가 처벌되자, 당시 우의정이었던 구인후는 "전하께서 국사를 말하는 신하를 죽이고자 하시니, 후세에 전하를 비방하는 말은 어떻게 하시렵니까.〔殿下欲殺言事之臣, 其於後世譏議何.〕"라고 하여, 김홍욱을 옹호하다가 파직되었다. 《練藜室記述 卷30 孝宗朝故事本末》

117 실록 편찬을 총괄하고 : 《승정원일기》 효종 4년 윤7월 23일 기사에 실록총재관(實錄總裁官) 김육 등에게 안구마(鞍具馬)를 제급(題給)하라는 기록이 보인다.

118 사직단(社稷壇)에……공로 : 《승정원일기》 효종 7년 윤5월 20일 기사에 사직단에서 효종이 기우제를 지낼 때 종헌관(終獻官)을 담당했던 김육에게 안구마 1필을 내려주라는 비망기(備忘記)가 보인다.

라고 하셨다. 공이 드디어 평소에 뜻한 바를 이루고자 자세하게 개진하고 계획을 수립하여 방안을 마련하니, 터럭만큼도 빠진 것이 없었다. 글이 이미 완성되자 상하(上下)의 사람들이 강구하고 다듬어서 3년 만에 결정되었다. 호서에 시행하자 그곳의 백성들이 고무되어 물과 불 속에서 건져져 편안한 자리에 앉은 것 같이 여겼다. 서로들 큰 길에 커다란 비석을 세우고 천 리 안에 기리는 뜻이 끝이 없었다.

대동법을 시행하기 전에는 많은 사람들이 떠들어대며 신법(新法)이라고 헐뜯기까지 하였다. 공은 그런 말에 개의치 않고 과감하게 추진하여 힘껏 시행하였으니, 이로움과 해로움의 근원을 어찌 사람들이 모두 다 쉽게 알겠는가. 군자가 "좋은 법은 만들 만하고 기회는 탈 수 있다."라고 하였는데, 공의 밝은 식견과 오랜 정성은 막지도 못하고 흔들지도 못하여 완성하는 데 이르렀으니, 하기 어려운 일을 해낸 것이다.

조정에서 바야흐로 그 법을 호남에 시행하려고 논의하였는데, 공은 이미 병에 걸린 상태였다. 유차(遺箚)를 올려 진학(進學)과 보민(保民)으로 권면하고, 마지막에는 호남에 대동법을 시행하는 문제에 대해 간절한 말씀을 덧붙였다. 공이 별세함에 이르러 공의 뜻이 더욱 펼쳐져 덕택이 영원한 후세에게까지 더해졌으니, 옛날의 유애(遺愛)[119]라고 할 만하다.

공이 효종을 뵈었을 때 연세가 이미 높아 치사(致仕)를 바라는 요청을 해마다 여러 번 올렸다. 간혹 자리에 나가는 것을 주저하였으나 일이 많은 시대를 만나 나라에서 공을 주석(柱石)처럼 의지했는데, 마침내 무술년(1658, 효종9) 9월에 자리에서 돌아가셨다. 부음(訃音)

119 유애(遺愛) : 덕정(德政)을 베풀어 후대에까지 은택을 미치게 하는 사람을 말한다.

이 전해지자 조제(弔祭)와 부의(賻儀)를 정해진 예보다 많이 하고, 관청에서 상례 물품을 담당하였다. 양주(楊州) 금촌(金村)의 건좌(乾坐) 등성이에 장사하니, 선영(先塋)이 있는 곳이다. 태상감이 시호(諡號)를 논하여, 학문에 부지런히 힘쓰고 묻기를 좋아한다는 뜻의 문(文)과 맑고 깨끗하게 절의를 지킨다는 의미의 정(貞)으로 정하여 문정공(文貞公)이라 하였다. 공이 돌아가셨을 때, 마을 사람들이 모두 탄식하며 목놓아 울었고, 모든 서원의 유생들이 와서 매우 서글피 곡하였다. 호서의 백성들은 더욱 슬피 울며 조상(弔喪)하였다.

공은 자품이 강직하고 올곧았으며 몸가짐과 행동이 단정하고 확고하였다. 말씀이 적었으며 사람들을 친소(親疎)에 따라 차별하지 않았다. 스스로를 단속하는 데 엄격하여 게으른 모습이 전혀 없었다. 항상 꼿꼿하게 앉아 일찍이 기대거나 비스듬히 앉는 일이 없었다. 젊어서 폭음(暴飮)을 즐겼으나, 부친의 경계를 한 번 들은 뒤로는 돌아가실 때까지 술잔을 들지 않았다. 새벽에 일어나 반드시 관대(冠帶)를 갖추고 가묘(家廟)에 배알하였는데, 추울 때나 더울 때나 그만두지 않았다. 윤리의 실천에 철저하여 홀로된 장모와 어린 아우를 지극한 공경과 사랑으로 대하였다. 성품이 고결하여 가무(歌舞)와 여색(女色)을 멀리하였다. 겨울에도 갖옷을 입지 않았고 밥상에는 두 가지 맛난 음식이 없었다. 그러나 오직 백성을 사랑하고 사람들을 윤택하게 하는 일에는 마치 주린 사람이 밥을 찾고 목마른 사람이 물을 찾듯 급급하게 하였다.

호서(湖西)에 있을 때 《구황촬요(救荒撮要)》, 《벽온방(辟瘟方)》을 간행하고, 전국에 배포하기를 요청하였다. 시종 수차(水車)의 제도와 수레를 이용하는 편리함과 돈을 주조하여 화폐를 유통시키는 이로움을 말씀하였다. 《기묘팔현전(己卯八賢傳)》, 《당적(黨籍)》, 《내외세보(內外世譜)》를 새겨 간행하였다.

젊어서 지산(芝山) 조호익(曺好益)[120]에게 배웠으므로, 지위가 높아지자 그의 아들을 은혜롭게 돌보아 주었다. 책을 대단히 좋아하였을 뿐, 그 외에 달리 즐기는 것이 없었다. 팔순의 연세에도 날마다 정해 놓고 하는 공부가 있었다. 천문(天文), 지지(地志), 오행(五行), 칠략(七略)에도 모두 밝았으며, 일찍이 서양의 역법과 역대(歷代)의 개력(改曆)의 본말을 논하여 손바닥 보듯 환하게 알았다. 저술로는 시문 약간 권과 《황명기략(皇明紀略)》, 《유원총보(類苑叢寶)》, 《종덕신편(種德新編)》, 《송도지(松都志)》 등의 책이 있다.

부인 정경부인(貞敬夫人) 파평 윤씨(坡平尹氏)는 진사(進士) 윤급(尹汲)의 딸이다. 어려서부터 유순하고 부인의 법도에 맞았다. 20세에 공에게 시집와서 몸소 길쌈을 하고 제사를 받들었는데, 늙고 존귀해진 뒤에도 변하지 않았다. 미망인이 되어서는 공의 뒤를 따라 죽으려고 물조차 잡숫지 않았다. 중대인(中大人)이 내명(內命)을 받들고 와서 맛난 음식을 권하였는데,[121] 부인의 수척한 모습을 보고 눈물을 흘리며 차마 말을 하지 못하였다. 기해년(1659, 효종10) 2월에 돌아가시니, 향년 75세였으며 공과 합장하였다.

2남 4녀를 낳았다. 장남 좌명(佐明)[122]은 원임(原任) 이조 참판(吏曹

120 조호익(曺好益) : 1545～1609. 본관은 창녕(昌寧), 자는 사우(士友), 호는 지산(芝山)이다.

121 중대인(中大人)이……권하였는데 : 김육의 둘째 아들 김우명(金佑明)의 딸이 현종(顯宗)의 비가 되었으므로, 궁에서 병문안을 보냈던 것으로 보인다.

參判)이고, 차남 우명(佑明)[123]은 국구(國舅)로, 청풍부원군(淸風府院君)에 봉해졌다. 딸들은 김숭문(金崇文), 첨정(僉正) 황도명(黃道明), 유수(留守) 서원리(徐元履),[124] 윤자(尹鎡)에게 시집갔다. 참판 좌명은 아들 진사 석주(錫胄)[125]와 생원(生員) 조현기(趙顯期)[126]에게 시집간 딸을 두었다. 국구 우명은 4남 2녀를 낳았는데, 왕비 전하가 맏딸이시다. 아들 만주(萬胄)는 일찍 죽었다. 나머지 아들은 석익(錫翼),[127] 석연(錫衍),[128] 석달(錫達)이다. 유징(柳澂), 감찰(監察) 이상연(李尙淵), 장령(掌令) 오두인(吳斗寅)[129]의 처는 김숭문의 소생이다. 황일(黃鎰), 황집(黃鏶), 복창군(福昌君)[130]의 부인은 황도명의 소생이다.

122 김좌명(金佐明) : 1616~1671. 본관은 청풍(淸風), 자는 일정(一正), 호는 귀계(歸溪)·귀천(歸川)이다. 《西溪集 卷20 兵曹判書金公神道碑銘》

123 김우명(金佑明) : 1619~1675. 본관은 청풍, 자는 이정(以定)이다. 그의 딸이 현종(顯宗)의 비(妃) 명성왕후(明聖王后, 1642~1683)이다. 《西河集 卷14 淸風府院君金公神道碑銘 幷序》

124 서원리(徐元履) : 1596~1663. 본관은 달성(達城), 자는 덕기(德基), 호는 화곡(華谷)·견지(見志)이다.

125 김석주(金錫胄) : 1634~1684. 본관은 청풍, 자는 사백(斯百), 호는 식암(息庵), 시호는 문충(文忠)이다. 《瑞石集 卷16 右議政淸城府院君金公墓誌銘 幷序》

126 조현기(趙顯期) : 1634~1685. 본관은 임천(林川), 자는 양경(楊卿), 호는 일봉(一峰)이다.

127 김석익(金錫翼) : ?~1686. 본관은 청풍, 자는 여량(汝兩)이다.

128 김석연(金錫衍) : 1648~1723. 본관은 청풍, 자는 여백(汝伯)이다.

129 오두인(吳斗寅) : 1624~1689. 본관은 해주(海州), 자는 원징(元徵), 호는 양곡(陽谷)이다.

130 복창군(福昌君) : 이정(李楨, ?~1680)으로, 인조(仁祖)의 손자이며 인평대군(麟坪大君)의 장남이다. 1680년(숙종6) 경신대출척(庚申大黜陟) 때 아우 복선군(福善

윤상린(尹商隣), 윤상신(尹商紳), 윤상빈(尹商賓), 정계주(鄭繼周)의 처는 윤자의 소생이다.

아아, 신하가 자신을 알아주는 임금 만나기가 어려움을 근심하다가, 알아주는 임금을 만나서는 또 시대를 이끌 재주가 없음을 근심하게 된다. 진실로 재주가 일을 성취할 만하고, 검약(檢約)으로 몸을 단속하며, 성실함으로 공무를 수행하며, 충성으로 나라를 위해 목숨을 바치며, 부지런함으로 일을 이룬다면, 대신(大臣)의 절목이 여기에서 갖추어지는 것이다. 생각건대, 문정공은 벼슬길을 이미 열고 나아가 두 임금에게서 특별한 지우(知遇)를 받아, 아는 것을 실천하지 않음이 없었고 말은 다하지 않은 것이 없었다. 공업이 현저하게 드러나 백성들이 그 은덕을 기록하니, 비록 《춘추》에서 일컬은 사람인들 어찌 이보다 더 나을 수 있겠는가.

삼가 가승(家乘)의 기록에 근거하여 번거로운 내용을 생략하고 대략의 내용을 들어, 당세의 글 잘 짓는 군자에게 공경히 고하여 상고할 바가 있게 한다.

君)이 허견(許堅) 등의 추대로 역모를 꾀한다는 무고를 받아, 복선군·복평군(福平君) 두 아우와 함께 역모죄로 유배 끝에 사사(賜死)되었다.

시장 諡狀

의정부 좌의정 서원부원군 정공 시장 갑술년(1634, 인조12)
議政府左議政西原府院君鄭公諡狀 甲戌

공의 휘(諱)는 탁(琢), 자는 자정(子精), 호는 약포(藥圃)이다. 정씨는 청주(淸州)가 관향(貫鄕)이다. 고려 시대 대장군 의(顗)[131]는 필현보(畢玄甫)[132]의 난에 절의를 지키다가 죽었다. 그 뒤 오(頫)와 그의 아우 포(誧)는 뛰어난 문장으로 현달하였는데, 참소를 받아 남쪽으로 귀양 갔다가, 재기하여 사도(司徒)와 서원백(西原伯)이 되었다. 세상을 떠난 뒤에 안동(安東)에 장사 지냈다. 자손들이 마침내 영남 사람이 되었는데, 여러 대에 걸쳐 가세를 떨치지 못하였다. 증조(曾祖)[133] 장수 현감(長水縣監) 휘 원로(元老)와 조부(祖父) 생원(生員)

131 정의(鄭顗) : ?~1233. 본관은 청주(淸州)이다. 1233년(고종20) 필현보(畢玄甫)가 평양에서 모반하자, 선유(宣諭)의 임무를 띠고 찾아갔으나 성공하지 못하고 살해되었다. 《高麗史 卷121 忠義列傳 鄭顗》

132 필현보(畢玄甫) : ?~1233. 1233년 낭장(郎將)으로 동료 홍복원과 함께 반란을 일으켜 선유사(宣諭使)인 대장군 정의·박녹전(朴祿全) 등을 죽인 뒤에 성을 탈취하여 배반하고, 갖은 불법을 자행하다가 붙잡혀 사형되었다.

133 증조(曾祖) : 저본(底本)에는 高祖로 되어 있으나, 《약포집(藥圃集)》 권6 〈충근

휘 교(僑)와 선고(先考) 휘 이충(以忠)은 모두 덕을 감추고 세상에 드러내지 않아, 후손들에게 복을 남겨 주었다. 어머니 한씨(韓氏) 부인이 병술년(1526, 중종21) 10월에 예천(醴泉)의 금당(金堂) 마을에서 공을 낳았다.

공은 어려서부터 영특하여, 처음 학업을 익힐 때에 곧바로 대의(大義)를 알아서 스승을 힘들게 하지 않았다. 가정(嘉靖) 임자년(1552, 명종7)에 성균관에 들어갔고, 무오년(1558)에 문과에 급제하였다. 처음에 교서관(校書館)에 배속되었다가, 이윽고 화려한 명성이 더욱 드러나 전적(典籍)으로 옮겼다. 사간원 정언(司諫院正言)에 임명되었을 때 일을 만나면 과감히 말하였으니, 옛날 간쟁하는 신하의 풍모가 있었다. 권신 윤원형(尹元衡)[134] 등이 임금을 속이고 나라를 그르친 죄를 탄핵하는 등 전후로 네 사람을 탄핵했는데, 말하는 사람들이 옳다고 여겼다.

선조(宣祖) 원년(1568)에 홍문관(弘文館)에 들어가 수찬(修撰)이 되고, 예조(禮曹)와 병조(兵曹)의 정랑(正郎), 지평(持平), 교리(校理), 이조(吏曹)의 낭관(郎官), 의정부 사인(議政府舍人)을 역임하였다. 갑술년(1574)에 부응교(副應教)로 있다가 승지(承旨)에 발탁되고, 도승지(都承旨)로 옮겼다. 정축년(1577)에 대사성(大司成), 예조참의(禮曹參議)를 거쳐 강원도 관찰사(江原道觀察使)로 부임하였다.

정량호성공신……서원부원군정공시장(忠勤貞亮扈聖功臣……西原府院君鄭公諡狀)〉에 증조로 되어 있으므로, 수정하여 번역하였다.

134 윤원형(尹元衡) : ?~1565. 본관은 파평(坡平), 자는 언평(彦平)이다. 중종(中宗)의 계비 문정왕후(文定王后)의 동생이다. 을사사화를 일으켜 수많은 사림(士林)을 제거하고 국정을 농단하다가 문정왕후 사후(死後)에 실각하여 자결하였다.

경진년(1580, 선조13)부터 임오년(1582)까지 가선대부(嘉善大夫)에 올라서는 도승지와 예조 참판(禮曹參判)에 임명되었고, 자헌대부(資憲大夫)에 올라서는 한성부 판윤(漢城府判尹)에 임명되었으니, 모두 임금의 특별한 은혜를 입은 것이다.

을유년(1585) 이후로 예조와 형조의 판서를 지냈고, 두 번 이조 판서(吏曹判書)를 지냈다. 사사롭게 만나려는 사람을 멀리 배척하였는데, 청탁하러 온 사람과 안면을 마주하고 말하기를 "그대의 재주는 마땅히 등용할 만하지만, 내 집에 찾아오다니 안타깝네."라고 하고, 끝내 등용하지 않았다. 기축년(1589)에 숭정대부(崇政大夫) 병조 판서(兵曹判書)에 임명되었다. 마침 일본 사신이 도착하였는데, 묘당에서 답방(答訪)의 편의를 논의하였으나 결정하지 못하였다. 공이 의연하게 말하기를 "적에게서 반역의 단서가 이미 보이니, 가령 통신사를 아침에 보낸다 해도 저녁에 쳐들어온다면, 이 강화는 후회하게 될 것입니다."라고 하니, 논의하는 사람들 대부분이 공의 의견과 합치하였다. 경인년(1590)에 사신으로 명(明)나라 조정에 갔다가 미처 돌아오지 않았는데, 처사 최영경(崔永慶)[135]이 아무런 죄 없이 앞서 죽은 일이 있었다. 이에 대해 말하는 자들이 일찍이 그의 아우 최여경(崔餘慶)에게 공이 관직을 주었다고 거짓말을 하여 공을 파직시켰다. 겨울에 예조 판서(禮曹判書)와 좌우 찬성(左右贊成)에 서용되었다.

135 최영경(崔永慶) : 1529~1590. 본관은 화순(和順), 자는 효원(孝元), 호는 수우당(守愚堂)이다. 1590년(선조23) 정여립(鄭汝立)의 역옥(逆獄)이 발생하자, 유령의 인물 삼봉(三峯)으로 무고되어 옥사(獄死)하였다. 1591년 신원되어 대사헌에 추증되고, 1611년 산청의 덕천서원에 배향되었다.

임진년(1592, 선조25)에 왜적이 침입하여 도성까지 다가오자 임금께서 급히 서쪽으로 행행(行幸)하셨다. 공은 그때 약방(藥房)에서 거처하다가 갑작스레 어가(御駕)를 호종하게 되었으므로, 식솔들이 어디에 있는지 묻지도 못하였다. 평양에 도착하였는데 급보가 연이어 올라오자, 임금께서 철옹성(鐵甕城)으로 거둥하려고 하셨다. 공이 "대동강 같은 요충지를 막아 지키며 회복할 계책을 도모하지 않고, 험난하고 궁벽한 곳으로 들어가 적들이 빈틈을 타서 우리를 뒤쫓게 하는 것은 좋은 계책이 아닙니다."라고 말하고, 눈물을 흘리며 간하였으나 받아들여지지 않았다.

철옹성에 도착하자 과연 상하(上下)의 사람들이 크게 동요하여 이미 어찌할 수 없었으므로, 분조(分朝)의 의론이 결정되었다. 당시 광해군(光海君)이 세자의 신분이었는데, 공이 이사(貳師)로서 호종하여 서둘러 이천(伊川)으로 가니, 동쪽 길은 왜적의 기세가 더욱 거셌으므로 험한 산길로 돌아 용만(龍灣)으로 향했다. 일행이 두려워하여 대부분 변복(變服)하고 행색을 속이며 앞설까 뒤처질까 관망하였다. 공이 웃으며 말하기를 "하늘이 우리나라를 도와준다면 결코 이런 일은 없을 테지만, 만약 불행하다면 지략으로 면할 수 있는 일이 아니다."라고 하였다.

정월에 정주(定州)에서 대조(大朝)와 만났다. 제독(提督) 이여송(李如松)[136]이 새로이 평양성의 왜적을 공격하였는데, 경략(經略) 이하

136 이여송(李如松) : 1549~1598. 자는 자무(子茂), 호는 앙성(仰城), 시호는 충렬(忠烈)이다. 조선 출신인 이영(李英)의 후손으로, 1592년 발배(哱拜)의 난에 공을 세워 도독(都督)으로 승진하고, 임진왜란이 일어나자 방해어왜총병관(防海禦倭總兵官)

의 여러 장수들이 우리나라를 관리한다는 명목으로 발길이 끊이지 않았으므로, 공이 접대하고 위로하느라 거의 하루도 쉴 겨를이 없었다. 칙사 사헌(司憲)을 따라 평산(平山)에 도착했을 때, 길에서 분조를 호위하여 남쪽으로 내려가라는 명을 받고 호서 지방에서 동궁의 행차를 따라잡았다. 당시 서울은 겨우 안정되었으나 적들이 여전히 해안 일대를 차지하고 있었기 때문에, 당시 의론이 왜적을 어찌할 수 없다고 하여 회유하고자 하였다. 공은 왜적이 반드시 패망할 것이라고 힘써 진달하였는데, 의론이 당당하였다. 임금께서 재위한 지 오래되어 공의 고결함과 정직함을 평소에 잘 알고 있는 데다, 다급한 때를 만나 언제나 한결같은 공의 성실함을 더욱 믿게 되셨다. 혼란스럽고 위태로운 상황을 구제하는 데에는 모름지기 유자(儒者)를 등용해야 한다고 여겨 공을 우의정(右議政)에 임명하셨으니, 갑오년(1594, 선조27)[137] 2월의 일이었다.

공이 임금의 은혜에 감사하여 대궐에 나아가 사은하였는데, 얼마 지나지 않아 황정욱(黃廷彧)과 그의 아들 황혁(黃赫)이 죄를 짓고 조정에서 신문을 받게 되었다.[138] 임금이 대신(大臣)에게 물어 황정욱이

으로 임명되어 조선으로 파병되었다.

137 갑오년 : 《약포집(藥圃集)》 〈연보(年譜)〉와 권6의 〈서원부원군정공시장(西原府院君鄭公諡狀)〉에는 을미년으로 기록되어 있다. 또한 《선조실록》 28년 2월 1일 기사에 정탁을 우의정에 임명한 기록이 실려 있다.

138 황정욱(黃廷彧)과……되었다 : 황정욱(1532~1607)의 본관은 장수(長水), 자는 경문(景文), 호는 지천(芝川)이다. 임진왜란이 일어나자 호소사(號召使)가 되어 왕자 순화군(順和君)을 모시고 관동으로 피신하였다가, 국경인(鞠景仁)의 모함으로 왕자와 함께 포로가 되어 감금되었다. 왜장 가등청정(加藤清正)으로부터 선조에게 보

예전에 공을 세웠고 연로하므로 국문을 면제하고 유배 보내려고 하였다. 공이 "형벌을 신중히 처리하고 공신을 보전하는 것은 모두 성대한 덕을 베푸는 일입니다."라고 말하였다. 추관(推官)들이 죄인을 가볍게 처리한[139] 잘못에 대해 양사(兩司)에서 논의하였는데, 그 말이 공에게까지 미쳤다. 이에 공이 소장을 올려 고사(固辭)하니, 임금께서 공의 뜻을 돌이키지 못할 것을 알고 체직하여 지중추부사(知中樞府事)에 임명하셨다.

이전에 공이 이순신(李舜臣)과 김덕령(金德齡)[140]은 장수가 될 만한 재주를 지녔다고 천거하였다. 이때에 이르러 이순신은 전공(戰功)을 세워 해방사명(海防使命)이 되었고, 김덕령은 용맹하게 잘 싸웠지만 살인죄에 연루되어 사형을 받게 되었다. 공이 "원수 같은 왜적들이 우리 땅을 차지하고 있는데, 먼저 장수를 죽인다면 이러한 말을 적들이

내는 항복 권유문을 쓰도록 강요받았는데, 처음에는 거절했으나 그의 손자와 왕자를 죽이겠다는 위협을 받자, 아들 황혁(黃赫, 1551~1612)이 대신 썼다. 이듬해 왜군이 부산으로 철수할 때 석방되었다. 그러나 항복 권유문을 기초한 것이 동·서인 간의 정치쟁점이 되면서, 이후 정권을 장악한 동인의 집요한 공격을 받아 길주에 유배되었다. 1597년(선조30)에 석방되었으나, 복관되지 못한 채 죽었다.

139 죄인을 가볍게 처리한 : 실출(失出)은 어떤 죄에 대하여 법조문보다 가볍게 판결하는 것을 말한다. 이와 반대로 무겁게 판결하는 것은 실입(實入)이라 하였다.

140 김덕령(金德齡) : 1567~1596. 본관은 광산(光山), 자는 경수(景樹), 시호는 충장(忠壯)이다. 임진왜란이 일어나자 고경명(高敬命) 등과 의병을 일으켜 왜적을 물리쳤다. 1596년(선조29)에 도체찰사 윤근수(尹根壽)의 노복을 장살한 죄로 투옥되었으나 영남 유생들의 상소와 정탁의 변호로 곧 석방되었다. 그해 7월에 홍산(鴻山)에서 이몽학(李夢鶴)이 반란을 일으켰는데, 이때 이몽학과 내통했다는 무고로 인해 체포되었다. 정탁, 김응남(金應南) 등이 힘써 변명했으나, 여러 차례의 혹독한 고문으로 옥사하였다.

듣게 할 수는 없습니다."라고 말하자, 임금께서 서둘러 풀어 주라고 명하셨다.

병신년(1596, 선조29) 여름, 임금께서 선대 왕릉에 배알하는 날을 정하셨는데, 궁궐에 우레와 번개가 쳤다. 공이 말하기를 "노(魯)나라는 생쥐가 재앙을 암시했다고 하여 교제(郊祭)를 중지하였습니다.[141] 지금 하늘이 꾸짖고 경고하는 것이 예사롭지 않으니, 마땅히 하늘의 경계를 삼가서 때가 아니면 거둥하지 않는 의리를 깊이 생각하셔야 합니다."[142]라고 하자, 임금께서 행차를 그만두셨다. 그해 가을에 호서 지방에서 역적 이몽학(李夢鶴)[143]이 사로잡혔는데, 잔당을 문초한 문서에 임금이 선대 왕릉을 배알하는 날에 일을 벌이기로 약속했다가 실행하지 못했다고 하였다. 그러자 듣는 사람들의 마음이 서늘해졌다.

정유년(1597)에 왜적이 호남 지방을 유린하니, 급보가 끊임없이 올라왔다. 공이 거듭 차자를 올려 스스로 전장(戰場)으로 가겠다고 청하며 다음과 같이 말하였다.

"백성들이 큰 피해를 입어 형세가 무너지려 하는데, 조정의 명령은

141 노(魯)나라는……중지하였습니다 : 《춘추좌씨전》 성공(成公) 7년 기사에 "봄, 왕정월에 생쥐가 교제 지낼 소의 뿔을 갉아먹어 소를 바꾸어 정했는데, 생쥐가 또 그 소의 뿔을 갉아먹었다. 이에 소를 놓아주었다.〔春王正月, 鼷鼠食郊牛角, 改卜牛, 鼷鼠又食其角, 乃免牛.〕"라고 하였다.

142 공이……합니다 : 이 내용은 《약포집(藥圃集)》 권2 〈청정배릉차(請停拜陵箚)〉에 자세히 보인다.

143 이몽학(李夢鶴) : ?~1596. 본관은 전주(全州)이다. 종실(宗室)의 후예로서 모속관(募粟官) 한현(韓絢) 등과 함께 현재의 충청남도 부여군 홍산(鴻山)에서 반란을 일으켜 홍주성으로 진격하였다. 그러나 목사 홍가신(洪可臣) 등에 의해 진압되자, 부하 김경창(金慶昌)에게 살해당했다.

원근 어디에도 통하지 않고 있습니다. 어찌 조종(祖宗)의 2백 년 기업(基業)을 한 번 내던진 채 아무런 대책 없이 망하기를 기다리겠습니까. 신이 애통해하시는 전하의 덕음(德音)을 받들고 가서 군민(軍民)과 부로(父老)를 위로하고 자제(子弟)들을 독려하여 형편을 헤아려 적들의 요충지를 막는다면, 만에 하나라도 천행(天幸)을 바랄 수 있을 것입니다. 신은 어리석고 머지않아 늙어 죽을 몸이라 군중(軍中)에 달려나가는 것은 진실로 하기 어렵지만, 사졸들보다 앞서서 한 번 죽음으로써 은혜에 보답한다면, 평소에 쌓은 뜻을 저버리는 일은 없을 것입니다."

조정에서는 공의 마음을 애틋하게 여겨 허락하지 않았다. 그러나 의지를 품은 자들은 모두 팔을 걷어붙이고 힘써 싸울 것을 생각하였다.

기해년(1599, 선조32)에 광해군(光海君)을 모시고 수안(遂安)에 가서 중전(中殿)께 문안을 드렸다. 돌아와 보니, 조정에서는 지난번 위급할 때에 처자식을 보호하려고 먼저 나서서 집안의 사사로움을 도모한 대소(大小) 신료(臣僚)들의 성명을 써서, 조당(朝堂)에 방을 붙여 관료들에게 보게 하였다. 공이 다음과 같이 말하였다.

"왜적이 다시 쳐들어왔을 때 사람들이 사소한 것에 연연했던 것은 대개 그 이전의 난리에 일찍 스스로 몸을 빼내지 못하여 왜적에게 욕을 당한 자가 많았기 때문입니다. 이들은 진실로 본분과 의리를 지키지 못한 죄를 지었으나, 나라의 큰 경사를 맞아 은택을 내리고 널리 명령을 베풀어 죄를 말끔히 씻어 주어 다시 시작하게 하는 것 또한 허물을 용서하는 임금의 큰 정사일 것입니다."[144]

144 왜적이……것입니다 : 이 내용은 《약포집(藥圃集)》 권3 〈조당방시의(朝堂牓示

그러자 임금께서 마침내 풀어 주셨다. 공이 법을 적용할 때 반드시 너그럽게 행한 것이 이와 같았다.

처음 공이 정승에 임명되었을 때[145] 연세가 이미 70세였으므로 분수에 넘침을 깊이 두려워하였으나, 나라의 전란이 아직 끝나지 않았으므로 벼슬을 그만두고 조정을 떠날 의리가 없다고 생각하였다. 이때에 이르러 나라가 빠르게 안정을 찾아가고 있어서 신하가 평소의 뜻을 펼 수 있게 되자, 마침내 휴가를 요청하여 남쪽으로 돌아가 성묘를 하고, 벼슬을 그만두고 여생을 마치려고 하였다. 이듬해 봄에 좌의정(左議政)에 임명되어 서둘러 조정에 들어오라는 부름을 받았으나, 병으로 고통스러워 임금의 은혜에 보답할 수 없다고 아뢰어 사직하고 나아가지 않았다. 임금께서 공의 요청을 윤허하고, 지방관으로 하여금 명절마다 안부를 묻고 물품을 후하게 주어 위무하게 하셨다.

4년 뒤인 계묘년(1603, 선조36)에 78세의 나이로 소장을 올려 치사(致仕)를 청하였다. 임금께서 또 공의 뜻을 어기기 어려워 사관(史官)을 보내 선유(宣諭)하셨는데, 그 가운데 "육정신(六丁神)[146]이 만류해도 뜻을 빼앗을 수 없으니, 한 세대를 통틀어 진실로 드문 일이오."라는 말씀이 있었다. 그해 겨울에 호종훈(扈從勳)에 책록하고 서원부원군(西原府院君)에 봉하였으며, 본도(本道)에 명령하여 봉조하(奉朝賀)

議)〉의 내용을 요약하여 정리한 것이다.

145 처음……때 : 정탁은 1595년(선조28)에 우의정에 임명되었다.《宣祖實錄 28年 2月 1日》

146 육정신(六丁神) : 도교(道敎)에서 말하는 신(神)의 이름이다. 육갑(六甲) 가운데 여섯 정신(丁神)으로서 정묘(丁卯)·정축(丁丑)·정해(丁亥)·정유(丁酉)·정미(丁未)·정사(丁巳)를 이르는데, 매우 신통력을 발휘한다고 한다.

의 녹봉을 지급하셨다. 이에 공이 또 사양하여 다음과 같이 말했다.

"노신(老臣)은 이미 때에 맞춰 조청(朝請)[147]에 참여하거나 맹부(盟府 충훈부(忠勳府))의 모임에 배석하지 못하는데, 구차하게 나라의 관례를 원용하여 하는 일 없이 녹을 받는 것은 공적으로나 사적으로나 주고받는 데에 있어 도리를 잃게 됩니다."

임금께서 너그럽게 비답(批答)를 내려 다음과 같이 말씀하셨다.

"원훈대신(元勳大臣)으로서 시골에 물러나 거처하면서, 지금 또 봉록을 사양하니 더욱더 서운하오. 본도에서 봉록을 지급하는 것은 실로 훈구(勳舊)를 우대하는 뜻에서 나왔으니, 어찌 굳이 사양하여 자신만 깨끗하게 하고 조정의 성대한 뜻을 받아들이지 않을 수 있단 말이오."

공은 집안 살림이 매우 빈약하였는데, 낙향한 뒤에는 가난이 더욱 심하여 방안에 물건이 하나도 없고 심지어 제수(祭需)를 갖추지도 못할 지경이었다. 그러나 사양하고 받는 의리가 시종 구차하지 않았고, 임금께서 공을 예우하는 뜻 또한 시종 쇠하지 않았으니, 진실로 군신 관계를 볼 수 있다.

공은 평소 건강하고 병이 없었다. 봄가을에 명절이 되면 반드시 몸소 선영(先塋)에 가서 성묘하였는데, 걸음걸이가 젊었을 때와 같았다. 밭두둑 사이를 배회하면서 한 언덕과 한 시내를 바라보며 날을 보냈는데, 오직 두세 명의 문인과 벗, 가마와 지팡이만 함께할 뿐이었다. 그러므로 공이 예전에 정승을 지낸 분이라는 사실을 시골 농부들이 알지 못하

147 조청(朝請) : 조선 시대 전직 관원에 대한 예우 중 하나이다. 정3품의 벼슬아치가 사임한 뒤에 실무는 보지 않고 의식(儀式)이 있을 때에만 조정에 문후(問候)하는 예이다. 봄에 하는 것을 조(朝), 가을에 하는 것을 청(請)이라 한다.

였지만, 마을의 사우(士友)들과 술을 마시며 회포를 풀어서 홍취를 다하지 않은 적이 없었다. 《여씨향약(呂氏鄕約)》에서 현재에도 시행할 만한 것들을 채록하여 존비(尊卑)를 정하고 예양(禮讓)에 나아가게 하려고, 상(喪)을 당하면 서로 도우며 다급하고 어려운 일을 만나면 서로 협조하는 것을 조목으로 정한 다음, 우리말로 풀어서 백성들이 알기 쉽게 하고 봄과 가을에 강회(講會)를 열었다. 예천 사람들이 지금까지도 그만두지 않고 이를 준수하고 있다.

을사년(1605, 선조38) 9월 19일에 집에서 운명하였다. 관찰사가 역마(驛馬)를 보내 보고하니, 임금께서 조회를 파하고 매우 슬퍼하셨으며, 관청에서 장사에 필요한 물품을 일반적인 경우보다 더 많이 마련해 주었다. 임금께서는 승지(承旨)를 보내고, 동궁(東宮)께서는 관리를 보내 조문하고 제사하게 함으로써 예우를 각별히 하셨다. 이듬해 2월에 예천군 관아 남쪽 위곡(位谷)의 등성이에 안장했으며, 고을 사람들이 향현사(鄕賢祠)에 추배(追配)하여 제사를 받들었다.

공은 청명(淸明)하고 화락하였으며, 고요하고 침착한 자세를 스스로 지켰다. 타고난 자질이 도(道)에 가까워 마치 순수한 금과 좋은 옥 같았으니, 한 번 보면 내면에 보존한 것을 알 수 있었다. 일찍부터 퇴계(退溪) 선생의 문하에서 공부하여 참되게 알고 실천하는 데에 힘을 쏟았고 덕성을 기르는 데 방도가 있었다. 스무 살이 되기 전에 선기옥형(璿璣玉衡)에 대해 조예가 있었으니, 보는 사람마다 정밀한 이해에 탄복하였다. 천문과 지리, 상수(象數)와 병법을 두루 섭렵하여 통달하지 않은 것이 없었고, 《중용》과 《대학》을 대단히 좋아하여 만년(晩年)에 이르러서도 밤에 앉아 조용히 암송하기를 게을리하지 않았다. 일찍이 말하기를 "허노재(許魯齋)[148]가 '나는 《소학(小學)》을 신명(神

明)처럼 공경하고 부모님처럼 존중한다.' 하였으니, 사람들이 만약 노재처럼 공경하고 믿는다면 성현에 이르지 못할 것을 어찌 걱정하겠는가."라고 하였다. 여러 책들을 초록(抄錄)하여 입교(立敎), 명륜(明倫), 경신(敬身)의 뜻을 넓히고자 《소학연의(小學衍義)》를 지으려 하였으나 완성하지 못했다.

공이 처음 관직에 나갔을 때 공을 알아주는 사람이 없었으나, 정승 이준경(李浚慶)[149]이 한 번 보고 큰 그릇으로 여겨 말하기를 "얼굴 생김새가 암용〔雌龍〕과 닮았으니, 뒷날 반드시 크게 귀해질 것이다."라고 하였다. 북경(北京)에서 관상가(觀相家)를 만났는데, 그가 말하기를 "그대는 참으로 어진 사람이니, 만백성을 구제할 것이오."라고 하였다. 용모는 보통사람보다 뛰어나지 않았지만, 우뚝하기가 마치 들판의 학이 무리에서 빼어난 것과 같았으니, 사람들이 모두 공경하고 사모하여 감히 함부로 대하지 못하였다. 마음가짐이 진실하고 너그러웠으며, 겸손한 자세로 스스로를 단속하였다. 만물과 내가 다르다는 생각을 벌레 같은 미물에게도 갖지 않았고, 천한 노비에게도 오만한 기색을 보이지 않았다. 새벽에 일어나 세수한 다음 옷을 단정히 입고 반듯하게 앉았으며, 비단이나 채색된 옷을 입지 않았고, 노래나 광대 등의 놀이를 전혀 보고 듣는 일이 없었다. 가산(家産)을 경영하는 일에 대해서 입을 닫고 말한 적이 없었기에, 공이 돌아가신 뒤에 자식들이 모두

148 허노재(許魯齋) : 원(元)나라 허형(許衡, 1209~1281)으로, 자는 중평(仲平), 호는 노재, 시호는 문정(文正)이다. 오징(吳澄)과 함께 조선의 성리학에 지대한 영향을 끼쳤다.

149 이준경(李浚慶) : 1499~1572. 본관은 광주(廣州), 자는 원길(原吉), 호는 동고(東皐)·남당(南堂)이다. 《東皐遺稿 附錄 領議政贈諡忠正東皐先生李公行狀》

집을 마련하지 못했다.

시종 청요직(淸要職)을 거쳐 마침내 성대한 지위에 올랐으나, 마치 오물에 더럽혀질 것처럼 권세를 피하였으니, 조촐하기가 절로 산인(散人)과 같았다. 비록 조정 의론이 어그러져 당(黨)을 만들어 서로 다투는 것으로 이로움을 삼았으나, 공은 매번 의리(義理)로 판단하여 함부로 다른 사람에게 영합하려고 하지 않았으니, 대부분의 사람들이 무너져 내리는 물결에 휩쓸리듯 당론에 휩쓸리는 가운데에서도 그 지조가 우뚝하였다. 일 꾸미기를 좋아하여 단서를 만들고 기회를 틈타 교묘하게 취하는 자를 보면, 번번이 깊이 미워하고 통렬히 절교하여 조금도 용납하지 않았다. 그러나 사람들이 혹시라도 죄를 지어 예측하기 어려운 형벌을 받을 처지에 놓이면, 비록 소원하고 취향이 다른 사람이라도 반드시 "오직 약포공만이 나를 살려줄 수 있다."라고 하였다. 공 또한 그들을 위하여 살 방도를 찾아서 구제한 뒤에 그만두었다.

나랏일을 논의하는 데 있어서는 대체(大體)를 앞세우고 명분(名分)을 중요하게 여겨, 반드시 원대한 계획에 힘쓰고 눈앞의 공로를 구하지 않았다. 당시에 군정(軍丁)을 많이 모집하고자 사천(私賤)을 속면(贖免)해 주려고 하였다. 한편으로는 군량 조달이 부족할 것을 걱정하여 공신문서(功臣文書)로 군량미를 거두자고 의논하였다. 이에 공은 불가함을 주장하며 다음과 같이 말하였다.

"기자(箕子)가 법을 만든 이후로 노비와 주인의 신분이 정해져, 마치 임금과 신하의 관계와 같다. 어찌 주인을 배반하고 나라에 충성하는 자가 있겠는가. 이러한 정책은 장차 윗사람을 배반하게 이끌어서 나라가 나라답지 못하게 될 것이다. 그리고 벼슬을 파는 것은 본래 한(漢)나라 때의 잘못된 정사이다. 지금 또 훈신(勳臣)의 격을 무너뜨려,

편안히 앉아 곡식이나 팔아먹던 무리를, 죽음을 각오하고 화살과 돌이 날아다니는 전장에 뛰어든 사람들과 나란히 공신의 대열에 놓는다면, 어찌 투사(鬪士)를 권면하여 적장을 베고 적기(敵旗)를 꺾게 할 수 있겠는가."

그러자 논의하는 자들이 더 이상 따지지 못하였다.

이미 집에서 지내며 일을 사양하였으나, 조정의 득실(得失)을 들으면 밤에도 잠들지 못하였다. 집안사람들에게 말하기를 "임금의 은혜를 받았으나 갚지 못했으니, 죽어서도 눈을 감을 수 없겠구나. 후세의 자손 가운데 임금을 사랑하고 나라를 걱정하는 나의 정성을 알아 내 뜻을 잇는 사람이 있다면, 나는 한이 없겠다."라고 하였다.

부인 거제 반씨(巨濟潘氏)는 3남 1녀를 두었다. 큰아들 윤저(允著)는 일찍 죽었고, 둘째 아들 윤위(允偉)는 주부(主簿), 막내아들 윤목(允穆)은 찰방(察訪)이다. 딸은 덕원 도정(德原都正) 이추(李樞)에게 시집갔다. 손자와 손녀, 증손자와 증손녀 몇 명이 있다.

선조(宣祖)께서 밝은 덕으로 왕위에 오르셔서 뛰어난 선비들이 많았는데, 풍모와 업적이 있는 사람은 몇 사람을 꼽을 만하다. 그러나 맑은 자질과 바른 인망을 지니고 경학(經學)까지 보태어, 위태로운 때에는 충성을 다하고 임용될 즈음에는 사임하여, 때에 맞게 행하고 때에 맞게 멈춰서 절의를 지키고 명예를 이루며, 명철하여 고상하게 일생을 마친 사람을 꼽는다면 공이 아마도 그런 사람일 것이다.

아아, 나 민구(敏求)는 일찍이 아이 때에 공을 섬겨 공의 맑게 수련한 겉모습만 보고서 삼가 공경하였을 뿐이다. 공이 돌아가신 지 지금 30년이 지났으니, 일이 오래되었고 전하는 기록도 적은데, 공의 자식들마저 다 고인(故人)이 되어 공의 생애를 기술할 사람이 없다. 지금 공의 손자

시형(時亨)이 일을 맡아서 내게 찾아와 요청하므로, 삼가 그 대략을 위와 같이 써서 시호(諡號)를 내려 주는 은전(恩典)을 청한다.

연릉부원군 이공 시장 을해년(1635, 인조13)

延陵府院君李公諡狀 乙亥

공의 휘(諱)는 호민(好閔), 자는 효언(孝彦), 성은 이씨(李氏)이다. 시조 무(茂)[150]는 당(唐)나라 중랑장(中郎將)으로 소정방(蘇定方)[151]의 예하 장수가 되어 백제를 정벌하고, 그대로 이 땅에 머물러 연안(延安) 사람이 되었다. 그 후예들을 분명하게 열거할 수 있는데, 공조 전서(工曹典書) 계손(係孫), 그리고 전의감(典醫監) 정량(正亮)이 곧 공의 8대조와 7대조이다. 증조(曾祖) 휘 숙기(淑琦)[152]는 재차 연안군(延安君)에 책봉되고 호조 판서(戶曹判書)로 재직하다가 운명하였다. 조부(祖父) 휘 세범(世範)은 홍문관 수찬(弘文館修撰)을 지내고, 좌찬성(左贊成)에 증직되었다. 선고(先考) 휘 국주(國柱)[153]는 이천 현감(伊

150 이무(李茂) : 당(唐)나라의 장군이다. 660년 소정방(蘇定方)이 신라의 동맹군으로 백제를 침공했을 때 중랑장(中郎將)으로 따라왔다가 신라에 귀화한 것으로 전해진다.

151 소정방(蘇定方) : 592~667. 당나라 장수로, 본명은 열(烈), 자는 정방(定方)이다. 660년 3월에 나당(羅唐) 연합군의 총사령관으로, 13만의 대군을 거느리고 신라군과 함께 백제를 공격하여 멸망시켰다.

152 이숙기(李淑琦) : 1429~1489. 본관은 연안(延安), 자는 공근(公瑾), 시호는 정양(靖襄)이다. 조선 초기의 무관으로, 이시애(李施愛)의 난에 공을 세워 절충장군(折衝將軍)에 특진되고, 난이 평정된 후 적개 공신(敵愾功臣)과 좌리 공신(佐理功臣)이 되었으며 연안군(延安君)에 봉해졌다.

153 이국주(李國柱) : 1487~1556. 본관은 연안, 자는 복경(支卿)이다. 아들 이호민이 부원군에 봉해졌을 때, 연선부원군(延善府院君)의 작호가 내려졌다.

川縣監)을 지내고 영의정(領議政)에 추증되었으니, 조부와 선고(先考)가 증직된 것은 모두 공이 귀하게 되었기 때문이다. 어머니 비안 박씨(比安朴氏)는 사직(司直) 여(旅)의 딸이다.

공은 네 살에 아버지를 여의었다. 일찍 머리가 깨여 일곱 살에 책을 읽을 줄 알았고 지은 시가 훌륭하였다. 일찍이 200명이 기록된 방목(榜目)을 딱 한 번만 보고도 한 사람도 틀리지 않고 암기하였다. 당시 나이 열두 살이었으니, 신동으로 여겨졌다.

기묘년(1579, 선조12)에 진사시에 장원으로 합격하여 명성이 널리 알려졌다. 문성공(文成公) 이이(李珥)[154]가 조사(詔使)를 맞이하기 위해 널리 막속(幕屬)을 뽑았는데, 공이 포의(布衣)의 신분으로 선발 명단에 포함되었으나 사양하고 나아가지 않았다.

계미년(1583)에 선조(宣祖)께서 많은 선비들에게 시험을 보이셨는데, 또한 장원을 차지하였다. 곧바로 전시(展試)에 응시하여, 드디어 이듬해 갑신년(1584)에 갈옷을 벗고 탐화랑(探花郞)이 되었다.[155] 처음 성균관(成均館)에 보임되었는데, 소재(穌齋) 노 상국(盧相國)[156]이

154 이이(李珥) : 1536~1584. 본관은 덕수(德水), 자는 숙헌(叔獻), 호는 율곡(栗谷)·석담(石潭), 시호는 문성(文成)이다.《栗谷全書 卷36 附錄 神道碑銘 幷序》

155 갈옷을……되었다 : 과거에 3등으로 합격하여 관직에 나갔다는 말이다. 탐화(探花)는 탐화랑(探花郞)의 준말로, 문과(文科)에서 3등에 급제한 자를 일컫는 말이다. 수석 합격자는 장원(壯元), 차석 합격자는 아원(亞元) 또는 방안랑(榜眼郞)이라고 하였다.

156 소재(穌齋) 노 상국(盧相國) : 노수신(盧守愼, 1515~1590)으로, 본관은 광주(光州), 자는 과회(寡悔), 호는 소재·이재(伊齋), 시호는 문의(文懿)였다가 뒤에 문간(文簡)으로 고쳤다.《蒼石集 卷18 穌齋盧先生行狀》

당대의 문사(文士)들을 파악하고서 공의 재주가 사명(辭命)을 담당할 만하다는 것을 알고, 임금에게 아뢰어 곧바로 주서(注書)에 임명되었다.

어느 날 임금께서 우연히 분(苯) 자가 무슨 뜻이냐고 물으셨는데, 좌우의 신하들이 대답이 없었다. 임금께서 공에게 "듣자니, 그대가 문학에 풍부한 학식을 지녔다고 하던데, 나를 위해 말해 보라."라고 하셨다. 공이 사양하다가 말하기를 "이 글자는 〈서경부(西京賦)〉의 '무성하고 수북하게〔苯蓴蓬茸〕'[157]에서 나온 것으로, 무성한 모양입니다."라고 하였다. 또한 소차(巢車)[158]의 옛 제도에 대하여 매우 자세하게 아뢰니, 임금께서 대단히 기뻐하셨다. 예문관(藝文館)으로 옮기고 사가독서(賜暇讀書)하였다. 임금께서 말씀하시기를 "이 사람은 훌륭한 인재이니, 배양하는 데 있어서 상규(常規)에 얽매이게 할 수 없다."라고 하시고, 숙직(宿直)을 면제시켜 학업에 전념할 수 있게 하셨다. 임금께서 유신(儒臣)들에게 정시(庭試)를 보이셨는데, 공이 거듭 장원을 차지하

157 무성하고 수북하게 : 이 말은 후한(後漢) 장형(張衡)의 〈서경부(西京賦)〉에 보인다. 그 글에 "무성하고 수북하게 진펄을 덮고 등성이를 덮었네.〔苯蓴蓬茸, 彌皐被岡.〕"라고 하였는데, 이에 대해 "미는 부와 마찬가지로 덮는다는 뜻이다. 이것은 초목이 무성하게 자라서 높은 곳의 진펄과 산등성이를 덮었다는 뜻이다.〔彌, 猶覆也, 言草木熾盛, 覆被於高澤及山岡之上也.〕"라고 하였다. 《文選 卷2》

158 소차(巢車) : 이준(李埈)의 글에 "임금께서 또 소차의 제도에 대해 물으시자, 공이 대답하기를 '이것은 성을 공격하는 데 사용하는 장비입니다.' 하였다.〔上又問巢車之制. 公對曰, 是攻城之具.〕"라고 하였다. 《蒼石集 卷16 忠勤貞亮效節協策扈聖功臣…… 延陵府院君李公墓誌銘》 한편 《춘추좌씨전》 성공(成公) 16년 기사에 "초자가 소차에 올라가서 진나라 군사들을 살폈다.〔楚子登巢車, 以望晉軍.〕"라고 하였는데, 그 주에 "소차는 수레 위에 망루를 만든 것이다.〔巢車, 車上爲櫓.〕"라고 하였다.

여 자급이 올랐다. 전후의 응제(應製)에서 매번 수석을 차지하였으므로, 거듭 많은 물품을 하사받았다.

병술년(1586, 선조19)에 홍문관 저작(弘文館著作)이 되었다. 무자년(1588) 이후로 수찬(修撰), 정언(正言), 지평(持平), 교리(校理)에 여러 차례 임명되었다. 임진년(1592)에 이르러 이조 좌랑(吏曹佐郎)에 임명되었는데, 왜구의 침입 소식이 갑자기 전해졌다. 어가(御駕)를 호종하여 서쪽으로 가게 되었으므로 눈물을 흘리며 대부인(大夫人)과 이별하니, 지켜보는 사람들이 오열하였다. 박천(博川)에 이르렀을 때 왜적들이 바짝 뒤쫓아 왔는데, 다급한 나머지 어디로 가야할지 알지 못하였다. 서애(西厓) 유성룡(柳成龍)[159]이 용만(龍灣)으로 갈 것을 청하니, 명(明)나라에 귀의하려는 계획이었다. 공은 힘껏 그 결정에 찬성하였다. 이미 용만에 도착했지만, 왜적들이 더욱 압박해 오자 요동으로 건너가자는 의론이 제기되었다. 임금께서 따라가기를 원하는 사람을 뽑으시자, 공이 울면서 말하기를 "신은 이미 모친과 이별하였으니,[160] 원컨대 목숨을 바쳐 따르고자 합니다."라고 하였다.

가을에 응교(應敎), 전한(典翰), 집의(執義)로 옮겼는데, 혼란한 시

159 유성룡(柳成龍) : 1542~1607. 본관은 풍산(豐山), 자는 이현(而見), 호는 서애(西厓)이다. 《蒼石集 卷17 西厓柳先生行狀》

160 모친과 이별하였으니 : 절거(絕裾)는 부모와의 결별을 뜻한다. 진(晉)나라 원제(元帝)가 처음 강좌(江左)를 지키고 있을 때, 유곤(劉琨)이 병주(并州), 기주(冀州), 유주(幽州) 등 세 주의 군사를 도독(都督)하며 하삭(河朔)에 있었다. 그래서 좌장사(左長史) 온교(溫嶠)로 하여금 표(表)를 받들고 강남(江南)에 가서 유곤에게 나오기를 권하였다. 이에 온교가 명령을 받들기로 하였는데, 그의 어머니 최씨가 굳이 못 가게 붙잡자, 온교는 옷소매를 끊어 버리고 갔다는 고사가 전한다. 《晉書 卷67 溫嶠列傳》

국에 사령(辭令)을 내리려면 반드시 공에게 의지하였기 때문에 항상 승문원(承文院) 관직을 띠고 있었다. 또 문단의 중망(重望)을 받고 있었으므로 예문관 응교(藝文館應敎)를 겸하였다.

그해 겨울에 이 제독(李提督)[161]이 병력 일부를 이끌고 적을 시험하려 하였다. 이에 공이 필마(匹馬)를 몰아 밤낮으로 달려 요양(遼陽)에 이르러 구원병을 요청하니, 제독이 공의 지극한 정성을 보고 정월(正月)에 출병할 것을 허락하였다. 이에 평양성의 승리[162]가 있게 되었다. 처음에 평양을 차지한 적들이 오만불손한 편지를 보내 자신들과 함께 명나라를 치자고 요구하였는데, 공이 임금께 대의를 내세워 적들의 간악한 음모를 꺾자고 권하였다. 우리 조정의 상황을 엿보던 명나라 사람이 돌아가 대사마(大司馬)에게 보고하여 우리의 본의가 더욱 명백하게 드러나니, 명나라의 왜구 토벌이 이에 실행되었던 것이다.

시사(時事)가 급변하여 자주(咨奏)할 것이 매우 많았는데, 공이 다급한 상황에 맞게 잘 대처하여 차질을 빚지도 않았고 일을 망치지도 않았다. 명나라 장수 황응양(黃應暘)이 유민(遺民)들을 불러 모으기로 하였는데, 길을 나서면서 회유할 격문을 급박하게 지어 달라고 하였다.

161 이 제독(李提督) : 명(明)나라 장수 이여송(李如松, 1549~1598)으로, 1598년(선조31) 달단(韃靼)과의 전투에서 전사하였다. 229쪽 각주136 참조.

162 평양성의 승리 : 1593년(선조26) 1월 왜장 소서행장(小西行長)이 점령하고 있던 평양성을 탈환한 것을 말한다. 1592년 12월 말 압록강을 건너온 명나라 제독(提督) 이여송의 4만 군사와 조선의 도원수(都元帥) 김명원(金命元) 휘하 8,000명의 병력, 그리고 승장(僧將) 휴정(休靜)과 유정(惟政)이 이끄는 2,200명의 병력이 연합하여 1월 6일 총공격을 감행하였다. 싸움은 주야 3일간 혈전을 거듭하여 4일째인 1월 9일, 적은 1만 5000의 병력 가운데 1만 명의 전사자를 버려두고 퇴각하였다. 이로써 적의 손에 들어간 지 7개월 만에 평양성을 탈환하였다.

임금께서 공에게 명하자 곧바로 글을 써서 완성하였다. 일찍이 임금이 스스로 질책하는 교서(敎書)[163]를 공이 지었는데, 그 가운데 다음과 같은 말이 있었다.

"용만의 한 모퉁이까지 왔으니 국운이 어렵게 되었도다. 땅이 이미 다 하였으니 내가 장차 어디로 돌아가랴. 저 긴 강을 바라보니 또한 동으로 흐르는구나. 돌아가고자 하는 한 가지 생각이 저 넘실거리는 강물과 같도다."

이 글을 보고 원근의 백성들이 눈물을 뿌리고 의병들이 팔을 걷어부치고 떨쳐 일어나니, 사람들이 흥원(興元)의 조서(詔書)[164]에 비유하였다.

제독 이여송은 이미 왜적을 격파했고, 경략(經略) 송응창(宋應昌)은 병권을 쥐고 있었으므로, 각자 자신의 공을 드러내고자[165] 장차 우리나라에서 올리는 승전 보고서를 살펴서 자신에게 유리한 형세를 만들려고 하였다. 공이 두 사람의 공로를 모두 추천하여 어느 쪽 편도 들지 않으면서 기리는 말을 지극히 드날리니, 두 사람이 모두 만족해하며 동방에 인물이 있다고 하였다. 이에 동부승지(同副承旨)에 발탁되어 임금을 좌우에서 모시며 일에 따라 보좌하였는데, 임금께서 언제나

163 교서(敎書) : 이 교서는 이호민의 《오봉집(五峯集)》 권10에 〈교전라도사민서(敎全羅道士民書)〉라는 제목으로 수록되어 있다.

164 흥원(興元)의 조서(詔書) : 경원 절도사(涇原節度使) 요영언(姚令言)이 반란을 일으키자, 당 덕종(唐德宗)이 봉천(奉天)으로 몽진했는데, 그곳에서 국난의 책임을 자신에게 돌리는 내용의 조서를 육지(陸贄, 754~805)에게 작성하도록 한 일이 있다.

165 공을 드러내고자 : 잔공(僝功)은 쌓은 공적을 드러내는 것을 말한다. 《서경》 〈요전(堯典)〉에 "공공이 바야흐로 공적을 모아 나타냅니다.〔共工方鳩僝功〕"라고 하였다.

직함으로 부르고 이름을 부르지 않으셨다.

명나라 병부 상서(兵部尙書) 석성(石星)이 전란이 오래도록 끝나지 않는다는 이유로 왜적과의 화친을 허락하려고 하니, 비록 우리나라 사람이라 하더라도 회유(懷柔)를 생각하였다. 공이 말하기를 "한 하늘을 함께 이고 살 수 없는 원수들에게, 하루아침에 강화를 허락한다면 어찌 돌아가 선릉(宣陵)과 정릉(靖陵)을 뵐 수 있겠습니까."[166]라고 하였다. 공이 말이 채 끝나기도 전에 임금께서 날카로운 목소리로 "시종(始終) 적들을 두려워하지 않는 사람은 오직 나와 그대뿐이오."라고 하셨다.

조정의 명령을 받들어 개성(開城)으로 제독 이여송을 만나러 가는 길에 대부인의 병을 살피고, 이윽고 상을 당하자 영구를 모시고 돌아가 안장하였다. 공이 조정에서 물러나자 수없이 밀려드는 문서를 처리할 사람이 없었으므로, 사정을 고려하지 않고 상중에 있는 공을 조정에 나오게 하였는데, 공이 열 차례에 걸쳐 소장을 올려 간절히 상례를 마칠 수 있도록 해달라고 요청하였다. 임금께서 사명(辭命)의 득실(得失)은 실로 국가 존망과 관계된다는 이유로 허락하지 않으셨다. 심지어 "사태의 실상을 조리 있게 드러내 명백하게 펼쳐냄으로써 위기에 빠진 나라를 구원해 전공(戰功)과 표리가 되니, 붓끝이 어찌 칼끝만 못하겠는가."라고 하셨으니, 위로하고 타이르시는 말씀이 극진하였다.

을미년(1595, 선조28)에 상기(喪期)를 마치자, 승지(承旨), 참지

166 어찌……있겠습니까 : 선릉(宣陵)은 성종(成宗)과 계비(繼妃) 정현왕후(貞顯王后)의 능이고, 정릉(靖陵)은 중종(中宗)의 능이다. 임진왜란 때 선릉과 정릉이 왜군에 의해 파헤쳐진 일이 있기 때문에 이렇게 말한 것이다.

(參知), 대사간(大司諫)에 두 번, 부제학(副提學)에 네 번 임명되었다. 병신년(1596) 겨울에 특별히 가선대부(嘉善大夫) 대사헌(大司憲)에 임명되어 왕자(王子) 임해군(臨海君)이 간사한 자를 비호한 죄를 바로잡자, 임금께서 말씀하시기를 "부자 사이의 일을 경이 모두 말하니, 그 풍채(風采)가 가상하오."라고 하셨다. 정유년(1597)에 대사헌, 도승지 겸 홍문관제학(都承旨兼弘文館提學)을 거쳐 8월에 자헌대부(資憲大夫)에 오르고 예조 판서(禮曹判書)에 임명되었다.

기해년(1599)에 감군 어사(監軍御史) 진효(陳效)가 군중에서 죽자,[167] 공이 빈사(儐使)가 되어 제문을 가지고 가서 제사하였는데, 그 글에 "거백옥(蘧伯玉)이 궁 앞을 지나가도 옛 수레의 소리가 아니고, 왕손가(王孫賈)가 돌아오지 않으니 영원히 저물녘에 나간 아이가 되었네."[168]라고 하니, 한 무리의 군사들이 눈물을 흘렸다.

167 진효(陳效)가 군중에서 죽자 : 진효의 자는 충보(忠甫), 호는 민록(岷麓)으로, 사천(泗川) 성도부(成都府) 정연현(井研縣) 사람이다. 정유년(1597) 12월에 동정군(東征軍)의 공죄(功罪)를 조사하라는 명을 받고 조선에 왔다가, 이듬해 2월 22일에 갑자기 죽었다. 당시 전해지는 말로는 유정(劉綎)에게 독살되었다고 하였다. 《象村稿 卷39 天朝詔使將臣先後去來姓名》

168 거백옥(蘧伯玉)이……되었네 : 진효의 죽음을 애도하는 표현이다. 거백옥은 춘추 시대 위(衛)나라의 대부(大夫)로, 이름은 원(瑗)이다. 사람이 없는 한밤중에도 임금이 계신 궁 앞을 지날 때면 수레에서 내려 걸어갔다고 한다. 《列女傳 仁智傳》 이것은 진효가 어진 신하였다는 것을 말한 것이다. 왕손가(王孫賈)는 춘추 시대 제(齊)나라의 대부로, 그의 어머니가 "네가 아침에 나가 늦게 돌아올 때면 나는 대문에 기대 네가 돌아오는지 바라보았고, 네가 저녁에 나가 돌아오지 않으면 나는 마을 문 앞에 기대서서 네가 돌아오기를 기다렸다.〔女朝出而晩來, 則吾倚門而望. 女暮出而不還, 則吾倚閭而望.〕"라고 하였다는 고사가 전한다. 《戰國策 齊策》 이것은 진효의 어머니가 살아 계셨기에 한 말이다.

조정으로 돌아와 거듭 소장을 올려 물러나기를 청하였으니, 대개 당시의 의론이 서애(西厓) 유성룡(柳成龍)을 극력 공격하여 근거없는 비방이 공에게까지 미쳤기 때문이었다. 임금께서 그 정상을 살피고 넉넉한 비답을 내려 불허하면서 "경의 충효는 해와 달을 관통하는데, 어찌 차마 나를 버리고 가려고 하오."라고 하셨다.

신축년(1601, 선조34)에 학사 고천준(顧天峻)[169]이 조칙(詔勅)을 받들고 우리나라에 왔다. 임금께서 문장을 잘 짓는 사람 중에서 의주 연위사(義州延慰使)를 뽑게 하셨는데 공이 뽑혔다. 이듬해 봄에 과연 이정귀(李廷龜)[170]를 대신하여 원접사(遠接使)가 되었다. 사행(使行)에서 돌아와 양관(兩館)의 대제학(大提學)에 임명되었다. 계묘년(1603)에 숭정대부(崇政大夫) 좌참찬(左參贊)에 올랐다.

갑진년(1604)에 충근정량효절협책호성 공신(忠勤貞亮效節協策扈聖功臣)에 책록되고 연릉군(延陵君)에 봉해졌다. 이윽고 부원군(府院君)에 오르고 정1품이 되었다. 이에 종백(宗伯)과 문형(文衡)과 겸직의 해임을 요청하였다. 그리고는 문을 닫고 정원의 길도 쓸지 않았으며,[171] 세상일을 털어 버린 채 일찍이 관직에 몸담지 않았던 것처럼 초연하였다. 신 문정공(申文貞公)[172]이 일찍이 말하기를 "지천명(知天

169 고천준(顧天峻) : 당시 명나라 한림원 시강(翰林院侍講)이었는데, 사신으로 조선에 왔다.

170 이정귀(李廷龜) : 1564~1635. 본관은 연안(延安), 자는 성징(聖徵), 호는 월사(月沙)·보만당(保晩堂), 시호는 문충(文忠)이다. 《月沙集 附錄 卷3 諡狀》

171 문을……않았으며 : 두문각소(杜門却掃)는 북위(北魏) 이밀(李謐)의 "대문을 닫고 정원의 길도 쓸지 않았으며, 산업은 돌보지 않은 채 독서만 일삼았다.〔杜門却掃, 棄産營書.〕"라는 말에서 유래하였다. 《魏書 卷90 逸士列傳 李謐》

命)의 나이를 지나 일에서 물러나 한가롭게 지내니, 그 밝은 식견과 고매한 인품은 사람들이 미칠 수 없는 수준이다."라고 하였다.

무신년(1608, 선조41)에 선조(宣祖)께서 승하하시자, 공이 경사(京師)에 가서 부음(訃音)을 알리고 왕위 계승을 요청하였는데,[173] 명나라 조정에서는 광해군(光海君)이 적장자의 위호가 바르지 않다는 이유로 곧바로 허락해 주지 않았다. 그러자 바른 사람을 미워하고 아첨을 좋아하는 간흉한 사람이 사신의 죄로 얽어서[174] 법률을 혹독하게 적용하였다. 광해군이 처음에는 따르지 않다가, 마침내 정인홍(鄭仁弘)[175]의 참소대로 공을 파직했다가 얼마 뒤에 다시 서용(敍用)하였다.

광해군이 수년간 재위하면서 전혀 충간(忠諫)을 듣지 않고, 줄줄이 언관(言官)들을 내쫓았다. 정온(鄭蘊)[176]이 외지로 전보된 일을 계기로

172 신 문정공(申文貞公) : 신흠(申欽, 1566~1628)으로, 본관은 평산(平山), 자는 경숙(敬叔), 호는 현헌(玄軒)·상촌, 시호는 문정(文貞)이다.《樂全堂集 卷13 先府君領議政文貞公行狀》

173 선조(宣祖)께서……요청하였는데 : 1608년(선조41) 선조가 죽고 광해군이 즉위하자, 이호민이 고부청시승습사(告訃請謚承襲使)로 명나라에 간 것을 가리킨다. 광해군이 임무를 성실히 수행하고 온 것에 대하여 포상하려 했으나, 〈고부시공로사차(告訃時功勞辭箚)〉를 올려 사양했다.

174 바른……얽어서 : 정인홍(鄭仁弘)을 위시한 대북(大北)의 인사들이 명나라로부터 광해군의 즉위를 인준 받지 못한 죄로 이호민을 다스려야 한다는 주장을 펼친 일을 말한다.

175 정인홍(鄭仁弘) : 1535~1623. 본관은 서산(瑞山), 자는 덕원(德遠), 호는 내암(來庵)이다.《孤臺日錄 人名錄》

176 정온(鄭蘊) : 1569~1641. 본관은 초계(草溪), 자[illegible]원(輝遠), 호는 동계(桐溪)·고고자(鼓鼓子), 시호는 문간(文簡)이다. 1614년(광해[illegible]창대군(永昌大君)의 처형이 부당함을 상소하였다가 광해군의 노여움을 사, 제주도 대[illegible] 10년

공이 소장을 올려 보류할 것을 요청하였다. 또 다음과 같이 말하였다.

"김륵(金玏)[177]은 선왕조(先王朝)의 구신(舊臣)인데, 70세의 나이에 영남(嶺南)을 떠돌고 있으며, 이준(李埈)은 일을 논하다가 용납되지 않자 조각배를 타고 남쪽으로 돌아갔습니다.[178] 그리고 심집(沈諿)[179]과 김치원(金致遠)[180]이 연달아 멀고 험한 곳으로 폄척되었습니다. 신은 전하께서 언관을 미워하는 바가 일시적인 것이 아니라 오래된 것임을 알겠습니다."

소장이 들어갔으나 광해군은 살펴보지도 않았다.

임자년(1612, 광해군4)에 조카사위 김직재(金直哉)가 사형수로 체포되고 집안사람이 줄줄이 엮여 들어가 집안이 뒤집힐 때,[181] 공도 체포

간 유배 생활을 하였다. 《桐溪集 附錄 卷1 贈資憲大夫吏曹判書……義禁府春秋館事鄭公諡狀》

177 김륵(金玏) : 1540~1616. 본관은 예안(禮安), 자는 희옥(希玉), 호는 백암(柏巖), 시호는 민절(敏節)이다. 1612년(광해군4) 대사헌으로 김직재(金直哉)의 무옥(誣獄)에 연루되어 강릉으로 유배되었다.

178 이준(李埈)은……돌아갔습니다 : 이준(1560~1635)의 본관은 흥양(興陽), 자는 숙평(叔平), 호는 창석(蒼石), 시호는 문간(文簡)이다. 《樊巖集 卷39 贈嘉善大夫吏曹參判……蒼石先生李公行狀》

179 심집(沈諿) : 1569~1644. 본관은 청송(靑松), 자는 자순(子順), 호는 남애(南崖), 시호는 효간(孝簡)이다. 《宋子大全 卷165 禮曹判書沈公神道碑銘 幷序》

180 김치원(金致遠) : 1572~? 본관은 부안(扶安), 자는 사의(士毅), 호는 탁계(濯溪)이다.

181 김직재(金直哉)가……때 : 김직재(1554~1612)의 옥(獄)을 가리킨다. 김직재의 본관은 안동(安東), 자는 경어(景魚)로 이호민의 조카사위이다. 1612년(광해군4) 2월 김경립(金景立)의 관인위조사건이 벌어지자, 김직재는 아들 김백함(金百緘)과 함께 반역을 꾸민다는 혐의로 투옥되어 친국(親鞫)을 받았다. 이때 고문에 못 이겨 이호

되었다가 풀려났다. 그러나 정인홍이 이전의 유감을 잊지 못하여 다시 무신년(1608, 선조41)에 사신으로 갔다가 인준을 받지 못하고 돌아왔던 일을 끄집어냈다. 그러자 삼사(三司)가 정인홍의 의도대로 연달아 소장을 올려 귀양 보낼 것을 청하였다. 광해군이 정인홍의 뜻을 어기기도 어렵고, 한편으로는 죄 없는 공이 가엾기도 하여 곧바로 비답을 내리지 않았다. 이로부터 7년 동안 교외에서 처분을 기다렸다. 공이 처음 조정에 들어가 문아(文雅)함으로써 임금에게 인정을 받아 특별히 선택되어[182] 높은 관직에 올라 지위가 극품(極品)에 이르렀는데, 이때에 이르러 비운(否運)을 만나 천지가 어두워지고 연달아 좌절을 겪으며 법망에 걸렸으니, 이 또한 운명이다.

남쪽 성곽 아래 땅을 빌려 집을 짓고 살면서 쓸쓸히 세상일에 관심을 끊은 채 눈과 귀를 닫았다. 비록 맥없이 순리대로 지냈으나, 윤리가 무너지고 여러 명현(名賢)들이 일시에 쫓겨나는 것을 보다가, 백사(白沙) 이항복(李恒福)이 관북(關北)으로 유배될 때[183] 길에서 이별하면서 서로 시를 지어 서글픈 마음을 나타내니, 듣는 사람들이 가슴 아파

민, 송상인(宋象仁), 정호선(丁好善), 윤안성(尹安性) 등과 함께 진릉군(晉陵君)을 받들어 반란을 일으켜 이이첨(李爾瞻) 등 대북(大北) 일파를 제거하려 했다고 거짓 진술하여 김직재 부자는 사형당하고 1백여 명의 소북파(小北派)가 처벌되었다.

182 특별히 선택되어 : 적간(迪簡)은 가려 뽑는 것을 의미한다. 《서경》 〈다사(多士)〉에 "이제 너희들은 '하나라의 선비들이 깨우쳐 인도하고 선발하여 상나라 왕의 조정에 있었으며, 일하는 자들이 백가지 관료에 있었다.'라고 한다.〔今爾其曰, 夏迪簡在王庭, 有服在百僚.〕"라고 하였다.

183 백사(白沙)……때 : 1617년(광해군9) 11월에 인목대비(仁穆大妃) 폐모론(廢母論)이 결정되고, 이항복이 북청(北靑)으로 유배될 때를 가리킨다.

하였다.

금상(今上 인조(仁祖))께서 즉위하시자, 공이 선왕조(先王朝)의 덕망(德望) 있는 노신(老臣)이라 하여 항상 넉넉한 예로 대우하셨다. 공은 당시 대질(大耋)의 연세가 되어 걸음걸이가 불편했는데, 여러 노인들과 아회(雅會)를 갖기로 약속하여 견여(肩輿)를 타고 오가니, 그 풍류가 볼만하였다.

공은 처음에 호를 오봉(五峯)이라 하였는데, 늘그막에 한가롭게 지내면서 온갖 상념을 다 잊고 온종일 눈을 감고 지냈기에, 다시 호를 수와(睡窩)라고 하였다.

갑술년(1634, 인조12) 윤8월에 감기에 걸려 댁에서 운명하니, 태어난 계축년(1553, 명종8)으로부터 헤아려 보면 향년 82세였다. 궁에서 장례 물품을 돕고, 예관(禮官)을 보내 조문하였으며, 제사를 전례에 맞게 지냈다. 양근군(楊根郡) 북쪽 마유산(馬游山) 등성이에 안장하고 두 부인을 합장하였다.

첫 번째 부인 파평 윤씨(坡平尹氏)는 사직(司直) 문로(文老)의 딸이다. 아들 경엄(景嚴)은 문과에 급제하여 부평 부사(富平府使)이고, 딸은 급제한 신율(申慄)에게 시집갔다. 두 번째 부인 양천 허씨(陽川許氏)는 학생(學生) 호(昊)의 딸이다. 두 딸을 낳았는데, 진사(進士) 송민고(宋民古), 학생 강헌(姜𤅷)에게 시집갔다. 측실(側室) 소생은 경륙(景陸)과 경호(景湖)이다.

공은 자질이 특별히 뛰어나고 풍채가 맑고 시원하였다. 평소에 깔끔하게 씻고 의관을 바르게 하였으니, 의젓한 모습이 범접할 수 없을 것 같았다. 효성과 우애와 돈독함과 화목함이 천성적으로 지극하여, 선조의 기일을 만날 때마다 사흘 동안 흰 옷을 입고 재계하며 일찍이 치아를 보이지 않았다. 항상 자제들에게 다음과 같이 말하였다.

"일찍 아버지를 여의고 홀어머니를 모셨으니, 경서를 공부하여 입신(立身)을 바란 것은 애당초 작은 벼슬이라도 해서 어머니를 잘 모실 요량이었지,[184] 문한(文翰)으로 화려하게 드러나 귀한 자리에 오르는 것은 바라던 바가 아니었다. 그러나 중간에 혼란한 시대를 겪으며 훈봉(勳封)을 받는 데까지 이르렀으니, 이는 더욱이 꿈에서도 생각지 않았던 것이다. 아버지는 어려서 여의고 어머니는 난리 중에 여의어 모두 예법을 다 지키지 못했으니, 이것이 내 평생의 지극한 아픔이다."

젊어서 맏형 참판공(參判公)을 섬겨 우애와 공경을 지극하게 하였다. 아우 창성공(昌城公)이 일찍 운명한 것을 슬퍼하며 여러 조카들을 친자식과 다름없이 돌보아 주었다. 친척들 가운데 가난하여 넉넉하지 못한 사람이 있으면, 굶주림과 배부름을 함께하며 난색을 보이지 않았다. 진실로 친척의 정의로 찾아오는 사람이 있으면, 내외(內外)와 친소(親疏)를 가리지 않고 한결같은 마음으로 대우하였다. 고향 선비들

184 작은……요량이었지 : 미관말직이라도 나아가 어머니를 편안하게 모실 생각이었다는 말이다. 봉일격(奉一檄)은 격문을 받든다는 말로, 후한(後漢) 모의(毛義)의 고사에서 유래하였다. 모의가 절행(節行)이 있다는 말을 듣고 장봉(張奉)이 찾아갔는데, 그의 집에 앉자마자 모의를 수령으로 초청하는 부격(府檄)이 도착하였다. 이를 받은 모의가 얼굴에 희색이 만연하므로 장봉은 실망하고 돌아왔다. 그 뒤 어머니가 돌아가시자 모의는 벼슬을 버리고 돌아와 상을 치르고는, 관직에 임명해도 다시는 나가지 않았다. 그제서야 장봉이 감탄하며 "훌륭한 인물은 진실로 알기 어렵구나. 지난날 기뻐한 것은 어머니를 위해 지조를 굽힌 것이었으니, 이것이 이른바 집이 가난하고 어버이가 늙으면 관직을 가리지 않고 벼슬을 한다는 경우이구나.〔賢者固不可測, 往日之喜, 乃爲親屈也. 斯蓋所謂家貧親老, 不擇官而仕者也.〕"라고 하였다.《後漢書 卷69 劉趙淳于江劉周趙列傳》

가운데 서울에 올라와 객지 밥을 먹는 사람들은 반드시 공에게 의지하였는데, 공이 머물 곳을 제공하고 음식을 대접하였으며 있고 없는 것을 물어서 그들이 하고자 하는 것을 성취시켜 주었으니, 원근의 사람들이 그 의리를 사모하였다.

높은 관직에 50년이나 몸담았지만 일찍이 아주 작은 것이라도 집에 이롭게 하지 않았으니, 온 식구가 오직 공의 녹봉(祿俸)만 바라보았다. 관직에서 물러나는 데 이르러서는 조석의 끼니를 마련하지 못할 정도였지만 느긋한 마음으로 거처하였다. 사람들이 혹 선업(先業)을 경영해 보라고 권하면, 공이 말하기를 "내 삶이 얼마 남지 않았으니, 이 정도면 만족스럽다. 어찌 쓸데없이 마음과 힘을 낭비하겠는가."라고 하였다.

조정이 혼탁하여, 뇌물을 주고 결탁하여 형벌을 면하는 일이 많았다. 어떤 사람이 공을 유혹하며 말하기를 "부모님이 늙으셔서 방법을 찾아야 하니, 공은 굳이 다르게 하지 마십시오."라고 하였다. 공이 말하기를 "늙은이가 임금의 은혜를 지나치게 많이 받았는데, 죽어가는 시기에 무엇을 다시 바라겠는가."라고 하였다.

공은 평소 검약하여 화려한 옷을 좋아하지 않았다. 선조(宣祖)께서 일찍이 공에게 말씀하시기를 "오늘 연신(筵臣)들이 모두 무늬 있는 비단 옷을 입었는데, 경만 홀로 그렇지 않으니 매우 가상하오."라고 하시고, 어의(御衣)를 들어 보이셨는데 무명 도포였다. 이에 좌우(左右)의 신하들이 대단히 부끄러워하였다.

집의(執義) 김순명(金順命)이 임해군(臨海君)의 횡포와 방자함을 논하여 그 말이 매우 올곧았는데, 임금께서 배척하셨다. 공이 눈물을 흘리며 변호하자, 임금께서 곧바로 말씀하기를 "경(卿)의 말이 옳소.

나도 뉘우치고 있소."라고 하셨다. 이와 같은 분이었지만 관직에서 물러나 집에서 지내면서부터는 조정의 득실(得失)을 묻지도 않고 인품(人品)의 고하(高下)를 말하지도 않았으며, 여러 사람과 함께 있으면서도 문란하지 않았고 홀로 있을 때는 더욱 엄격하였다. 분주하게 요직에 있는 사람들을 찾아다니며 만나지 않았으니, 당세에 맑은 명망을 지닌 분들을 헤아릴 때는 반드시 공을 앞세웠다.

공의 시문(詩文)은 기(氣)를 위주로 하여 날아갈 듯 호방하고 뛰어났다. 남의 것을 답습하지 않고 참신한 글을 지어, 차라리 작은 흠이 있을지언정 구슬과 같고, 조금 절뚝거릴지언정 천리마와 같았으니,[185] 붓을 들고 흉내나 내는 사람들이 도달할 수 있는 경지가 아니었다. 그러나 이미 탈고한 뒤에는 자제들이 보관하는 것을 허락하지 않으며 말하기를 "고인의 글에 다 갖추어져 있으니, 다시 더할 것이 없다."라고 하였다. 이처럼 하였기 때문에 문집이 약간 권에 불과하다.

나 민구(敏求)가 공의 문하에 출입한 지 20년쯤 되었다. 비록 감히 공의 전모를 들어 평가하지는 못하지만, 문장의 격조는 드높고 훌륭한 명성과 아름다운 덕망을 지녔으며 중흥의 시기에 훌륭한 지혜를 발휘하였으니, 많은 사람들이 공은 육경여(陸敬輿)[186]와 같은 사람이라고 인정하였다. 어려운 시대를 만나 곧은 절개를 지켜서 시종 이름을 온전히 하였으니, 어찌 고상한 군자(君子)가 아니겠는가.

185 작은……같았으니 : 이 말은《엄주사부고(弇州四部稿)》권86〈명중헌대부복건제형안찰사제학부사방성종군묘지명(明中憲大夫福建提刑按察司提學副使方城宗君墓誌銘)〉에 보인다.

186 육경여(陸敬輿) : 소주(蘇州) 가흥(嘉興) 사람 육지(陸贄, 754~805)로, 자는 경여이다. 당(唐)나라의 명재상이자 문장가이다.

삼가 가장(家狀)에 기록된 행적과 뛰어난 공적을 채록하여 시호(諡號)를 내려주는 은전(恩典)을 청한다.

동주집

문집 제7권

비명
碑銘

연원부원군 겸 이조판서 이공 신도비명 병서

延原府院君兼吏曹判書李公神道碑銘 幷序

연원(延原) 이공(李公)이 이조 판서(吏曹判書)로서 인사 행정을 담당한 것은 선조(宣祖) 말년의 일이었다. 머지않아 공이 정승의 자리에 올라 공업을 빛내 줄 것이라고 선비들이 바랐지만, 얼마 지나지 않아 시사(時事)가 크게 변하였다. 이에 공은 물러나 한가롭게 지내며 16년 동안 하루도 관직을 담당하지 않았다.[1]

계해년(1623, 인조1)에 금상(今上 인조(仁祖))께서 국내의 위난(危難)을 안정시키고 왕위에 오르자마자, 그날 밤에 곧바로 공을 등용하여 이조 판서를 삼으시니, 임금께서 관심을 기울인 것이 지극하다는 것을 조정과 재야의 사람들이 분명하게 알았다. 그러나 공은 이미 연세가 높아 힘든 일을 맡을 수 없었기에 노장(露章)을 올려 고사하였다. 7년이 지난 기사년(1629)에 훈봉(勳封)을 띠고 재직 중에 별세하였다. 아아, 정승[2]의 자리에 오르는 것은 진실로 천명(天命)이 있는 것이로구나.

삼가 살피건대 공의 휘(諱)는 광정(光庭), 자는 덕휘(德輝)[3]이다.

1 얼마……않았다 : 이광정이 광해군(光海君)의 재위(在位) 기간에 출사하지 않았음을 말한다.

2 정승 : 삼사(三事)는 하늘을 섬기고 땅을 섬기고 사람을 다스리는 일을 하는 신하라는 말로, 삼공(三公)과 육경(六卿)을 가리킨다. 공상(公相)은 공경(公卿)과 재상(宰相)을 가리킨다. 여기서는 이광정이 정승의 자리에 오르지 못한 것을 말하였으므로, 정승으로 풀이하였다.

이씨의 가계(家系)는 연안(延安)에서 나왔다. 상세(上世)에 습홍(襲洪)이 출사(出仕)하여 고려조에 태자 첨사(太子詹事)의 관직을 역임하였고, 후손들이 관직에 계속 올라 대대로 공적이 기록되었다. 6대를 지나 귀산(貴山)[4]은 비로소 우리 조정에 출사하여 도관찰사(都觀察使)가 되었다. 아들 속(續)은 춘천 부사(春川府使)를 지냈는데, 왕실과의 연인(連姻)을 달가워하지 않아 아들 근건(根健)과 함께 폐고(廢錮)되었다.[5] 근건이 휘 인문(仁文)을 낳았으니 첨지중추부사(僉知中樞府事)를 지냈다. 이분이 휘 말(抹)을 낳았으니, 아버지를 이어 과거에 급제하여 삼척 부사(三陟府使)로 있다가 운명하였고, 판서에 증직되었다. 이분이 휘 경종(慶宗)을 낳았는데, 여산 군수(礪山郡守)를 역임하고 찬성(贊成)에 증직되었다. 이분이 휘 주(澍)를 낳았으니, 선비의 행실을 닦아 당세에 이름이 드러났다. 일찍이 정언(正言)에 임명되었을 때 어떤 일에 대해 논했는데, 당시의 기휘(忌諱)에 저촉되어 가산 군수(嘉山郡守)로 좌천되었다가 세상을 떠났다. 영의정(領議政)에 증직되고 연녕부원군(延寧府院君)에 봉해지니, 이분이 공의 선고(先考)이다.

3 덕휘(德輝) : 이민구는 이광정의 자를 직접 밝히지 않은 채 모(某)라고 하였는데, 이준(李埈, 1560~1635)의 기록에 근거하여 보충하였다.《蒼石集 卷16 忠勤貞亮效節協策扈聖功臣忠勤貞亮效節協策扈聖功臣……李公墓誌銘》

4 이귀산(李貴山) : ?~1424. 본관은 연안(延安), 자는 홍서(興瑞), 호는 괴은(槐隱)이다.

5 아들……폐고(廢錮)되었다 : 한백겸(韓百謙)의 《구암유고(久菴遺稿)》 하 〈영응이선생행장(永膺李先生行狀)〉에 "태종대왕이 포의일 때 교제하였으므로, 후궁의 소생으로 혼인하기를 바랐으나 공이 달가워하지 않았다. 사자에게 대답한 말이 자못 거만하여 죄를 받았다.〔太宗大王與之爲布衣交, 以後宮所出求爲婚, 公不肯, 對使者語頗倨, 獲罪.〕"라고 하였으니, 이 내용에서 이속(李續)이 폐고된 원인을 알 수 있다.

선비(先妣) 유씨(柳氏)는 본관이 진주로, 정국 원훈(靖國元勳) 순정(順汀)[6]의 증손이며, 군수 사필(師弼)[7]의 딸이다. 가정(嘉靖) 임자년(1552, 명종7)에 공을 낳았다.

공은 6, 7세 때부터 글을 배웠는데, 찬성공(贊成公 이경종(李慶宗))이 항상 눈여겨보고 말씀하기를 "이 아이가 장차 우리 가문을 크게 일으킬 것이다."라고 하였다. 동년(童年)이 겨우 지난 나이에 이미 학문을 성취하여 향시(鄕試)에 합격하였다. 계유년(1573, 선조6)에 성균관(成均館)에 들어가자, 동료들이 모두 추앙하고 존중하여 나란히 하지 못하였는데, 공은 가정(家庭)의 가르침을 따라 박사가(博士家)의 말을 전념하여 익히지 않았고, 선후로 상사(喪事)를 만났으므로 벼슬길 진출에 차질이 있었다. 만력(萬曆) 경인년(1590)에야 비로소 교관(教官)으로서 문과에 급제하였다.

신묘년(1591)에 승문원 정자(承文院正字)를 거쳐 사직(史職)에 추천 임명되었다. 이듬해 세자가 책봉되었는데, 춘방 설서(春坊設書)로서 세자의 행차를 따라 관서 지방으로 왜구를 피했다.[8] 길에서 정언 겸 지제교(正言兼知製教)에 임명되었고, 자리를 옮겨 예조와 병조의 좌랑(佐郎)이 되었다. 또 이듬해 계사년(1593)에 명나라 군대가 평양성을 회복하자, 공이 접반사(接伴使) 이덕형(李德馨)[9] 공을 도와 실질

6 유순정(柳順汀) : 1459~1512. 본관은 진주(晉州), 자는 지옹(智翁), 호는 청천(菁川)이다. 1506년(중종1) 이조 판서로서 중종반정을 모의하였다. 그 공으로 정국공신(靖國功臣) 1등에 책록되고, 청천부원군(菁川府院君)에 봉해졌다.

7 유사필(柳師弼) : 1501~1559. 본관은 진주, 자는 희현(希賢)이다. 온양 군수(溫陽郡守)를 역임하였다. 《忍齋集 卷3 有明朝鮮國通訓大夫溫陽郡守柳公墓碣銘 并序》

8 이듬해……피했다 : 임진왜란 당시 의주로 피난한 일을 가리킨다.

적으로 그 일에 종사하였다. 이윽고 지평(持平)으로 조정의 부름을 받았는데, 병조 정랑(兵曹正郎)으로 고쳐 임명되었다가, 동부승지(同副承旨)에 발탁되었다. 그 뒤에 이조와 예조와 병조의 참의를 역임하였다. 을미년(1595, 선조28) 가을에 좌승지(左承旨)로서 반역의 옥사(獄事)를 맡아 처리한 공로로 가선대부(嘉善大夫)에 올랐으며 성균관 대사성(成均館大司成)이 되었다.

정유년(1597)에 명나라 조정이 오랑캐의 기만을 토벌하기 위해 거듭 군사를 일으켜 동쪽으로 나오니, 군수(軍需) 조달을 모두 우리의 도움에 의지하였고, 호남(湖南)은 새로 침략을 당하니 도탄에 빠져 온전하지 못하였다. 당시 공은 부사(副使) 심유경(沈惟敬)[10]의 접반사가 되어 영남(嶺南)에 갔다가 돌아왔는데, 곧바로 호조 참판(戶曹參判)에 임명되어 군량을 관장하였다. 그해 겨울에 양원(楊元)이 남원을 버리니,[11] 공이 탈출하여 조정으로 돌아왔으나 호남의 군향(軍餉)은 그대로 담당하였다.

무술년(1598)에 자헌대부(資憲大夫)에 초배(超拜)되고, 제독(提督) 마귀(麻貴)[12]를 따라 울산에 다녀왔다. 기해년(1599)에 호조와 공

9 이덕형(李德馨) : 1561~1613. 본관은 광주(廣州), 자는 명보(明甫), 호는 한음(漢陰)이다. 《愚伏集 卷20 漢陰李公行狀》

10 심유경(沈惟敬) : ?~1597. 명(明)나라 사람으로, 1592년(선조25) 임진왜란 당시 명나라 군대를 따라 조선에 들어왔다.

11 양원(楊元)이 남원을 버리니 : 양원은 명나라 장수로, 1592년(선조25) 임진왜란 당시 조선에 왔었고, 정유재란이 시작되자 1597년에 다시 참전하여 남원성을 방비하였으나 패배하였다.

12 마귀(麻貴) : 1597년(선조30) 정유재란 당시 조선에 파견된 명나라 군대의 제독이

조의 판서가 되었고, 한성부 판윤(漢城府判尹)에 임명되었다. 또 호남(湖南)의 군향을 맡게 되었다. 전후로 바닷가 고을을 출입하며 왕명을 수행하느라 노고가 많았으므로, 선조(宣祖)께서 탄복하셨다.

임인년(1602, 선조35)에 호조(戶曹)와 예조(禮曹)를 거쳐 이조 판서(吏曹判書)에 임명되었는데, 사직한 뒤에 대사헌(大司憲)이 되었다. 가을에 표문(表文)을 받들고 연경(燕京)에 가게 되었는데,[13] 청렴하고 엄격하며 방정하고 근면하여 몸가짐이 아랫사람의 모범이 되었다. 어떤 편비(褊裨)가 아버지를 위해 추위에 입는 갖옷을 샀는데, 이윽고 그렇게 해서는 안 된다고 하면서 말하기를 "어찌 나의 사사로운 일 때문에 우리 공에게 누를 끼치겠는가." 하였다. 이에 통역하는 사람 가운데 이익만 추구하던 이들이 서로 경계하여 범하는 일이 없었다. 공이 연경에 있을 때, 임금께서 공의 이전 공로를 인정하여 이미 한 자급(資級)을 높여 주도록 명하셨다. 사행(使行)을 마치고 돌아오자 숭정대부(崇政大夫)의 직급을 더해 주고 노비를 넉넉히 하사하였으며, 판돈녕부사(判敦寧府事)와 판의금부사(判義禁府事)에 임명하셨다. 겨울에 또 예조에서 이조 판서로 옮겼는데, 염퇴(恬退)를 숭상하고 사알(私謁)을 막아, 만약 사사로운 청탁이 있으면 비록 재주가 뛰어난 사람이라도 반드시 배척하였으므로, 골목 밖에 한 사람의 자취도 없었다. 용렬하다느니 못났다느니 하며 사람들이 비방해도 공은 개의치

다. 같은 해 12월에 도원수 권율(權慄)과 합세하여 울산에 내려가서 도산성(島山城)을 포위 공격하였으나 패하였다.

13 가을에……되었는데 : 《선조실록》 35년 4월 22일 기사에 중궁고명주청사(中宮誥命奏請使)를 임명하는 기록이 있는데, 이광정이 상사(上使)이고, 장만(張晩)이 부사였다.

않았다.

갑진년(1604, 선조37)에 임금께서 공이 호종(扈從)한 공로를 기록하여 충근정량효절협책호성 공신(忠勤貞亮效節協策扈聖功臣)이라는 호를 내리고, 연원군(延原君)에 봉하셨다. 그해 가을에 보국숭록대부(輔國崇祿大夫) 연원부원군(延原府院君)에 진봉(進封)되었다. 이때부터 18년 동안 훈신(勳臣)으로 지내다가, 광해군 신유년(1621, 광해군13)에 다시 호조 판서(戶曹判書)에 임명되었다. 그러나 공은 선대 조정의 구신(舊臣)으로, 조정이 날마다 잘못되어 가는 것과 조정의 명령[14]이 날마다 새로 바뀌는 것을 보고, 드디어 병든 사정을 아뢰어 벼슬을 받으려 하지 않았다. 오직 때때로 봉조청(奉朝請)[15]만 받았을 뿐, 문을 닫고 손님을 받지 않았으며 화평한 자세를 스스로 고수하니, 위험과 모욕이 미치지 않았다.

이윽고 금상(今上 인조(仁祖))께서 공의(公議)를 따라 장차 공을 크게 쓰고자 하셨는데, 공은 물러날 나이[16]임을 들어 면직을 청하고 전혀 미련이 없었다. 하지만 임금께서 평소 공을 중시하였으므로, 연이어 공조와 형조의 판서를 맡겼으나, 얼마 지나지 않아 번번이 사직하였다.

14 조정의 명령 : 상위(象魏)는 본래 궁궐 밖에 세웠던 궐문(闕門)인데, 조정의 명령을 선포할 때 이곳에 내걸어 보였으므로, 나라의 법이나 명령을 의미하게 되었다.

15 봉조청(奉朝請) : 조선 시대 전직 관료를 대우하여 정3품 이상의 벼슬아치가 사임한 뒤에 특별히 주는 벼슬이다. 실무는 보지 않고 의식이 있을 때에만 조정에 나가 참여하며 종신토록 녹봉을 받았다.

16 물러날 나이 : 《예기》〈곡례 상(曲禮上)〉에 "대부가 70세가 되면 일을 그만둔다.〔大夫七十而致事〕"라고 하였다. 이광정은 1552년(명종7)에 태어났으므로, 인조(仁祖)가 즉위했을 당시 72세였다.

가장 마지막으로 병인년(1626, 인조4)에 개성 유수(開城留守)가 되었다. 그 지역은 옛 도읍으로 사람들은 이굴(利窟)로 여겼지만, 공은 더럽고 추잡한 것들을 척결하고 맑은 물로 씻어내듯 일신하였다. 가을에 해직되어 돌아올 때, 평소 사용하던 자잘한 물품까지도 모두 관부(官府)에 돌려주었으니, 그곳의 부로(父老)들이 그리워하는 시를 읊었다.

이때에 나라가 다시 파천(播遷)하게 되었는데, 공이 자력으로 호종하면서 일찍이 늙었다거나 병들었다는 핑계를 대지 않았다. 정묘년(1627)에 강화도로 들어가게 되자, 풍토병에 더욱 시달려 3년 뒤에는 병이 깊어지니, 임금께서 태의(太醫)에게 약을 가지고 가서 돌보게 하셨다. 부음(訃音)이 전해지자 조회를 멈추고 부의를 더해 주었으며, 염습(斂襲)과 반함(飯含)으로부터 상사에 필요한 모든 일을 유사(有司)가 담당하여 관청에서 도와주었다. 파주(坡州) 관아의 남쪽 노곡(弩谷) 등성이에 장사하니, 선영(先塋)을 따른 것이다.

아아, 공이 운명하자 진신대부(搢紳大夫)들은 다음과 같이 말하였다.

"세상에 어찌 공처럼 청명하고 온손(溫巽)하며 조정에 나가기를 어려워하고 초야로 물러나기를 쉽게 여기는 사람이 있겠는가. 명리(名利)가 한 세상을 풍미하여 그 절조를 빼앗는데, 공은 전아한 도리를 깨끗이 닦아 편안한 자리에 있을 때나 어려운 자리에 있을 때나 변함이 없으셨다. 작위(爵位)는 높았으나 지나칠 정도로 허리를 숙였으며, 권세의 길을 마치 겁쟁이가 함정을 피하는 것처럼 멀리하셨다. 아아, 어찌 이보다 더 세상 사람들의 모범이 될 수 있겠는가."

학사와 후배들은 다음과 같이 말하였다.

"세상에 어찌 공처럼 인심(仁心)으로 바탕을 삼아 엄격하고 신중하게 스스로를 단속하는 사람이 있겠는가. 겸손함이 아랫사람에게도 미쳐서[17] 한마디 말씀을 할 때도 오히려 남을 상심하게 할까 두려워하셨다. 그러나 내면이 굳세고 방정하여 다른 사람들에게 휩쓸리지 않아, 높은 관직에 계신 것이 거의 30년이었지만 평소의 신조가 한결같으셨다. 아아, 어찌 이보다 더 덕 있는 사람을 찾을 수 있겠는가."

향당(鄕黨)과 종족(宗族)의 사람들은 다음과 같이 말하였다.

"집안에서의 행실이 독실하고 공손하였고, 더욱이 친족 사이의 정의가 가장 자상하셨다. 공이 어려서 부모님을 섬길 때, 세심하게 자제로서의 직분을 다하고, 귀한 자리에 올라서는 미처 봉양을 다하지 못했다며 항상 그 일을 말씀하실 때마다 눈물을 흘리셨다. 아우 창정(昌庭)을 보살폈는데, 흰머리가 되도록 늙어서도 어릴 때와 같이 하셨다. 아우가 세상을 떠나자 대단히 슬피 곡하며 눈물을 흘리고, 5개월 동안 상선(常膳 평상시 먹는 반찬)을 물리치셨다. 종족들은 그 어짊을 우러르고, 마을 사람들은 그 의리에 탄복하였는데, 이제는 어떻게 이런 분을 볼 수 있겠는가."

하인들과 마졸(馬卒)들은 다음과 같이 말하였다.

"우리처럼 미천한 사람들이 어찌 감히 공에 대해 알겠는가. 그러나 권세가와 요직에 있는 사람의 집에서 일찍이 공의 수레를 보지 못하였고 뇌물이나 청탁이 일찍이 공의 집에 이르지 않았으니, 우리들이 이마에 손을 얹고 기대한 간절한 바람은 공에게 있을 뿐이었다. 그런데

17 겸손함이 아랫사람에게도 미쳐서 : 이광정의 겸손함을 말한 것이다. 《주역》 〈겸괘(謙卦) 단(彖)〉에 "천도는 아래로 내려와 구제하여 밝게 빛나고, 지도는 낮지만 위로 간다.〔天道下濟而光明, 地道卑而上行.〕"라고 하였다.

이제 어찌하여 그 바람대로 되지 못하였단 말인가."

이에 나 민구(敏求)는 삼가 여러 사람들의 칭송을 따라 공의 일생을 다음과 같이 서술한다.

공은 진실로 중흥(中興)의 훈신(勳臣)이며 현신(賢臣)이다. 충성스러운 마음으로 절의를 다하고 청렴한 자세로 행실을 닦았으니, 신하로서의 도리가 이와 같이 극진하였다. 성균관 유생에서 시작하여 이끌어주는 사람의 도움을 받지 않고서도 낭관(郎官)을 거쳐 은비(銀緋)의 반열[18]에 올랐고, 연달아 등급을 뛰어넘어 발탁되어 마침내 성대한 지위에 오르고 임금의 지우(知遇)를 받았으니, 어찌 우연히 이루어진 일이겠는가. 혼란한 시대를 만나 신하된 사람이 자신의 몸을 아낀다면 어찌 직분을 다할 수 있겠느냐며, 말고삐를 잡고 온갖 수고를 다하면서도 이로운 점과 해로운 점을 가리지 않았다. 또한 중외(中外)에 임금의 명령을 선포하느라 화살과 돌이 날아다니는 전장을 뛰어다니면서도 일찍이 집안의 안부를 묻지 않았다. 공이 고굉(股肱)의 신하[19]로서 직분을 다하고 충정(忠貞)을 다한 것이 이와 같았고, 임금께서 공에게 보답한 것도 또한 지극하셨다.

그러나 세상에 드문 지우를 받고서 만일 이익을 탐하는 마음이 싹튼다면, 이것은 나라를 저버리는 것이라고 스스로 생각하였다. 그러므로

18 은비(銀緋)의 반열 : 은은 은대(銀帶)로서 정3품에서 정6품까지의 문무관의 띠이며, 비는 금대로서 당상관(堂上官)을 말한다.

19 고굉(股肱)의 신하 : 임금을 충실히 보좌하는 신하를 말한다. 《서경》 〈군아(君牙)〉에 "지금 그대에게 명하노니, 그대는 나를 도와 나의 다리와 팔과 심장과 등뼈가 되어, 그대의 조고가 옛날에 하던 일을 이어, 조고에게 욕됨이 없게 하라.〔今命爾, 予翼, 作股肱心膂, 纘乃舊服, 無忝祖考.〕"라고 하였다.

공이 역임한 자리는 모두 세상 사람들이 이(利)를 주관하는 직책이라 한 번만 출입해도 그 집이 부유해진다고 여겼지만, 공은 빙벽(氷蘗)과 같은 지조를 더욱 깨끗하게 하여 봉록(俸祿) 이외에는 조금도 늘리지 않았다. 평소 곡식을 빌려 마련하고 제사도 지내지 못할 정도였으며,[20] 해진 옷을 입고 여윈 말을 타며 시종 한미한 선비처럼 사셨다. 그러므로 조정에서 일찍이 공을 염근리(廉謹吏)로 기록하여 한 시대의 모범이 되게 하였으니, 공은 순수한 덕과 아름다운 덕망을 지니고, 겸손함으로 복을 누리고 절조(節操)를 편안하게 여긴 분이라고 하겠다.

공은 두 번 장가들었다. 첫 번째 부인 청송 심씨(靑松沈氏)는 풍덕 군수(豐德郡守) 휘 순(荀)의 딸로, 가정(嘉靖) 경술년(1550, 명종5)에 태어나 37세에 세상을 떠났다. 두 번째 부인 양천 허씨(陽川許氏)는 개성 유수(開城留守) 휘 잠(潛)의 딸로, 융경(隆慶) 기사년(1569, 선조2)에 태어나 57세에 별세하였다. 두 부인 모두 지극한 행실과 아름다운 덕을 지녀서 종족들이 모범으로 삼아 본받았다. 공은 모두 3남 8녀를 두었다. 아들 가운데 참지(參知) 현(袨), 그리고 정랑 유성민(柳聖民)과 승지(承旨) 한형길(韓亨吉)에게 시집간 딸들은 청송 심씨의 소생이다. 아들 가운데 군수(郡守) 분(衯)과 좌랑(佐郎) 주(裯), 그리고 보덕(輔德) 민광훈(閔光勳), 사인(士人) 박문빈(朴文彬), 홍우원(洪宇遠), 이익배(李益培), 박함장(朴諴長), 박수행(朴粹行)에게 시집간 딸들은 양천 허씨의 소생이다.

20 제사도……정도였으며 : 불능구이궤(不能具二簋)는 두 그릇의 음식을 갖추지 못했다는 말로, 제사를 지내지 못했다는 말이다. 《주역》 〈손괘(損卦) 단(彖)〉에 "두 그릇의 음식으로도 제사를 지낼 수 있다.〔二簋可用享〕"라고 하였다.

아아, 공은 몸가짐과 집안 단속에 엄격하여 흠이 없었고, 자제들을 가르치는 데는 한결같이 바른 도리로 하였다. 자신이 다 쓰지 않은 복을 미루어 길이 후세에 드리워, 세 아들이 과거에 이어 합격하여 재능이 한 시대에 드러났다. 그리고 내외의 많은 자손들은 찬란하게 모두 빼어나 번성함이 끝이 없었다. 여기에서 군자들이 또 하늘이 자손을 번성하게 하는 복으로 보답함이 대체로 더욱 성대하여 무궁함을 알았다. 다음과 같이 명을 짓는다.

신하가 임금 섬김에	臣惟事君
대강을 세워야 하니	立爲大綱
어떻게 해야 도리를 다할까	曷用自盡
성실하고 청렴해야지	曰誠與淸
정성스러운 이공은	肫肫李公
진실로 착함을 실천하였으니	允蹈其臧
진실로 실천했을 뿐만 아니라	匪允蹈之
능히 마음에 체득하였네	克體在衷
집안 다스려	治于有家
효성과 우애 피어나고	孝友爰發
조정에 나아가 국정 도우니	出贊王猷
황조의 뜻과 맞았어라	皇祖是契
운뢰가 위난을 만들어[21]	雲雷構屯

21 운뢰(雲雷)가 위난(危難)을 만들어 : 이광정이 임진왜란과 정묘호란 등 여러 차례 어려운 상황을 겪었다는 말이다. 《주역》 〈둔괘(屯卦) 상(象)〉에 "구름과 우레가 둔이니

왕께서 서쪽 의주로 파천하시니　王播西灣
변방의 일 걱정스러웠는데　恤恤其圉
공이 어려움 막아냈지　公扞于艱
십만 군사가　師徒十萬
팔 년 동안 싸우니　八年于征
끊임없이 군량 마련하느라　驛驛其餉
공이 그 길을 담당하였네　公司厥程
창고마다 전대마다　倉廒囊橐
가득 차서 나라 살림 넉넉했는데　實裕邦計
돌아와 집안 살림 살펴보니　歸視其家
죽으로도 끼니 잇지 못할 지경　鼎粥不繼
앵앵거리며 이익 좇는 사람들　營營者人
공의 집을 방문하지 않았네　莫問公廬
공을 한미한 선비라 했지만　謂公寒士
총재이며 사도였네[22]　冢宰司徒
온화하고 아름다운 위의로　溫溫令儀
자만하지도 않고 고집하지도 않았도다　不盈不持
공을 조용한 사람이라 했지만　謂公靜者
능연각과 운대에 새겨질 분이네[23]　煙閣雲臺

군자가 보고서 천하를 경륜한다.〔雲雷屯, 君子以, 經綸.〕"라고 하였다.

22 총재(冢宰)이며 사도(司徒)였네 : 이광정이 이조 판서와 호조 판서를 역임했기에 이렇게 표현한 것이다.

23 능연각(凌煙閣)과……분이네 : 이광정이 뛰어난 업적을 지닌 공신이라는 말이다.

자질 풍부해도 다 쓰이지 못했지만 豐資嗇用
하늘이 내려다보아 안다네 有監自天
공께서 그 증서를 잡아[24] 公操其券
자손이 번성하였네 旣多子孫
겸손하지 않았다면 어찌 이런 복 받으며 非謙胡受
씨 뿌리지 않았다면 어찌 거둘 수 있을까 非種胡穫
내가 이 돌에 새기노니 我鑱斯石
후대의 사람은 본받을지어다 惟後人式

연각(煙閣)은 능연각으로, 당 태종이 훈신(勳臣) 24명의 초상화를 그려 걸었다. 운대(雲臺)는 후한 명제(明帝) 때 등우(鄧禹) 등 전대(前代)의 명장 28인의 초상화를 그려서 걸어 놓고 추모한 공신각(功臣閣)의 이름이다.

24 공께서……잡아 : 하늘이 내려 주는 복을 이광정이 받는다는 말이다. 권(券)은 계약 증서와 같은 것인데, 고대에 계약할 때는 계약 증서를 둘로 나누어 한 조각은 채권자가 가지고 다른 한 조각은 채무자가 가졌다. 이것을 조권(操券)이라고 하였다.

의정부 영의정 시 강정 권공 신도비명 병서○경인년(1650, 효종 1) 이후

議政府領議政諡康定權公神道碑銘 幷敍○庚寅以後

아아, 옛날 명종(明宗)과 선조(宣祖)께서 재위하시던 때는 당시 사람들이 태평성대라고 불렀고 교화가 널리 퍼졌다. 그 당시 정승 권공(權公)은 실로 으뜸가는 신하로서 네 번이나 영의정을 맡아 묵묵히 국정을 운영한 공로가 있다. 공이 연로하여 벼슬에서 물러나려 하자, 임금께서 굳이 공을 만류하여 궤장(几杖)을 하사하셨다. 그러나 공은 더욱 힘써 떠나고자 하였으니, 그때마다 임금께서 비답을 내려 권면하셨는데, 그 가운데 "경의 덕망과 도량은 백성들을 안정시킬 수 있고, 재주와 지혜는 국정을 도모할 수 있소. 지금 어진 재상으로는 경보다 뛰어난 이가 없소."라는 말씀이 있었다. 또 "노성한 대신으로서 나라의 시귀(蓍龜)와 같소."라고 하셨다. 또 "팔다리와 같은 으뜸가는 대신으로서 가뭄 가운데 단비 같으며 배의 노와 같소."[25]라고도 말씀하셨다. 신하가 사직(社稷)의 중임(重任)을 맡아 임금에게 인정을 받는 것은 천년 백년에 한 번 있을 행운이다. 하물며 임금의 말씀

25 팔다리와……같소 : 권철(權轍)을 나라의 중요한 인재로 여겼다는 말이다. 고굉(股肱)은 《서경》 〈군아(君牙)〉의 "지금 그대에게 명하노니, 그대는 나를 도와 나의 다리와 팔과 심장과 등뼈가 되라.〔今命爾, 予翼, 作股肱心膂.〕"라는 말에서 유래하였다. 임우(霖雨)와 주즙(舟楫)은 《서경》 〈열명 상(說命上)〉의 "만약 큰 시내를 건넌다면 너를 배와 노로 삼으며, 만약 큰 가뭄이 들면 너를 장맛비로 삼을 것이다.〔若濟巨川, 用汝, 作舟楫, 若歲大旱, 用汝, 作霖雨.〕"라고 한 데서 유래하였다.

이 지극히 정성스러워 하루라도 공이 없으면 안 될 것처럼 하셨으니, 비록 은(殷)나라 고종(高宗)이 부열(傅說)에게 명한 것이라도 어찌 이보다 더 간절할 수 있겠는가. 공 또한 임금께서 알아주심에 감동하여 세 번 들어가고 네 번 물러나와 재상의 지위에서 세상을 마쳤으니, 여기에서 군신의 관계를 볼 수 있다.

공이 운명하신 지 52년 뒤에야 봉상시(奉常寺)에 명령을 내려 증시(贈諡)를 강정(康定)이라 하였다. 또 21년이 지나서야 묘도에 새길 글을 부족한 나 민구(敏求)에게 지어 달라고 하였다. 세월이 오래 흐르면 공의(公議)가 정해지기 마련이지만, 일은 오래될수록 실질적 자취가 사라지는 법이다. 그러나 나는 까마득한 후대의 사람으로서 공론에 합당하게 공의 실질적 자취를 서술하지 못할까 두려워, 삼가 가장(家狀) 및 장로(長老)들의 고사와 전기(傳記)의 대략적 내용을 모아 다음과 같이 서술한다.

공의 휘(諱)는 철(轍), 자는 경유(景由)이다. 권씨가 성(性)을 얻은 것은 태사(太師) 행(幸)으로부터인데, 그 일이 국사(國史)에 기록되어 있다. 문충공(文忠公) 근(近)[26]에 이르러서 문학으로 세상에 명성이 있었다. 이분이 제(踶)[27]를 낳았는데, 부자가 나란히 찬성(贊成)의 지위에 올랐으니, 공의 5대조이다. 연천 현감(漣川縣監) 휘 마(摩), 양근군수(楊根郡守) 휘 교(僑), 강화 부사(江華府使) 휘 적(勣)은 공의 증

26 권근(權近) : 1352~1409. 본관은 안동(安東), 자는 가원(可遠)·사숙(思叔), 호는 양촌(陽村), 시호는 문충(文忠)이다. 《梅軒集 卷6 陽村先生墓誌》

27 권제(權踶) : 1387~1445. 본관은 안동, 자는 중의(仲義)·중안(仲安), 호는 지재(止齋), 시호는 문경(文景)이다.

조(曾祖), 조부(祖父), 선고(先考)이다. 연천공(漣川公 권마(權摩))을 판서(判書)에, 양근공(楊根公 권교(權僑))을 찬성(贊成)에, 강화공(江華公 권적(權勣))을 영의정(領議政)에 추증한 것은 모두 공의 신분이 귀해졌기 때문이다. 선비(先妣) 순흥 안씨(順興安氏)가 홍치(弘治) 계해년(1503, 연산군9)에 공을 낳았다.

공은 어려서부터 기상이 남달랐으니, 걸출하게 원대한 그릇이었다. 무자년(1528, 중종23)에 진사(進士)가 되었다. 갑오년(1534)에 문과에 급제하여 처음에 성균관에 배속되었다가 한림(翰林)에 선발되었다. 김안로(金安老)[28]가 사실대로 기록하고 아부하지 않는 공을 미워하여 고과(考課)를 가장 하등(下等)에 두었는데, 중종(中宗)께서 권철이 폄하(貶下)된 것은 무슨 죄 때문인지 물으셨다. 김안로가 처형되자 사관(史官)으로 복직되었다가 승정원 주서(承政院注書)로 옮겼는데, 임금께서 글의 뜻이 의심스러울 때마다 공에게 물으셨다. 어느 날 임금께서 후원에 거둥하여 근신(近臣)들을 시험하셨는데, 공이 뒤늦게 시를 지었다. 임금께서 내시에게 명하여 빨리 가져오게 하셨으니, 공은 이처럼 임금께 총애를 받았다. 홍문관 저작(弘文館著作)과 박사(博士)에 임명되고 시강원 설서(侍講院說書)를 겸직하였다.

기해년(1539)에 수찬(修撰)에 올랐다. 이때부터 정미년(1547, 명종2)까지 제조(諸曹)에서는 병조와 이조의 좌랑, 이조와 병조와 형조의

28 김안로(金安老) : 1481~1537. 본관은 연안(延安), 자는 이숙(頤叔), 호는 희락당(希樂堂)·용천(龍泉)이다. 아들 김희(金禧)가 중종의 딸 효혜공주(孝惠公主)와 혼인한 뒤부터 외척으로서 권력을 남용하였다. 문정왕후(文定王后)의 폐위를 도모하다가 중종의 밀령에 의해 체포되어 전라남도 진도에 유배된 뒤 사사(賜死)되었다.

정랑을 지냈다. 사유(師儒)로는 성균관 직강(成均館直講)을 지냈으며, 논사(論思)의 자리[29]로는 홍문관 교리(弘文館校理)를 지냈다. 언관(言官)으로는 사헌부 지평(司憲府持平)과 사간원 헌납(司諫院獻納)을 역임하고, 제조(諸曹)에서는 군기시(軍器寺)와 선공감(繕工監)과 사섬시(司贍寺)의 부정(副正), 그리고 장악원(掌樂院)과 사복시(司僕寺)의 정(正)을 맡았다. 춘방(春坊)에서는 세자시강원 문학(世子侍講院文學)과 필선(弼善)을 담당하고, 중서(中書)에서는 의정부 검상(議政府檢詳)과 사인(舍人)을 지냈다. 이상이 9년 동안 공이 역임한 관직의 이력이다. 혹 두 번 또는 세 번 임명된 자리, 그리고 한관(閑官)과 산반(散班)의 이력은 이제 생략한다.

일찍이 병든 상황을 아뢰어 휴가를 요청하였다. 인종(仁宗)께서 당시 동궁(東宮)에 있었는데, 서둘러 내시를 보내어 진귀한 약재를 하사하셨다. 뒤에 서연(書筵)에 나가자 병세를 묻고 술을 내려 주셨다. 공이 역학(易學)에 조예가 깊어 항상 강관(講官)을 겸하였기 때문에 이처럼 큰 은혜를 내려 주셨던 것이다. 중종(中宗)과 인종께서 연이어 승하하시자, 공이 두 번 왕릉 축조를 감독하였다.

경술년(1550, 명종5)에 이르러 승문원 판교(承文院判校)를 거쳐 승정원 동부승지로 승진하고, 승정원에 3년 있은 뒤에 도승지(都承旨)에 올랐다. 병조 참지(兵曹參知)와 호조 참의(戶曹參議)를 역임하였다. 당시 영남 지방에 거듭 기근이 들었으므로, 공을 가선대부(嘉善大夫)에 승진시켜 관찰사에 임명하였다. 임기가 차자 도승지로 부름을 받아

29 논사(論思)의 자리 : 학사(學士)나 중신(重臣)들이 임금을 모시고 학문을 토론하는 자리를 말한다.

편전(便殿)에서 임금을 뵈었다. 임금께서 맞이하여 공에게 "남쪽의 백만 백성이 경 덕분에 온전히 구제되었소."라고 하고, 겨울 모자[30]를 특별히 하사하셨다.

병진년(1556, 명종11)에 임금께서 직접 유서를 내려 공을 형조 판서(刑曹判書)에 발탁하셨다. 호남 지방이 새로 왜구의 피해를 입어 변방의 일이 크게 두려웠으므로, 공을 관찰사 겸 도순찰사로 임명하셨다. 적절하게 방어책을 마련하여 적선이 해안에 다가오면 곧바로 제압하여 조정에 보고하였다.

무오년(1558)에 명(明)나라 사신이 황제의 명을 받고 와서 세자를 책봉하였는데, 공이 원접사(遠接使)로서 예법에 맞게 맞이하고 전송하였다. 병조 판서(兵曹判書)로 옮겼을 때, 임금께서 광릉(光陵)[31]을 참배하셨다. 공이 포영사(布營使)[32]가 되어 부대를 엄정하게 단속하자, 감히 떠들거나 대열을 이탈하는 군사가 없었다.

얼마 뒤에 의정부 우찬성에 임명되었다. 당시 이량(李樑)[33]이 이조

30 겨울 모자 : 난모(煖帽)는 방한용 모자를 말한다. 참고로 《임하필기(林下筆記)》 권15 〈문헌지장편(文獻指掌編)〉에 "백관들의 난모의 제도는 본래 매우 전아하지 못하였다. 그런데 선조 초에 권철이 건의하여 중국의 제도를 따라서 고쳐 정하도록 청하였는데, 당시의 공론이 아름다운 일이라고 하였다.〔百官煖帽之制, 本甚不典. 宣祖初, 權轍廷請, 依華制改定, 時論美之.〕"라는 기록이 보인다.

31 광릉(光陵) : 조선조 제7대 임금인 세조(世祖)와 왕비 정희왕후(貞熹王后) 윤씨(尹氏)의 능이다. 경기도 남양주시 진접읍 부평리에 있다.

32 포영사(布營使) : 임금의 사냥이나 온정(溫井) 행차, 능행(陵幸), 순행(巡幸) 등이 있을 때, 행재소(行在所)의 안전을 위하여 푯말을 세우거나 진영(陣營)을 포설(布設)하는 일을 맡은 신하를 말한다.

33 이량(李樑) : 1519~1582. 본관은 전주(全州), 자는 공거(公擧)이다. 왕족이면서

판서로 있다가 일을 그르치자, 임금께서 인망(人望)을 따라 공으로 하여금 그 자리를 대신하게 하셨다. 이윽고 공은 거듭 찬성(贊成)을 역임하였고, 병조 판서로서 지경연사(知經筵事)를 겸직하였다. 윤원형(尹元衡)[34]이 죄를 얻어 축출되자, 임금께서 직접 유서를 내려 공을 특별히 의정부 우의정에 임명하셨으니, 바로 병인년(1566, 명종21)의 일이다. 공이 정승에 올라 과격하지 않고 무조건 따르지도 않았으며, 국정을 바로잡고 임금을 보좌하여 여론과 잘 맞았으므로, 임금께서 총애하셨고 사류(士類)가 의지하였다.

이듬해 정묘년(1567)에 융경제(隆慶帝 명나라 목종(穆宗))가 즉위하였으므로, 공이 명나라 조정에 들어가 등극을 축하하게 되었다. 길을 떠날 때에 임금께서 사행(使行)의 어려움을 염려하여 공을 접견하고 따뜻하게 위로하셨다. 또 임금께서 말씀하기를 "새 황제가 처음 인사 행정을 시행하여 등용하고 물리친 인물과 가정(嘉靖) 시기의 옛 신하 가운데 물러났다가 기용되어 부름을 받은 이들을 다 방문하도록 하오." 라고 하셨다. 공이 물러나서 동료 재상들에게 말하기를 "임금께서 이렇게 말씀하신 것은 뉘우치는 마음이 싹튼 것이오. 을사년의 사화에 허물

명종(明宗)의 왕비인 인순왕후(仁順王后)의 외삼촌으로서, 문정왕후를 배경으로 세력이 커진 윤원형(尹元衡) 일파를 견제하였다. 1563년(명종18)에 이조 판서로 있으면서 인사를 전횡하다가 사림의 반발을 사서 평안북도 강계로 유배 가고, 선천(宣川)에서 사망하였다.

34 윤원형(尹元衡) : ?~1565. 본관은 파평(坡平), 자는 언평(彦平)이다. 중종의 계비 문정왕후의 동생이다. 척신으로서 온갖 전횡을 부리고, 을사사화를 주도하였다. 1563년(명종18) 영의정에 올라 영화를 누리다가 1565년에 문정왕후가 죽자 실각해 관직을 삭탈당하고, 경기도 강음현(江陰縣)에서 자결하였다.

없이 처벌된 사람들의 일을 드러내어 그들의 억울함을 씻어 주고 잘못된 사안을 밝히는 일에 대해 희망을 가질 수 있게 되었소."라고 하였다. 사신의 임무를 마치고 돌아오는 길에 명종(明宗)께서 승하하셨다는 소식을 듣고 기절할 정도로 통곡하였다. 복명(復命)하고 입대(入對)한 자리에서 가장 먼저 임금의 마음을 바르게 하고 궁궐을 엄격하게 단속하는 문제에 대해 말씀드리니, 선조(宣祖)께서 귀 기울여 듣고 가납하셨다. 그해 겨울에 좌의정(左議政)에 오르고, 6년 뒤에 마침내 영의정(領議政)이 되었다.

임신년(1572, 선조5)에 소장을 올려 연로한 사정을 아뢰어 사직을 요청하였는데, 해를 넘겨서야 비로소 면직되었다. 그러나 한 달 뒤에 다시 영의정에 올랐다. 이에 공이 더욱 간절하게 물러나기를 요청하였으나, 임금의 신임은 더욱 융숭하였다. 비록 간간이 체직되기도 하였으나 몇 개월도 지나지 않아 다시 임명되었고, 많은 물품을 내려주시는 등, 공에 대한 예우가 특별하였다. 공의 걸음걸이가 불편하였으므로 매번 조정에 나와 알현할 때마다 젊은 내시에게 부축하게 하였고, 견여(肩輿)를 타고 조정에 들어오게 하라고까지 하셨다.

무인년(1578)에 공의 나이가 일흔여섯 살이었는데, 의정부에 있는 큰 홰나무가 폭풍에 부러졌다. 공이 웃으면서 말하기를 "이것은 내가 죽을 징조이다."라고 하였다. 병이 심해지자 급히 자리를 바르게 정돈하도록 하고, 애써 일어나 유소(遺疏)를 적다가 기운이 떨어져 작은 목소리로 "내가 다시는 임금을 뵙지 못하겠구나."라고 하였다. 임금께서 공의 질병이 위독하다는 말을 듣고, 경연(經筵)을 열었다가 강론을 그만두고 승지를 보내어 문병하였는데, 공은 이미 말을 하지 못하는 상태였다. 부고가 전해지자 임금께서 대단히 애통해하셨다. 조문과 제사를 관례보다 후하게 하였으며, 물품을 마련하고 예법을 갖추어 관청에서 장례를 돕게 하였다. 양주(楊州)의 홍복산(洪福山) 건좌(乾坐)의 등성이에 안장하였다.

공은 타고난 성품이 중후하고 체기(體氣)가 방정하고 엄격하였으며, 마음을 단속하고 사물을 접할 때 반드시 성실하고 진실하게 하였다. 여러 가지 일을 처리할 때에 뜻을 정밀하게 하고 생각을 전일하게 하여, 평탄한 길에서 바퀴자국을 따라가듯이 하였으므로 차질을 빚는 경우가 드물었다. 조정에서 45년 동안 벼슬하면서 후회할 일이 없었다. 높은 벼슬을 역임하고 오랫동안 재상을 지냈지만,[35] 사람들이 감히 공의 허물을 말하지 않았고, 모두들 큰 덕망을 지닌 훌륭한 분으로 추앙하였다. 매번 나랏일을 염려하여 간혹 등불을 밝힌 채 새벽까지 고민하셨는데, 중점을 둔 것은 오직 백성을 안정시키고 변방을 튼튼하게 만드는 일이었다. 각지에서 오는 손님을 만나면, 반드시 백성들의 이해(利害)와 국방의 완급(緩急)에 대해 물었으며, 토지의 척박함과 비옥함, 산천의 험난함과 완만함에 이르기까지 자세히 물어 두루 알지 못하는 것이 없었다. 그러므로 상황에 맞게 적절히 조처하였으니, 모두 직접 눈으로 목격하고 답사한 것 같았다.

평생토록 화려한 것을 좋아하지 않았고, 안부를 묻거나 선물을 주고받지 않았다. 인사행정을 시행하고 큰 의심을 결단할 때, 자신의 의견을 내세우지 않고 반드시 고전(古典)을 따랐으며, 역대 조정의 법을

35 재상을 지냈지만 : 균축(鈞軸)의 균은 물건을 다는 저울대이고 축은 수레의 굴대이므로, 저울과 수레의 중요한 부분을 가리키는데, 재상이 되어 국사를 다스리는 것을 의미한다.

준수하여 어지럽게 고치는 일이 없었다. 형법을 더욱 신중하게 처리하여 일찍이 말하기를 "선인(先人)께서 입으로 살(殺) 자를 말하지 말라고 가르치셨기 때문에, 내가 여러 번 형조 판서(刑曹判書)를 지냈으나 감히 사람의 목숨을 경솔하게 다룬 적이 없고, 반드시 살릴 방도를 찾아보았다."라고 하였다. 처음에 김안로의 비위를 거슬렀을 때, 진복창(陳復昌)[36]이 김안로를 믿고 대단히 위세를 떨었는데, 공이 면전에서 그를 소인(小人)이라고 배척하였다. 이량(李樑)과 윤원형(尹元衡)이 연이어 유배 가서 죽었는데, 공이 번번이 그들의 지위에 올라 음양(陰陽)과 주야(晝夜)의 관계와 같았으니, 군자들이 이것으로 세도(世道)를 점쳤다.

집안에서의 행실이 순후(淳厚)하고 조심스러웠으며 조상들에게 효성을 다하였다. 종자(宗子)가 가난하여 사당을 세우지 못하자 가산(家産)을 털어 지어 주었고, 문충공(文忠公 권근)의 사당이 오랜 세월에 허물어지자 또 수리하였다. 종족(宗族)을 보살펴 혼인시켰는데, 그 비용을 모두 공이 지출하면서도 애당초 난처한 기색을 보이는 일이 없었다. 항상 말하기를 "부모님께서 살아계실 때는 하루하루의 끼니도 잇지 못하였다. 내가 요행히 후한 녹봉을 받게 되니, 봉양하지 못한 탄식[37]이

36 진복창(陳復昌) : ?~1563. 본관은 여양(驪陽), 자는 수초(遂初)이다. 을사사화 때 척신 윤원형의 심복으로 크게 활약하면서 마음에 들지 않는 자는 모두 죽였으므로, 사관(史官)은 그를 독사(毒蛇)라고 기록하였다.

37 봉양하지 못한 탄식 : 부미지탄(負米之歎)은 공자(孔子)의 제자 자로(子路)가 "내가 옛날에 어버이를 모시고 있을 때 집이 가난했기 때문에, 나는 되는 대로 거친 음식을 먹더라도 어버이를 위해서는 백리 밖에서 쌀을 등에 지고 오곤 하였다. 그러나 어버이가 돌아가시고 나서 내가 높은 벼슬을 하여 솥을 늘어놓고 진수성찬을 맛보는 신분이 되었

실로 마음속에 간절하다."라고 하였다.

병으로 몸져눕게 되자 자식들에게 말하기를 "나라의 은혜를 융숭하게 받았으니 죽어서도 갚기 어렵구나. 이미 기록할 만한 공덕을 세우지 못했으니 내가 죽은 뒤에 비석을 세우지 말고, 다만 내 관직과 성명만을 묘도(墓道)에 표시하여 후세의 사람들로 하여금 나의 선악(善惡)을 알게 한다면 그것으로 충분하다."라고 하였다. 집안일에 대해서는 일체 언급하지 않고 간곡하게 나랏일에 대해서만 말하였다.

아아, 네 분의 임금을 섬겨 성대하게 으뜸가는 신하가 되었으니, 공적으로 보나 사적으로 볼 때 장수(長壽)와 복록(福祿)을 누린 것이다. 살아서는 영광을 얻었고 죽어서는 명예를 떨어뜨리지 않았으며, 오복(五福)을 받아 그 혜택이 자손에게까지 미쳤으니, 공이야말로 옛날의 이른바 훌륭한 덕이 온전히 창성하고 시종 완전한 사람이라는 경우에 해당하는 분이 아니겠는가.

우러러 생각건대 우리나라는 여러 성스러운 임금들께서 교화를 돈독히 베푸셨으니, 그 교화에 배어들고 녹아들어 훌륭한 인재들이 탄생하여 태평성대를 이루었다. 묵묵히 배양하여 원기(元氣)를 부지하고 국맥(國脈)을 오래 유지하게 한 원대한 계책과 장구한 생각은 나처럼 눈으로 보아 겉만 아는 사람이 한두 가지로 손꼽아 헤아릴 수 있는 것이 아니다. 그러므로 지금까지 나라의 현명한 재상을 말하는 사람들은 반드시 공을 첫 번째나 두 번째로 꼽게 되니, 사업과 도략(圖略)을 어느 것이 평범한 것이고 어느 것이 뛰어난 것이라고 들어 말할 수

는데, 다시 거친 음식을 먹으면서 어버이를 위해 쌀을 지고 왔던 그때의 행복을 이제는 느낄 수 없게 되었다."라고 탄식한 것을 말한다. 《孔子家語 卷2 致死》

없다.

부인 창녕 조씨(昌寧曺氏)는 아름다운 행실과 고상한 학식을 지닌 분이었다. 공보다 5년 뒤에 운명하였고 공과 합장하였다. 4남을 두었으니, 항(恒)은 광흥창 수(廣興倉守)이고, 개(愷)는 호조 좌랑(戶曹佐郎)이고, 순(恂)은 동지중추부사(同知中樞府事)로서 좌참찬(左參贊)에 추증되었다. 율(慄)은 문과 급제를 통해 관직에 나갔고, 왜구를 격파하여 큰 공을 세워 도원수(都元帥)로서 막부를 열었으며 선무 원훈(宣武元勳)에 책봉되었다. 영의정에 증직되고 영가부원군(永嘉府院君)에 봉해졌으며, 시호는 장렬(莊烈)이다.

손자 오위도총부 도사(五衛都摠府都事) 인경(仁慶)과 성균관 유생 신경(信慶), 그리고 이조 참판(吏曹參判) 이유중(李有中), 참봉(參奉) 박원호(朴元虎), 공주 목사(公州牧使) 한종주(韓宗胄), 완양부원군(完陽府院君) 이충원(李忠元)에게 시집간 손녀들은 항의 소생이다. 참봉 정귀응(鄭龜應), 우의정 김상용(金尙容), 성균관 유생 유대이(兪大頤)에게 시집간 손녀들은 개의 소생이다. 손자 황해도 병마사(黃海道兵馬使) 진경(晉慶)과 금성 현령(錦城縣令) 이경(履慶)과 평시서 영(平市署令) 익경(益慶)은 순의 소생이다. 영의정 오성부원군(鰲城府院君) 문충공(文忠公) 이항복(李恒福)에게 시집간 손녀는 율의 소생이다. 공의 네 아들이 둔 내외의 자손이 번성하여 집안이 성대하니, 군자가 또 공이 몸에 거두어 쌓았다가 후대에 물려준 것이 이처럼 융성한 것을 알았다. 다음과 같이 명을 짓는다.

권씨는 신라에서 파가 시작되어	權派於羅
고려 때에 성씨 받아	受氏麗始

면면히 세대를 이어오면서	綿綿代序
쇠퇴하기도 하고 흥기하기도 하였지	或躓或起
보[38]가 종족을 일으켜	溥興其宗
온갖 복을 온전히 누렸고	百福全昌
문충공이 이어받아	文忠承之
아들과 함께 드날렸도다	與嗣俱驤
그 뒤로 삼대 동안 지위가 낮다가	三世位庳
강정공이 나왔으니	以有康定
강정공이 조정에 나아가	康定當朝
두 성군 만났도다	乃遭二聖
손수 큰 권세를 이끌어	手挈魁柄
공에게 정승의 자리 주시니	畀公調元
공이 여러 정사를 잘 처리해	公諧庶政
흠도 없었고 번거롭지도 않았지	不疵不煩
다스림에 원칙이 있었고	治有常經
형벌에도 떳떳한 헌장 있었으니	刑有常憲
공이 그 법을 맡아	我司其準
백관들을 권면했네	百寮攸勸
공이 절하고 머리 조아려	公拜稽首
연로하다는 이유로 치사 바랐더니	臣老乞身
임금께서 경은 가문의 원로지만	王曰家耉

38 권보(權溥) : 1262~1346. 본관은 안동(安東), 자는 제만(齊滿), 호는 국재(菊齋)이다. 권근(權近)의 증조(曾祖)이다.

경은 나의 오랜 신하이니	卿予舊臣
바라건대 둘 다 성취하여	庶幾兩濟
나라 다스리며 요양하라 하셨네	邦釐痾養
공이 의정부에 있을 때	公在相府
궤장을 하사받았고	有几有杖
공이 경연에 오를 때	公登于筵
내시의 부축 받았어라	有掖黃門
살아서는 영광 누리고 죽어서는 애도 받으니[39]	存榮沒哀
시종 융숭한 은총 누렸네	終始隆恩
공적을 두루 살펴보니	歷視功載
누가 그 아름다움에 필적할까	疇匹其休
공렬 있고 선조의 덕 본받았으니	有烈象賢
옹공과 짝할 만하네[40]	雍公是逑

39 살아서는……받으니 : 살아서나 죽어서나 모두 영예스럽게 되었다는 말이다. 《논어》〈자장(子張)〉에 "살아 있으면 영광스럽게 여기고, 죽으면 슬퍼한다.〔其生也榮, 其死也哀.〕"라고 하였다.

40 공렬(功烈)……만하네 : 권철이 공렬을 세우고 선조의 덕을 잘 계승하였으므로, 옹공(雍公)과 비견될 만하다는 말인데, 옹공은 누구를 지칭하는지 자세하지 않다. 다만 명(明)나라의 옹태(雍泰)를 가리키는 것이 아닌가 추측된다. 그의 자는 세륭(世隆)인데, 오현 지현(吳縣知縣)에 임명되었을 때 태호(太湖)가 범람하여 밭 천 경(千頃)을 뒤덮었는데, 그가 제방을 쌓아 백성들을 이롭게 하니, 그 둑을 옹공제(雍公堤)라 일컬었다고 한다. 또 양회(兩淮)의 순염 어사(巡鹽御史)로 있으면서 많은 치적을 올렸고, 뒤에 여러 관직을 거쳐 남경 호부상서(南京戶部尙書)에 이르렀다. 그는 평생 검소하게 생활하여 귀한 손님이 와도 두 가지 고기를 마련하는 데 그쳤고, 벼슬이 상서에 이르렀지만 비단옷을 입지 않아서, 그가 죽고 난 뒤에 집안사람들이 비단옷을 지어 염을 했다고 한다. 천계(天啓) 연간에 단혜(端惠)라는 시호가 내려졌다. 《明史 卷186 雍泰列傳》

자손 끊임없이 이어져 子孫繩繩
나라의 성쇠와 함께하였으니 竝國盛衰
시를 새겨 공의 명성 드러내어 刻詩著聲
영원히 후세에 드리우노라 於永厥垂

상현(象賢)은 선조들의 어진 덕을 잘 본받는 것을 말한다. 《서경》 〈미자지명(微子之命)〉에 "은왕의 원자여, 옛날을 상고하여 덕이 있는 이를 높이고, 어짊을 닮은 자에게 제사를 받들게 하라.〔殷王元子, 惟稽古, 崇德, 象賢.〕"라고 하였다.

의정부 좌참찬 윤공 신도비명 병서

議政府左參贊尹公神道碑銘 幷序

하늘이 훌륭한 자질과 온전한 덕을 갖춘 인물을 내는 것은 흔한 일이 아니고, 그런 인물이 나와도 또한 때를 만나지 못할까 걱정이니, 항상 세도에는 한(恨)이 남는 법이다. 고(故) 공조 판서(工曹判書) 파평(坡平) 윤공(尹公) 휘(諱) 국형(國馨)[41]과 의정부(議政府) 좌참찬(左參贊) 휘 의립(毅立)[42]은 연달아 부자(父子)가 중망(重望)을 받아 재상의 자리[43]를 눈앞에 두고 있었다. 그러나 중도에 차질을 빚어 높은 지위에 이르지 못하였으니, 많은 세상 사람들이 의심하여 오행가(五行家)는 타고난 운명을 탓하고, 감여가(堪輿家 풍수가(風水家))는 묏자리를 탓하기까지 하였으니, 여기에서 여론(輿論)을 볼 수 있다.

참찬공(參贊公)이 운명한 지 이미 10년이 지났는데, 아들 세헌(世

41 윤국형(尹國馨) : 1543～1611. 본관은 파평(坡平), 자는 수부(粹夫), 소자(小字)는 국형(國馨)이다. 본명은 선각(先覺)이었는데, 후에 피휘(避諱)하기 위해 소자를 이름으로 삼았다.《愚伏集 卷17 資憲大夫工曹判書兼知義禁府事同知春秋館事尹公神道碑銘 幷序》

42 윤의립(尹毅立) : 1568～1643. 본관은 파평, 자는 지중(止中), 호는 월담(月潭), 초명은 의립(義立)이다.《順菴集 卷21 資憲大夫議政府左參贊兼春秋舘事月潭尹公墓碣銘 竝序》

43 재상의 자리 : 정축(鼎軸)의 정(鼎)은 종묘(宗廟)의 제례(祭禮)에 쓰이는 귀중한 도구이므로, 나라의 중책을 맡은 재신(宰臣)에 비유하고, 축(軸)은 수레바퀴의 한가운데에 있는 구멍에 끼우는 긴 나무 또는 쇠를 말하는데, 역시 중요한 지위를 말한다. 따라서 정축은 일반적으로 재상(宰相)을 지칭하는 말로 사용한다.

獻)[44]이 가장(家狀)을 가지고 와서 내게 신도비명을 지어달라고 부탁하니, 나는 이 글을 지음에 부끄러운 기색이 없겠다.[45] 살피건대 공의 초명(初名)은 의립(義立)이었는데, 어떤 일을 계기로 중간에 고쳤고, 자(字)는 지중(止中)이다. 그의 선조 신달(莘達)과 관(瓘)은 국운을 열고 영토를 개척하여 나란히 훈열(勳烈)에 기록되었고,[46] 덕을 심고 경사를 열어 삼한(三韓)에서 으뜸가는 집안을 이룩하였다. 후세의 돈녕부 정(敦寧府正) 휘(諱) 지숭(之崇)은 공의 고조(高祖)이다. 이분이 이성 현감(利城縣監) 휘 정림(廷霖)[47]을 낳았다. 이분이 경산 현령(慶山縣令) 휘 희렴(希廉)[48]을 낳았다. 이분이 공조 판서(工曹判書 윤국형(尹國馨)) 부군(府君)을 낳았는데, 경력(經歷) 평양 조씨(平壤趙氏) 수(琇)의 딸에게 장가들어 융경(隆慶) 무진년(1568, 선조1)에 공을 낳았다.

공은 자질이 혼후하고 기백이 온전하여 표리(表裏)가 완전하고 순수하였다. 성실하고 화려하여 쇠처럼 강직하면서도 옥처럼 엄숙하였다.

44 윤세헌(尹世獻) : 1608～? 본관은 파평, 자는 회경(誨卿)이다.

45 나는……없겠다 : 가장(家狀)에 기록된 내용이 모두 훌륭한 사실이므로, 그대로만 쓰면 된다는 말이다.

46 신달(莘達)과……기록되었고 : 윤신달(尹莘達)은 파평 윤씨(坡平尹氏)의 시조이다. 고려 태조를 도와 삼국을 통일한 공으로 삼한벽상공신(三韓壁上功臣)에 책록되었으며, 벼슬이 태관(太官)에 올랐다. 윤관(尹瓘, ?～1111)의 본관은 파평, 자는 동현(同玄), 시호는 문숙(文肅)이다. 1107년(예종2)에 17만 대군을 이끌고 동북계에 출진하여 9성을 쌓아 침범하는 여진을 평정하였다. 영평현개국백(鈴平縣開國伯)의 작위를 받았다.《屛溪集 卷55 先祖文肅公墓表》

47 윤정림(尹廷霖) : 본관은 파평, 자는 은경(殷卿)이다.

48 윤희렴(尹希廉) : 1517～1574. 본관은 파평, 자는 중간(仲簡), 호는 매고(梅皐)이다.《一松集 卷8 慶山縣令尹公墓碣銘 幷序》

어려서부터 가학(家學)을 익혔다. 만력(萬曆) 갑오년(1594, 선조27)에 과거에 급제하여 한림 겸 춘방설서(翰林兼春坊設書)에 선임되었다가 홍문관 정자(弘文館正字)로 옮겼다. 경연(經筵)에 있을 때, 임금께서 입으신 옷이 예법에 맞는 복장이 아니라고 논하였는데, 선조(宣祖)께서 곧바로 명나라 사람의 서첩을 가져다 하사하셨다. 수찬(修撰)으로 승진하여 춘방 사서(春坊司書)를 겸직하였다.

신축년(1601)에 운판(運判)의 임기가 만료되자, 다시 홍문관으로 들어가 교리(校理), 부응교(副應教)가 되었다. 가장 먼저 중사(中使 환관)가 열병(閱兵)하는 문제점을 지적하고, 그로 인해 호남 방백 이홍로(李弘老)가 많은 뇌물을 보내 환심을 사려고 한 일[49]을 탄핵하였는데, 당시 사람들이 공의 굳세고 바른 태도를 칭찬하였다. 사헌부 지평(司憲府持平)이 되었을 때, 영남(嶺南) 사람 문경호(文景虎)[50]가 최영경(崔永慶)[51]의 원통한 죽음을 추론(追論)하여 장차 한 무리의 관련자

49 중사(中使)가……일 : 이홍로(李弘老, 1560~1612)의 본관은 연안(延安), 자는 유보(裕甫), 호는 판교(板橋)이다. 여기서 말하는 환심을 사려고 한 일이란, 1601년(선조34)에 주상이 중앙의 관리를 파견하여 삼남 지방의 병정(兵政)을 살펴보게 했을 때, 전라도 관찰사 이홍로가 조사를 나온 관리에게 뇌물을 준 사건을 말한다.《順菴集 卷21 資憲大夫議政府左參贊兼春秋舘事月潭尹公墓碣銘 竝序》

50 문경호(文景虎) : ?~1620. 본관은 남평(南平), 자는 군변(君變), 호는 역양(嶧陽)이다.《樊巖集 卷39 嶧陽文公行狀》정여립이 모반했을 때에 최영경(崔永慶)이 반란자의 수괴 길삼봉(吉三峯)으로 오인되어 옥에서 억울하게 죽었는데, 정인홍(鄭仁弘)을 비롯한 북인(北人) 측에서는 성혼(成渾)이 정철(鄭澈)을 사주하여 죽인 것이라고 여겼다. 1597년(선조30) 4월에 처음 박성(朴惺)이 이 문제를 제기하여 성혼을 공격하는 소장을 올렸고, 1601년 12월에 문경호가 다시 이 문제를 가지고 소장을 올렸다.《燃藜室記述 卷17 宣祖朝故事本末》《宣祖實錄 34年 12月 20日》

들을 쓸어내려고 하였는데, 공은 그렇게 하는 것이 너무 심하다고 말하였다. 체직(遞職)되어 연달아 장령(掌令), 사간(司諫)에 임명되었는데, 춘방필선(春坊弼善)과 사성(司成)을 겸직하였다.

이듬해에 어사(御使)가 되어 바다의 경비를 순찰하였다. 조정으로 돌아와 양주 목사(楊州牧使)가 되었는데, 3년 만에 병으로 면직되었다. 을사년(1605, 선조38)에 통정대부(通政大夫)에 올라 강화 부사(江華府使)가 되었는데, 3년 만에 또 병으로 면직되었다. 무신년(1608)에 승정원 승지(承政院承旨)에 임명되었다.

기유년(1609, 광해군1)에 광주 부윤(廣州府尹)이 되었다. 임기를 마쳤을 때, 판서공(判書公 윤국형)의 상을 당하였다. 상을 마치고 호조 참의(戶曹參議)를 거쳐 외직으로 나아가 춘천 부사(春川府使)가 되었다. 3년 뒤에는 홍주 목사(洪州牧使)가 되었다. 정사년(1617)에 가선대부(嘉善大夫)에 올라 조정에 들어가 판결사(判決事)가 되었다가 장단 부사(長湍府使)로 나갔다. 세 번 고을 수령으로 부임하여 대부인(大夫人)을 모셨는데, 극진하게 뜻을 받들어[52] 어린이를 보호하듯이 하고 젖먹이가 어머니를 사모하듯이 하였다. 대부인의 상을 당했을 때 공은 54세였는데, 노쇠한 몸으로도 건강을 잃을 정도로 슬픔을 다하였다.[53]

51 최영경(崔永慶) : 1529~1590. 본관은 화순(和順), 자는 효원(孝元), 호는 수우당(守愚堂)이다. 《己丑錄 守愚堂先生崔公行狀》 290쪽 각주50 참조.

52 고을……받들어 : 고을 수령이 되어 어머니를 봉양할 때, 양지(養志)의 효도를 행했다는 말이다. 《맹자》 〈이루 상(離婁上)〉에, 증자가 부친 증석(曾晳)을 봉양할 때의 일과 증자의 아들이 증자를 봉양할 때의 일을 비교해 거론하면서, 효행은 비슷하지만 증자는 부모의 뜻을 봉양하였고〔養志〕, 증자의 아들은 부모의 몸만 봉양한 것〔養口體〕이라며, 진정한 효도는 뜻을 봉양하는 것이라고 하였다.

상기(喪期)를 마친 뒤 한성부 우윤(漢城府右尹)으로서 서도(西島)에서 모 도독(毛都督)[54]을 접반(接伴)하였다.

갑자년(1624, 인조2)에 이르러 서질(庶姪) 하나가 죽은 것처럼 조작한 뒤에 적당(賊黨)에 가담하였다가 반역죄로 사형되니, 공은 법에 따라 마땅히 유배를 가야만 했다. 완평(完平) 이 상국(李相國)[55]과 옥성부원군(玉城府院君) 장만(張晚)[56]이 한 목소리로 말하기를 "적얼(嫡

53 건강을……다하였다 : 50세가 넘은 나이에도 불구하고 슬픈 마음을 지극히 하였다는 말이다. 《예기》〈곡례 상(曲禮上)〉에 거상(居喪)의 예법에 대해 말하면서 "50세에는 극도로 슬퍼하여 몸을 크게 훼손해서는 안 되고, 60세에는 슬퍼하는 마음을 조금 더 완화하여 몸을 훼손하지 않게 한다.〔五十不致毁, 六十不毁.〕"라고 하였다.

54 모 도독(毛都督) : 명나라의 도독 모문룡(毛文龍)을 가리킨다. 1621년(광해군13)에 청나라 태종이 요양(遼陽)을 공격하여 함락시키자, 요동 도사(遼東都司)로 있던 모문룡이 의주(義州)로 쫓겨 들어왔다가, 이듬해에 가도(椵島)로 들어가 주둔하였다. 모문룡은 처음에는 우리나라와 명나라에 도움을 주었으나, 뒤에는 우리나라로 나와 약탈을 자행하면서 피해를 주었으며, 명나라 측에도 피해를 끼쳤다. 이에 명나라에서 요동 경략(遼東經略) 원숭환(袁崇煥)을 시켜 모문룡을 여순(旅順)의 쌍도(雙島)로 유인해 죽였다. 모문룡이 죽은 뒤, 모문룡의 부하로 있던 진계성(陳繼盛)이 남은 군사를 거느리고 가도에 주둔해 있다가 유흥치(劉興治)에 의해 살해되었으며, 이후로는 유흥치가 가도에 주둔하였다.

55 완평(完平) 이 상국(李相國) : 이원익(李元翼, 1547~1634)으로, 본관은 전주(全州), 자는 공려(公勵), 호는 오리(梧里)이다. 1604년(선조37)에 호성 공신(扈聖功臣)에 녹훈되고, 완평부원군(完平府院君)에 봉해졌다. 《梧里集 附錄 卷2 諡狀》

56 옥성부원군(玉城府院君) 장만(張晚) : 1566~1629. 본관은 인동(仁同), 자는 호고(好古), 호는 낙서(洛西)이다. 1624년(인조2)에 이괄(李适)이 반란을 일으키자, 전국 각지의 관군과 의병을 모집해 이를 진압하였다. 이 전공으로 진무 공신(振武功臣) 1등에 책록되었고, 보국숭록대부(輔國崇祿大夫)에 올라 옥성부원군에 봉해졌다. 《遲川集 卷19 贈大臣輔國崇祿大夫……玉城府院君贈諡忠定公張公行狀》

孼) 간에 원수처럼 사이가 나쁜 흔적이 있습니다."라고 하니, 풀려나 불문에 부쳐졌다. 공이 세 번이나 소장을 올려 연좌(連坐)의 법률을 따르게 해달라고 청하였는데, 임금께서 특별히 따뜻이 위로해 주셨다. 그러나 공은 이미 세상에 뜻이 없었고, 모 도독이 한창 노여움을 품고 심하게 무함(誣陷)하였으므로, 여러 차례 형조 참판(刑曹參判), 개성 유수(開城留守), 경상 감사(慶尙監司), 연안 부사(延安府使), 길주 부사(吉州府使)에 제수되었으나, 모두 사직하고 부임하지 않았다. 조정에서 공에게는 추호의 잘못이 없음을 알고 있었지만, 또한 마땅히 모 도독의 이목(耳目)을 고려해야 했으므로 밀양 부사(密陽府使)로 옮겨 임명하였다. 그러자 이번에는 대간(臺諫)에서 근거 없는 말로 공을 배척하였다.

병인년(1626, 인조4)에 이르러 비로소 경주 부윤(慶州府尹)으로 부임하였다. 3년이 지나 영남 관찰사(嶺南觀察使)에 임명되었으나, 말하는 사람들에게 시달림을 당했다. 공이 오랫동안 시의(時議)에 미움을 받는 것은 분명히 잘못된 것이라는 것을 임금께서 알고, 특별히 형조 참판(刑曹參判)과 한성부 좌윤(漢城府左尹)에 임명하셨다. 그리고 이어서 함경도 관찰사(咸鏡道觀察使)에 임명한다는 명이 있었다. 공이 더욱 위축되고 불안하여 간절한 소장으로 해직을 청하였으나, 임금께서 더욱 권면하며 강력히 나오게 하여 사대(賜對)한 뒤에 임지로 보내셨다. 임기가 만료되어 돌아오자 형조(刑曹)에 임명되었다. 호남 관찰사에 임명되었으나 사직하고, 인천 부사(仁川府使)로 나간 지 몇 달 만에 충청도 관찰사(忠淸道觀察使)가 되었다. 갑술년(1634, 인조12)에 병조(兵曹)에 있다가 경기 관찰사(京畿觀察使)가 되어 임기를 마치고,[57] 예조(禮曹)와 공조(工曹)의 참판(參判)이 되었다.

정축년(1637)에 남한산성(南漢山城)에 호가(扈駕)한 공로로 가의대부(嘉義大夫)에 오르고 형조 판서(刑曹判書)로 발탁되었다. 공은 허리가 심하게 구부러졌고 또 노쇠하고 병들었다고 굳게 주장하였으나 한 달이 넘도록 사직을 윤허 받지 못하였는데, 대신(大臣)이 변론해 주어 겨우 체직되었다. 이때부터 5년 동안 병이 날로 심해지기만 하고 차도가 없어서, 예조 판서(禮曹判書), 한성부 판윤(漢城府判尹), 지춘추관사(知春秋館事)에 임명되었으나 감당할 힘이 없었다. 오직 좌우 참찬(左右參贊)만은 관리의 일이 조금 적었으므로 직무를 보면서 요양하였다. 두 번 예조 판서에 임명되었으나, 두 번 모두 병으로 면직되었다. 당시에 청나라 사람이 육경(六卿)의 아들을 볼모로 보내라고 요구하였다. 간관(諫官)이 마침내 공이 사적인 정에 이끌려 공적인 일을 저버린 것으로 의심하여 삭출(削黜)하려 하였다. 임금께서 평소 공의 충성을 믿었으므로 파직(罷職)만 윤허하였다가 몇 달 만에 다시 서용(敍用)하셨다. 그러나 공은 너무 지쳐 조알(朝謁)조차 못하고, 마침내 계미년(1643, 인조21) 9월에 운명하였다. 적성(積城) 경신동(庚申洞) 임좌(壬坐)의 등성이에 안장하였다.

아아, 공은 내면에 아름다운 덕을 축적하여 행위로 드러나, 몸을 단속하고 집안을 유지하는 데 한 점의 하자도 없었다. 부모님께 효도하

57 임기를 마치고 : 보정(報政)은 지방관이 임기를 만료하고 조정에 돌아가 자기의 정적(政績)을 보고하는 일을 말한다. "백금이 노나라에 봉해진 후 3년 만에 주공에게 정사를 보고하자, 주공이 '왜 늦었느냐?'라고 물으니, 백금이 '풍속을 변화시키고 예법을 개혁하였으며, 3년 뒤에 상복을 벗도록 하였습니다.' 하였다.〔伯禽封魯三年而報政, 周公曰, 何遲也. 伯禽曰, 變其俗革其禮, 喪三年然後除之.〕"라는 고사에서 유래하였다. 《資治通鑑外紀 卷3》

고 형제와 종당(宗黨)을 우애하였으며, 아래로 노복(奴僕)에게까지도 은택을 극진히 베풀지 않음이 없었다. 멀리서 먼 친족이 만약 일이 있어 찾아오면, 그 위급하고 곤란한 일을 도와서 곡진히 은의(恩意)가 있었다.

평소 생활할 때 진실하여 남들과 거스르는 일이 없었으니, 언행을 살펴보면 간절함과 진실함이 한결같았다. 정책을 시행함에 재주를 두루 갖추었을 뿐 아니라 성의도 독실하였다. 그러므로 모두 여덟 번 주군(州郡)을 다스렸고 세 번 관찰사[58]가 되었을 때, 지키는 것은 간략했지만 일마다 거행되었고, 명령을 내리면 백성들이 믿어서 모두들 공을 마치 부모처럼 사랑하고 받들었다. 공이 임지를 떠난 뒤에는 곧 비석을 세워 덕을 기렸다. 공이 경기 지역을 순행할 때, 양주(楊州)의 백성과 부로(父老)들이 도로에서 환호하며 말하기를 "우리 공께서 오셨다."라고 하였다.

그러나 공은 이미 세상일에 연루되어 연이어 곤경에 처하였는데, 후진(後進) 중에 새 귀인들은 줄줄이 이어서 재상의 자리에 올랐다. 재상 최명길(崔鳴吉)이 일찍이 이조 판서(吏曹判書)가 되어 동료인 나 이민구에게 이르기를 "윤공은 낭묘(廊廟)의 크게 쓰일 인재인데, 나이가 많아 안타깝다."라고 하였다. 당시 노성(老成)한 사람들 가운데도 정승 자리에 오른 이가 한둘이 아니었으니, 비록 지극한 말이 아니라는 것을 알지만, 또한 공론이 같음을 볼 수 있다.

공은 사정(私情)에 이끌려 부정하게 된 일을 밝히고 많은 사람들의

58 관찰사 : 번얼(藩臬)은 중국의 번사(藩司)와 얼사(臬司), 즉 포정사(布政司)와 안찰사(按察司)의 장관이라는 뜻으로, 우리나라의 관찰사를 가리킨다.

비방을 씻어내며, 큰 성은(聖恩)에 감복하고 특별한 지우(知遇)를 입었다는 뜻으로 《회은록(懷恩錄)》을 지었다. 한 근원에 뿌리를 두었고 한 기운에서 나누어졌으며, 조상의 공렬을 생각하고 대를 이어나감에 감격한다는 뜻으로 《내외세보(內外世譜)》를 지었다. 선달(先達)과 명공(名公)들 가운데 아름다운 명성이 있어서 실로 금석(金石)에 해당하는 분들은 그 자료를 수집하여 《읍훈록(挹薰錄)》을 지었다. 장고(掌故)와 요속(謠俗) 가운데 뒤죽박죽 섞이거나 잘못된 소문이 맞는 것도 있고 와전된 것도 있었으므로, 취사(取捨)하여 《야언통재(野言通載)》를 지었다. 조정에서 핍박 받아 신세는 좌절되고 도는 펼 수 없었으므로, 구학에 마음을 두어 감회를 일으키고 영탄한 작품들을 모아 《산가청사(山家淸事)》를 지었다. 이상의 모든 글들이 전부 세교(世敎)에 관련되니, 그 말들이 참 맛이 있도다.

첫 번째 부인은 군기시 정(軍器寺正) 죽산(竹山) 박문영(朴文榮)의 딸이다. 아들 인적(仁迪)을 두었으나 요절하였다. 딸들은 목사(牧使) 황수(黃滫), 군수(郡守) 안정(安鋌), 시직(侍直) 박이장(朴以章), 현감(縣監) 이효승(李孝承)에게 시집갔다. 두 번째 부인은 양주 목사(楊州牧使) 초계(草溪) 정약(鄭爚)의 딸이다. 아들은 현령(縣令) 세헌(世獻), 세량(世亮), 세익(世翊)이고, 딸은 지평(持平) 오정원(吳挺垣)[59]에게 시집갔다. 황수(黃滫)의 아들은 대사성(大司成) 호(杲)[60]와 책

59 오정원(吳挺垣) : 1614~1667. 본관은 동복(同福), 자는 중보(仲輔)이다. 《松坡集 卷15 贈議政府領議政行黃海道觀察使吳公墓碣銘 幷敍》

60 황호(黃杲) : 1604~1656. 본관은 창원(昌原), 자는 자유(子由), 호는 만랑(漫浪)이다. 《星湖集 卷62 漫浪黃公墓碣銘 幷序》

(策)이고, 딸들은 윤준경(尹濬慶), 진사(進士) 조상한(趙相漢),[61] 진사(進士) 박천영(朴千榮),[62] 도사(都事) 심서견(沈瑞肩),[63] 박신규(朴信圭)[64]에게 시집갔다. 안정(安鋌)의 아들은 수성(壽星), 오성(五星), 필성(弼星)이고, 딸은 신익경(辛益慶)에게 시집갔다. 박이장(朴以章)의 아들은 지현(之顯), 지석(之碩)이다. 이효승(李孝承)의 아들은 부사(府使) 동성(東星), 동원(東垣)이고, 딸들은 참판(參判) 신유(申濡), 최태제(崔泰齊), 남두징(南斗徵)에게 시집갔다. 세헌(世獻)의 아들은 이건(以乾), 이곤(以坤)이고, 딸들은 김홍명(金洪命), 김익하(金翊夏)에게 시집갔다. 오정원(吳挺垣)의 아들은 시수(始壽), 시대(始大)이다. 다음과 같이 명을 짓는다.

파평에서 시작하여	爰始坡平
근원 깊고 줄기 길었으니	源濬派長
대대로 이어 오며	聯延代序
그 영광 사라지지 않았네	不泯其光
상서가 중간에서 분기하고	尙書中奮
참찬이 아름다움 계승하여	參贊襲徽
능히 닮고 능히 번창시키니	克類克昌

61 조상한(趙相漢) : 1615~? 본관은 배천(白川), 자는 태언(台彦)이다.

62 박천영(朴千榮) : 1619~1680. 본관은 밀양(密陽), 자는 길보(吉甫), 호는 농아(聾啞)이다.

63 심서견(沈瑞肩) : 1622~? 본관은 청송(靑松), 자는 백양(伯陽)이다.

64 박신규(朴信圭) : 1631~1687. 본관은 밀양(密陽), 자는 봉경(奉卿)이다. 《樊巖集 卷47 贈大匡輔國崇祿大夫議政府領議政……五衛都摠府都摠管朴公神道碑銘》

그 아버지에 그 아들이었네	是父是子
저 종묘 바라보매	相彼淸廟
둥근 그릇도 있고 모난 그릇도 있어	其器圜方
향기로운 제물 가득 담으니	其盛苾芬
신께서 흠향하시네	神所享之
어찌 높은 벼슬 없으랴만	豈無高位
정승 자리 인색했고	而靳三事
어찌 현달하지 않았으랴만	豈無顯庸
큰 베풂 막혔어라	而閼大施
덕을 몸에 쌓아	蓄德自躬
남은 경사를 후손에게 돌렸고	歸餘於後
많이 거두고 적게 발하였으니	多收寡發
대대로 복록 있을 줄을 알겠노라	卜世其有
감악산 바라보니	粤瞻紺嶽
군자가 묻힌 곳이라	君子攸藏
아아 천만 년토록	於千萬年
견고하고 보존되기를	旣固旣臧

경기 관찰사 심공 신도비명 병서

京畿觀察使沈公神道碑銘 并序

지난 임진년(1592, 선조25)[65]에 섬 오랑캐가 침범하여 한양으로 들이닥쳤다. 선조(宣祖)께서는 갑자기 의주(義州)로 피난하시고, 조정의 고관들은 모두 사방으로 달아나 숨었다. 이때 청송 심공(靑松沈公)이 호조 정랑(戶曹正郎)으로 있었는데, 미처 식량을 마련하지도 못한 채 곤경에 처한 임금을 호종(扈從)하여 끝까지 부지런히 노력하였으니, 재능 있는 신하로 불리었다. 만력(萬曆) 임인년(1602)에 경기 관찰사(京畿觀察使)로 재임 중에 운명하고, 3년 후 어가를 호종한 공과 선무(宣武)한 노고를 추록(追錄)하여 다시 충근정량효절협책호성 공신(忠勤貞亮效節協策扈聖功臣) 대광보국숭록대부(大匡輔國崇祿大夫) 의정부영의정(議政府領議政) 겸 청계부원군(淸溪府院君)에 추증하였으며, 겸관(兼官)은 실직(實直)과 같이 하였다. 아아, 혼란한 시절을 만나 뛰어난 활약으로[66] 그 공을 환히 드러내어 맹부(盟府 충훈부(忠勳府))에 이름이 올랐으니, 공은 거의 조최(趙衰)[67]와 신포서(申包胥)[68]

65 임진년 : 임진왜란이 일어난 1592년을 가리킨다. 집서(執徐)는 고갑자(古甲子)에서 진(辰)을 가리킨다.

66 뛰어난 활약으로 : 운증용변(雲蒸龍變)은 물이 증발하여 구름이 되고 뱀이 용으로 변하여 하늘로 오른다는 말로, 영웅호걸이 때를 만나 크게 활약하는 것을 의미한다. 《史記 卷90 魏豹彭越列傳》

67 조최(趙衰) : 춘추 시대 진(晉)나라 사람으로, 시호가 성(成)이라서 조성(趙成)으로도 불린다. 공자(公子) 중이(重耳)를 따라 외국에서 19년 동안 유랑하면서 온갖

에 비견되는 분이라고 하겠다. 국가에서 보답으로 내린 은전(恩典)도 또한 성대했다고 할 것이다.

살피건대, 공의 휘(諱)는 우승(友勝), 자(字)는 사진(士進), 호(號)는 만사(晩沙)이다. 위로 청성백(靑城伯) 덕부(德符)는 7대조인데, 이 분이 온(溫)을 낳아 그의 아들 회(澮)와 함께 3대가 상상(上相)의 지위에 올랐다. 판관(判官) 휘 원(湲), 사인(舍人) 휘 순문(順門), 통례(通禮) 휘 달원(達源), 경기 관찰사 휘 전(銓)은 모두 높은 벼슬에 추증되었는데, 이 분들이 공이 제사를 받드는 4대 선조이다.

심씨 집안에서 두 분의 왕후(王后)[69]가 나셨으니, 가문의 높고 화려한 명망은 다른 가문과 비교되지 않는다. 그러나 유독 공은 예법을 지키고 유자(儒者)의 품행을 돈독히 행하며 학문을 쌓았다. 계유년(1573, 선조6)에 진사가 되었고, 경진년(1580)에 문과에 급제하여 처음 성균관에 배속되었다. 병술년(1586)에 감찰(監察)로 옮겼고, 이후 호조(戶曹)와 예조(禮曹)의 좌랑(佐郞), 경상도와 경기도의 도사(都事), 형조 정랑(刑曹正郞)을 역임하였다. 의주(義州)로 몽진하는 어가

고생과 위험을 극복했고, 중이가 귀국해 진 문공(晉文公)으로 즉위하는 것을 도왔다. 선진(先軫)과 난기(欒枝) 등을 천거하여 진 문공이 패업(霸業)을 완성하는 일에 중요한 역할을 하였다.

68 신포서(申包胥) : 춘추 시대 초(楚)나라 사람으로, 소왕(昭王)의 대부(大夫)를 지냈다. 오자서(伍子胥)가 오(吳)나라 군대를 이끌고 쳐들어와 초나라 수도 영(郢)을 함락하자, 진(秦)나라의 애공(哀公)에게 7일 동안 먹지도 마시지도 않고 울면서 구원병을 청하였다.《史記 卷66 伍子胥列傳》

69 두 분의 왕후(王后) : 세종 비 소헌왕후(昭憲王后)와 명종 비 인순왕후(仁順王后)를 가리킨다.

를 호종하던 도중에 정언(正言)과 지평(持平)에 임명되었다.

당시 전란의 형세가 치열해져 온 나라가 더욱 놀라 술렁이니, 우러러 의지할 것은 오직 명(明)나라의 원조 뿐이었다. 공이 서장관(書狀官)의 신분으로 연경(燕京)에 달려가 지극한 정성으로 호소하니, 명나라 조정에서 이여송(李如松)[70]으로 하여금 대군을 이끌고 동쪽으로 출전하게 하여 평양의 왜적을 섬멸하였다. 임금께서 곧바로 공을 승정원 승지(承政院承旨)로 발탁하셨다. 얼마 후에 부모를 봉양하게 해달라고 요청하여 춘천 부사(春川府使)로 나갔다.

병신년(1596, 선조29)에 호조 참의(戶曹參議)가 되었다. 나라가 막 전쟁을 겪은 터라 공사(公私) 간에 창고가 텅 비어 아무 것도 없었는데, 조달하기 어려운 일들은 번번이 공에게 맡겨 처리하게 하였다. 영의정 서애(西厓) 유성룡(柳成龍)[71]이 공을 중시하였으며, 임금께서도 공을 인재로 여겨 호조 참판(戶曹參判)으로 특진시키셨다.

명나라 군사가 서울을 가득 메우고 기세를 부리며 공공연히 약탈을 일삼았지만, 백성들은 감히 말 한 마디 하지 못하였다. 마침 명나라의 경리(經理) 양호(楊鎬)[72]가 공에게 병사들의 만행에 대해 물었다. 공이

70 이여송(李如松) : 1549~1598. 자는 자무(子茂), 호는 앙성(仰城), 시호는 충렬(忠烈)이다. 조선 출신인 이영(李英)의 후손으로, 1592년 발배(哱拜)의 난에 공을 세워 도독(都督)으로 승진하고, 임진왜란이 일어나자 방해어왜총병관(防海禦倭總兵官)으로 임명되어 조선으로 파병되었다.

71 유성룡(柳成龍) : 1542~1607. 본관은 풍산(豐山), 자는 이현(而見), 호는 서애(西厓)이다. 《蒼石集 卷17 西厓柳先生行狀》

72 양호(楊鎬) : 명(明)나라 하남(河南) 상구(商丘) 사람으로, 1597년(선조30) 정유재란 때 경략조선군무사(經略朝鮮軍務使)가 되어 조선에 파견되었다. 이듬해 울산 도

앉은 자리에서 그 실상을 직접 수백 자로 써서 보였다. 양공이 크게 장려하고 추켜세웠으나 아래 사람들이 혐의를 품고 비방하니, 임금께서 공을 파직시키셨다. 그러나 공의 민첩함과 문장력에 대해 더욱 감탄하셨다.

경자년(1600, 선조33)에 한성부 우윤(漢城府右尹)으로 있으면서 비변사 당상(備邊司堂上)을 겸직하였다. 이듬해에 경기 관찰사(京畿觀察使)로 나갔다. 오랜 노고가 쌓여 차츰 병이 되었는데, 임인년(1602)에 대부인(大夫人 어머니)이 운명하자, 공이 상례를 극진하게 치르다가 병이 끝내 깊어져서 그해 6월에 운명하였다. 광주(廣州) 퇴촌(退村)의 계좌(癸坐) 등성이에 안장하였다.

공은 타고난 자질이 활달하여 강직하면서도 각박하지 않았고 변별하면서도 까다롭지 않았으며, 청명(淸明)하고 꼿꼿하면서도 사람들에게 미움을 받지 않았다. 부모에게는 효도하고 형제간에는 우애가 있었으며, 친척들을 인자하게 대하고 벗들과 사귈 때 시종 한결같이 성의를 다하였다.

처음 관직에 나갔을 때, 요로(要路)에 있는 사람에게 미움을 받아 하급 관료로 전전했지만, 애당초 난색(難色)을 드러내지 않았다. 그러다가 때를 만나게 되자 충절을 다해 공무를 봉행하였으니, 아무리 어려운 일을 맡겨도 해내지 못하는 것이 없었다. 특히 번잡한 일을 처리하는 데 뛰어나, 일을 만나면 정밀하게 분석하여 능수능란하게 해결하였다.

산성(島山城) 전투에서 크게 패하였는데, 이를 승리로 거짓 보고했다가 탄로나 파면되었다.

경기도는 큰 도(道)라서 위로는 막부(幕府)의 장좌(將佐)로부터 아래로 하인에 이르기까지 수레가 하루에도 천 대 백 대나 오갔다. 관리들이 형벌을 동원해 자신들의 욕심을 채우고 공급 물품을 비축하니, 백성들은 발이 파이고 뒤꿈치가 닳도록 분주하게 다니다가 도로에서 서로 밟혀 죽고 이리저리 도망쳐 매우 소란스러웠다. 공이 생각하기에 큰 고을도 있고 작은 고을도 있는데, 부역(賦役)은 편중(偏重)되어서 지방관들이 매번 자기들 마음대로 조발(調發)하기 때문에 호리(豪吏)들이 그 편의를 독점하여 작은 고을들이 피해를 입는다고 여겼다. 이에 경기도의 전부(田賦) 전체를 파악하고 결수(結數)로 나눈 다음, 많고 적음을 비교하여 부역 할당을 고르게 하니, 백성들이 비로소 쉴 수 있게 되었다. 그 후에 드디어 이 방법을 따라 관례로 삼게 되었고, 조정에서 바야흐로 공에게 의지하여 폐단을 고치려고 하였는데, 공이 갑자기 세상을 떠나고 말았다.

공은 23년 동안 조정에 있었지만, 국정을 들은 것은 9년이 채 되지 못한다. 그런데도 계획하고 시행하여 뚜렷하게 드러난 것이 이와 같았다. 만약 하늘이 공의 수명을 더 연장해 주어서 뜻한 일을 다 행할 수 있었다면, 공효(功效)의 미친 바가 어찌 이 정도에 그쳤을 뿐이랴. 애석하도다!

부인 순흥 안씨(順興安氏)는 현감 용(容)의 딸이다. 집안을 다스리는 데 법도가 있어서, 새벽에 일어나 꼿꼿하게 앉아 일을 지시하면 비복들이 머리를 숙이고 할 일에 대해 들었으니, 집안이 엄숙하게 다스려졌다. 공보다 10년 뒤에 운명하였고 공과 합장(合葬)하였다. 아들이 없어서 형의 아들 액(詻)을 후사(後嗣)로 삼았는데, 보국숭록대부(輔國崇祿大夫) 이조 판서(吏曹判書)에 올랐다. 서자 보(譜)는 무과에 급제하여 현감을 지냈다. 판서(判書 심액(沈詻))는 2남 5녀를 두었는데, 아들은 장령(掌令) 광수(光洙)와 현감 광사(光泗)이다. 딸들은 허뢰(許賚), 감사(監司) 오단(吳端), 안천건(安千健), 유명(柳蓂), 이암(李巖)에게 각각 출가하였다. 광사는 일곱 아들을 두었는데, 장남은 장백(樟柏)이고, 진사 상백(相柏)은 장령(掌令 심광수(沈光洙))이 후사로 삼았으며, 나머지는 어리다. 감사 오단의 다섯 아들은 참판(參判) 정일(挺一), 수찬(修撰) 정원(挺垣), 좌랑(佐郎) 정위(挺緯), 정벽(挺璧), 진사 정창(挺昌)이다. 네 딸 가운데 장녀는 봉사(奉事) 이상정(李象鼎)에게 출가하였고, 둘째는 인평대군(麟坪大君)의 부인이며, 셋째는 진사 이수번(李壽蕃)에게, 막내는 유이태(柳以泰)에게 시집갔다. 안천건은 현감 광욱(光郁)을 낳았고, 유명은 인의(引儀) 승배(承培)를 낳았고, 이암은 천한(天漢)을 낳았다.

공이 세상을 떠난 지 54년이나 지났기 때문에 날이 갈수록 사적이 사라진다. 나의 외조모가 바로 공의 누이이시다. 내가 일찍이 어려서 공을 모신 적이 있기에, 대략 한두 가지를 기록하고 다음과 같이 명(銘)을 짓는다.

청송 땅에 심씨 있어 惟靑有沈
그 근원 깊으니 有濬其源
두 분 왕후가 임금 받들었고 二后承乾
세 분 재상이 임금 도왔도다[73] 三相贊元

73 두 분……도왔도다 : 청송 심씨의 가문에서 두 분의 왕후와 세 분의 재상이 나온 것을 말한다. 왕후 두 분은 세종 비 소헌왕후(昭憲王后)와 명종 비 인순왕후(仁順王后)

면면히 쇠하지 않고 이어져 繩繩不替
이에 우리 공이 탄생하니 乃有我公
우리 공이 떨쳐 일어나 我公爰發
매진하는 자취를 몸소 만들었네 邁跡自躬
낭관으로 침체했지만 潛于郎署
곤경에 잘 대처하여 형통하였네 處屯乃亨
변방으로 어가 호종하며 從其牧圉
우리 임금과 뜻이 맞았어라 契我天明
호조 참판을 거쳐 掌貳邦賦
드디어 경기 관찰사로 나가니 遂殿畿服
대를 이어 맡은 관직이라[74] 由茲世職
이룬 공적 진실로 이와 같았네 奏功允若
충성하고 효도하느라 旣忠旣孝
수고롭게 일하다 몸을 상해 운명하니 勤顇毁終
숭봉하고 추증하였지만 崇封寵贈
어찌 임금의 슬픔 풀리랴 豈釋宸恫
다만 명예와 가문은 惟名與閥
영원히 빛나리니 載烈于永
단단한 빗돌에 이 시를 새겨서 刻詩于堅

이며, 세 분 재상은 청성백(靑城伯) 심덕부(沈德符)와 그의 아들 심온(沈溫), 그리고 심온의 아들 심회(沈澮)를 가리킨다.

74 대를……관직이라 : 심우승의 선친(先親) 심전(沈銓)도 경기 관찰사를 역임하였기에 한 말이다.

솥에 새김을 대신하노라[75] 以代銘鼎

75 단단한……대신하노라 : 심우승의 행적을 빗돌에 새겨 후세에 영원히 남긴다는 말이다. 나라에 공훈이 있는 사람의 이름을 종정(鐘鼎)에 새기던 전통이 있었으므로, 그 일을 대신한다고 한 것이다.

전라도 관찰사 황공 신도비명 병서

全羅道觀察使黃公神道碑銘 幷序

전라도 관찰사 월담(月潭) 황공(黃公)이 관직에서 물러나 철원(鐵原)에 있는 선영(先塋)의 동쪽에서 지냈다. 그곳은 산수가 아름답기로 유명하였는데, 공이 정사(精舍)를 짓고 지내면서 노년을 즐겼다. 손수 심은 소나무와 잣나무가 모두 두 뼘 이상의 굵기였다. 내가 그 마을에 사는 자제(子弟)로서 공의 책상 아래에 찾아가 뵈었는데, 공은 바야흐로 분주한 세상일을 털어 버리고 초연하게 조물주와 함께 노니니, 내가 내심 존모하여 하룻밤을 지낸 뒤에 물러났다. 3년 뒤에 공이 운명했다는 소식을 듣고 나는 오래도록 그리워하고 마음 아파하며 잊지 못했는데, 지난날 두 뼘 정도였던 소나무와 잣나무가 이제는 아름드리가 되었다. 공의 장남 사복시 첨정(司僕寺僉正) 영(泳)이 묘도에 새길 글을 나에게 부탁하니, 정의로 볼 때 내가 어찌 감히 사양하겠는가.

살피건대 공의 휘(諱)는 근중(謹中), 자는 일지(一之)이다. 창원 황씨(昌原黃氏)는 신라(新羅)의 좌정승(左政丞) 하응(河應)과 고려(高麗)의 병부 상서(丙部尙書) 신(信)으로부터 벼슬한 사람들이 계속 이어졌다. 거정(居正)은 우리 조선에서 형조 판서(刑曹判書)를 지냈다. 3대를 지나 고원 군수(高原郡守)를 지내고 호조 참의(戶曹參議)에 증직된 휘 징(澄)이 있었다. 이분이 풍저창 수(豐儲倉守)를 지내고 이조 판서(吏曹判書)에 증직된 휘 준원(浚源)을 낳았다. 이분이 종친부 전부(宗親府典簿)를 지낸 탕경(湯卿)을 낳았고, 이분이 영춘 현감(永春

縣監) 휘 수(琇)를 낳았는데, 부자가 모두 영의정(領議政)에 증직되었다. 이상이 공의 4대 선조(先祖)들이다. 선비(先妣) 고성 이씨(固城李氏)는 정랑 준(浚)의 딸로, 가정(嘉靖) 경신년(1560, 명종15)에 공을 낳았다.

공은 타고난 자품이 장후(長厚)하고 학문을 함에 지향할 바를 알았으며, 일찍부터 예업(藝業)으로 연배의 사람들로부터 존중받았다. 기축년(1589, 선조22)에 생원시에 응시하였다. 상공(相公) 서애(西厓)[76]가 당시 문병(文柄)을 맡았는데, 공의 답안을 보고 기뻐하며 "글과 글씨가 모두 정묘하니, 과장(科場)에서 비교될 사람이 드물다."라고 하고 마침내 1등으로 뽑았다.

임진왜란이 발생하여 선조(宣祖)께서 의주에 머물게 되셨다. 공이 동지들을 규합하여 바닷길을 통해 행재소에서 알현하니, 특별히 전함사 별좌(典艦司別坐)에 제수(除授)하셨다. 얼마 뒤에 양친(兩親)께서 관동(關東) 산골짜기로 전란을 피했다는 소식을 듣고, 관직을 버리고 찾아가 뵈었다. 곧바로 경양도 찰방(景陽道察訪)에 임명되고, 내섬시 직장(內贍寺直長)으로 옮겼다.

정유년(1597)에 동궁 위솔(東宮衛率)에서 호조 좌랑(戶曹佐郎)으로 옮겼는데, 직책을 잘 수행한다는 평가를 받았다. 어느 날 임금께서 중국 조정의 대관(大官)을 만나시다가 급히 공을 불러 삼남 지방 군량의 대략적 수량을 물으셨다. 공이 소매 속에서 장부를 꺼내, 구두로 어느 지방은 얼마를 조발(調發)했고 어느 지역은 얼마를 마땅히 조발

76 서애(西厓) : 유성룡(柳成龍, 1542~1607)으로, 본관은 풍산(豐山), 자는 이현(而見), 호는 서애이다. 《蒼石集 卷17 西厓柳先生行狀》

해야 한다고 자세히 답변하니, 임금께서 기뻐하여 곧바로 정랑(正郎)에 승진시키셨다. 구례(舊例)에 비변사의 낭관은 반드시 문무(文武)를 겸비한 이속(吏屬)을 뽑아 등용하였으나, 당시에는 혼란하여 인재가 부족했으므로 공에게 겸대(兼帶)하게 하였다. 다급하게 부응해야 하는 공문서를 대부분 공에게 맡겨 작성하게 하니, 일마다 능숙하게 처리하였다.

무술년(1598, 선조31)에 송화 현감(松禾縣監)이 되었다. 조정으로 돌아와 형조와 공조의 정랑, 군기시 판관(軍器寺判官)을 여러 차례 거쳤다. 만력(萬曆) 병오년(1606)에 비로소 문과(文科)에 합격하여 경상도 도사(慶尙道都事)에 제수되었다. 이듬해에 예조 정랑으로 있다가 사헌부 지평(司憲府持平)에 임명되었다. 그 다음해에 광해군(光海君)이 왕위에 오르니, 조정의 관직이 일신되었다. 공도 산질(散秩)로 떠돌다가 이윽고 김산 군수(金山郡守)로 나가게 되었는데, 양친의 연세가 높다는 이유로 법령을 이끌어 가까운 양근(楊根)으로 옮겼다. 조정으로 들어와 직강(直講)과 상례(相禮)가 되었는데, 상공(相公) 백사(白沙)[77]가 공의 치적(治績)을 익숙히 알았으므로 안변 부사(安邊府使)에 추천하여 임명되었다. 임자년(1612, 광해군4)에 공의 정적(政績)이 한 도(道)에서 가장 뛰어나다고 어사(御使)가 보고하여 상대부(上大夫)에 증질(增秩)되었다.

갑인년(1614)에 강원 감사(江原監司)에 승진 임명되었다. 당시 양

77 백사(白沙) : 이항복(李恒福, 1556~1618)으로, 본관은 경주(慶州), 자는 자상(子常), 호는 백사·필운(弼雲)이다.《谿谷集 卷15 推忠奮義平難忠勤貞亮竭誠效節協策扈聖功臣……鰲城府院君李公行狀》

친께서 모두 대질(大耋)의 연세였으나 걸음걸이가 전혀 불편하지 않았다. 공과 아우 경중(敬中)[78]이 차례로 강원 감사가 되어, 영예롭게 봉양하여 광영(光榮)이 나라 안에 빛나니, 부자 관계에 있는 사람들마다 두 공과 같은 효성을 그들의 아들에게 바라고, 의정공(議政公 황수(黃琇))과 같은 복을 자신의 아버지가 누리게 해달라고 축원하지 않는 이가 없었다.

을묘년(1615, 광해군7)에 동부승지(同副承旨)에 임명되고, 승진하여 좌부승지(左副承旨)가 되었다. 부모 봉양을 위해 외직을 구하여 홍주 목사(洪州牧使)로 나가게 되었는데, 공이 어버이를 멀리 떠날 수 없다는 이유로 사직하니, 면직되어 춘천 부사(春川府使)에 제수되었다. 공이 안변을 떠난 지 2년이 지났지만, 그곳 사람들이 마치 하루처럼 변함없이 공의 덕을 칭송하였다. 함경도 관찰사가 "이미 떠났는데도 백성들이 더욱 그리워하니, 훌륭한 공적이 있기 때문입니다."라고 상주(上奏)하자, 곧바로 포상하여 가선대부(嘉善大夫)를 가자(加資)하였다.

신유년(1621)에 전라도 관찰사(全羅道觀察使)로 나가게 되었다. 당시 광해군의 혼란한 정치가 더욱 많아져 자주 광대들을 뽑아 놀이판을 열어 구경하였다. 공이 매번 기한을 늦춰서 뽑아 보내니, 광해군이 노하여 공을 유배 보내고 자급(資級)을 빼앗았다가 사면하였다. 별궁(別宮)을 짓는 일에 공사비가 많이 소요되자, 무뢰한 사람들을 많이

78 황경중(黃敬中) : 1569~1630. 본관은 창원(昌原), 자는 직지(直之), 호는 오촌(梧村)이다. 《광해군일기》 4년 11월 16일 기사에 황경중을 강원 감사(江原監司)에 임명한 기록이 있다.

차임(差任)하니, 왕실과 연계하고 권세가와 결탁하여 공공연하게 살육과 약탈을 일삼았다. 공이 또 그들이 가혹한 행위[79]를 자행하여 상하 사람들의 원망이 쌓이고 있다고 지적하여 말하였지만, 공의 다스림에 해가 없다고 여겨져 처벌하지 않았다. 조정에서는 공이 계획하고 시행하는 데 요령이 있고 더욱이 군비(軍備)를 갖추는 데 뛰어나다고 여겨, 공의 자급을 한 단계 높여 가의대부(嘉義大夫)로 삼고 임기가 차도 교체를 허락하지 말라고 요청하였으므로, 계해년(1623, 인조1)에 이르러서야 체직되었다.

나라가 비로소 경화(更化)를 이루어[80] 새로운 귀인들이 규각(圭角)을 드러내 사람들의 장단점 들춰내기를 좋아하였다. 공은 늙고 병들었으니 어찌 조정에 나아가 구차하게 작은 공효(功效)라도 있기를 바라겠는가라고 스스로 생각하여, 애써 일어나 다시 서용해 준 은혜에 사례하고 드디어 자취를 거두어 조정을 떠났다. 시골에서 한가롭게 지내며 농사짓고 낚시하는 사람들과 어울리며 세속의 일을 마음에 두지 않았다. 이웃의 부로(父老)들을 만나면 술을 마시며 즐기고 사람들을 두루 도와주었으며, 세시(歲時)와 명절(名節)에는 술과 음식으로 따뜻하게

79 가혹한 행위 : 추박(椎剝)은 한유(韓愈)가 "살을 깎고 골수를 부순다.〔剝膚椎髓〕"라고 한 데서 온 말로, 가혹한 수탈 정책을 상징한다.《韓昌黎文集 卷15 鄆州溪堂詩》

80 나라가……이루어 : 1623년 계해반정(癸亥反正)으로 인조(仁祖)가 등극한 일을 말한다. 경화(更化)는 정치를 개혁하여 교화를 새롭게 한다는 뜻이다.《통감절요(通鑑節要)》 권3에 "금슬의 소리가 대단히 조화를 이루지 못하면 반드시 그 줄을 풀어서 고쳐 매야만 연주할 수 있고, 정치를 하는데 잘 행해지지 않으면 반드시 변화시켜서 교화를 새롭게 해야만 나라를 다스릴 수 있다.〔琴瑟不調甚者, 必解而更張之, 乃可鼓也. 爲政而不行甚者, 必變而更化之, 乃可理也.〕"라고 하였다.

위로하니, 사람들이 기뻐하며 감동하여 공이 운명할 때까지 그 마음이 변하지 않았다. 공이 비록 전야(田野)에 물러나 지내면서 오래도록 당세의 일에 대한 생각을 끊었으나, 서쪽 변방에 다급한 일이 있다는 소식을 듣고 가산(家產)을 출연(出捐)하여 군수(軍需)를 도왔으니, 의리와 분수를 다한 것이다.

선비가 사적(仕籍)에 이름을 올려 조정에 나가면 공을 수립하여 종족을 빛내지 못할까 근심하고, 벼슬을 이미 성취해서는 또 승진에 눈이 멀어 캄캄한 밤에 남을 찾아다니며 그만두지 못하는 사람이 대단히 많다. 간혹 오래도록 관직에 있다가 물러날 것을 생각하면서도, 또 앞으로의 일이 어찌될지 염려하여 묵묵히 지내다가 세상을 떠나는 사람이 고금에 얼마나 많았던가.

오직 공은 중년에 고관(高官)의 자리에 올라 내직과 외직을 번갈아 맡으며 나라를 빛냈는데도, 만족할 줄 알고 그칠 줄 알아 진실로 그 착한 것을 실천하였으며 초야로 돌아와 전리(田里)에서 편안하게 지냈으니, 거의 아름다운 명예로 평생 길한 삶을 살았다고 할 것이다. 물러나 한가롭게 지내다가 8년이 지난 계유년(1633, 인조11) 정월에 운명(殞命)[81]하니, 향년 74세였다. 부음(訃音)이 전해지자 사관(祠官)이 와서 조문하고 예법대로 제사하였다. 7세조 판서공(判書公)의 묘소를

81 운명(殞命) : 계수족(啓手足)은 수족이 온전한지 살펴본다는 말로, 죽음을 의미한다. 증자(曾子)가 병이 들자 제자들을 불러 말하기를 "이불을 걷고서 내 발을 살펴보고 내 손을 살펴보아라. 《시경》에 이르기를 '두려워하고 삼가서 깊은 못에 임한 듯이 하며 얇은 얼음을 밟듯이 하라.' 하였는데, 이제야 내가 몸을 훼상하는 데서 면한 줄을 알겠구나. 제자들아.〔啓予足, 啓予手. 詩云, 戰戰兢兢, 如臨深淵, 如履薄氷, 而今而後, 吾知免夫, 小子.〕"라고 했다. 《論語 泰伯》

따라 갑좌(甲坐)의 등성이에 장사하였다.

부인 광주 노씨(光州盧氏)는 좌의정 숭(嵩)[82]의 후손이며, 아버지는 좌승지(左承旨)에 증직된 대충(大忠)이다. 유순하고 자애로워 규문의 법도에 매우 마땅하였다. 공보다 5년 뒤에 운명하였고 공과 합장하였다.

공은 내행(內行)을 엄격히 닦아서 부모를 섬길 때 무엇보다 먼저 그 뜻을 받들었다. 부모님의 상사를 만났을 때 공의 연세가 이미 이순(耳順)에 가까웠지만, 몸이 여윌 만큼 극진하게 상례를 치러 지팡이에 의지해야만 일어날 정도였다. 매번 휘일(諱日)이 되면 반드시 재계(齋戒)하고 소식(素食)하여 나이가 많다는 이유로 소홀히 하지 않았으니, 향당과 친족이 그 효성에 감화되었다.

사람과 사귐에는 시종 변함이 없었다. 송상인(宋象仁)[83] 공이 자신의 죄가 아닌 일로 절도(絶島)에 유배되자, 사람들이 모두 손을 내저으며 피했는데, 홀로 공만은 예전과 마찬가지로 안부를 묻고 물건을 보내주었으며 두루 관심을 기울였다. 송공이 뒤에 조정으로 돌아와 옛사람의 아름다운 절개를 지녔다고 공을 칭찬해 마지않았다.

관직에 임해서는 숙달된 솜씨로 업무를 지체하는 일이 없었고 실정(失政)도 없어서, 역임하는 자리마다 반드시 기록할 만한 공적이 있었다. 그러나 낭관으로 있다가 과거에 합격하여 잠깐 대성(臺省)에서

82 노숭(盧嵩) : 1337~1414. 본관은 광주(光州), 자는 중보(中甫), 호는 상촌(桑村)이다. 《浩亭集 卷3 輔國崇祿大夫……桑村盧公墓誌銘 幷序》

83 송상인(宋象仁) : 1569~1631. 본관은 여산(礪山), 자는 성구(聖求), 호는 서곽(西郭)이다. 1612년(광해군4) 김직재(金直哉)의 무옥(誣獄)에 연루되어 10년 동안 제주도에 위리안치되었다.

일했을 뿐 연달아 외직을 떠돌았고, 만년에 두 도(道)에 관찰사로 나아가 한두 가지 공적을 겨우 드러냈지만, 그 공적을 다 모아도 전모를 알 수 없으니 안타깝다.

생각건대 쌓은 덕이 두터운 사람에게는 베풀어주는 은혜가 풍부하고, 지닌 재주를 다 쓰지 못한 사람에게는 보답이 융성하여, 굴신(屈伸)과 여탈(與奪)은 증서를 잡은 듯이 반드시 보상하니, 그 사람에게서 보지 못하면 그 자손에게서 보고, 그 사람의 덕을 알지 못하면 그 집안을 보아야 하는 것이다. 공이 경사를 남겨 후손을 열어 줌에 자손들이 스스로 귀한 자리에 많이 올라 바야흐로 한 시대에 중책을 맡고 있으니, 넉넉하게 남겨 준 것이 발하여 세상에 드러난 것이다.

공의 장남은 곧 첨정(僉正) 영(泳)이고, 차남은 현령(縣令) 환(渙)이고, 딸은 판서 정광성(鄭廣成)[84]에게 시집갔다. 측실 소생의 두 아들은 몽(濛)과 항(沆)이다. 첨정이 다섯 아들을 두었으니, 도형(道亨)은 군수이고, 도장(道長)은 학생이고, 도창(道昌)은 첨사(僉使)이고, 도평(道平)은 생원(生員)이고, 도광(道光)은 진사(進士)이다. 세 딸은 권대년(權大年), 별좌(別坐) 권흔(權俒), 김만시(金萬始)에게 시집갔다. 현령은 딸 하나를 두었는데, 진사 박수고(朴守古)에게 시집갔다. 판서는 세 아들을 두었는데, 태화(太和)[85]는 지금 영의정이고, 치화(致和)[86]는 참판이고, 만화(萬和)[87]는 정언(正言)이다. 딸 하나는 판서 윤

84 정광성(鄭廣成) : 1576~1654. 본관은 동래(東萊). 자는 수백(壽伯), 호는 제곡(濟谷)이다. 《陽坡遺稿 卷9 先考資憲大夫知中樞府事府君家狀》

85 정태화(鄭太和) : 1602~1673. 본관은 동래, 자는 유춘(囿春), 호는 양파(陽坡)이다.

강(尹絳)[88]에게 시집갔다. 내외(內外)의 증손과 현손이 대단히 많다. 다음과 같이 명을 짓는다.

벼슬 받고 도적 불러들임을 受爵致寇
간사한 사람들 너무도 탐하는데[89] 彼人孔取
관직에 나가고 물러남에 旣進旣退
이 어른은 여유가 있었네 此令有裕
황공이 부절 잡고 黃公擁節
관찰사[90]로 나갈 때 藩臬是履
수레를 천천히 몰고 輪軌徐驅
험한 곳 만나면 멈췄어라[91] 見險乃止

86 정치화(鄭致和) : 1609~1677. 본관은 동래, 자는 성능(聖能), 호는 기주(棋洲)이다.

87 정만화(鄭萬和) : 1614~1669. 본관은 동래, 자는 일운(一運), 호는 익암(益菴)이다.

88 윤강(尹絳) : 1597~1667. 본관 파평(坡平), 자는 자준(子駿), 호는 무곡(無谷)이다. 《芝湖集 卷9 外舅吏曹判書尹公行狀》

89 벼슬……탐하는데 : 분수에 맞지 않는 관직을 간사한 사람들이 탐한다는 말이다. 《주역》 〈해괘(解卦) 육삼(六三)〉에 "등에 짐을 질 사람이 수레에 탔는지라, 도적을 오게 한다.〔負且乘, 致寇至.〕"라고 하였고, 《시경》 〈각궁(角弓)〉에 "밥 먹은 것이 배부르겠거늘, 술을 마시는 것이 너무 심하다.〔如食宜饇, 如酌孔取.〕"라고 하였다.

90 관찰사(觀察使) : 번(藩)은 봉건 시대의 제후의 나라를 지칭하며, 얼(臬)은 얼사(臬司)라는 뜻으로, 우리나라의 경우 지방을 다스리는 관찰사를 의미한다.

91 험한……멈췄어라 : 황근중이 벼슬에 연연하기보다는 효를 다하는 데 마음을 두었다는 말이다. 한(漢)나라 왕양(王陽)이 일찍이 익주 자사(益州刺史)가 되어 산길이 험난하기로 유명한 구절판(九折阪)을 지나다가 탄식하여 말하기를 "선인의 유체를 받

즐겁구나 시골 생활	樂哉寢丘
낚시하고 농사짓기에 적합하니	宜釣宜耕
유유자적 살아가며	興居以適
삶 마치도록 기쁜 마음이었네	卒歲怡情
동산의 등성이	東山之麓
선조들이 대대로 묻힌 곳이라	實惟世藏
면면히 백대를 이어 와	延延百代
그 묘역 벗어나지 않았지	無出其壙
빗돌 다듬어 비문 새기니	攻珉勒辭
효자가 경영하였네	孝子所營
길가는 사람에게 공경히 고하노니	告敬于行
이 무덤에 예를 갖출지어다	式此九京

들고서, 어찌 이렇게 험난한 곳을 자주 다닐 수 있겠는가.〔奉先人遺體, 奈何數乘此險.〕" 라고 하고는 병을 이유로 사직했다는 고사가 있다. 《漢書 卷76 王尊傳》 여기서는 황근중이 김산 군수(金山郡守)와 홍주 목사(洪州牧使)에 임명되었을 때, 양친의 연세가 높다는 이유로 부임하지 않은 일이 있었기 때문에 말한 것이다.

영의정 김공 호서선혜비명[92] 병서
領議政金公湖西宣惠碑銘 幷序

균전(均田)으로 세금을 내는 법은 삼대(三代)로부터 크게 갖추어졌으니, 9분의 1과 10분의 1의 세금은 실로 왕도정치의 큰 원칙이다. 세대가 내려오면서 도가 쇠하고 탐포(貪暴)한 자들이 나와, 백성들은 손발을 둘 곳이 없게 되었다. 진(秦)나라가 정전제(井田制)를 폐지하고 천맥법(阡陌法)[93]을 시행하자, 겸병(兼幷)하는 폐단이 극에 달하였다. 그러니 백성을 아끼는 선왕(先王)의 도[94]를 또한 어찌 말

92 김공(金公) 호서선혜비명(湖西宣惠碑銘) : 김공은 김육(金堉, 1580~1658)으로, 본관은 청풍(淸風), 자는 백후(伯厚), 호는 잠곡(潛谷)·회정당(晦靜堂)이다. 호서선혜비(湖西宣惠碑)는 1659년(효종10)에 김육이 충청 감사(忠淸監司)로 있을 때 삼남지방에 대동법(大同法)을 실시하였는데, 백성들에게 균역(均役)하게 한 공로를 잊지 않고 이를 기념하기 위하여 삼남지방을 통하는 길목에 설치한 것이다. 1651년 영의정 김육이 많은 반대에도 불구하고 충청도에도 대동법을 시행토록 상소하여 효종의 윤허를 얻어 실시함으로써 국가 재정을 정비하고 민폐를 덜게 하였다. 비의 본래 이름은 김육대동균역만세불망비(金堉大同均役萬世不忘碑) 또는 호서선혜비라고도 한다.

93 천맥법(阡陌法) : 천맥은 토지의 경계에 있는 길로, 남북으로 난 것을 천이라 하고 동서로 난 것을 맥이라 한다. 기존의 정전법(井田法)에서 도랑과 두둑의 역할을 했던 수(遂), 구(溝), 혁(洫), 회(澮)가 사방을 에워싸고 있어 전지(田地)의 활용 면에서 볼 때 유실된다고 여겼다. 그래서 도랑을 사방으로 터 버리고 두둑을 무너뜨려 평탄하게 함으로써, 이 공간도 모조리 전토(田土)로 조성해 세금을 받아들이는 새로운 조세법을 만든 것이다. 《象村稿 卷57 求正錄》

94 백성을……도 : 《서경》 〈무일(無逸)〉에 문왕의 덕을 칭송하여 "아름답게 부드럽고 아름답게 공손하시어 백성을 품어 보호하시며, 홀아비와 과부들에게 은혜를 입혀 생기

할 수 있겠는가.

우리나라는 산과 바다 사이에 끼어 있어 땅이 좁기 때문에 방리(方里)의 제도[95]는 시행된 바 없으니, 부사(父師)의 성법(聖法)은 대개 서토(西土)의 일부에서 볼 수 있을 뿐이다.[96]

도가 쇠퇴한 천 년 동안 백성들의 삶이 날로 더욱더 곤궁해지자, 처음 토지제도를 만든 자가 경작지의 소출에 따라 10속(束)을 1부(負), 100부를 1결(結)로 한 뒤에, 결수에 따라 쌀과 포(布)를 내서 공가(公家)의 부세에 응하게 하였다. 이로 말미암아 거두는 것이 포악하지 않고 사용하는 것이 절도가 있었으니, 또한 조철(助徹)[97]의 유의

가 나게 하시어, 아침부터 해가 중천에 뜰 때와 해가 기울 때에 이르도록 한가히 밥먹을 겨를도 없으시어 만민을 모두 화합하게 하셨다.〔徽柔懿恭, 懷保小民, 惠鮮鰥寡, 自朝至于日中昃, 不遑暇食, 用咸和萬民.〕"라고 하였다.

95 방리(方里)의 제도 : 정전제(井田制)를 말한다. 중국 고대의 정전법은 사방 1리를 정(井)자로 구획하였는데, 한 구역의 정(井)이 900묘가 된다. 가운데 100묘는 공전(公田), 사방의 800묘는 사전(私田)으로 하여, 여덟 가구가 각각 100묘씩 나누어 경작하고, 가운데의 공전은 여덟 가구가 힘을 모아 경작하여 그 소출을 세금으로 납부하였다.

96 부사(父師)의……뿐이다 : 부사는 은나라 삼공(三公)의 하나인 태사(太師)와 같은 말로, 여기서는 기자(箕子)를 가리킨다. 기자의 성법(聖法)은 정전제를 말한다. 《고려사(高麗史)》 〈지리지(地理志)〉에 "평양(平壤)에 옛 성터 둘이 있다. 하나는 기자 때에 쌓은 것으로, 성안의 구획이 정전제도를 사용하였고, 하나는 고려 성종(成宗) 때에 쌓은 것이다."라고 하였다. 기자가 평양에 와서 정전제를 시행하였기에 이렇게 말한 것이다.

97 조철(助徹) : 일종의 부세(賦稅) 방법이다. 《맹자》 〈등문공 상(滕文公上)〉에 "은나라 사람은 70묘에 조법을 썼고, 주나라 사람은 100묘에 철법을 썼으니, 그 실제는 모두 10분의 1을 한 것이다. 철은 통한다는 뜻이고, 조는 빌린다는 뜻이다.〔殷人七十而助, 周人百畝而徹, 其實皆什一也. 徹者徹也, 助者藉也.〕"라고 하였고, 그 주에 "상나라 사람이 처음으로 정전의 제도를 만들어, 630묘의 토지를 아홉 구역으로 구획하였으니,

(遺意)에 어긋나지 않았다. 다만 그 토질에 맞는 생산품을 공물로 바치게 하던 것[98]을 일체 쌀과 베로 받았으니, 조달에 필요한 모든 물건에서부터 문호(門戶)를 찾는 사람들을 대접할 경비에 이르기까지 두 배에서 다섯 배까지 세금을 거두어, 나라의 근본이 쇠락해졌다.

지난 만력(萬曆) 무신년(1608, 선조41)에 완평(完平) 문충공(文忠公)[99]이 처음으로 대동선혜(大同宣惠)의 정책을 만들어 경기도에 시행하였는데,[100] 경기도 백성들이 그 덕에 소생하였다. 20년 후인 정묘년

한 구역이 70묘였다. 한가운데는 공전이 되고 그 바깥은 여덟 집에게 각기 한 구역을 주었으니, 단지 힘을 빌어서 공전을 도와 경작하게 하고, 사전에는 다시 과세하지 않았다. 주나라 때에는 한 가장이 토지 100묘를 받았는데, 향(鄕), 수(遂)에는 공법(貢法)을 써서 10부(夫)에 구(溝)가 있었고, 도비(都鄙)에는 조법을 써서 여덟 집이 정(井)을 함께하였다. 경작할 때에는 힘을 합하여 함께 일하고, 수확하게 되면 묘(畝)의 수를 계산하여 분배하였다. 그러므로 철이라고 이른 것이다."라고 하였다.

98 토질에……것 : 임토(任土)는 한 지역에서 생산되는 토산물로 부세(賦稅)를 거두는 것을 말한다. 《周禮 地官司徒》《서경》 서(序)에 "우 임금이 구주를 구별하여 산을 따라 내를 준설하고 토양에 맞게 공물을 바치게 했다.〔禹別九州, 隨山濬川, 任土作貢.〕"라고 한 말이 있다.

99 완평(完平) 문충공(文忠公) : 이원익(李元翼, 1547~1634)으로, 본관은 전주(全州), 자는 공려(公勵), 호는 오리(梧里), 시호는 문충이다. 1604년(선조37) 호성 공신(扈聖功臣)에 녹훈되고 완평부원군(完平府院君)에 봉해졌다. 광해군 즉위 후 다시 영의정이 되었을 때, 전쟁 복구와 민생 안정책으로 국민의 부담을 경감할 목적으로, 김육이 건의한 대동법을 경기도 지방에 한해 실시하여 토지 1결(結) 당 16두(斗)의 쌀을 공세(貢稅)로 바치도록 하였다.

100 대동선혜(大同宣惠)의……시행하였는데 : 대동선혜의 정책은 대동법을 말한다. 유성룡(柳成龍)의 건의로 실시된 대공수미법(代貢收米法)은 각 군현에서 바치던 물품을 쌀로 환가(換價)하고, 그 수량을 도별로 합산하여 도내 전토에 고르게 부과・징수하며, 이를 호조에서 수납하여 공물과 진상・방물(方物)의 구입경비로 쓰는 한편, 시급하

(1627, 인조5)에 길천군(吉川君) 권반(權盼)[101] 공이 호서 관찰사(湖西觀察使)가 되었는데, 당시 호서 백성들은 경기도보다 더욱 피폐하였다. 권공이 마침내 완평의 뜻을 취하여, 온 도내(道內) 전역(田役)의 출입을 공평하게 조정하여 공정한 법을 만들었는데, 일을 끝내 시행하지 못하고 문적(文籍)으로만 남겨 두었다.

12년이 지난 무인년(1638)에 고(故) 상국(相國) 김공(金公 김육(金堉))이 실로 이 도의 관찰사가 되어, 그 문적을 발견하고 감탄하기를 "백성을 살릴 방법은 여기에서 벗어나지 않을 것이다."라고 하였다. 그리고 아침 일찍부터 밤늦게까지 생각에 잠겨 침식(寢食)도 잊은 채 계획하고 궁리하여 아주 작은 것까지도 세밀하게 정비하였다.

입조(入朝)한 지 얼마 되지 않아 금상(今上 효종(孝宗))께서 즉위하셨다. 지위와 대우가 더욱 높아져 재상의 자리에 올랐는데, 은근하게 임금께 아뢸 틈이 생기자 가장 먼저 이 말씀을 올렸다. 성상께서 이해의 근원을 환히 보시고, 시행의 대체(大體)를 오직 상국의 말대로 따르셨다. 이에 그 국(局)을 대동청(大同廳)이라 하고, 대료(大僚)[102]와 서

였던 군량으로도 보충하게 한 것이었다. 이 법의 편익을 체험한 한백겸(韓百謙)·이원익(李元翼) 등이 그 내용을 보완하여, 광해군 즉위 초에 선혜법(宣惠法)이라는 이름으로 경기도에 시험적으로 실시하였다.

101 길천군(吉川君) 권반(權盼) : 1564~1631. 본관은 안동(安東), 자는 중명(仲明), 호는 폐호(閉戶)이다. 1613년(광해군5) 경상도 관찰사가 되어 지방행정을 잘 다스려 길천군에 봉해졌다. 1626년(인조4) 충청도 관찰사가 되어 이원익이 경기도에 시행한 대동선혜(大同宣惠)의 정책을 본받아, 한 도(道)의 전세(田稅)와 부역을 공평히 하려 하였으나 성사시키지는 못하였다. 그러나 김육이 이를 참고하여 대동법을 실시하였다고 한다.

102 대료(大僚) : 정1품의 영의정(領議政), 좌의정(左議政), 우의정(右議政) 등 삼

리(庶吏)를 선발하여 참좌(參佐)와 지사(指使)를 갖추었다.

그 방법은 한 도(道)의 전안(田案)을 통틀어 계산하여 고을의 대소(大小)는 따지지 않고 오직 결수(結數)의 많고 적음을 비교하여 1결당 쌀 10두(斗)를 내게 하고, 배로 운반하여 경강(京江)으로 올려 보내게 하였다. 산간벽지와 멀리 바닷가에 있는 주현(州縣)은 쌀에 준하여 베로 내게 하여 모두 서울로 실어 보내게 하였다. 그리하여 임금께 바치고, 종묘사직의 제사를 받들고, 빈객(賓客)을 접대하는 데 필요한 모든 물건으로부터 작게는 꿀과 볏짚, 땔나무 등에 이르기까지 모두 여기에서 마련하였다. 그러므로 관가에서는 기간을 변경하거나 세율을 조정하는 일이 없었고, 이서(吏胥)들은 늘려 받거나 줄여 받지도 못하며 착취하는 일이 없었으니, 경부(更賦)가 없어지고 상조(常調)만 있게 되었다.[103] 그러니 백성들이 농사를 지어 생업이 안정되었고, 봄과 가을 두 번만 물품을 갖추어 정해진 기일에 내면 되었으므로, 틈이 나면 노인을 봉양하고 아이들을 기르니, 고향에서 즐겁게 살면서 성군(聖君)의 정치를 노래할 뿐이었다. 법을 시행한 지 9년 만에 백성들이 편리하게 여겼다.

문충공(文忠公 이원익(李元翼))의 은택은 두루 미치지 못하였고, 길천공(吉川公 권반(權盼))은 문적으로만 남겼을 뿐 시행하지는 못하였다. 오직 김 상국(金相國)만은 충성스럽고 근면하며 강인하고 과단성이

정승을 지칭하는 말로, 종1품 보국대부(輔國大夫) 이하의 관료들이 삼정승에 대하여 부르는 호칭이다.

103 경부(更賦)가……되었다 : 경부는 본래 한(漢)나라의 법으로 병졸로 징집된 자가 다른 사람을 고용하여 보내는 것을 의미하는데, 여기서는 일정한 기준이 없이 부과되는 세금의 의미이고, 상조(常調)는 일정한 기준이 있는 세금을 의미한다.

있었으므로 사업의 효용에만 전념하여, 남들이 헐뜯어도 아랑곳하지 않고 사람들이 저지해도 개의하지 않은 채 더욱 정밀하게 강구하고 더욱 굳건하게 지켜서, 백성들의 위급한 상황을 해결하고 한 지방이 항상 안정될 수 있는 방책을 세웠다. 조정에서 바야흐로 미루어 호서(湖西)에 시행하였는데, 그 이로운 점이 한두 가지가 아니었으니, 상국(相國)이 백성들에게 끼친 은덕이 참으로 성대하도다. 아아, 상국은 백성을 사랑하는 정술(政術)을 잡았고 성상(聖上)께서는 널리 시행하는 도량을 갖추시어, 상하가 서로 도와 마침내 완성하는 데 이르렀으니, 상국이 성상을 만난 것은 천재일우(千載一遇)의 일이라 할 만하다.

옛날에 당양후(當陽侯) 두예(杜預)[104]가 부평(富平)에 다리 건설을 요청하였을 때, 신하들은 대부분 의견을 달리 하였는데, 다리가 완성되자 무제(武帝)는 술잔을 들어 두예에게 권하였다. 두예가 말하기를 "만약 폐하의 명철함이 아니었다면, 신은 재주를 쓰지 못했을 것입니다."라고 하였다. 후세에 두예의 공적은 칭찬하지 않고 오직 무제에게 표창을 돌렸다.

지금 대동법은 실로 백성들에게 크나큰 은혜이니, 어찌 단지 다리 하나로 나그네들을 건너게 한 일과 비교되겠는가. 비록 그러하나 임금은 하늘이다. 하늘은 그 큰 덕을 형용할 수 없으니, 대로변에 큰 비석을 세워 상국의 훌륭한 공덕을 칭찬하는 것도 호서 백성들의 뜻이다.

104 당양후(當陽侯) 두예(杜預) : 222~284. 서진(西晉) 경조(京兆) 두릉(杜陵) 사람으로, 자는 원개(元凱)이다. 태강(太康) 초에 장수를 보내 오나라를 공격하여 여러 차례 성읍(城邑)을 함락시키고 남방의 주군(州郡)을 항복시키는 등 여러 전투에서 전공이 높아 당양현후(當陽縣侯)에 봉해졌다.

상국의 이름은 육(堉), 자는 백후(伯厚), 본관은 청풍(淸風)이다. 재상의 직무를 수행할 때, 오로지 나라를 걱정하고 나라를 위하는 것으로 급선무를 삼았다. 다음과 같이 명을 짓는다.

부소의 옛 땅 扶蘇舊壤
옆으로 바닷물 흐르고 海流于旁
지역은 천 리나 되건만 環疆千里
흙이 건조하고 단단하네 厥土燥剛
농사지어도 수확 적으니 農功鮮效
나약하고 각박한 생활이라 呰窳薄生
한결같이 세공에 시달려 一困于歲
구렁에 구르며 편안하지 못하네 溝壑靡寧
애써 밭 갈고 힘들게 거두어도 勞耕苦穡
한 해 수입 끝내 남는 게 없는데 歲入卒殫
밭에도 세금 논에도 세금이니 畦征畝榷
백성들 먹고살 방법 없네 民食阻艱
하늘이 아래 백성을 살피셔서 天監在下
위대한 성군을 이에 세우시니 大聖爰作
성군 세우기를 어떻게 하는가 聖作伊何
이어서 훌륭한 신하를 주셨네 從以輔碩
그렇게 하여 우리 임금 높이고 以登我辟
우리 백성들에게 은택 베풀었네 以惠我人
모든 것을 개혁하매[105] 更絃易轍
인을 기준으로 삼아 爲法于仁

적게 거두고 소략하게 거두니 廉收簡斂
양식 떨어지지 않아 저장할 수 있었네 毋罄而藏
속미와 포루 중에[106] 粟米布縷
한 가지만 받으니 取一而贏
봄과 가을에 일하여 春秋供事
사회에 보내고[107] 灌于司會
돌아와 집에서 편안히 살아가니 歸安其室
밤에 개가 짖지 않네 狗夜不吠
천천히 일어나 들판 바라보니 徐起視野
벼가 풍성하고 보리 이삭 트니 禾茂麥秀
조석으로 마을마다 朝夕鄉井
노인 봉양하고 어린이 기르게 되었네 老老幼幼
지금부터 시작되어 自今伊始
영원히 이어지리니 迄于永世

105 모든 것을 개혁하매 : 경현역철(更絃易轍)은 개현역철(改絃易轍)과 같은 말로, 전면적인 개혁을 말한다. 개현(改絃)은 거문고의 기러기발을 바꾸고 줄을 다시 맨다는 의미이며, 역철(易轍)은 통일된 나라에서 수레바퀴 간격을 바꾼다는 의미이다.

106 속미(粟米)와 포루(布縷) 중에 : 《맹자》 〈진심 하(盡心下)〉에 "베와 실에 대한 세와 곡식에 대한 세와 힘으로 부역하는 세가 있으니, 군자는 이 중에 한 가지만 쓰고 두 가지는 늦춘다. 두 가지를 함께 쓰면 백성들이 굶어 죽고, 세 가지를 함께 쓰면 부자간이 이산할 것이다.〔有布縷之征粟米之征力役之征, 君子用其一, 緩其二, 用其二而民有殍, 用其三而父子離.〕"라고 하였다.

107 봄과……보내고 : 봄과 가을에 세금을 낸다는 말이다. 사회(司會)는 주나라 관직의 명칭으로, 천하의 재용(財用)에 대한 회계(會計)를 주관하였다. 여기서는 호조(戶曹)를 의미한다. 《周禮 天官 司會》

배부르고 편안함은	旣飽旣佚
상국의 덕택이지	相國是賴
상국의 덕택 아니라	匪相國是賴
성스러운 임금의 은덕이지	聖后之德
거리마다 노래하니	衢謠塗詠
어찌하면 보답할까	曷以報塞
아주 즐거운 호서 사람들	孔樂南土
큰 비석 세우기에	豐碑有揭
내가 이 글을 써서 새기게 하나	我鑱斯文
칭송하는 뜻을 다 담지 못했네	頌義罔竭

형조 판서 길천군 권공 신도비명 병서
刑曹判書吉川君權公神道碑銘 幷序

숭정(崇禎) 3년 신미년(1631, 인조9)에 형조 판서(刑曹判書) 길천군(吉川君) 권공(權公)이 운명하였다. 공의 두 아들이 공보다 먼저 세상을 떠났으므로, 손자 제(躋)[108]가 인천(仁川)의 도장산(道章山)에 공을 안장하였다. 봉분을 만들고 나무를 심었지만, 오직 신도비(神道碑)에 미처 글을 새기지 못한 채 제 또한 세상을 떠났으니, 그 일을 아들 주(冑)에게 남겨 부탁하였다. 주가 슬픔을 머금고[109] 그 일을 이어서 돌을 마련하고 나의 글로 기록하기를 요청하였다. 세월이 흘러 공의 묘역은 황량해졌고 공에 대해 아는 사람은 더욱 드무니, 내가 변변찮지만 어찌 감히 사양하겠는가.

행장을 살펴보니, 공의 휘(諱)는 반(盼), 자(字)는 중명(仲明), 호(號)는 폐호(閉戶)이다. 안동 권씨(安東權氏)는 태사(太師) 행(幸)[110]

108 권제(權躋) : 권반의 손자로, 이민구의 생질(甥姪)이다. 이정귀(李廷龜, 1564~1635)의 글에 "딸은 승문원 정자 권경에게 시집갔다.……권경이 세 아들을 낳았으니, 제와 적과 지이다.〔女適承文正字權儆……權儆生三男躋蹟趾.〕"라고 하였다. 《月沙集 卷44 吏曹判書贈領議政諡文簡李公神道碑銘》

109 슬픔을 머금고 : 함휼(銜恤)은 근심을 품는다는 뜻으로, 부모가 세상을 떠나 늘 근심하는 자식의 마음을 일컫는다. 《시경》 〈육아(蓼莪)〉에 "아버지가 없으면 누구를 믿으며, 어머니가 없으면 누구를 믿겠는가. 나가면 근심을 품고, 들어오면 이를 곳이 없노라.〔無父何怙, 無母何恃. 出則銜恤, 入則靡至.〕"라고 하였다.

110 권행(權幸) : 안동 권씨(安東權氏)의 시조이다. 본래 신라 사람으로, 본성은 김(金)인데, 후백제(後百濟)의 지배하에 있던 지금의 안동(安東)인 고창(古昌)의 수령

이 성씨를 하사받은 이래 대대로 성대한 가문이 되었다. 우리 조선에 이르러 길창군(吉昌君) 근(近)[111]은 도학(道學)으로, 찬성사(贊成事) 제(踶)[112]는 문장(文章)으로, 좌의정(左議政) 남(擥)은 세조의 등극을 도와[113] 모두 융성한 지위에 이르렀다. 2대를 지나 참봉(參奉) 휘 의(懿)와 군수(郡守)를 역임하고 좌승지(左承旨)에 추증된 휘 영(詠)과 참판(參判)에 추증된 휘 이(頤)와 좌참찬(左參贊)에 추증된 휘 화(和)[114]가 실로 공의 4대 선조이다. 선비(先妣) 파평 윤씨(坡平尹氏)는 부정(副正) 건(健)의 딸로, 가정(嘉靖) 갑자년(1564, 명종19)에 공을 낳았다.

으로 있다가, 견훤(甄萱)이 신라 경애왕(敬哀王)을 자살하게 한 일에 분개하여 고려 태조를 도와 후백제군을 무찌르는 데 공을 세웠다. 이에 태조로부터 권씨(權氏)의 성을 하사받고, 정1품 태사(太師)에 올랐다.

111 권근(權近) : 1352~1409. 본관은 안동(安東), 초명은 진(晉), 자는 가원(可遠)·사숙(思叔), 호는 양촌(陽村)·소오자(小烏子), 시호는 문충(文忠)이다. 1401년(태종1) 좌명 공신(佐命功臣) 4등으로 길창군(吉昌君)에 봉군되었다.《梅軒集 卷6 陽村先生墓誌》

112 권제(權踶) : 1387~1445. 본관은 안동, 초명은 도(蹈), 자는 중의(仲義)·중안(仲安), 호는 지재(止齋), 시호는 문경(文景)이다. 1445년(세종27) 우찬성(右贊成)이 되었다.

113 좌의정(左議政)……도와 : 권람(權擥, 1416~1465)의 본관은 안동, 자는 정경(正卿), 호는 소한당(所閑堂), 시호는 익평(翼平)이다. 수양대군(首陽大君)의 참모로, 1453년(단종1) 계유정난(癸酉靖難) 때 공을 세워 정난 공신(靖難功臣) 1등으로 우부승지(右副承旨)에 특진하고, 이후 길창군(吉昌君)에 봉해졌다가 1462년(세조8) 좌의정에 올랐다. 세조묘(世祖廟)에 배향되었다. 광릉(光陵)은 세조와 왕비 정희왕후(貞熹王后) 윤씨(尹氏)의 능이다.

114 권화(權和) : 1539~1573. 본관은 안동, 자는 희혜(希惠), 호는 습독(習讀)이다.

공은 어려서 부모를 모두 여의었다.[115] 조모(祖母) 송씨(宋氏)는 곧 규암(圭菴)[116] 선생의 딸로, 가르침에 방도가 있었으니, 아이들과 어울려 다니며 장난치는 것을 금하여 허락하지 않았다. 장성해서는 판서(判書) 윤국형(尹國馨)[117]의 가문에 장가들어 많은 교화를 받았다. 갑오년(1594, 선조27)에 비로소 군자감 참봉(軍資監參奉)에 임명되었는데, 일처리에 빈틈이 없었다. 직급을 뛰어넘어 호조(戶曹)의 낭관(郎官)에 임명되었다.

을미년(1595)에 교하 현감(交河縣監)이 되었는데, 고과(考課) 성적이 가장 우등으로 보고되었다. 그해 겨울에 문과(文科)에 합격하여 예조(禮曹)의 낭관을 거쳐 하성절사(賀聖節使)의 일행으로 연경(燕京)에 갔다가, 돌아와서 개성 경력(開城經歷)에 임명되었다. 신축년(1601)에 정언(正言), 헌납(獻納)을 거쳐 외직으로 나아가 대동 찰방(大同察訪)이 되었다. 얼마 뒤에 명(明)나라 사신을 맞이하고 보냈는데, 문학(文學)으로 부름을 받아 필선(弼善), 상례(相禮), 보덕(輔德)에 오르고 지제교(知製敎)를 겸직하였으며, 여러 차례 교리(校理)와

115 부모를 모두 여의었다 : 호시(怙恃)는 믿고 의지한다는 말로, 부모를 의미한다. 326쪽 각주109 참조.

116 규암(圭菴) : 송인수(宋麟壽, 1499～1547)로, 본관은 은진(恩津), 자는 미수(眉叟), 호는 규암, 시호는 문충(文忠)이다. 1545년(인종1) 을사사화(乙巳士禍)가 일어났을 때, 한성부 좌윤(漢城府左尹)에서 파직되어 청주에 은거하다가 윤원형(尹元衡) 등에 의해 사사(賜死)되었다. 성리학(性理學)의 대가로 선비들의 존경을 받았다. 《圭菴集 卷3 附錄 諡狀》

117 윤국형(尹國馨) : 1543～1611. 본관은 파평(坡平), 자는 수부(粹夫)이다. 《愚伏集 卷17 資憲大夫工曹判書兼知義禁府事同知春秋館事尹公神道碑銘 幷序》

수찬(修撰)으로 옮겼다.

갑진년(1604, 선조37)에 안주 목사(安州牧使)로 부임하여 다스림을 일체 정비하니, 비록 자잘한 일이라도 조리있게 정리되지 않은 것이 없었다. 아울러 군무(軍務)도 매우 치밀하게 정비하였는데, 이러한 일이 보고되자 임금께서 장려하셨다.

정미년(1607)에 지평 겸 필선(持平兼弼善)에 임명되고 응교(應教)로 옮겼다. 조정에서 보장지(保障地)를 튼튼히 하는 것을 급선무로 여겨 공을 강화 부사(江華府使)로 보냈는데, 정사를 펼치고 공사를 일으키는 것들이 모두 핵심에 맞았다. 장정을 뽑고 병기를 수선하는 일들은 모두 척 장군(戚將軍)[118]의 병서를 따랐는데, 군사들과 백성들이 크게 화합하였으므로 통정대부(通政大夫)에 특진되었다. 임자년(1612, 광해군4)에 공주 목사(公州牧使)에 임명되고 호서 균전사(湖西均田使)에 제수되었다.

계축년(1613)에 경상도 관찰사(慶尙道觀察使)에 임명되고 가선대부(嘉善大夫)에 올랐다. 당시 공의 선조 길창군(吉昌君 권근(權近))의 세대가 거의 끊어질 상황이었으므로, 종인(宗人)들이 공을 조정에 요청하여 마침내 공이 선대를 이어 길천군(吉川君)에 봉해졌다. 영남(嶺南)은 땅이 넓고 백성이 많아 송사(訟事) 문서가 구름처럼 쌓이고,

118 척 장군(戚將軍) : 명(明)나라의 장군 척계광(戚繼光, 1528~1588)으로, 자는 원경(元敬), 호는 남당(南塘)・맹제(孟諸), 시호(諡號)는 무의(武毅)이다. 왜구와 몽골 타타르족의 침략에 큰 공을 세웠다. 특히 군대를 재편하고 조련하여 국방을 강화하였다. 《기효신서(紀效新書)》 등의 병서를 남겼는데, 이 책은 조선과 일본에도 큰 영향을 끼쳐, 임진왜란(壬辰倭亂) 이후 조선은 이 책에 따라 5군영과 속오군(束伍軍)을 편성하였다.

섬 오랑캐와 인접해 있어서 조석으로 방어에 만전을 기하여야만 했다. 공이 도내(道內)의 부역(賦役)을 고르게 하여, 크게는 조정에 바치고 사신을 접대하는 것으로부터 작게는 주현(州縣)에서 날마다 사용하는 경비를 마련하느라 문이 닳도록 분주하였는데, 모두 일정한 법식이 있어서 문건으로 만들었다. 부산 연안은 바람이 거세어 전선(戰船)이 파손되곤 하였다. 이에 포구를 파 항만을 만들어 배를 정박하게 하니, 이로 인해 배들이 무사할 수 있었다.

을묘년(1615, 광해군7)에 순검사(巡檢使)로 해안 방위를 점검하면서 세력을 믿고 포학하게 구는 세 명의 장수를 적발하여 탄핵하고, 선상(船上)의 전비(戰備)와 무기로부터 아래로 모래와 재와 밧줄 등의 자잘한 것에 이르기까지 조목조목 빠짐없이 기록하여, 모든 진영에 훈계하였다. 이보다 앞서 공은 일찍이 비변사의 임무를 겸임하였는데, 수군(水軍)의 사무에 대해서는 한결같이 공을 중시하였다. 그러므로 이때에 조정의 명령으로 변방을 순행하면서, 혹은 보좌관을 보내 살펴보게도 하였다.

병진년(1616)에 이르러 나주 목사(羅州牧使)로 있다가 다시 강화부사(江華府使)에 임명되었다. 그때 마침 서쪽 변방이 위태로운 상황이었으므로 각 지역의 중요도를 따져서 관리들의 거취(去就)를 결정하였는데, 나주와 강화도 사람들이 다투어 주현의 경계에 나와 모두들 "우리 고을의 수령이다."라고 하였다. 강화 부사에 부임해서도 한결같이 옛날처럼 고을 정사를 다스렸는데, 군비(軍備)를 더욱 단련하였다.

6년 동안 호조 참판(戶曹參判)으로 있다가 계해년(1623, 인조1)에 비로소 함경 감사(咸鏡監司)에 임명되었는데, 임금께서 많은 물품을 내려 주시면서 말씀하기를 "내가 북쪽을 걱정하지 않아도 되겠다."라고 하셨다. 이듬해 해임되어 승정원 도승지(承政院都承旨)에 임명되었으나 고사하고 부임하지 않았다. 또 그 이듬해에 경기 관찰사(京畿觀察使)에 임명되고 자헌대부(資憲大夫)에 올랐다. 가을에 박응성(朴應晟)이 흉도(凶徒)들과 짜고 밀고하였는데,[119] 공 또한 체포되었으나 신문(訊問)을 마치자 사실 관계가 더욱 분명하게 밝혀졌다. 풀려나온 뒤에 여섯 번이나 소장을 올려 면직을 요청하였으나, 임금께서 끝내 윤허하지 않으셨다. 임기가 끝났을 때에는 특명(特命)을 내려 그대로 연임하게 하셨다.

병인년(1626, 인조4)에 충청도 관찰사(忠淸道觀察使)에 임명되었다. 이듬해 정묘호란(丁卯胡亂)이 발생하자, 세자께서 남쪽 지방에서 군사들을 독려하셨다. 공이 군사들을 선발하고 군량을 공급하느라 밤낮으로 애태우고 고생하다가 야위고 병드니, 식자(識者)들이 모두 탄복(歎服)하였다.

전후로 네 차례에 걸쳐 관찰사로 나가 고을 정사를 펼치는 데 있어서 공평한 부역을 급선무로 삼아 섬세하게 계획하니, 모두 후세의 모범이 될 만하였다. 호서(湖西)의 백성들은 특히 더 부세(賦稅)에 시달렸다. 이에 공이 각 고을의 토지 면적을 파악한 다음, 면적에 따라 세금을 공평하게 내서 경용(經用)에 이바지하도록 하였다. 이러한 법을 완성

119 박응성(朴應晟)이……밀고하였는데 : 1625년(인조3)에 일어난 박응성 역모사건을 말한다. 《인조실록》 3년 9월 8일 기사에 "가선(嘉善) 문회(文晦)가 무가선(武嘉善) 박응성·권진(權袗) 및 자기 아우 문현(文晛)이 역모를 한다고 고변하였고, 절충(折衝) 박종일(朴宗一)이 경기 감사 권반(權盼)과 박응성·권진 등 13인을 고변했고, 박응성은 뒤에 와서 공조 참판 정립(鄭岦), 광주 목사 문희성(文希聖), 인천 부사 정호선(丁好善), 전 부사 윤홍(尹宖) 등 17인을 고변하였다."라고 하였다.

하였으나 미처 시행하지 못한 채 문서로 만들어 보관해 두었다. 20년 뒤에 상공(相公) 김육(金堉)[120]이 이를 들어 대동법(大同法)을 시행하니, 도내 백성들의 삶이 크게 활기를 찾았다. 임기가 찬 뒤에도 더 맡아 다스리다가 한성부 판윤(漢城府判尹)에 임명되어 조정으로 돌아왔다. 거듭 형조 판서(刑曹判書)를 맡아 죄수를 자세하고 성실하게 심의하여 보고하니, 옥에 억울한 죄수가 없었다. 일찍이 사형수를 세 번째 심의하여 도형(徒刑)[121]에 처할지 사형(死刑)에 처할지 논의하였는데, 법조문에 얽매이지 않고 마침내 사형을 면하게 하였으니, 오로지 법률에만 얽매이지 않음이 이와 같았다.

조정에 출사한 이래 능력 있는 인재로 인정받아 남쪽과 북쪽에 두루 쓰여 공로가 드러나니, 마치 하루라도 공이 없어서는 안 될 것 같았다. 관직에 임하면 분발하여 반드시 힘을 다해 알맞게 헤아리고 정밀하게 살폈으므로, 시종 털끝만큼도 착오가 없었다. 공정하고 명확하게 일을 살폈기 때문에 사람들이 속이거나 숨기지 못했고, 교활한 아전들조차 대부분 공을 도와 다스려 부지런히 일하니, 세상에서 도 장사(陶長沙)[122]에 비유하였다.

120 김육(金堉) : 1580~1658. 본관은 청풍(淸風), 자는 백후(伯厚), 호는 잠곡(潛谷), 시호는 문정(文貞)이다. 충청 감사로 재직할 때 시행했던 방법을 토대로, 1655년(효종6) 영의정에 올라 대동법(大同法)을 적극적으로 시행하였다. 《東州集 文集 卷6 議政府領議政謚文貞金公行狀》

121 도형(徒刑) : 오형(五刑)의 하나로, 조금 중한 범죄자에게 강제 노역을 시키는 형벌이다. 반드시 장형(杖刑)을 함께 선고하여, 장(杖) 60에 도(徒) 1년, 장 70에 도 1년 반, 장 80에 도 2년, 장 90에 도 2년 반, 장 1백에 도 3년 등의 다섯 등급이 있었다.

122 도 장사(陶長沙) : 동진(東晉)의 도간(陶侃, 259~334)을 가리킨다. 장사군공

공은 가정에서의 행실이 잘 갖추어져 조상을 받드는 데 그 정성을 다하였다. 이미 늙어서도 제사를 반드시 직접 모셨고 병이 심해도 기일(忌日)이 되면 음식을 먹지 않았으며, 《소학》과 《가례(家禮)》를 일상의 규범으로 삼았다. 공의 큰형님 처사공(處士公)은 일찍 세상을 떠났다. 막내아우 사인공(舍人公)과 대단히 우애 있게 지냈는데, 아우가 운명하자 그의 이야기가 나올 때마다 눈물을 흘렸다. 아우의 어린 자식들을 돌보아 주어 모두 성장하게 하였으니, 여러 조카들도 공을 아버지라고 불렀다. 조상의 은혜와 의리를 미루어 종족들과 돈독하게 지내고 가문의 계보를 분명하게 정비하니, 먼 친척이나 가까운 친척이나 모두 공에게 귀의하였다. 여러 자손들에게 유언으로 경계하기를 "내가 살아서 나라에 보탬이 되지 못하였으니, 죽은 뒤에 시호를 요청하여 거듭 나의 허물이 되게 하지 말라."라고 하였다.

아아, 공의 선조들은 모두 장수와 복록을 누렸는데, 중엽에 이르러 4대 동안 연달아 불우하여 명성을 떨치지 못하다가 공이 비로소 관직에 나와 현달하였다. 그러나 향년은 70을 바라보는 데 그쳤고 벼슬은 판서에 머물렀으니, 말하는 사람들이 그 능력을 다 펼치지 못한 것을 애석해하였다.

부인 파평 윤씨(坡平尹氏)는 부덕(婦德)이 일찍부터 드러나 여사(女士)로 일컬어졌다. 15세에 공에게 시집와서 2남 2녀를 낳았다. 아들은 승문원 정자(承文院正字) 경(儆)과 예조 좌랑(禮曹佐郎) 척(倜)이고,

(長沙郡公)에 봉해졌기에 도 장사라고 한 것이다. 그는 근면역행(勤勉力行)으로 유명한데, 그가 군대를 거느리는 동안에는 군기가 바로 서고, 그가 관장하는 지역은 도둑이 없어 밤에 문을 잠그지 않고 잠을 잤다고 한다.

딸은 목사(牧使) 이여규(李如圭)와 진사(進士) 목낙선(穆樂善)에게 출가하였다. 부인은 공이 운명하고 나서 8년 뒤에 향년 75세로 운명하였고 공과 합장하였다. 나의 형님 의정공(議政公 이성구(李聖求))이 지문(誌文)을 지었다.

손자들 가운데 부사(府使) 제(蹐), 대군 사부(大君師傅) 적(蹟)과 지(趾), 그리고 지평(持平) 윤원거(尹元擧), 생원 김정곤(金挺坤), 부솔(副率) 한후기(韓後琦), 이명징(李明徵)에게 출가한 손녀들은 경(儆)의 소생이다. 심지함(沈之涵)과 이성민(李聖民)에게 출가한 손녀들은 척(倜)의 소생이다. 외손자 가운데 진사 상건(象乾), 상곤(象坤), 상겸(象謙), 봉사(奉事) 상정(象鼎), 그리고 판서(判書) 이기조(李基祚), 최유석(崔有石), 홍휘(洪彙), 이귀징(李龜徵)에게 출가한 외손녀들은 맏사위 이여규의 소생이다. 외손자 임종(林宗), 그리고 이해안(李海安), 정언(正言) 정언벽(丁彦璧)에게 출가한 외손녀들은 둘째 사위 목낙선의 소생이다. 내외(內外)의 증손과 현손은 기록하지 않는다. 다음과 같이 명을 짓는다.

권씨의 기반은 고려와 함께 시작되어	權基幷麗
대대로 복록 누렸으니	世載烈嘏
길천군에 봉해져	吉川之封
멀리 조상의 자취 이었네[123]	遐繩祖武

123 길천군(吉川君)에……이었네 : 권반이 권근의 봉호를 계승해서 길천군에 봉해졌으므로 한 말이다. 승조무(繩祖武)는 조상의 자취를 잇는다는 말이다. 《시경》〈하무(下武)〉에 "밝도다. 후세가 있어서 그 조상의 발자취를 계승한다면, 아, 만년토록 하늘의

가정 다스림에　治于有家
충과 효로 하고　以孝以忠
근신에서 시작하여　漸于邇僚
조정에 모범 되었네　羽儀在公
어려운 자리에 두루 쓰여　歷試諸難
많은 공적 훌륭하였고　庶績攸康
아득한 사방의 변방　悠悠四藩
넓고 멀지만　旣廣旣長
맑고 공평하게 정사 펼쳐　敷政淸平
아전들 화합하고 백성들 사모했네　吏戢民懷
임금께서 그 공적 위로하여　王勞爾庸
형조의 장관 맡기시자　典我臬司
조석으로 조용하고 공손히 일하며[124]　靖共朝夕
이에 옥사를 공경히 살폈도다　式敬由獄
시종 많은 일 담당하고　便蕃終始
성대한 복록[125] 받았도다　荷其茀祿

복을 받으리라.〔昭玆來許, 繩其祖武. 於萬斯年, 受天之祜.〕"라고 하였다.

124 조석으로……일하며 : 권반이 관직 수행을 위해 최선을 다했다는 말이다. 《시경》〈소명(小明)〉에 "너의 직위를 조용히 하고 공손히 하여 정직한 사람을 도와주면, 신이 너의 소원을 들어주어 복록을 너에게 주리라.〔靖共爾位, 正直是與, 神之聽之, 式穀以女.〕"라고 하였다.

125 성대한 복록 : 불(茀)은 복(福)의 뜻이다. 《시경》〈권아(卷阿)〉에 "우리 임금께서 천명 받음이 장구하니, 복록으로 임금께서 편안하시도다.〔爾受命長矣, 茀祿爾康矣.〕"라고 하였다.

저 산등성이 바라보니 相彼中阿
그 자리 매우 편안하네 其寢孔寧
명시를 비석에 기록하여 銘詩紀石
아 그 명성 성대하게 드러내도다 於赫厥聲

백씨 영의정 분사 이공 신도비명 병서
伯氏領議政分沙李公神道碑銘 幷序

영의정을 역임한 백형(伯兄)이 회갑이 되는 갑신년(1644, 인조22) 2월에 세상을 떠나면서 유언(遺言)하기를 "나의 신도비명을 내 아우에게 맡겨라."라고 하였다. 당시 나 민구(敏求)는 서남쪽에서 객지 생활을 하고 있었는데,[126] 이 소식을 듣고 슬퍼하지 않을 수 없었다. 대개 신도비명을 짓지 않자니 성대한 뜻을 저버려 저승에서 형님을 뵐 수 없게 될 것이고, 짓자니 당세와 후세의 사람들에게 신뢰를 받을 수 없을까 두려웠기에, 나는 진실로 전전긍긍하지 않을 수 없었다.

공의 휘(諱)는 성구(聖求), 자는 자이(子異), 호는 분사(分沙)이다. 7세조 경녕군(敬寧君) 휘 비(裶)[127]는 헌릉(獻陵 태종(太宗))의 소생이다. 그 뒤로 모양군(牟陽君) 휘 직(稙)과 선사군(仙槎君) 휘 승손(承孫)과 하동군(河東君) 휘 유(裕)는 대대로 종실(宗室)로서 군(君)에 봉해졌다. 병조 판서(兵曹判書)를 역임한 조부(祖父) 휘 희검(希儉)과 이조 판서(吏曹判書)를 역임한 선고(先考) 문간공(文簡公) 휘 수광(睟光)[128]은 모두 영의정(領議政)에 증직되었으니, 대대로 훌륭한 공렬(功

126 당시……있었는데 : 이민구는 1637년(인조15)에 영변의 철옹성에 유배되었고, 1643년에 아산으로 이배되었으므로, 이성구가 세상을 떠났을 때 아산 적소(謫所)에 있었다.

127 이비(李裶) : ?~1458. 태종(太宗)의 아들로, 자는 정숙(正淑), 시호는 제간(齊簡)이다.

128 이수광(李睟光) : 1563~1628. 본관은 전주(全州), 자는 윤경(潤卿), 호는 지봉

烈)로 명성이 있었다. 선비(先妣) 안동 김씨(安東金氏)는 상락공(上洛公)[129]의 후예이며, 의금부 도사 휘 대섭(大涉)[130]의 따님이다.

공은 어려서 조모(祖母) 유 부인(柳夫人)[131]의 손에서 길러졌는데, 조모께서 직접 공에게 《소학》을 가르치셨다. 공이 처음 가숙(家塾)에서 공부할 때 지은 문장들이 매번 사람들을 놀라게 하였다. 계묘년(1603, 선조36)에 진사시에 합격하였고 무신년(1608)에 대과(大科)에 합격하였는데, 초시(初試)에서부터 모두 가장 뛰어난 성적을 거두었다. 처음에 승문원(承文院)에 배속되었다가 예문관(藝文館)에 선발되어 세자시강원 설서(世子侍講院說書)를 겸직하였다.

신해년(1611, 광해군3)에 전적(典籍)으로 승진하고, 감찰(監察)로 옮겼다. 이듬해 제조(諸曹)의 낭관(郎官)을 거쳐 홍문관(弘文館)에 들어가 교리(校理)가 되었다. 이로부터 관직(館職)과 언관(言官)을 여러 차례 거쳤다. 당시 부친(父親) 문간공(文簡公 이수광(李睟光))께서 사헌부(司憲府)의 수장(首長)이셨고, 아우인 나 민구가 홍문관에 있었는데, 공이 헌납(獻納)이 되었으므로 탄식하여 말하기를 "한 집안의 세 사람이 삼사(三司)에 함께 있으니 위태롭다."라고 하였다.

(芝峯)이다. 《蒼石集 卷18 贈大匡輔國崇祿大夫……贈諡文簡公李公行狀》

129 상락공(上洛公) : 김방경(金方慶, 1212~1300)으로, 본관은 안동(安東), 자는 본연(本然), 봉호는 상락, 시호는 충렬(忠烈)이다. 탐라에서 삼별초를 토벌하고 동쪽의 왜국을 문죄(問罪)한 공으로 상락공에 봉해졌다. 《陽村集 卷35 東賢事略 金中贊諱方慶》

130 김대섭(金大涉) : 1549~1594. 본관은 안동, 자는 사형(士亨)이다. 의금부 도사(義禁府都事)를 지냈다.

131 조모(祖母) 유 부인(柳夫人) : 이성구의 조모 문화 유씨(文化柳氏)를 가리킨다. 정경부인(貞敬夫人)에 봉해졌다.

바야흐로 간신들이 큰 옥사(獄事)를 일으켜 그 여파가 모후(母后 인목대비(仁穆大妃))에게까지 미쳤으니, 대간(臺諫) 정조(鄭造)[132]와 윤인(尹訒)[133]이 처음으로 별궁(別宮)에 거처하게 해야 한다는 의론을 만들었다. 공이 바른 의론을 견지하여 흔들리지 않자, 간사한 사람들이 이미 흘겨보기 시작하였다. 상국(相國) 백사(白沙) 이항복(李恒福)[134]이 일찍이 정협(鄭浹)[135]을 변방 고을의 원으로 임명한 일이 있었는데, 정협이 역모에 연루되어 죽자, 의논하는 사람들이 이 일을 빌미로 백사공을 파직해야 한다고 주장하였다. 공이 지평(持平)으로서 맞서 말하기를 "정협을 추천하여 임명할 때 반역할 줄을 어찌 미리 알았겠는가. 그 일의 책임이 대신에게까지 미치는 것은 너무 심하다."라고 하였다. 간사한 무리들이 이전부터 앙심을 품고 있었던 데다, 또 공이 장차 이조(吏曹)의 관원으로 들어가려고 하는 때였으므로, 공을 탄핵하여

132 정조(鄭造) : 1559~1623. 본관은 해주(海州), 자는 시지(始之)이다. 이이첨(李爾瞻)의 무리로, 1618년(광해군10) 인목대비(仁穆大妃) 폐모론을 제기하여 서궁(西宮)에 유폐시키는 데 적극 가담하였다.

133 윤인(尹訒) : 1555~1623. 본관은 파평(坡平), 자는 인지(訒之)이다. 1618년(광해군10) 대사간으로 재직하며 인목대비 폐모론을 내세워 서인(庶人)으로 만들고, 서궁에 유폐시켰다.

134 이항복(李恒福) : 1556~1618. 본관은 경주(慶州), 자는 자상(子常), 호는 필운(弼雲)·백사(白沙)·동강(東岡)이다. 인목대비의 서궁 유폐와 서인(庶人) 강등에 반대하여 맞서다가 함경도 북청으로 유배되어 적소(謫所)에서 운명하였다. 《月沙集 卷49 鼇城府院君白沙李公墓表》

135 정협(鄭浹) : ?~1613. 조선 후기의 무신으로, 1613년(광해군5) 종성 판관(鍾城判官)으로 재직하다가 영창대군(永昌大君)을 추대하려고 했다는 무고를 받아 처형되었다. 《광해군일기》 5년 5월 5일 기사에 이항복이 정협을 등용하여 변방을 지키게 했다는 이유로 소장을 올려 사직했다는 기록이 보인다.

파직시켰다.

갑인년(1614, 광해군6)에 외직(外職)으로 이천 현감(伊川縣監)에 서용(敍用)되었다. 이듬해 모친상(母親喪)을 당했다. 상기(喪期)를 마치자 영평 판관(永平判官)에 임명되었는데, 포천(抱川)에 종속된 고을이라 새로 시작된 일들이 많았지만, 사리에 맞게 시행하여 공적으로나 사적으로나 모두 화합하였다. 그해 가을에 상공(相公) 백사(白沙 이항복(李恒福))가 유배지에서 운명하였다. 포천에 반장(返葬)하니, 고을 사람들이 서원(書院)을 세워 백사공을 봉안(奉安)하였다. 평소 탐탁찮게 여기던 사람들이 이 일을 빌미로 크게 들고 일어나, 공이 그 고을의 원이라는 이유로 자잘한 일들을 주워 모아 치밀하게 죄안(罪案)을 만들어 파직시키고 서용하지 못하게 하였으니, 시종 세상 사람들이 공을 비방한 것이 이와 같았다.

권흉(權凶)들이 국권을 잡은 지가 이미 오래되었으므로, 화해를 통해 한가롭게 만들려는 생각에 빨리 동화될 사람을 찾으니, 자취를 더럽힌 사람이 없지 않았다. 그러나 공은 급류 속에서 꿋꿋이 버티고 서서 그들의 잘못된 행위를 비판하였다.

계해반정(癸亥反正) 뒤에 첫 번째 인사를 시행하면서 공을 사간(司諫)으로 뽑아 임명하니, 폐단을 없애고 잘못 처벌된 사람들을 신원하였으며 사(邪)와 정(正)을 분변하여 바른 것은 시행하고 그른 것은 막았다. 예컨대 무분별하게 잡아들인 사람들을 너그럽게 풀어 주고, 도성문의 금지 사항을 완화하고, 침향산(沈香山)[136]을 불사르고, 여악

136 침향산(沈香山) : 나무판자를 이용하여 만든 가무(歌舞) 도구이다. 산(山)의 형태를 만들고, 산에는 사슴, 부처, 스님 등을 그려 넣었으며, 산 앞으로 못과 연꽃을

(女樂)을 파하여 내보낸 것 등은 모두 공이 처음으로 발의(發議)하여 새로운 교화를 도운 것이다. 의정부 사인(議政府舍人)으로 옮기고 유장(儒將)에 추천되었다. 부응교(副應敎)를 거쳐 또 추천되어 강화 부윤(江華府尹)이 되었다.

을축년(1625, 인조3) 봄에 동부승지(同副承旨)로 징소(徵召)되어 예조와 병조의 참의(參議), 대사간(大司諫)으로 옮겼다. 서성(徐渻)[137] 공이 병조의 수장(首長)이었는데, 문정공(文貞公) 신흠(申欽)[138]에게 자주 말하기를 "참의공과 근래 함께 일했는데, 큰일을 담당할 사람은 반드시 이 사람이다."라고 하였다.

정묘년(1627) 봄에 이조 참의(吏曹參議)로서 세자를 호종하여 남쪽으로 내려갔다. 조정으로 돌아와서는 거듭 이조 참의와 대사간을 역임하고 승문원 부제조(承文院副提調)를 겸직하였다.

이듬해 좌승지(左承旨)로서 길주(吉州)에서 무과(武科) 시험을 주관하고, 소장을 통해 백성들이 겪는 폐단을 16조로 나열하여 올렸다. 국옥(鞫獄)의 노고를 인정받아 가선대부(嘉善大夫)에 오르고 전라 감사(全羅監司)가 되었다. 그해 겨울에 부친 문간공(文簡公)이 갑자기 심한 풍에 걸렸다. 임금께서 선전관(宣傳官)을 보내 교체될 관원을 기다리지 말고 서둘러 돌아오라고 명하셨는데, 그대로 부친상을 당하였다. 상기

그려 넣었다. 《인조실록》 1년 3월 25일 기사에 침향산을 네거리에서 태워 없앨 것을 지시한 내용과 함께 그 폐단에 대해 기술한 내용이 보인다.

137 서성(徐渻) : 1558~1631. 본관은 대구(大丘), 자는 현기(玄紀), 호는 약봉(藥峯)이다. 《藥峯遺稿 卷3 附錄 行狀》

138 신흠(申欽) : 1566~1628. 본관은 평산(平山), 자는 경숙(敬叔), 호는 현헌(玄軒)·상촌(象村), 시호는 문정(文貞)이다. 《象村稿 年譜 領議政申文貞公年譜》

(喪期)가 끝나자 그날로 대사간(大司諫)과 도승지(都承旨)에 임명되었다. 겨울에 이조 참판(吏曹參判)에 특별히 제수되어 도총부 부총관(都總府副摠管)과 지경연관사(知經筵館事)와 지춘추관사(知春秋館事)와 세자시강원 우부빈객(世子侍講院右副賓客)을 겸직하였다.

계유년(1633, 인조11)에 병조 판서(兵曹判書)에 특별히 임명되니, 유백증(兪伯曾)이 친인척의 작은 혐의를 끌어들여 개차(改差)할 것을 논하자,[139] 사론(士論)이 그 교묘한 비방을 너무 심하게 여겼다. 곧바로 대사헌과 형조 참판에 임명되고, 경기 감사(京畿監司)로 나갔다. 대사헌과 부제학과 도승지를 역임하였다. 을해년(1635) 정월에 이조 판서의 자리가 비자, 임금께서 종2품의 관원을 함께 천거하게 하여 제수하시니, 공이 지성균관사(知成均館事)를 겸직하였다.

병자년(1636)에 체직되어 형조 판서와 대사헌에 임명되었다. 여름에 병조 판서와 체찰부사(體察副使)가 되어 인재를 반드시 공정하게 등용하니, 무관들이 모두 기뻐하였다. 12월에 청(淸)나라 군대가 봉화를 거두고 재빠르게 달려 사흘 만에 도성까지 다다르니, 어가(御駕)가 갑자기 강화도로 행차하게 되었는데, 도성을 미처 빠져나가기도 전에 적의 척후기병(斥候騎兵)이 사현(沙峴)을 넘어왔다. 임금께서 길을 돌려 남한산성(南漢山城)으로 들어가셨는데, 적병이 날마다 더욱 불어나온 성 안의 사람들이 실색(失色)하였으나, 홀로 공만은 평소와 같이

139 유백증(兪伯曾)이……논하자 : 유백증(1587~1646)의 본관은 기계(杞溪), 자는 자선(子先), 호는 취헌(翠軒)이다. 《인조실록》 11년 1월 9일 기사에 유백증의 차자가 기록되어 있는데, 그 글에서 유백증은 이성구를 병조 판서(兵曹判書)에 제수한 일을 사람들이 의심하고 있으니, 명령을 거두어 달라고 요청하였다.

행동거지가 평안하였으므로 상하의 사람들이 의지하여 존중하였다. 여러 장수들과 성을 나누어서 지켰는데, 큰 관을 쓰고 군복을 입은 채 큰 깃발 아래 우뚝 서서 말하기를 "나는 떳떳하게 죽고자 한다."라고 하였다. 대사(大事)가 이미 기울어 가는 것을 본 어떤 사람이 일찌감치 항복하자는 의론을 따라 팔도의 백성들이 도륙(屠戮)되는 것을 면하게 해야 한다고 요청하였다. 공이 말하기를 "왕의 군대가 한 번도 교전하지 않았고 외진(外鎭)도 다행히 온전한데, 어찌 갑자기 항복을 논의할 수 있겠는가."라고 하였다.

얼마 뒤에 성 안의 사정이 더욱 다급해져 성을 나가기로 결정하였다. 세자(世子 소현세자(昭顯世子))께서 볼모로 심양에 가시게 되었는데, 여러 대신들이 늙어서 갈 수가 없었다. 이에 공을 우의정(右議政)에 승진시키고 이어서 좌의정(左議政)으로 삼았다. 조정에서는 이미 공에게 위임하여 약조를 고쳐 정할 수 있게 하였지만, 청나라에서의 정황이 우리가 생각한 것과 크게 달라지자 사람들은 공이 명령을 저버리고 일을 그르쳤다고 하였다. 한 아들이 어린 나이에 포로로 잡혀갔어도[140]

140 한 아들이……잡혀갔어도 : 당시 이성구의 아들 이동규(李同揆)가 인질로 청나라에 잡혀갔다. 채제공(蔡濟恭)의 글에 의하면, 1641년(인조19) 이성구가 영의정이 되었는데, 당시 조선은 구경(九卿)의 아들을 청나라에 볼모로 보내기로 약속한 상황이었으므로, 이성구도 아들을 볼모로 보내야만 했다. 당시 둘째 아들 동규는 막 속환(贖還)되었기 때문에 차마 다시 보낼 수 없었고, 셋째 아들 당규(堂揆)는 평소 병이 많았다. 이에 석규(碩揆)가 자청하여 자신이 가겠다고 나섰는데, 당시 그의 나이 15세였으며, 1642년에 심양으로 갔다가 이듬해 가을에 돌아왔다고 한다.《樊巖集 卷50 贈吏曹參判行戶曹佐郎李公墓碣銘》 이를 통해 이성구의 아들 이동규가 먼저 심양에 볼모로 갔었고, 뒤에 이석규도 볼모로 간 사실을 알 수 있다.《동주집(同州集)》 시집(詩集) 권6의 〈심양에 볼모로 가는 조카 석규를 전송하다〔送猶子碩揆質瀋陽〕〉는 이석규가 볼모로

공은 아무 감정도 없이 바라보기만 했는데, 청나라에서 강제로 속금(贖金)을 정하여 몰아내는 데 이르게 되자, 사람들은 또 공이 아들을 속환(贖還)시켜서 뒷날의 폐단을 열었다고 비판하였다. 겸하여 체찰사가 군무(軍務)를 주관하여 나라를 그르친 죄를 논하면서 공에게까지 확대시켜 파직하였다.

공이 파직된 뒤에 동쪽 교외에 초가를 지었는데, 머리가 천정에 닿고 겨우 무릎을 들여놓을 수 있을 정도였지만, 편안한 마음으로 거처하였다. 시를 지어서 "밭 가운데 쓴 나물은 쓸개 씹어 먹는 것 같고, 성곽 밖 초가집 생활은 섶에 누운 격이네."라고 하였으니, 가슴에 품은 뜻을 알 수 있다.

무인년(1638, 인조16)에 영돈녕부사(領敦寧府事)에 다시 서용되었다. 경진년(1640)에 또 청나라에 사신으로 다녀왔다. 신사년(1641) 10월에 영의정(領議政)에 임명되었다. 공은 관직에 있을 때 대체(大體)를 온전히 하는 데 노력하여 각박하게 실상을 캐내는 논의를 하지 않았으며, 매번 옥사를 처결할 때 법을 관대하게 적용하는 경우가 많았다. 그러나 나라의 큰일을 처리할 때는 확고한 의사를 내세워 흔들리지 않았으니, 이렇게 할까 저렇게 할까 망설이는 기색이 없었다.

의주(義州) 사람 최효일(崔孝一)이 스스로 명나라 조정으로 귀순하였는데, 부윤(府尹) 황일호(黃一皓)가 그 가족을 도와주었다는 이유로 청나라 장수가 장차 형륙(刑戮)을 가하려고 하자, 공이 확고한 자세로 맞섰다. 청나라 장수가 화를 내며 말하기를 "만약 이와 같이 한다면, 영의정 자리를 사흘도 지키지 못할 것이오."라고 하였다. 동료들이 저

갈 때 이민구가 지어 준 전별시이다.

들의 뜻이 확고한 것을 보고 만류하여 변론하지 못하게 하였다. 공이 말하기를 "비록 단 하루도 영의정 자리에 있지 못하더라도, 사람이 죄 없이 죽는 것을 보고 어찌 힘을 내 돕지 않을 수 있단 말이오."라고 하였다. 공이 영의정이 된 뒤로부터 위험한 상황을 모두 겪었는데, 좌우(左右)의 사람들이 창과 방패처럼 맞서서 일마다 뜻대로 되지 않았다. 어떤 사람이 공에게 조금 뜻을 누그러뜨려서 시의(時議)에 따르며 일을 해 나가야 한다고 충고하자, 공이 탄식하며 말하기를 "일을 하는 것은 내게 달렸고 일을 이루는 것은 하늘에 달렸으니, 어찌 나의 뜻을 굽혀 남들과 영합하기를 바라겠소."라고 하였다.

임오년(1642, 인조20) 가을에 사관(史官)이 부적합한 사람을 추천하자, 공이 그 사사로움을 밝혀내 그 추천서를 삭제하였다. 이에 공을 흔드는 말이 사방에서 일어났는데, 승지(承旨) 홍무적(洪茂績)[141]이 왕성한 기세로 마구 비방하니, 그 말이 더욱 참담하고 각박하였다. 공이 병을 핑계로 열 차례 소장을 올리니, 이에 체직되어 영중추부사(領中樞府事)에 임명되었다. 처음에 공이 예문관(藝文館)에 있을 때에도 동료가 왕실의 친인척을 사국(史局)에 이끌어 들이자, 공이 그렇게 해서는 안 된다고 주장하다가 죄를 얻어 파직되었으니, 사관의 직책을 소중하게 여기고 권귀(權貴)한 사람을 두려워하지 않는 자세는 늙어서도 변하지 않았다.

그해 겨울에 청나라 사람이 봉황성에 이르러 이계(李烓)가 선천 부사(宣川府使)로 있을 때, 남선(南船 명(明)나라 상선)과 무역했다는 이유

141 홍무적(洪茂績) : 1577~1656. 본관은 남양(南陽), 자는 면숙(勉叔), 호는 백석(白石)이다. 《宋子大全 卷159 白石洪公神道碑銘 幷序》

로 포박해 가고, 이어서 일에 관련된 여러 재상들을 체포하니, 온 조정이 깜짝 놀랐다. 도신(道臣) 구봉서(具鳳瑞)[142]가 말하기를 "이계가 밀서를 바쳐 우리나라의 기밀을 다 알려주었다."라고 하니, 상하의 사람들이 모두 성을 내며 미워하여 이미 이계를 죽이고, 또 그 가족을 처벌해야 한다고 논의하였다. 공이 말하기를 "이계의 죄는 진실로 만 번 죽어 마땅하지만, 그가 기밀을 누설했다는 것은 구봉서 한 사람에게서 나왔고, 의주에 있는 이경증(李景曾) 등 여러 신하들의 장계 내용과 서로 어긋나니, 마땅히 사실을 밝혀 처리해야 한다."라고 하였다. 그러자 공이 역적을 비호한다는 시의(時議)가 일어나, 처음에는 삭출(削黜)을 요청하다가 유배 보내야 한다는 데까지 이르렀는데, 임금께서 파직만을 윤허하셨다.

양화강(楊花江) 가에 우거(寓居)하며 그 집에 '만휴(晩休)'라고 편액을 걸었다. 일찍이 말하기를 "수십 년간 나를 알아주는 임금을 만나 파도 속에 빠져 지내다가 늘그막에 한가롭게 지내니, 마음에 매우 흡족하다."라고 하였다. 남여(籃輿)를 타거나 죽장(竹杖)을 짚고 한가롭게 소요하니, 한미한 선비와 다를 것이 없었다. 집에 불이 났는데, 밖으로 나와 밭 사이에 앉아서 말하기를 "술동이는 아무 탈이 없는가."라고 하고는 술을 마련하여 이웃 사람들에게 사례하게 하고, 그 나머지 일에 대해서는 묻지 않았다.

계미년(1643, 인조21)에 영중추부사(領中樞府事)에 서용되었으나, 봉록을 반납하고 일을 끊은 채 장차 생을 마칠 것처럼 하였다. 이듬해

142 구봉서(具鳳瑞) : 1596~1644. 본관은 능성(綾城), 자는 경휘(景輝), 호는 낙주(洛洲)이다. 《宋子大全 卷167 平安監司具公神道碑銘 幷序》

정월에 세자께서 돌아온다는 소식을 듣고 무리해서 일어나 수레를 맞이하러 나갔는데, 이때 감기에 걸려 드디어 운명하였다. 처음 운명했을 때, 흰 기운이 올라가 하늘에 퍼져 흩어지지 않았고 빛이 땅을 비춰 밤에도 환하였으니, 보는 사람들이 기이하게 여겼다. 관청에서 예법대로 장례를 도와 양주(楊州) 장흥리(長興里)에 안장하였다.

공은 아름다운 풍도(風度)를 지녔고 체구가 헌칠하였다. 조정에서 바른 낯빛으로 있으면 백관들이 공경하였으며, 너그럽고 온화하면서도 절제된 면이 있어서 사람들이 친소(親疎)에 따라 행동하지 못하였다. 일찍이 남다른 주장을 내세우거나 무턱대고 남을 따르지 않았고, 성난 목소리나 화난 기색을 사람들에게 나타내지도 않았다. 그러나 막부의 장수와 막좌(幕佐)들이 다 복종하여 고개를 숙이고 등에 땀이 나면서도 물러나서 그렇게 된 이유를 알지 못하였다. 공은 오래도록 높은 지위에 있었지만 주변을 차분하게 정리하여 문 앞에 뇌물을 보내는 사람이 없었고 골목에 사사롭게 찾아오는 수레가 끊어졌으며, 요로에서 권력을 행사하는 사람과는 접촉하는 일이 드물었다. 강호로 물러나 지내는 데 이르러, 빈객이 들르면 반드시 술과 음식을 마련하여 그들을 예우하니, 봄날의 온화한 기운이 배어났다.

첫 번째 부인 파평 윤씨(坡平尹氏)는 절도사(節度使) 열(說)의 딸이고, 두 번째 부인 안동 권씨(安東權氏)는 의정부 사인(議政府舍人) 휘흔(昕)의 딸이다. 윤씨 부인은 아들이 없었는데, 공은 절도사의 부인을 이웃집에 모시고 정성을 다해 섬겼고 돌아가신 뒤에 장사하였다. 이윽고 윤씨 집안의 지자(支庶 장남 이외의 아들과 서자)를 데려다가 그 제사를 받들게 하였고, 노비와 전려(田廬)는 하나도 물려받은 것이 없었다. 판서(判書) 이경직(李景稷)[143]은 곧 윤열 공의 중표(中表)인데, 매번 탄복하며 자신은 미칠 수 없는 경지라고 하였다. 선조(先祖) 판서공(判書公 이희검(李希儉))으로부터 대대로 청고(淸高)한 절조로 명성이 드러난 데다, 공이 오랫동안 높은 지위에 있으면서도 더욱 깨끗한 지조를 힘썼으므로, 큰일을 당했을 때 염습할 물건조차 없을 정도로 집안 살림이 빈한하였다.

권씨 부인은 타고난 자품이 명철하고 정렬(貞烈)하여 아녀자의 아름다운 자질을 두루 다 갖추었다. 5남 2녀를 두었는데, 장남 상규(尙揆)는 강화도에서 죽었다. 참봉 동규(同揆)는 유일(遺佚)로 천거되었으나 벼슬하지 않았다. 현감(縣監) 당규(堂揆)와 좌랑(佐郎) 석규(碩揆)와 태규(台揆)는 모두 그 집안을 이어나가고 있다. 그러나 부인과 상규의 처 구씨(具氏), 그리고 판서 이일상(李一相)[144]과 급제한 한오상(韓五相)[145]에게 시집간 두 딸은 모두 순절하여 정려가 세워졌다. 공에게는 서자(庶子) 선규(善揆)와 윤두종(尹斗宗)에게 시집간 서녀(庶女)가 있다. 다음과 같이 명을 짓는다.

아 아늑한 동쪽 동산에	於穆東園
묘소도 있고 사당도 있으니	有寢有廟
사마를 지낸 조부님과	司馬維祖

143 이경직(李景稷) : 1577~1640. 본관은 전주(全州), 자는 상고(尙古), 호는 석문(石門)이다.

144 이일상(李一相) : 1612~1666. 본관은 연안(延安), 자는 함경(咸卿), 호는 청호(靑湖)이다. 《芝村集 卷23 伯父靑湖府君墓誌》

145 한오상(韓五相) : 1620~1656. 본관은 청주(淸州), 자는 세익(世翊)이다. 《游齋集 卷23 贈注書韓公墓誌銘》

총재를 지낸 선친이시네　冢宰維考
영상께서 계승하여　上相承之
더욱 그 계책 넓혔으니　采闡厥猷
그 계책은 어떠했나　厥猷伊何
대단히 원대하고 대단히 굳건했지　克邁克遒
조용하고 공손하게 직위에 머물며[146]　靖共在位
흔들리지도 않고 두려워하지도 않았으니　不那不竦
의젓한 모습 조정에 드날리며　羽儀揚庭
드디어 영의정에 이르렀네　遂都大政
사특한 관리 변별하여 막으니　辨遏官邪
뭇 관료의 모범 되셨는데　作刑庶寮
백성들이 복이 없어　民方無祿
높은 산 그 봉우리 무너졌네　嶽摧其喬
울창한 저 서쪽 등성이　鬱彼西岡
삼대의 인물이 한 자락에 묻혔는데　三世一麓
그 아래 큰 길 있어　其下長逵
지나는 사람마다 반드시 예를 갖추네　過者必式
우뚝 선 커다란 비석에　豐碑揭揭
환하게 덕을 기록하니　紀德有融
근원을 트고 흐름을 인도하여　疏源導流
몽매한 후손 계도하리라　以啓後蒙

146 조용하고……머물며 : 이성구가 관직 수행을 위해 최선을 다했다는 말이다. 정공(靖共)은 《시경》 〈소명(小明)〉에 보인다. 335쪽 각주124 참조.

기암당 법견 법사 비명 병서

奇岩堂法堅法師碑銘 幷序

세상에는 두 부류의 스승이 있는데	世有二師
모두 천축국	俱奉乾竺
황면노자[147]의	黃面老子
무상대도를 받드네	無上大道
그 하나는 정좌에 전념하여	其一靜專
고요함 속에서 스스로 비추니	以寂自照
성문이든 돈오든	聲聞頓悟
깨달아 과업을 이루어	因解成果
초탈에 도달하니	以至超脫
이것을 선정이라 하네	是名禪定
다른 하나는 대승의 상지를	其一體認
체인하여	大乘上智
봄이 없는 봄으로	以無見見
피안에 올라	誕登彼岸
본성 자리를 곧 가리키고	直指性地
깨달은 것으로 사람들을 깨우치니	以覺覺人
이것이 석씨의	是爲釋氏
적파인 진종이네	嫡派眞宗

147 황면노자(黃面老子) : 석가모니(釋迦牟尼)를 가리킨다.

달마[148]의 뒤에	達摩之後
임제[149]가 중간에 천양하여	臨濟中闡
그 법이 우리나라에 전해졌으니	其法東漸
서산 대사[150]에 이르러 성대했네	西山爲盛
그 문도들이	凡厥門徒
오묘한 해탈의 진리를 받들어	奉諦妙解
함께 깨달음의 길을 밟음에	同躋覺路
훌륭한 인물 있게 되었으니	大有其人
저 기암당	粤若奇岩
법견 법사는	法堅法師
실로 불법의 큰 그릇이며	實以法器
총림의 빼어난 인재로다	爲叢林秀
법사의 아버지는	父家扶安
부안 김씨 억세이며	金姓億世

148 달마(達摩) : ?~528. 중국 선종(禪宗)의 창시자이다. 본래 인도 사람으로, 중국에 들어와 숭산(嵩山) 소림사(少林寺)에서 9년간 면벽좌선(面壁坐禪)하고, 그의 선법(禪法)을 혜가(慧可)에게 전수하면서 선종이 이어졌다.

149 임제(臨濟) : ?~867. 속성은 형씨(邢氏), 법명은 의현, 호는 임제, 시호는 혜조선사(慧照禪師)이다. 당(唐)나라 때의 선승으로 임제종(臨濟宗)의 개조(開祖)이다. 제자 혜연(慧然)이 엮은 《임제록(臨濟錄)》에 그의 언행이 실려 있다.

150 서산 대사(西山大師) : 1520~1604. 속성은 최씨(崔氏), 법명은 휴정(休靜), 자는 현응(玄應), 호는 청허(淸虛)·서산 대사·백화도인(白華道人)·풍악산인(楓岳山人)·두류산인(頭流山人)·묘향산인(妙香山人)이다. 임진왜란 당시 큰 공을 세우고, 또한 수많은 제자들을 길러 내어 조선 선종(禪宗)의 부흥을 이루었다. 묘향산의 안심사(安心寺), 금강산의 유점사(楡岾寺)에 부도(浮屠)가 세워졌다.

어머니 이씨의 낮잠에	母李晝寐
기이한 스님이 꿈을 빌려 들어왔네	異髡托夢
오직 자애롭고 참을성이 있었으니	惟慈與忍
어려서부터 이미 그러했네	稚幼已然
비로소 열두 살에	始星一周
성관을 스승으로 삼고	性寬是師
열네 살에 운유하다가	二七雲游
뇌묵[151]에게 예를 갖추었네	瞻禮雷默
불경에 널리 관통하고	淹貫內典
제자서와 역사서를 비롯한	旁涉子史
여러 종류의 서적을 두루 섭렵하여	群書之囿
풍부한 지식 소유하였네	富吾所有
이윽고 돌아보며	旣乃反顧
길게 탄식하기를	慨焉永歎
이것은 세간의 법[152]이지	斯爲世法
출세간의 법[153]이 아니라 하였네	非出世法
당시 청허가	維時淸虛
남악에서 법당을 열었기에[154]	開堂南嶽

151 뇌묵(雷默) : 서산 대사의 제자로, 법명은 처영(處英), 호는 뇌묵이다. 임진왜란 때 큰 공을 세웠다.

152 세간(世間)의 법 : 세법(世法)은 세간의 법이라는 말로, 인연(因緣)을 통해 발생하는 법을 말한다.

153 출세간(出世間)의 법 : 출세(出世)는 출세간의 약칭(略稱)인데, 세간과 상대되는 개념으로, 세간을 초탈한다는 의미이다.

법사가 찾아가 인증을 구하자	叩榻求證
정수리에 침을 놓듯 일깨워 주었네	頂門下針
깨달은 뜻을 시로 지어 올리니	獻詩喩義
한 마디 말에 딱 들어맞았어라	一言契可
또한 송운[155]의 설법에 참석하여	亦參松雲
참 진리를 발휘하였는데	發揮詮品
가죽을 벗겨 뼈를 찾아내고	掇皮摸骨
모래 속을 뒤져 구슬을 얻어내듯이 하였지	揀沙獲珠
무량세계의	無量世界
억만 중생 가운데	億千衆生
용맹 정진하는	精進雄猛
일개 남아로다	一介男子
나의 도가 이미 응축되고	我道旣凝
늘그막에 이르러	而臻耆臘
백련사에	乃結跏趺
가부좌 틀었네	於白蓮社
이곳 백련사는	維此白蓮
두 선사의 자취 남아 있어	二禪遺蹤
천 년 이전의 선사들을 법사가 벗으로 삼으니	尙友千載

154 당시……열었기에 : 서산 대사가 지리산에서 설법했다는 말이다.

155 송운(松雲) : 1544~1610. 조선 중기의 승려로서, 본관은 풍천(豐川), 속명은 임응규(任應奎), 자는 이환(離幻), 호는 사명당(四溟堂)・송운, 법명은 유정(惟政)이다. 직지사(直指寺)에서 출가하였으며, 1561년(명종16)에 승과(僧科)에 급제하였다. 임진왜란 당시 승군 도총섭(僧軍都摠攝)이 되어 큰 공을 세웠다.

거의 삼소에 비견될 만하였네[156] 庶幾三笑
승려들 모여드는 모습이 緇流朋集
목마른 사람이 강으로 달려가는 듯했고 如渴赴河
물을 실컷 마시듯이 법사의 가르침을 듣고 돌아갔지만 滿腹而歸
강물 마르지 않듯 법사의 가르침은 고갈되지 않았네 而河無竭
그와 같은 풍모를 지닌 사람이 또 누가 있겠는가 疇其同風
천기 우뚝한 응상 선사[157]로다 機仡祥師

156 이곳……만하였네 : 법견 법사가 백련사(白蓮社)에 머물면서 그 이전에 백련사에 머물렀던 두 명의 선사(禪師)와 정신적으로 교유한 것을 동진(東晉)의 고승 혜원(慧遠)이 여산(廬山)의 동림사(東林寺)에 거처하면서 백련사를 결성했던 고사에 견줄 수 있다고 본 것이다. 백련사와 두 선사는 정확히 어디와 누구를 가리키는지 고증할 수 없다. 다만 경상북도 상주 지역에 있었던 백련사를 가리키는 것으로 추측된다. 《신증동국여지승람(新增東國輿地勝覽)》 권28 〈상주목(尙州牧) 산천(山川)〉 기사에 사불산(四佛山)을 소개하고 있는데, 그 내용 가운데 "산의 곤방(坤方)에 절이 있는데, 이름은 백련사이다."라고 하였다. 또 "의상(義湘)이 설법(說法)하던 대(臺)가 있다."라고 하였으며, "최자(崔滋)가 상주 목사로 있을 때 찾아보니, 옛 궁전에 원효(元曉)와 의상의 진용(眞容)이 있고 소위 삿갓과 지팡이도 아직 탈이 없었다."라는 내용이 있는 것으로 보아, 여기서 말하는 이선(二禪)은 원효와 의상을 가리키는 것으로 보인다. 마지막에는 "만덕산(萬德山) 백련사(白蓮社)가 호남(湖南)에 있고 공덕산(功德山)은 강동(江東)에 있으므로, 동백련(東白蓮)이라 불러서 구별하였다."라는 내용이 있는 것으로 보아, 강진에 있는 백련사와 구분하여 상주의 백련사를 동백련이라 불렀음을 알 수 있다. 삼소(三笑) 역시 혜원과 관련된 고사이다. 그가 동림사에 거처할 때 손님을 전송하더라도 앞 시내인 호계(虎溪)를 건너지 않았는데, 도잠(陶潛)과 육수정(陸修靜)을 배웅할 적에 자신도 모르게 호계를 건넜으므로, 세 사람이 크게 웃으며 헤어졌다는 호계삼소(虎溪三笑)의 고사가 전한다. 《蓮社高賢傳 百二十三人傳》

157 응상 선사(應祥禪師) : 1572~1654. 조선 중기의 승려로, 성은 방씨(方氏), 호는 송월(松月)이다. 사명당(泗溟堂) 밑에서 공부하여 법맥(法脈)을 이었다. 사명당으로부터 받은 보물들을 유점사(楡岾寺)에 보관하고 오대산에 들어가 좌선하다가, 금강산

흐뭇하게 서로 바라보며 欣然相視
담담하게 서로 잊었네 淡乎相忘
고덕[158]의 은미한 말에 古德微言
의심으로 인하여 식이 생한다[159] 하니 因疑生識
법사가 날카로운 칼을 잡고 師操利刃
모든 망념 끊어 버렸네 斬斷諸妄
부연하여 시문 지어 演爲詩文
어리석은 속인들 인도하니 導發愚俗
업을 지음에 教以造業
반드시 선한 일에 근본을 두라고 가르쳤네 必本善事
이것은 마치 저 장자가 如彼長者
자기 소유의 곡식과 所有粟米
금옥과 옷감을 金玉布帛
거지들에게 베풀어 주고도 施與丐兒
기쁨이 넘쳐서 懽喜過望
자신에게 손해가 없는 것과 같았으며 於己無損
또 큰 바다에서 又如大海
파도가 두려운데 波濤畏懼

으로 다시 옮겨 30년 동안 후학들을 지도하였다. 이때 그의 명성이 널리 알려져 제자가 되고자 많은 사람들이 찾아왔다. 저서로 《송월집(松月集)》이 있다.

158 고덕(古德) : 옛날의 덕이 높은 승려에 대한 존칭이다.

159 식(識)이 생한다 : 식은 망식(妄識)으로, 생식(生識)은 일체의 망녕된 생각이나 관념이 발생한다는 말이다.

배를 대서	接以舟筏
고통에서 벗어나게 해 주는 것과 같았지	得脫斯苦
마음에서 불성을 보아	卽心見佛
일체의 상에 빠지지 않으니	不入諸相
악도[160]에 떨어지지 않았고	不墮惡道
불생불사의	不生不死
원만한 깨달음을 증득하여	以證圓覺
일대사[161]를 마쳤어라	了一大事
칠 척의 몸은	七尺之軀
묘연히 매우 작지만	眇然甚微
불법 배워 불법 이루었으니	學佛成佛
담이 몸보다 컸어라	膽大於身
갑술년 구월에	甲戌九月
쌍수에서 발을 보이며[162]	雙樹示足

160 악도(惡道) : 악업(惡業)을 지은 사람이 죽은 뒤에 떨어지게 되는 고통의 세계로, 일반적으로 지옥(地獄)·아귀(餓鬼)·축생(畜生)의 삼악도(三惡道)를 이른다.

161 일대사(一大事) : 불교(佛敎)에서 쓰는 용어인 일대사인연(一大事因緣)으로 가장 중요한 일을 가리키는데, 부처가 이 세상에 출현한 이유, 수행의 목적, 깨달음을 얻는 것 등을 의미한다.

162 갑술년(甲戌年)……보이며 : 1634년(인조12)에 법견 법사가 입적(入寂)했다는 말이다. 쌍수(雙樹)는 석가모니(釋迦牟尼)가 입적한 사라쌍수(沙羅雙樹)의 준말로, 흔히 사원(寺院)의 별칭으로 쓰인다. 석가모니가 45년간 설법하며 중생을 교화하다가, 중천축(中天竺) 구시나(拘尸那) 성(城)의 발제하(跋提河) 강변 사라쌍수 사이에서 하루 동안 《열반경(涅槃經)》을 설한 다음, 머리는 북쪽, 얼굴은 서쪽으로 향하고, 오른쪽 옆구리를 땅에 대고 누워서 입적했다고 하는데, 이것을 화신불(化身佛) 8상(相)의 하나

만법은 모두 공이니	萬法皆空
나는 이만 가련다 하고	吾其行矣
대중에게 게송 남기고	留偈大衆
반듯하게 앉아 열반에 들었네	端坐而逝
삶과 죽음 오고 감	生滅去來
찰라와 영겁이 다하니	幻劫俱盡
향년 팔십삼 세는	年八十三
짧은 것도 아니며 긴 것도 아니지	非短非長
열반한 후에	自涅槃後
깨끗한 몸을 다비하여	茶毗淨身
사리를 거두고	乞收舍利
석종에 갈무리하여	貯以石鍾
유점사	建于楡岾
서쪽 기슭에 세웠어라	西麓之上
이와 관련한 모든 일은	一切法事
법사의 고제인	皆其上足
도일과 자중	道一慈仲
그리고 자일이 담당하였지	慈逸所營

인 열반상(涅槃相)이라고 한다. 이에 제자들이 전륜성왕(轉輪聖王)에 준하는 다비식(茶毘式)을 거행하려고 황금 관에 안치하고서 전단(栴檀)을 쌓은 뒤에 향촉을 던져 태우려고 하였으나 불이 붙지 않았다. 당시 포교를 위해 기사굴산(耆闍崛山)에 가 있던 수제자 가섭(迦葉)이 5백 명의 제자와 함께 7일 뒤에 돌아오자, 여래(如來)가 두 발을 황금 관 속에서 꺼내어 보여 준 뒤에 스스로 화광삼매(火光三昧)에 들었다고 한다. 《長阿含經 卷4》《四敎義 卷7》

다시 경운에게	又推慶雲
법사의 행적을 자세히 기록하게 한 뒤에	具草行蹟
저잣거리를 지나	穿街歷市
교외에서 지내는 나를 찾아와	款余郊扉
빗돌에 새길 글을 지어달라 하니	索文鑱石
오래도록 전해지게 하려는 것이라네	圖壽厥傳
나는 그들의 도에 대해 알지 못하니	余昧爾道
장차 무슨 말을 하겠는가	將以何言
그런대로 그들의 말에 의지하여	姑依爾說
게송을 짓고	作爲偈語
아울러 비명으로 새기게 하여	兼勒銘辭
그들의 부지런한 정성에 보답하노라	以報爾勤

다음과 같이 명을 짓는다.

처음 기암이	始見奇岩
서산에게 보낸 시를 보니	發詩西山
소리 앞서 할[163]이 있고	聲前有喝
구절 뒤에 말이 없다 하였네	句後無言
내가 그 의미를 음미해 보니	余賾其意

163 할(喝) : 수행자의 망상이나 사견(邪見)을 꾸짖어 반성하게 할 때 내는 소리이다. 임제 선사(臨濟禪師)는 고함소리로 깨우침을 유도하였고, 덕산 선사(德山禪師)는 주로 몽둥이질로 깨우침을 격발하였으므로, 덕산방(德山棒)과 더불어 임제할(臨濟喝)이 병칭된다.

유와 무는 서로 뿌리가 되네 有無互根
입적할 때 부른 及觀臨化
게송 한 장을 보니 唱偈一章
허공을 깨부수고 打破虛空
대지에 한 번 묻히노라 大地一坑
병들지 않은 자는 떠나지만 不病者去
고금에 시냇물 소리는 변함없다[164] 하였네 今古溪聲
환상은 사라져도 사라지지 않으니 幻滅不滅
불가사의한 일이로다 不可思議
조각돌에 글을 새겨 片石刻文
길이 후대에 보여 주기를 바라지만 求永後示
허상으로 허상을 전하니 以幻傳幻
누가 망념 아니라 하겠는가 孰云非妄
항하의 모래처럼 무수한 거품과 그림자만 河沙泡影
만겁토록 아득하구나[165] 萬刦茫茫

164 허공을……변함없다 : 법견 법사가 임종할 때 지은 게송에 "허공을 부수어 해와 달을 묻으니, 산하대지 모두 한 구덩이에 들었구나. 병중에 병들지 않은 자 어디로 가는가, 금강산 계곡물 소리는 고금에 한결같네.〔打破虛空埋日月, 山河大地一坑藏. 病中不病者何去, 溪水金剛今古聲.〕"라고 하였는데, 이 게송을 요약하여 표현한 부분이다.

165 항하(恒河)의……아득하구나 : 인생의 무상함을 말한 것이다. 하사(河沙)는 항하의 모래알이라는 말로, 불가에서 많은 수효를 말할 때 쓰는 말이다. 포영(泡影)은 거품과 그림자로 덧없음을 비유하는데, 《금강반야바라밀경(金剛般若波羅密經)》에 "일체유위의 법칙은 꿈과 같고 허깨비와 같고 물거품과 같고 그림자와 같으며, 아침 이슬과 같고 또한 번개와도 같나니, 응당 이와 같이 관찰해야 한다.〔一切有爲法, 如夢幻泡影, 如露亦如電, 應作如是觀.〕"라고 하였다.

소요당 태능 법사[166] 비명 병서

逍遙堂太能法師碑銘 幷序

불자(佛者)들이 지혜의 칼을 잡고 일체의 생각과 대상[167]을 끊어서, 뽕나무 아래에 사흘도 묵으려 하지 않는 것[168]은 무슨 까닭인가? 정(情)은 애착에서 나오고 애착은 습관에서 나와 얽히고설킨 채 이어지다가 벌집이나 소라껍질 같은 곳에 떨어지는 지경에 이르니, 업(業)과 인(因)에 얽매이게 된다. 그러므로 불자들은 한결같이 집착을 버리는 것을 귀하게 여긴다.

그러나 석가(釋迦)는 설산(雪山)에 들어가 수도하였고, 달마는 벽을 마주한 채 수행하여 6년 혹은 7년이나 오래 지속하였으니,[169] 또한

166 소요당(逍遙堂) 태능 법사(太能法師) : 1562~1649. 성은 오씨(吳氏), 호는 소요(逍遙), 법명은 태능이다. 효종(孝宗)으로부터 혜감 선사(慧鑑禪師)라는 시호를 받았다. 서산 대사(西山大師) 휴정(休靜)의 전법제자(傳法弟子)로, 소요파(逍遙派)의 개조(開祖)이다.

167 생각과 대상 : 상(想)은 망상(妄想)으로, 불교에서는 일체의 사념(思念)을 망상으로 보며, 촉(觸)은 오감(五感)을 통하여 접촉하는 일체의 대상을 가리킨다. 즉 감각대상, 인식대상, 사유의 대상 일체를 촉이라 한다.

168 뽕나무……것 : 《후한서(後漢書)》 권30 〈양해열전(襄楷列傳)〉에 "승려가 뽕나무 아래에서 사흘 밤을 계속 묵지 않음은 오래되어 애착이 생기는 것을 바라지 않기 때문이니, 정진이 지극한 것이다.〔浮屠不三宿桑下, 不欲久生恩愛, 精之至.〕"라고 하였다.

169 석가(釋迦)는……지속하였으니 : 뽕나무 아래에서 사흘 밤을 묵으려고 하지 않지만, 한 곳에 오래도록 머물며 수행한 일도 있다는 말이다. 설산(雪山)은 인도의 북쪽에 있는 큰 산으로, 항상 산꼭대기에 눈이 쌓여 있다고 해서 붙여진 이름인데, 석가모니가 이곳에서 6년 동안 수도(修道)했다고 한다. 달마(達摩)는 남조(南朝) 양(梁)나라

어찌 그 금기(禁忌)를 반드시 지키겠는가. 침묵하기도 하고 말하기도 하며, 행하기도 하고 그치기도 하며, 혹은 한 방에서 고요히 앉아 있기도 하고, 혹은 사방을 구름처럼 유랑하기도 하는 것이다. 다만 모름지기 자신의 마음을 수시로[170] 점검하여 마치 장벽처럼 단단하게 함으로써 사물에 이끌리거나 집착하지 않도록 할 뿐이다.

소요당(逍遙堂) 태능 법사(太能法師)는 남종선(南宗禪)[171]이다. 추성(秋城 전남 담양(潭陽))에서 태어났는데, 그의 어머니 꿈에 한 노파가 나타나 큰 수레를 끌고 갈 사람[172]을 잉태하였다고 축하하였으므로, 어렸을 때 이름을 대승(大乘)이라 하였다.

13세에 백양산(白羊山)에 들어가 성진 화상(性眞和尙)으로부터 계(戒)를 받고, 비로소 우리나라 방방곡곡을 돌아다녔다. 그 뒤에 지리산과 인연을 맺어 도량(道場)을 짓고 법당(法幢)을 세웠다.[173] 대대적으

때 중국에 들어온 인도의 승려로, 숭산(嵩山) 소림사(少林寺)에서 9년 동안 면벽(面壁)한 후 성불(成佛)하였다고 한다. 《傳燈錄》

170 수시로 : 육시(六時)는 불가(佛家)에서 1주야를 여섯으로 나눈 시각으로, 그 명칭은 신조(晨朝), 일중(日中), 일몰(日沒), 초야(初夜), 중야(中夜), 후야(後夜)이다.

171 남종선(南宗禪) : 남선(南禪)은 중국 선종(禪宗)의 한 계통으로, 남종(南宗)이라고도 한다. 선종은 달마(達磨) 이후 5조 홍인(弘人)에 이르러 혜능(慧能)의 남종과 신수(神秀)의 북종(北宗)으로 양분되었다.

172 큰……사람 : 대승인(大乘人)은 대승불교(大乘佛教)의 큰 인물이라는 의미이다. 대승(大乘)은 본래 큰 수레라는 의미로, 중생구제를 목표로 삼는 대승불교를 나타낸다.

173 도량(道場)을……세웠다 : 태능 법사가 절을 짓고 설법하였다는 말이다. 절에서 사찰의 영역을 표시하거나 의식용으로 거는 깃발을 당(幢), 또는 당번(幢幡)이라고 하는데, 이 당을 거는 시설을 법당(法幢), 혹은 보당(寶幢)이라고 한다. 법당에 깃발이 걸려 있으면 고승이 설법 중임을 나타낸다.

로 사찰을 지으니, 그 남쪽은 신흥사(神興寺)이고 그 북쪽은 연곡선원(燕谷禪院)이다. 법사가 연곡선원에 34년 동안 머물다가, 마침내 기축년(1649, 인조27) 겨울에 입적하니, 향년은 90세에서 2년 모자란 88세였다. 이것이 어찌 습관과 애착에 얽매어 정(情)이 사물에 이끌려 집착했기 때문이겠는가.[174]

법사는 어려서부터 경론(經論)에 널리 능통하였는데, 이윽고 말하기를 "법(法) 밖의 종지(宗旨)를 구하고자 한다면, 마땅히 여기에 그쳐서는 안 될 것이다."라고 하고, 서산 대사(西山大師)를 찾아가 참례하였다. 그때 마침 어떤 사리(闍利)[175]가 묻기를 "초조(初祖) 달마(達磨)가 동쪽으로 온 뜻은 무엇입니까?"라고 하였는데, 서산 대사가 불자(拂子)를 들고 한 번 휘둘렀다. 그때 법사가 크게 기뻐하며 게(偈)를 바쳤는데, 그 내용은 다음과 같다.

여관[176]과도 같은 천지에 형체를 빌려	蘧廬天地假形來
부끄럽게도 많은 삶이 태에 의탁하네	慙愧多生托累胎

174 이것이……때문이겠는가 : 태능 법사가 연곡선원에서 34년 동안 머문 것은 익숙함과 애착에 얽매였기 때문이 아니라는 말이다.

175 사리(闍利) : 계율을 잘 지키고 수행이 높아 스승이 될 만한 승려를 가리키는 말이다. 산스크리트어 Ācārya의 음역으로, 아사리(阿闍梨), 아사려(阿闍黎)라고 하는데, 간단히 사려(闍黎), 혹은 사리(闍梨)라고 표기한다. 궤범(軌範), 혹은 정행(正行)으로 의역하기도 한다. 고려 시대에 귀족의 자제들로서 절에 들어와 승려가 된 아이들을 높여 부르던 데에서 유래하여, 나이 어린 승려를 가리키기도 한다.

176 여관 : 거려(蘧廬)는 잠시 머물다 가는 여관이다. 《장자(莊子)》 〈천운(天運)〉에 "인의는 선왕의 거려이다.〔仁義, 先王之蘧廬.〕"라고 하였다.

휘두른 불자의 일성에 눈이 번쩍 뜨이니　　玉麈一聲開活眼
맑은 밤 서늘한 바람이 마음에 부네　　清宵風冷古靈臺

서산 대사가 말하기를 "이는 잠깐의 기로(岐路)일 뿐이다. 조사(祖師)께서 말씀하기를 '깨달음은 아직 깨닫지 못함과 같나니, 마음도 없고 법도 없다.'[177]라고 하였다. 다른 사람은 주장할 수 없으니, 너 스스로 보호하고 부지(扶持)하라."라고 하였다. 이에 법사는 고덕(古德)들을 두루 찾아 가르침을 청하다가 부휴 대사(浮休大師)[178]를 뵈었는데, 부휴 대사가 법사를 훌륭한 인재로 여겼다. 다시 서산 대사를 찾아가 말하기를 "화상(和尙)께서 전에 '그림자 없는 나무를 베어다가 물 가운데 거품을 다 태운다.'라고 말씀하셨는데, 어리석은 저는 아직 깨닫지 못하고 있습니다. 원컨대 저의 미혹(迷惑)한 점을 분명하게 풀어 주십시오."라고 하였다. 서산 대사가 말하기를 "아는 것이 알지 못하는 것이다."라고 하자, 그 말이 끝나기가 무섭게 법사는 곧바로 깨닫게 되어 아홉 번 절하고 물러났다.

법사는 늘그막에 덕을 성취하여 총림(叢林)의 존경을 받았으므로,

177 조사(祖師)께서……없다 : 여기에서 인용하고 있는 말은 불멸(佛滅) 후 제5조인 제다가(提多迦)가 미차가(彌遮迦)에게 해 준 말의 일부이다. 전체 내용은 "본래의 법과 마음을 통달하면, 법도 없고 법이 아님도 없네. 깨달음은 아직 깨닫지 못함과 같나니, 마음도 없고 법도 없다네.〔通達本法心, 無法無非法. 悟了同未悟, 無心亦無法.〕"라고 하였다. 《佛祖歷代通載 卷3 東周》

178 부휴 대사(浮休大師) : 조선 중기의 승려 선수(善修, 1543~1615)로, 성은 김씨, 호는 부휴이다. 전라남도 남원 출신으로, 광해군으로부터 부휴당부종수교변지무애추가홍각대사선수등계존자(浮休堂扶宗樹教辯智無礙追加弘覺大師善修登階尊者)라는 시호를 받았다.

원근(遠近)에서 법사를 숭모하여 귀의하는 자가 날로 더욱 많아졌다. 승려들이 모여들어 그 숫자가 항상 수천을 헤아리니, 산문(山門)이 시끌벅적한 저잣거리 같았다. 법사는 정법(正法)의 눈[179]으로 자비와 지혜를 운용하였으니, 몇 번이나 혀끝과 붓을 썼으랴. 곧장 불이법문(不二法門)[180]을 가리키니, 실로 중생을 건네줄 뗏목이며 법문의 동량이었다.

어느 날 대중들에게 보이며 말하기를 "온 누리가 일개 사문(沙門)의 눈 안에 있으니, 온 누리가 자기의 광명 속에 있는 것이라네. 광명이 아직 발하지 않았을 때는 오히려 허공조차 없거늘, 하물며 산하와 국토가 있었겠는가."라고 하였다. 그리고는 석장을 세우고 한참 있다가 말하기를 "외로운 달이 홀로 비춰 강산은 고요하기만 한데, 스스로 웃는 한 소리에 천지가 놀라네."[181]라고 하였다.

179 정법(正法)의 눈 : 불교에서 모든 것을 바르게 보는 지혜를 의미하는 말로, 정법안장(正法眼藏), 혹은 청정법안(淸淨法眼)이라고 한다.

180 불이법문(不二法門) : 불가의 용어인 입불이법문(入不二法門)의 준말로, 모든 법이 둘이 아닌 평등한 법문에 증입(證入)한다는 뜻이다. 석가의 속제자(俗弟子)인 유마힐거사(維摩詰居士)는 본디 인도의 비야리성(毗耶離城)에 살았는데, 석가가 일찍이 그곳에서 설법할 적에 유마힐은 병을 핑계로 법회에 나가지 않고 텅 빈 방의 한 와상에 조용히 누워 있었다. 석가가 문수보살(文殊菩薩) 등을 보내어 문병을 하게 하였는데, 문수보살이 문병을 가서 유마힐에게 묻기를 "어떤 것이 보살(菩薩)의 입불이법문입니까?" 하니, 유마힐은 묵묵히 아무런 대답도 하지 않았다. 문수보살이 크게 깨닫고 감탄하여 말하기를 "아무런 문자나 언어도 없는 지경에 이르러야만, 이것이 참으로 입불이법문이로다."라고 했다는 이야기가 전한다.

181 외로운……놀라네 : 임제 의현의 《임제록(臨濟錄)》에 전하는 유명한 게송으로, 서산 대사의 《선가귀감(禪家龜鑑)》에도 실려 있다.

법사의 제자 해안(海眼)[182]과 묘담(妙湛) 이하 강당과 강단을 열고 불법의 요체를 받들어 전한 사람이 60여 명인데, 그들이 모두 말하기를 "법사는 임제(臨濟)의 26세 적손(嫡孫) 바로 그 사람이다."[183]라고 하였다. 법사가 열반에 들며 다음과 같이 게(偈)를 읊었다.

해탈이 해탈이 아니니	解脫非解脫
열반이 어찌 고향이랴	涅槃豈故鄕
취모검[184]이 광채 번뜩이니	吹毛光爍爍
구설 일삼으면 그대로 칼날 범하게 되리	口舌犯鋒鋩

그리고는 가부좌를 틀고 고요히 운명하였다.

그들의 예법에 따라 다비식을 마치고, 명조(明照)[185]와 경흘(敬屹)[186] 등이 정수리뼈를 받들어 보개산(寶蓋山)에 안장하면서 사리(舍

182 해안(海眼) : 1567~? 조선 중기의 승려로, 성은 오씨(吳氏), 호는 중관(中觀)이다. 처음에 처영(處英)을 은사로 하여 득도하고, 후에 휴정(休靜)을 사사하였다.

183 법사는……사람이다 : 태능 법사가 임제종의 정통을 이었다는 말이다. 임제(臨濟, ?~867)는 중국 당(唐)나라의 선승으로, 임제종의 개조인 의현(義玄)이다. 임제종의 법맥은 조선의 서산 대사로 이어졌으며 태능 법사는 서산 대사의 수제자이기 때문에 이렇게 말한 것이다.

184 취모검(吹毛劍) : 칼날에 대고 솜털을 불면 솜털이 잘린다는 예리한 칼이다. 불교에서 일체의 망상을 제거하는 상징으로 쓰인다.

185 명조(明照) : 1593~1661. 성은 이씨(李氏), 이름은 희국(希國), 호는 허백당(虛白堂)이다. 13세에 묘향산으로 출가하여 유정(惟政)의 제자가 되었다. 임진왜란 때 승병장으로 활약하였다.

186 경흘(敬屹) : 경열(敬悅, 1580~1646)로 추측되나, 자세하지 않다. 경열의 호는

利) 2과(顆)를 석탑에 갈무리하였다. 그 뒤에 또 큰 빗돌을 다듬고는 그의 제자 경열(景悅)에게 법사의 행장을 가지고 서울로 달려가게 하여, 나의 글을 구해 법사의 행적을 기록하여 후세에 영원히 전하려고 한다. 그러나 내가 어찌 알겠는가. 대개 그 행장에 실린 내용대로 정리한 것이다. 다음과 같이 명을 짓는다.

서축의 종교가 우리나라에 전해져　西竺之敎流東瀛
동에서 남으로 가니 남쪽으로 기울었네　自東而南南土傾
항성이 밤에 빛나 비가 따라 내리니　恒星夜發隨雨零
빗방울 하나하나에 빛이 흩어지네　雨零點點散光晶
대천세계에 그 영험함 밝게 드러나니　大千世界昭厥靈
소요 개사는 법문의 기둥이네　逍遙開士法門楨
지리산에서 좌선하며 뜰에 내려오지 않아도　宴坐南嶽不下庭
파리가 붙고 개미가 좋아하니 누가 시킨 일이랴[187]　蠅附蟻慕誰使令

해운(海運)으로 생애는 거의 알려지지 않았지만, 1607년(선조40) 원철(圓徹)이 해남 대흥사(大興寺)에서 대회(大會)를 열었을 때 태능(太能)이 참석하였는데, 이때 그의 나이 28세로 태능으로부터 선법(禪法)을 이어받았다고 한다. 태능은 법을 전수하면서 그의 선지(禪旨)가 바다를 넘나드는 붕새의 움직임과 같다고 하여 해운이라는 호를 내렸다.

187 지리산에서……일이랴 : 태능 법사가 지리산 연곡선원에 있는 동안 많은 승려들이 법사를 존모하여 자발적으로 모여들었다는 말이다. 승부(蠅附)는《사기(史記)》권61 〈백이열전(伯夷列傳)〉에 "안연이 비록 학문에 독실하였으나, 천리마 꼬리에 붙었기 때문에 그 행동이 더욱 세상에 드러나게 되었다.〔顔淵雖篤學, 附驥尾而行益顯.〕"라고 하였는데, 그 주(注)에 "쉬파리가 천리마 꼬리에 붙어 천리를 가는 것처럼, 안회가 공자로 인하여 이름이 더 드러나게 되었음을 비유한 것이다.〔蒼蠅附驥尾而致千里, 以

쇠 점화하고 옥 다듬어 보배 이루듯　點鐵琢璞寶乃成
눈멀고 귀먹은 너희를 보고 듣게 하였네[188]　惠爾瞽聾視而聽
섣달 그믐날 열반에 드니　臘月晦日超化城
한순간에 만겁의 삶을 마쳤네[189]　彈指萬劫了死生
훌륭한 제자들이 사후의 일 경영하여　有大弟子後事營
빗돌 다듬고 글 새겨 영원히 후대에 드리우니　攻珉鑱辭垂千齡
칡넝쿨처럼 끊임없이 전해져 모르는 자도 알지어다　藤葛無絶昧者明

喻顔回因孔子而名彰.〕"라고 한 것을 원용한 것이다. 의모(蟻慕)는《장자(莊子)》〈서무귀(徐无鬼)〉에 "양고기는 개미가 그리워 모여들지 않지만, 개미는 양고기가 그리워 모여든다. 이는 양고기에서 누린내가 나기 때문이다. 순 임금의 행동에도 누린내 나는 구석이 있다. 그래서 백성들이 좋아하는 것이다.〔羊肉不慕蟻, 蟻慕羊肉, 羊肉羶也. 舜有羶行, 百姓悅之.〕"라고 한 말을 원용한 것이다.

188 쇠……하였네 : 태능 법사가 제자들을 잘 깨우쳤다는 말이다. 점철(點鐵)은 "환단 한 알은 무쇠를 점화하여 황금으로 만들 수 있고, 진리의 말 한마디는 범인을 점화하여 성인으로 만들 수 있다.〔還丹一粒, 點鐵成金, 至理一言, 點凡成聖.〕"라고 한 말에서 원용한 것이다.《武林梵志 卷10 龍華寺》

189 섣달……마쳤네 : 태능 법사가 입적했다는 말이다. 화성(化城)은 환화(幻化)의 성이라는 뜻으로, 사원의 별칭이기도 하다.《법화경(法華經)》에 의하면, 여러 사람이 보배가 있는 곳을 찾아가다가 그 길이 험하여 모두 피곤해하였다. 그때에 길을 인도하던 이가 신통력으로써 큰 성을 잠시 나타나게 하여 여기가 보배가 있는 곳이라 하자, 사람들이 대단히 기뻐하여 이 성에서 쉬었는데, 이윽고 길을 인도한 이가 사람들의 피로가 회복됨을 보고는 이 성을 없애버리고 다시 참으로 보배가 있는 곳에 이르게 했다는 데서 온 말이다. 중생(衆生)이 잠시 쉬어간다고 하는 이 세계(世界)를 비유하는 말로 쓰였다.

호연당 태호 법사 비명 병서
浩然堂太湖法師碑銘 并序

주(周)나라가 쇠하고 양주(楊朱)와 묵적(墨翟)의 도가 성행하니, 거의 천하의 풍속을 바꾸어 놓았다.[190] 그러나 채 백 년도 못되어 구름이 걷히고 안개가 사라지듯이 천하에 양주와 묵적의 도를 말하는 사람들이 없어졌다. 한(漢)나라 때에 이르러 불씨(佛氏)의 말이 처음 중국에 유입되어 시간이 지날수록 더욱 성행하였다. 불교에는 네 가지 파가 있어 깨달음의 길이 저마다 다른데, 오직 임제(臨濟)[191]의 가르침만이 진종(眞宗)의 직계 유파이다. 그 도가 더욱더 동쪽으로 유입되어, 신라와 고려 이후로 우리 조선에 이르기까지 법당을 열고 법좌에 올라 대대로 맥을 이은 사람이 있었다.[192]

근세(近世)에 호남(湖南)의 호연 법사(浩然法師)는 실로 총림(叢林)의 수재(秀才)였다. 법사의 본관은 금성(錦城), 속성(俗姓)은 장씨(張氏), 법명(法名)은 태호(太湖)이다. 어머니 한씨(韓氏)의 꿈에 신인(神人)이 무릎을 꿇고 말갈(靺鞨)[193] 둥근 옥을 바치면서 말하기를

190 양주(楊朱)와……놓았다 : 유학(儒學)의 도가 쇠퇴하고 양주의 위아주의(爲我主義)와 묵적(墨翟)의 겸애주의(兼愛主義)가 성행하였다는 말이다.

191 임제(臨濟) : 중국 당나라의 의현 선사(義玄禪師, ?~867)를 가리킨다. 351쪽 각주149 참조.

192 신라와……있었다 : 신라 시대 이후로 조선 시대에 이르기까지 임제종의 도를 계승하는 승려들이 있었다는 말이다. 개당(開堂)은 개당설법(開堂說法)의 준말로, 불교에서 주지나 조실(祖室)이 처음 절에 취임하여 설법하는 것이다.

"아름다운 어머니에게 몸을 의탁하고 싶습니다."라고 하였는데, 과연 가정(嘉靖) 갑자년(1564, 명종19)에 법사를 낳았다.

법사는 태어날 때 울지 않았으며, 어려서부터 냄새나는 채소[194]와 육식을 하지 않았으니, 보는 사람들이 법기(法器)가 될 것을 알았다. 15세에 마음으로 속세를 좋아하지 않아, 천관산(天冠山)의 일종 선사(一宗禪師)에게 가서 머리를 깎고 계(戒)를 받았다. 얼마 후 청허(淸虛), 정관(靜觀),[195] 부휴(浮休) 세 대사(大師)가 대승(大乘)으로 사람을 구제한다는 소식을 들었다. 20세에 서쪽 묘향산(妙香山)으로 달려가 청허 스님을 뵙고, 비로소 진리의 묘제(妙諦)를 들었다. 30세에 속리산(俗離山)으로 들어가 정관 스님에게 의탁하여 불경을 공부하였다. 마지막으로 지리산(智異山)에서 부휴 스님을 뵙고 막혀서 의심스럽던 뜻을 깨닫게 되었는데, 당시 대사의 나이 45세였다. 의혹이 해소되고 의식이 밝아지자 장황한 말들이 번잡하게 여겨지고, 정성(定性)이 응축되자 만법(萬法)이 모두 공(空)임을 깨닫게 되었으며, 번뇌가 사라지자 표리(表裏)가 통명(通明)해져서 탁 트였다. 이에 탄식하며

193 말갈(靺鞨) : 밀길 지역에서 생산되는 붉은 옥을 가리킨다. 《승암집(升菴集)》 권60 〈말갈〉에 "말갈은 나라 이름이니, 옛날 숙신의 땅이다. 그 지역에서 보석이 생산되는데, 크기가 커다란 밤톨만하다. 중국에서 이것을 말갈이라 한다.〔靺鞨國名, 古肅愼地也. 其地產寶石, 大如巨栗, 中國謂之靺鞨.〕"라고 하였다.

194 냄새나는 채소 : 훈(葷)은 냄새가 나는 채소로 오훈(五葷)이 있는데, 불가(佛家)에서는 마늘, 달래, 무릇, 파, 세파를 가리킨다. 이 채소들은 모두 음욕(淫慾)과 분노(忿怒)를 유발한다고 하여 금식(禁食)한다.

195 정관(靜觀) : 1533~1608. 조선 중기의 승려로, 속성은 곽씨(郭氏), 법명은 일선(一禪), 법호는 정관이다. 휴정(休靜)의 4대 문파 가운데 하나인 정관문파(靜觀門派)의 창시자이다. 저서로 《정관집(靜觀集)》이 있다.

말하기를 "날마다 일천 게송(偈頌)을 열람하는 것이 수시로[196] 마음을 가다듬음만 못하니, 이 마음을 버리고 경(經)에서만 구한다면, 이것은 영원히 성불할 수 없다."[197]라고 하였다.

무릇 자혜(慈慧)로 사람들을 교화시킬 때, 반드시 불이법문(不二法門)[198]을 곧바로 가리켜서 정문(頂門)에 일침을 놓고 널리 진벌(津筏)을 건너 함께 피안(彼岸)에 오르게 하였으니,[199] 모든 사람들이 법사를 임제(臨濟)의 적통(嫡統)이라고 하였다. 처음에는 나라 안의 명산(名

196 수시로 : 육시(六時)는 불교에서 1주야를 여섯으로 구분한 것을 말한다. 361쪽 각주170 참조.

197 경(經)에서만……없다 : 경에서만 진리를 찾으려 한다면 영원히 깨달음을 얻을 수 없다는 뜻이다. 여년(驢年)은 나귀의 해라는 뜻이니, 나귀는 십이간지(十二干支)에 들어 있지 않은 동물이므로 영원히 오지 않는 해를 의미한다. 당나라 때 고령(古靈) 신찬 선사(神讚禪師)가 대중사(大中寺)에서 불경을 공부하다가 행각(行脚)하여 백장 선사(百丈禪師)를 만나 개오(開悟)하였다. 그리고 본사로 돌아오니, 옛날에 불경을 가르치던 스승이 아직도 경전만 읽고 있었다. 하루는 그 스승이 창 아래에서 불경을 읽고 있는데, 벌 한 마리가 창문의 종이에 부딪치며 밖으로 나가려 하였다. 이에 신찬 선사가 말하기를 "세계가 이렇듯 광활한데 그쪽으로 나가려 하지 않고 낡은 종이를 뚫고 있으니, 나귀의 해에나 나갈 수 있을 것이다.〔世界如許廣闊, 不肯出, 鑽他故紙, 驢年出得.〕"라고 하였다. 《傳燈錄 卷9 南嶽第3世 百丈海嗣 古靈讚》

198 불이법문(不二法門) : 불이법문은 입불이법문(入不二法門)의 준말로, 모든 법이 둘이 아닌 평등한 법문에 증입(證入)한다는 뜻이다. 364쪽 각주180 참조.

199 정문(頂門)에……하였으니 : 핵심을 찔러 해탈할 수 있도록 교화하였다는 말이다. 진벌(津筏)은 물을 건널 수 있는 나루와 뗏목을 이르는데, 깨달음의 길을 뗏목의 항해에 비유하여 하는 말이다. 피안(彼岸)은 생사를 초월한 적정 열반(寂靜涅槃)의 세계를 뜻하는 불교 용어이다. 반면에 생사(生死)의 고해(苦海) 속에서 허덕이는 사바세계(娑婆世界)를 차안(此岸)이라고 한다. 《대지도론(大智度論)》 권12에 "생사를 차안으로 삼고, 열반을 피안으로 삼는다.〔以生死爲此岸, 涅槃爲彼岸.〕"라고 하였다.

山)을 유람하였고, 노승이 되어서는 남악(南嶽 지리산)의 연곡사(燕谷寺)에 머물러, 대대적으로 법석(法席)을 열어 미혹한 중생들을 계발시켰다. 대중들이 달려와 도량(道場)에 모여들었는데, 빈 몸으로 왔다가 가득 채워서 돌아갔다.

신사년(1641, 인조19)에 광양(光陽) 백운산(白雲山)에 사찰(寺刹)[200]을 창건하였으니, 그곳은 바로 도선 국사(道詵國師)가 열반했던 곳이다. 12년 뒤인 임진년(1652, 효종3) 3월에 손수 두 수의 게(偈)를 썼으니, 그 내용은 다음과 같다.

맹렬한 불꽃이 하늘로 뻗칠 때	烈焰亘天時
어찌 이것저것 생각하랴	何容思量湊
진흙으로 빚은 소가 물 위를 가고	泥牛水上行
나무로 만든 말이 불속을 달리네	木馬火中走

팔십 년 인생사	八十人間事
마치 한바탕 덧없는 꿈 같으니	猶如一夢漚
원컨대 무량수[201]와 친해져서	願親無量壽
늘 즐거워하며 마침내 근심 잊었으면	常樂遂忘憂

200 사찰(寺刹) : 난야(蘭若)는 범어(梵語) rayaka의 음역(音譯)인 아란야(阿蘭若)의 준말로, 출가자가 수행하는 조용한 곳, 즉 사찰을 말한다.

201 무량수(無量壽) : 무량수불(無量壽佛)의 준말로, 서방 정토(西方淨土)에 있는 부처 아미타불(阿彌陀佛)의 의역(意譯)이다. 아미타불은 정토종의 신앙 대상이다.

그리고 마침내 눈을 감고 입적(入寂)하였다.

그의 대제자(大弟子)들이 청정한 몸을 예법에 따라 다비(茶毗)하였다. 유골을 담던 저녁 무렵에 구름과 노을이 사방을 뒤덮었는데, 육신이 불타자 신령한 두개골이 마침내 멀리 날아가 버렸다. 그때 선남자(善男子) 삼천여 명이 슬피 울며 찬탄하지 않는 이가 없었다. 사방 멀리까지 두루 찾아 두 조각을 습득하였는데, 하나는 송천사(松川寺) 남쪽 기슭에 석종(石鐘)을 세워 보관하였다. 다른 하나는 수제자인 혜관(惠觀)과 성일(性逸), 그리고 법손(法孫)인 승암(勝諳)이 경건히 받들고 북쪽으로 올라가 보개산(寶蓋山) 허백 대사(虛白大師)에게 가서 14일 동안 도량(道場)을 베풀고, 사리(舍利)를 얻게 해달라고 정성껏 기도하였다. 과연 신주(神珠) 1과(顆)를 얻은 다음, 돌아와 금성(錦城)의 쌍계사(雙溪寺)[202] 부도(浮屠)에 안치하였다. 일을 끝마치고 나서, 그 제자들이 또 부도의 남쪽에 장차 비석을 세우려고 혜관과 승암을 보내, 나에게 묘비명을 지어달라고 요청하였다. 다음과 같이 명을 짓는다.

불교가 중간에 분파하여	竺敎中岐
미혹으로 미혹을 전하니	以惑傳惑
진주가 진흙탕에 빠진 것과 같아	珠淪濁泥

202 금성(錦城)의 쌍계사(雙溪寺) : 금성은 전라남도 나주(羅州)의 옛 이름이다. 쌍계사는 현재의 전라남도 영암군 금정면 남송리 덕룡산(德龍山)에 있던 절이다. 854년에 백운(白雲)이 창건하였으며, 낭주(朗州)와 나주 사이의 국사봉(國師峰)과 덕룡산 사이에 있는 계곡에 있다고 하여 쌍계사라 하였다. 1900년대 초까지 귀부가 있는 호연대사의 비가 있었으나 일본인들이 가져갔다고 한다.

잃은 것은 많고 얻은 것은 적었지 多失鮮得
노능[203] 이후로는 盧能之後
임제가 홀로 종정 되어 臨濟獨宗
오래도록 이어진 법맥이 遙遙路脈
서쪽에서 동쪽으로 전해졌지 自西徂東
호연 법사가 이를 계승하여 浩然承之
잣나무에 다시 꽃 피우니[204] 柏樹再榮
자애로운 등불이 어두운 곳을 향하고 慈燈向晦
지혜로운 햇빛이 거듭 밝아졌지 慧日重明
삼승이 취향 다르고 三乘殊趣
사설이 분분하지만[205] 師說相棼
마음에서 불성 깨달을 뿐 卽心見佛
어찌 경문을 일삼으랴 何事經文

203 노능(盧能) : 육조대사(六祖大師) 혜능(慧能, 638~713)의 속명이다. 선종(禪宗)의 제5조(祖) 홍인(弘忍)을 사사(師事)하였고, 홍인의 의발(衣鉢)을 이어받아 제6조가 되어 남종선(南宗禪)을 열었다. 《傳燈錄》《宋高僧傳 卷8》

204 호연 법사(浩然法師)가……피우니 : 호연당 태호 법사가 임제종을 계승하여 다시 꽃을 피웠다는 말이다. 불가의 화두(話頭)에 뜰 앞의 잣나무〔庭前柏樹〕라는 말이 있는데, 이는 어떤 승려가 조주 선사(趙州禪師)에게 "달마 대사는 왜 중국에 왔습니까?"라고 물으니, 조주 선사가 "뜰 앞의 잣나무이니라."라고 했던 데서 유래한 것으로, 잣나무까지도 제도하려고 온 것이라는 뜻이라고 한다. 《五燈會元 趙州章》

205 삼승(三乘)이……분분하지만 : 불교의 교파가 어지러이 난립하고 여러 학설이 있다는 말이다. 삼승은 성문(聲聞), 연각(緣覺), 보살(菩薩)을 가리키는 말로, 중생의 능력에 따라 각기 다르게 설하는 세 가지 가르침을 뜻한다. 사설(師說)은 조사(祖師)의 교설이란 말로, 불교에서 많은 종파를 연 개조의 가르침을 의미한다.

예리한 칼날 손에 있어 利刃在手
모두 허상인 모든 망상 잘라내고 諸妄皆虛
해탈조차 이미 놓아버리니 見解旣遣
묘체의 진여를 깨달았네 妙體眞如
천백억 화신[206]이 千百億身
한 점으로 언제나 새로우니 一點常新
산하대지를 山河大地
밝게 비추는 외로운 달이구나 白月孤輪
지리산에 머무르며 留趺南嶽
결하에 더욱 정진하니[207] 結夏彌積
맹호는 샘을 파고 猛虎跑泉
나는 학은 석장을 피했지[208] 飛鶴避錫

206 천백억 화신(千百億化身) : 《화엄경(華嚴經)》에서 말하는 시교(始敎)의 부처이다. 부처가 대승(大乘)의 시교를 설(說)할 때에 천백억의 수많은 세계에 여러 가지 색신(色身)을 나타내어 보살 등을 교화한 데서 온 말이다.

207 결하(結夏)에 더욱 정진하니 : 태호 법사가 힘써 수행 정진했다는 말이다. 결하는 승려가 음력 4월 16일부터 7월 15일까지 90일 동안 출입을 금하고 한 곳에 모여 수행에 전념하는 하안거(夏安居)를 말한다.

208 맹호(猛虎)는……피했지 : 태호 법사가 도량(道場)을 세울 때 잡은 터에 대해 고사를 인용하여 신비성을 더한 말이다. 호포천(虎跑泉)은 샘 이름으로, 항주(杭州) 전당현(錢塘縣)의 대자산(大慈山) 호포사(虎跑寺)에 있다. 전설에 의하면 성공 선사(性空禪師)가 일찍이 대자산에서 거처할 때 물이 없었는데, 어떤 신인(神人)이 말하기를 "내일 마땅히 물이 생길 것이다.〔明日當有水〕"라고 하였다. 그날 밤 두 마리의 호랑이가 발로 땅을 긁자 샘물이 솟았으므로, 그 샘을 호포천이라고 했다 한다. 호포사는 호포선사(虎跑禪寺)라고도 한다.《明一統志 卷38 杭州府 錢塘縣 虎跑泉》 학이 석장을 피했다〔鶴避錫〕는 것은 보지공(寶誌公)과 백학도인(白鶴道人)의 고사에 보인다. 서주

연곡사에 총림을 열어 開林燕谷

용문에 당간을 세우고 建幢龍門

이에 도량을 여니 乃闢道場

진실로 기원[209]을 본받았지 實倣祇園

승려들이 더위잡아 교화되니 緇流攀化

바람을 마주한 듯[210] 그림자를 따르는 듯 遡風追景

중생들 화락했고[211] 衆生熙熙

(舒州)의 잠산(潛山)은 풍광이 아름다운데, 그 중에서도 산록(山麓)이 더욱 빼어났다. 보지공과 백학도인이 모두 이곳에 머물고자 하였으므로, 양 무제(梁武帝)에게 가서 상의하게 되었다. 무제는 두 사람이 모두 영험한 신통력을 가지고 있었으므로, 두 사람 가운데 어떤 물건으로 산록에 먼저 표시한 사람이 그곳에서 거처하라고 하였다. 이에 백학도인은 "저는 학이 멈추는 곳으로 표지를 삼겠습니다.〔某以鶴止處爲記〕"라고 하고, 보지공은 "저는 석장이 꽂힌 곳을 표지로 삼겠습니다.〔某以卓錫處爲記〕"라고 하였다. 이윽고 학이 먼저 날아가서 산록에 멈추려고 하는데, 문득 공중에서 석장이 날아오는 소리가 들리더니, 보지공의 석장이 드디어 산록에 꽂혔다. 백학도인은 내키지 않았지만 전에 약속한 말을 어길 수 없었으므로, 각각 표지한 곳에 집을 지었다고 한다.《山堂肆考 卷146 卓錫誌地》

209 기원(祇園) : 기원정사(祇園精舍)의 약칭으로, 신앙심 깊은 신도의 시주(施主)에 의해서 세워진 사찰을 가리킨다. 인도(印度)의 급고독장자(給孤獨長者)가 세존(世尊)에게 사찰을 지어 기증하려고 기타 태자(祇陀太子)에게 찾아가 정원을 팔도록 종용하자, 태자가 농담으로 그 땅에다 황금을 깔아 놓으면 팔겠다고 하였다. 장자가 전 재산을 털어 그곳에 황금을 깔아 놓자, 태자가 감동하여 그곳에 정사를 짓고 세존으로 하여금 거주하게 했다는 고사에서 온 말이다.《佛國記》

210 바람을 마주한 듯 : 소풍(遡風)은 바람을 맞는다는 뜻으로, 교화를 의미한다.《시경》〈상유(桑柔)〉에 "저 바람을 향해 선 듯하다.〔如彼遡風〕"라고 하였다.

211 중생들 화락했고 : 중생희희(衆生熙熙)는 사람들이 화락한 모습을 표현한 말이다.《노자(老子)》 제20장에 "사람들 화락한 모양이, 흡사 진수성찬을 먹은 듯도 하고,

용맹정진한 사람 얼마나 많았던가 幾人雄猛
쌍수 아래 자취 보이고 雙樹示跡
삼도를 영원히 초월하니[212] 三塗永超
만겁의 오랜 세월[213] 恒沙萬劫
그 법성 길이 밝으리 法性長昭
금성의 남쪽 錦城之陽
영산의 곁에 靈山在側
빗돌 마모되지 않으리니 貞珉不泐
삼가 무궁한 후세에 전하노라 式垂無極

봄 누대에 오른 듯도 하네.〔衆人熙熙, 如享太牢, 如登春臺.〕"라고 하였다.

212 쌍수(雙樹)……초월하니 : 태호 법사가 열반했다는 말이다. 쌍수는 사라쌍수(沙羅雙樹)의 준말로, 석가모니가 입적했던 곳을 말한다. 356쪽 각주162 참조. 삼도(三塗)는 불교 용어로 삼악도(三惡道)와 같은 말로, 사람이 악업(惡業)을 지은 죄과로 인하여 죽은 뒤에 가게 된다는 지옥도(地獄道)·아귀도(餓鬼道)·축생도(畜生道)를 말한다.

213 오랜 세월 : 항사(恒沙)는 항하사(恒河沙), 즉 인도의 갠지스 강에 있는 모래라는 뜻으로, 헤아릴 수 없이 많은 것을 의미한다.

동주집

문집 제8권

지명 誌銘

영돈녕부사 서평부원군 한 문익공 묘지명 병서
領敦寧府事西平府院君韓文翼公墓誌銘 幷敍

천계(天啓) 7년(1627, 인조5) 가을에 영돈녕부사(領敦寧府事) 서평부원군(西平府院君) 유천(柳川) 한공(韓公)이 운명하였다. 이미 연제(練祭 소상(小祥))를 지내고, 맏아들 부평 부사(富平府使) 회일(會一)[1]이 공의 불후(不朽)한 업적을 가지고 본래 공과 절친했던 사람들 가운데 당대에 문장으로 명성이 있는 이들에게 두루 글을 부탁하였는데, 묘지명을 나의 선친(先親)께 부탁하니, 선친께서 마음으로 허락하셨다. 그러나 선친께서 일을 마치지 못하고 세상을 떠나시니, 부평군(富平君 한회일(韓會一))이 나의 선친께 부탁했던 일을 나에게 대신 해달라고 하였다. 그러나 나는 그 일에 적임자가 아니니, 적임자가 아니면 명징(明徵)이 되지 못한다. 또 나는 진실로 어리석은데다 글도 잘 짓지 못하니, 어찌 공의 아름다운 공렬(功烈)을 드날려서 무궁한 후세에까지 드리울 수 있겠는가. 그러나 부평군이 말하기를 "그대가 우리 아버지의 비명을 쓰는 것은 그대 아버지의 뜻을 잇는 것이다."라고 하니, 나는 슬픔에 목이 메어 온다. 오히려 무슨 말로 사양할 수 있겠는가.

1 한회일(韓會一) : 1580~1642. 본관은 청주(淸州), 자는 형보(亨甫), 호는 협소(愜素)이다. 《인조실록》 10년 10월 11일 기사에 부평 부사(富平府使) 한회일 등을 모두 파직하여 서용하지 못하게 하라는 내용이 있는 것으로 보아, 한회일이 부평 부사를 역임한 사실을 알 수 있다.

가장(家狀)을 살펴보니, 한씨(韓氏)는 청주(淸州)의 큰 성씨이다. 비조(鼻祖) 난(蘭)[2]은 왕씨(王氏 왕건(王建))의 개국을 도와 지위가 태사(太師)에 이르렀다. 강(康)은 충렬왕(忠烈王)을 도왔고, 시호(諡號)는 문혜(文惠)이다. 이분이 사기(謝奇)를 낳으니, 보문각 제학(寶文閣提學)이다. 이분이 악(渥)을 낳으니, 우정승(右政丞) 상당부원군(上黨府院君)이다. 이분이 공의(公義)를 낳으니, 정당 문학(政堂文學) 청성군(淸城君)이다. 이분이 수(修)를 낳으니, 우문관 대제학(右文館大提學)으로, 시호는 문경(文敬)이며, 도학(道學)으로 명성을 떨쳤다. 이분이 상경(尙敬)[3]을 낳으니, 우리 조선에서 영의정(領議政)을 역임하고 서원부원군(西原府院君)이 되었다. 이분이 혜(惠)를 낳으니, 함길도 관찰사(咸吉道觀察使)이다. 이분이 계희(繼禧)를 낳으니, 좌찬성(左贊成)으로 시호는 문정(文靖)이다. 공의 고조(高祖) 휘(諱) 사무(士武)는 한성부 판관(漢城府判官)으로 좌참찬(左參贊)에 증직되었다. 증조(曾祖) 휘 승원(承元)은 정선 군수(旌善郡守)로 좌찬성(左贊成)에 증직되었다. 조부(祖父) 휘 여필(汝弼)은 중추부 경력(中樞府經歷)으로 영의정에 증직되었다. 선고(先考) 휘 효윤(孝胤)은 경학(經

2 한난(韓蘭) : 청주 한씨(淸州韓氏)의 시조이다. 왕건(王建)이 후백제를 공격할 때 종군(從軍)하여 전공을 세웠다.

3 한상경(韓尙敬) : 1360~1423. 본관은 청주, 자는 숙경(叔敬), 호는 신재(信齋)이다. 고려 때에 과거에 급제하여 예의 좌랑(禮義佐郞), 우정언(右正言), 종부 영(宗簿令), 밀직사 우부대언(密直司右副代言) 등을 역임하였다. 태조 때에 개국(開國)을 보필한 공로로 개국 공신이 되었으며, 중추원 도승지(中樞院都承旨), 도평의사사(都評議司使), 충청도 관찰사, 경기좌도 관찰사, 공조 판서, 사헌부 대사헌, 영의정 등을 역임하였다. 서원부원군(西原府院君)에 책봉되었다. 《世宗實錄 西原府院君韓尙敬卒記》

學)에 밝고 예법(禮法)을 준수하여 당세에 명성이 있었는데, 경성 판관(鏡城判官)으로 재직 중에 운명하였고, 영의정에 증직되었다. 선비(先妣) 평산 신씨(平山申氏)는 예빈시 정(禮賓寺正) 휘 건(健)의 딸이다. 가정(嘉靖) 정사년(1557, 명종12) 8월에 공을 낳았다. 공의 휘는 준겸(浚謙), 자는 익지(益之)이다.

공은 어려서부터 자질이 뛰어났으며 몸이 크고 기상은 원대하였다. 6세에 글을 지을 줄 알고 어린 나이에 학업을 이미 성취하니, 보는 사람들마다 입이 닳도록 재상이 될 인재라고 칭찬하였다.

기묘년(1579, 선조12)에 생원시(生員試)에서 장원을 차지하고, 진사시(進士試)에 7등으로 합격하였다. 이듬해 의정공(議政公 한효윤(韓孝胤))이 운명하였는데, 예제(禮制)보다 지나치게 슬퍼하여 몸을 상하였다. 상례를 마치자 이조(吏曹)에서 공을 태릉 참봉(泰陵參奉)에 보임하였다.

병술년(1586)에 문과에 합격하여 곧바로 예문관 검열(藝文檢閱)에 선발되었다. 선조(宣祖)께서 어제(御題)로 유신(儒臣)들을 시험하셨는데, 공의 시가 수석을 차지하였다. 또 어제(御製)에 차운하여 올리자 모두 많은 하사품을 더해 주셨다. 태학사(太學士) 이산해(李山海)[4]가 특별히 성대하게 칭찬해 주었다. 주서(注書)와 봉교(奉敎)를 거쳤다.

기축년(1589)에 전적(典籍)에 올랐다. 외직으로 나가기를 청하여 금천 현감(衿川縣監)으로 나가게 되었는데, 선조께서 공의 어머니가

4 이산해(李山海) : 1539~1609. 본관은 한산(韓山), 자는 여수(汝受), 호는 아계(鵝溪), 시호는 문충(文忠)이다.《漢陰文稿 卷12 輸忠翼謨光國推忠奮義協策平難功臣……鵝城府院君李公墓誌銘 幷序》

살아 계신지 물은 연후에야 임명을 허락하셨다. 조정에서는 공이 외직으로 나가는 것을 애석해하는 의론이 일어나 전관(銓官)의 탄핵을 논의하기에 이르렀다. 가을에 호당(湖堂)에서 사가독서(賜暇讀書)하였다. 10월에 정여립(鄭汝立) 모반 사건이 발생하였는데, 공이 그의 생질(甥姪)을 천거하여 사국(史局)에 들어가게 했다는 이유로 공을 심리(審理)하였다.[5] 선조께서 공의 억울함을 살펴 석방하고 곧바로 다시 서용하게 하였으나, 오히려 말하는 사람들의 견제를 받았다. 그러므로 드디어 가족들을 모두 데리고 원주(原州)로 돌아가 밭을 사서 농사를 지으며[6] 생을 마칠 생각이었다.

임진년(1592, 선조25)에 전란이 발생하자, 멀리서 예조 좌랑(禮曹佐郎)과 정랑(正郎), 시강원 사서(侍講院司書), 강원도 도사(江原都事)에 임명되었으나, 길이 막혀 미처 이르지 못하였다. 원주가 함락되자 곧바로 공을 목사(牧師)로 임명하였는데, 공이 백성들을 보호하고 어루만지며 문제점을 해결하니, 온 경내가 공 덕분에 온전하였다.

을미년(1595)에 비로소 사헌부 지평(司憲府持平)에 임명하는 소명을 받고 조정에 나갔다. 이로부터 시강원 필선(侍講院弼善), 사간원

5 공이……심리(審理)하였다 : 정여립의 생질(甥姪)인 예문관 검열(檢閱) 이진길(李震吉, 1561~1589)에 관한 일로 한준겸이 처벌된 것을 말한다. 《선조실록》 22년 12월 3일 기사에 "전 현감 한준겸, 전 좌랑 박승종, 전 저작 정경세는 이진길을 사국에 추천하였는데, 옥사가 끝나기도 전에 서용되었기 때문에 여론이 좋지 않으니 성명을 거두소서.〔前縣監韓浚謙前佐郎朴承宗前著作鄭經世, 引進震吉於史局, 而獄事未畢, 遽蒙敍命, 物情未便, 請還收成命.〕"라는 기록이 보인다.

6 농사를 지으며 : 명농(明農)은 주(周)나라 주공(周公)이 그의 조카 성왕(成王)을 보좌하여 섭정하다가 권력을 넘겨주면서 자신의 거취에 대해 "나는 전야로 돌아가 농사일을 밝히겠소.〔茲予, 其明農哉.〕"라고 한 데서 유래한 말이다. 《書經 洛誥》

정원(司諫院正言), 홍문관 교리(弘文館校理), 지제교(知制敎)에 연달아 임명되었다. 문충공(文忠公) 영의정 유성룡(柳成龍)[7]이 평소 공을 중히 여기다가 종사관(從事官)으로 뽑으니, 군대의 크고 작은 일들을 모두 돕고 결정하였다. 그러나 조정에서도 차례를 따지지 않고 공을 쓰고자 하여 부수찬(副修撰)에 의망(擬望)되자마자 다시 경상도 관찰사에 의망되니, 예전에 일찍이 없었던 일이었다.

정유년(1597, 선조30)에 검상(檢詳), 사인(舍人), 응교(應敎), 사간(司諫)을 역임하고, 참교(參校), 보덕(輔德), 집의(執義), 전한(典翰)을 겸직하였다. 가을에 승선(承宣) 자리가 비니, 임금께서 파격적으로 공을 동부승지(同副承旨)로 발탁하셨다. 당시 왜적들이 핍박해 들어오므로, 명(明)나라 장수 마 제독(麻提督)[8]이 임금을 맞이하여 한강을 건너면서, 중신들을 독촉하여 말먹이와 군량의 조달을 다급하게 요구하였다. 임금께서 공으로 하여금 가서 군사의 일을 가늠하여 처리하도록 하시니, 도움을 준 것이 매우 많았다. 연로(沿路)에 파발(擺撥)을 설치하여 밤낮으로 다급한 보고 사항을 전달하게 하니, 영구적인 제도가 되었다. 겨울에 우승지(右承旨)로 있다가 가선대부(嘉善大夫)에 특진되어 경기 관찰사(京畿觀察使)로 나갔다. 불평불만 늘어놓는 무리들이 이미 영의정 서애 유성룡을 내쫓고, 온갖 방법으로 공을 방해해 마지않으니, 마침내 글을 올려 스스로 물러났다. 그리고 성균관

7 유성룡(柳成龍) : 본관은 풍산(豐山), 자는 이현(而見), 호는 서애(西厓)이다.《蒼石集 卷17 西厓柳先生行狀》

8 마 제독(麻提督) : 명(明)나라의 장군 마귀(麻貴)이다. 정유재란(丁酉再亂) 때 명나라의 구원병을 이끌고 조선에 들어와 그 해 12월 도원수 권율(權慄)과 합세하여 울산 도산성(島山城)을 공격하였으나 실패하고 경주로 후퇴하였다.

대사성(成均館大司成)에 임명되었다.

기해년(1599, 선조32)에 경상도 관찰사(慶尙道觀察使)로 나갔다. 정인홍(鄭仁弘)[9]이 자신에게 야박하게 굴며 어울리려 하지 않는 공의 태도를 파악하고, 전후의 유감을 품고서 자신의 당인(黨人)을 사주하여 공을 탄핵하였다.

경자년(1600)에 병조 참판(兵曹參判)과 동지춘추관사(同知春秋館事)에 서용되었다. 신축년(1601)에 부체찰사(副體察使)를 겸직하였다. 임인년(1602)에 전라 감사(全羅監司)가 되었다. 계묘년(1603)에 예조 참판(禮曹參判)에 임명되었다. 국가가 막 난리를 겪은 터라 국경 방비가 허술하였다. 임금께서 조회에서 장수로 적합한 인재를 물으셨는데, 영의정 한음(漢陰) 이덕형(李德馨)[10]이 공을 천거하면서 "관질(官秩)은 비록 낮으나 인망이 아름답고 융성하여, 조정의 신하들 가운데 이 사람보다 뛰어난 이가 없습니다."라고 하였다. 마침내 4도 도원수(四道都元帥)에 임명되니, 참판에서 서열을 뛰어넘어 곤외(閫外)를 다스리는 도원수가 된 것이다. 그리고 당시 문단에 대해 말하는 사람들도 공에 대해 높이 평가하였다. 이로부터 거듭 부제학(副提學), 이조 참판(吏曹參判), 세자 빈객(世子賓客)이 되었다.

을사년(1605)에 남쪽으로 가서 군사를 시찰한 뒤 돌아와, 특별히 호조 판서(戶曹判書)에 올랐다. 이듬해 명나라 조사(詔使)가 도착했을

9 정인홍(鄭仁弘) : 1535~1623. 본관은 서산(瑞山), 자는 덕원(德遠), 호는 내암(來庵)이다. 《孤臺日錄 人名錄》

10 이덕형(李德馨) : 1561~1613. 본관은 광주(廣州), 자는 명보(明甫), 호는 한음(漢陰)·쌍송(雙松)이다. 《漢陰文稿 附錄 卷3 行狀》

때 조사를 대접하는 데 필요한 물품을 마련함에 있어서 넉넉하게 경비를 조달하였다. 대사헌(大司憲)과 동지경연(同知經筵)으로 옮겼다가 이윽고 평안도 관찰사(平安道觀察使)로 나갔다.

무신년(1608, 선조41)에 어머니의 상(喪)을 당하였다. 상기(喪期)를 마치고 대사헌(大司憲)과 한성부 판윤(漢城府判尹)을 거쳐 함경도 관찰사(咸鏡道觀察使)로 나갔다. 임지에 부임하여 정릉(定陵)과 화릉(和陵)의 비석을 다시 세우고,[11] 태조(太祖)가 등극하기 이전에 살던 곳에 빗돌을 세웠다. 백성들을 경(敬)으로써 가르쳐 가장 먼저 풍속을 교화시켰다. 나이 많은 사람들을 예우하고, 품행이 남다른 사람들을 표창하고, 몽학(蒙學)들을 장려하여 가르치기를 게을리하지 않았다. 주자(朱子)의 《소학(小學)》과 《가례(家禮)》를 번역하여 널리 보급하고 익히게 하니, 북쪽 풍속이 아름답게 조화를 이루어 본래 질박하던 모습에 문채가 더해지게 되었다. 3년을 다 채웠는데도 교체를 허락하지 않았다.

계축년(1613, 광해군5)에 이르러, 박응서(朴應犀)의 옥사(獄事)[12]가 일어나 국구(國舅) 연흥공(延興公)[13]을 무고하여 죽이고 영창대군

11 정릉(定陵)과……세우고 : 정릉은 태조 이성계의 아버지 환조(桓祖)의 능이고, 화릉(和陵)은 환조의 왕비 의혜왕후(懿惠王后)의 능이다. 《광해군일기(光海君日記)》 4년 1월 28일 기사에 "함경 감사 한준겸(韓浚謙)이 치계하기를 '정릉과 화릉의 비석을 이미 찾아냈으니, 글자를 새기는 사람을 보내 주소서.'라고 하였는데, 예조에 계하하였다."라고 하였다.

12 박응서(朴應犀)의 옥사(獄事) : 계축옥사(癸丑獄事)를 가리킨다. 1613년(광해군5)에 대북파(大北派)가 반대파를 제거하기 위해 일으킨 옥사이다. 박순(朴淳)의 서자 박응서 등 서얼에 대한 차별에 불만을 품고 있던 서자들이 대북파의 실권자인 이이첨의 사주를 받아 허위자백하며 영창대군을 비롯한 소북파를 제거하였다.

(永昌大君)을 유폐하였으며, 선류(善類)들을 엮어 넣으려고 온갖 기만과 술책이 동원되었다. 처음에 선조(宣祖)께서 병세가 악화되자,[14] 광해군(光海君)이 골육(骨肉)들을 살려두지 않을 것을 알고 유교(遺敎)를 손수 쓰셨다. 그 대략의 내용은 "대군(大君)이 아직 어려 장성하지 못하였는데, 인심은 헤아리기가 어려우니, 원컨대 여러 공들은 대군을 사랑으로 보호하고 보살펴 주길 바라노라."[15]라는 것이었다. 글을 봉해서 장차 공을 포함한 일곱 명에게 부치려 하였으나, 실제로는 일찍이 외부로 유출되지 않았다. 이때에 이르러 이이첨(李爾瞻)이 그 유교는 선왕의 어필로 작성된 것이 아니라고 하며, 일곱 신하의 죄를 꾸며서 유활(柳活)[16]을 사주하여 공 등의 이름을 사판(仕版)에서 삭제하였다. 또 사형수 정협(鄭浹)을 꾀어 이름 있는 공경(公卿)들을 죄적(罪籍)에 마구 끌어들이니, 조정이 텅 비는 지경이 되었다. 공이 수감되어 장차

13 연흥공(延興公) : 연흥부원군(延興府院君) 김제남(金悌男, 1562~1613)으로, 본관은 연안(延安), 자는 공언(恭彦), 시호는 의민(懿愍)이다. 선조의 계비 인목왕후(仁穆王后)의 아버지로 연흥부원군에 봉해졌다. 1613년(광해군5) 이이첨(李爾瞻) 등에 의해 인목왕후 소생인 영창대군을 추대하려 했다는 공격을 받아 사사되었고, 1616년에 폐모론이 일어나면서 다시 부관참시되었다.

14 병세가 악화되자 : 대점(大漸)은 병이 위독하다는 말이다. 《서경》 〈고명(顧命)〉에 "아, 병이 크게 번져 오직 위태하다.〔嗚呼, 疾大漸惟幾.〕"라고 하였다.

15 대군(大君)이……바라노라 : 이것은 선조(宣祖)의 유교(遺敎) 내용의 일부로, 자세한 내용은 《광해군일기》 즉위년 2월 2일 기사에 보이는데, 이민구의 기술은 선조의 유서를 요약한 것이다. 칠인(七人)은 유교칠신(遺敎七臣)으로 불리는 유영경(柳永慶), 한응인(韓應寅), 박동량(朴東亮), 서성(徐渻), 신흠(申欽), 허성(許筬), 한준겸을 가리킨다.

16 유활(柳活) : 1576~? 본관은 흥양(興陽), 자는 원숙(源叔), 호는 태우(泰宇)이다.

대질심문을 받게 되었는데, 공이 장차 헤아릴 수 없는 처벌을 받게 될 것을 염려한 어떤 사람이 공과 연흥부원군(延興府院君)의 관계는 아주 작은 것까지도 증명할 수 있으니, 사실대로 말하라고 권하였다. 공이 달가워하지 않으며 말하기를 "죽고 사는 것은 운명에 달렸으니, 나는 남을 팔아서 위기에서 벗어나는 것을 싫어한다."라고 하였다.

원서(爰書)가 올라가자 시골로 추방되니, 옥문을 나오자마자 곧바로 서호(西湖)의 집으로 갔다. 백씨(伯氏) 참의공(參議公)[17]이 이미 관직을 그만두고 돌아와 쉬고 있었으므로, 집을 마주하고 서로 의지하며 아침저녁으로 즐거워하였다. 시운(時運)을 편안히 여기고 순리에 맡긴 채 환란을 만난 근심을 마음에 두지 않았다. 흉악한 무리들이 공의 명성을 흠모하여 찾아와 안부를 묻고자 하는 이도 있었지만, 공은 몸을 거두어 피하였고, 역경(逆境)[18]을 만났다고 하여 평소 지키던 지조를 무너뜨리지 않았다.

이이첨이 이미 조정의 권력을 천단하여 심지어는 모후(母后 인목대비(仁穆大妃))를 폐하고자 하였고, 연흥부원군을 부관참시하고 일곱 신하의 찬축(竄逐)을 논의하였다. 공은 충원현(忠原縣)으로 유배되었는데, 입을 닫고 자취를 감춘 채 5년 동안 경계를 벗어나지 않았다.

신유년(1621, 광해군13)에 여주(驪州)로 옮겼다.[19] 얼마 지나지 않

17 참의공(參議公) : 한백겸(韓百謙, 1552~1615)으로, 본관은 청주(淸州), 자는 명길(鳴吉), 호는 구암(久菴)이다. 《愚伏集 卷18 通政大夫戶曹參議韓公墓碣銘 竝序》

18 역경(逆境) : 진박(震剝)은 진괘(震卦)와 박괘(剝卦)를 가리키는데, 모두 좋지 못한 일을 의미한다. 《주역》 〈진괘〉에 "연거푸 오는 우레가 진괘이니, 군자가 이를 보고서 두려워하며 덕을 닦고 반성한다.〔洊雷震, 君子以, 恐懼修省.〕"라고 하였다. 또 〈박괘 육사(六四)〉에 "상을 깎아 살갗에 이름이니 흉하다.〔剝牀以膚, 凶.〕"라고 하였다.

아 건노(建虜)가 요동을 뒤엎어 급보가 연달아 보고되었다.[20] 묘당(廟堂)에서 공을 천거하여 독려를 맡게 하니, 처벌된 사람 가운데 일으켜 오도도원수(五道都元帥)로 발탁하였다. 공이 아픈 몸을 싣고 달려가 궐하에서 사직하니, 광해군(光海君)이 말하기를 "큰 추위가 닥치고 나서 뒤늦게 갖옷을 찾는 일은 하지 마라."라고 하였다. 이에 부지런히 힘써 중화부(中和府)에 막부를 열었으나, 당시의 사태가 이미 기울었음을 알고 화합과 절제로 사람들의 마음을 붙잡았다.

계해년(1623, 인조1) 봄에 금상(今上 인조(仁祖))께서 국내의 혼란을 안정시키시고, 중궁 전하(中宮殿下 인열왕후(仁烈王后))께서 왕비의 자리에 오르시게 되었다. 그러자 공을 보국숭록대부(輔國崇祿大夫) 영돈녕부사(領敦寧府事) 서평부원군(西平府院君)에 진봉(進封)하고, 서둘러 불러서 조정으로 돌아오게 하였다. 전후로 유도 도체찰사(留都都體察使), 도총관(都摠管), 지춘추관사(知春秋館事)를 겸직하게 하였으나, 모두 국구(國舅)[21]라는 혐의를 이끌어 고사(固辭)하고 나아가지 않았다.

19 신유년에 여주(驪州)로 옮겼다 : 이 내용은 여주로 이배(移配)되었다기 보다는 거주지를 옮겼다는 말인 듯하다. 《광해군일기》 13년 8월 24일 기사에 "한준겸을 도원수로 삼았다.〔以韓浚謙爲都元帥〕"라는 기록이 있는데, 그 아래에 "이때 준겸은 적소에서 사면을 받은 다음 여주에서 우거하였다.〔時, 浚謙自謫所蒙宥, 寓居驪州.〕"라는 설명이 있다.

20 건노(建虜)가……보고되었다 : 요동이 후금(後金)에 점령되었다는 말이다. 건노는 건주(建州)의 오랑캐라는 말로, 후금(後金)을 가리킨다.

21 국구(國舅) : 폐부(肺腑)는 본래 왕실의 가까운 인척을 가리키는데, 한준겸은 인열왕후(仁烈王后)의 아버지이므로, 직접 국구로 풀이하였다.

정묘년(1627, 인조5)에 오랑캐가 해서(海西)에 난입(闌入)하였다. 그러자 동조(東朝)가 남쪽으로 내려가게 되었는데, 공이 배위대장(陪衛大將)의 신분으로 따르면서 무군사(撫軍司)가 되었다. 적이 물러나자 동조를 모시고 행재소(行在所)에 갔다가 남으로 서울로 돌아왔다.

오래 앓았던 중풍(中風)이 재발하였는데, 7월에 이르러 더욱 심해져서 숨결이 이미 미미하였으나, 오히려 침상을 옮겨 자리를 바르게 하고서 생을 마쳤다. 임금께서 부음을 듣고 매우 슬퍼하여 사흘 동안 조회를 폐하셨다. 왕세자는 빈소를 찾아 곡하고 조문을 예제보다 더하였다. 경사(卿士)와 대부(大夫)로부터 노비와 주졸(走卒)에 이르기까지 모두 목놓아 울면서 탄식하기를 "나라는 장차 어찌한단 말입니까."라고 하였다.

운명해서부터 장례에 이르기까지 관에서 상사를 도왔고, 궁중에서 사람을 보내 감호(監護)하였으며, 호조(戶曹)에서 물품을 대고 예조(禮朝)에서 치제(致祭)하였다. 태상시(太常寺)에서 역명(易名)의 은전(恩典)을 논의하여 문익공(文翼公)이라는 시호를 내렸다. 향년 71세였다. 그해 9월에 원주(原州)의 음지촌(陰枝村)에 안장하니, 원근에서 모인 사람이 3백여 명이었다.

공은 자질이 빼어나고 기운이 침착하였으며 너그러우면서도 절제가 있었다. 식견과 도량이 깊고 재성(財成)[22]의 능력이 넉넉하였다. 땅이

22 재성(財成) : 재성보상(財成輔相)의 준말로, 지나치면 억제하고 모자라면 보완하는 것을 말한다. 《주역》〈태괘(泰卦) 상(象)〉에 "하늘과 땅의 기운이 서로 통하는 것이 태괘이다. 제왕이 이것으로써 천지의 도를 지나침 없이 이루고, 천지의 일을 모자람 없이 도와서 백성을 보호하고 인도한다.〔天地交泰, 后以, 財成天地之道, 輔相天地之宜, 以左右民.〕"라고 하였다.

만물을 다 실어주는 것과 같고 바다가 모든 물을 다 받아들이는 것과 같았으며,[23] 봄바람이 불어와 만물이 자라는 것과 같았다. 상서로운 기린이 덕을 실천하는 것과 같고, 의젓한 봉황이 광채를 발하는 것과 같았다. 중후하고 독실함은 한 충헌(韓忠獻)[24]과 같았으나 문아(文雅)함은 그보다 더 뛰어났고, 풍류와 원대한 뜻은 사 문정(謝文靖)[25]과 같았으나 예법은 더 넉넉하였다. 평소 생활할 때 일찍이 다급한 말과 황급한 기색이 없었고, 행동거지가 엄정하여 마치 가까이할 수 없을 것 같았지만, 직접 대하면 온화하여 훈기가 넘쳐났으니, 속 좁은 사람은 시기하는 마음이 사라지고 경박하게 이익을 다투는 사람은 조급한 마음을 거두었다. 사람의 잘못에 대해 들으면 한참동안 좋아하지 않다가 정성스레 잘 타이를 뿐 각박하게 나무라지 않았으므로, 사람들도 원망하는 마음이 없었다. 노여워할 만하고 놀랄 만한 일이 발생하더라도 태연히 순응하여 기미를 겉으로 드러내지 않았다.

체포되는 도중에 의금부 도사(義禁府都事)가 권흉(權凶)의 의도를 눈치채고 공을 잘 대우하지 않았지만, 공은 처음부터 유감이 없었고

23 땅이……같았으며 : 한준겸의 덕량(德量)을 묘사한 말이다.

24 한 충헌(韓忠獻) : 북송(北宋)의 정치가 한기(韓琦, 1008~1075)로, 자는 치규(稚圭), 시호는 충헌이다. 젊어서 진사에 합격하여 사천(四川)의 기민(飢民) 190만 명을 구제하고, 이어 서하(西夏)의 침입을 격퇴하여 변경 방비에도 역량을 과시함으로써, 30세에 이미 명성을 떨쳤다.

25 사 문정(謝文靖) : 동진(東晉)의 명재상 사안(謝安, 320~385)으로, 자는 안석(安石), 시호는 문정이다. 젊어서부터 청담(清談)을 좋아하여 여러 차례 벼슬을 거절하고 회계군(會稽郡) 산음현(山陰縣)의 동산(東山)에서 왕희지(王羲之), 손작(孫綽) 등과 어울렸으나, 후에 벼슬길에 올라서는 공적을 쌓고 이름을 날렸다.

삶을 마칠 때까지 그 사람의 이름을 말하지 않았다. 독실하게 논의하는 사람이 "공의 숨은 공업(功業)은 백성들을 구제했지만 백성들은 그 실상을 알지 못했고, 공의 성대한 덕은 사람들에게 미치자 사람들이 스스로 복종하였다."라고 하니, 전혀 과장된 말이 아니다.

공은 효성과 우애가 돈독하고 지극하였다. 어머니를 섬기는 데 있어 양지(養志)[26]에 힘썼다. 처음 가난할 때에도 반드시 맛난 음식을 준비하였다. 관직에 나간 후에 큰 고을과 높은 관직을 드나들었고, 참의공(參議公 한백겸(韓百謙)) 또한 큰 고을을 다스렸는데, 당시 어머니의 연세가 이미 여든을 넘겼다. 어머니를 화려한 마차에 태우고 말 탄 수행원이 따르게 하여 성대한 모습으로 왕래하였으니, 그 화려한 모습과 영화로움은 한 시대에 비교 대상이 없을 정도였다. 매번 가족들이 모일 때면 어머니께서 모든 음악을 물리치고 오직 〈감군은(感君恩)〉[27]만을 연주하게 하니, 공이 이 때문에 속곡(續曲)을 지었다. 일찍이 조정의 경대부(卿大夫)들과 약속하여 수친계(壽親禊)를 만들고 술잔을 올리며 축수(祝壽)하니, 한 시대의 가장 멋진 일이었다. 이에 선조(宣祖)께서 술과 음악을 하사하여 은혜를 특별하게 하셨다. 공은 어머니 슬하에

26 양지(養志) : 어버이의 뜻을 받드는 효성을 말한다. 《맹자》 〈이루 상(離婁上)〉에, 증자가 부친 증석(曾晳)을 봉양할 때의 일과 증자의 아들이 증자를 봉양할 때의 일을 비교해 거론하면서, 효행은 비슷하지만 증자는 부모의 뜻을 봉양하였고〔養志〕, 증자의 아들은 부모의 몸만 봉양한 것〔養口體〕이라며, 진정한 효도는 뜻을 봉양하는 것이라고 하였다.

27 감군은(感君恩) : 조선 초기의 악곡으로, 임금의 은택을 찬양하고 충성을 다하겠다는 내용으로 이루어져 있다. 작자는 자세하지 않으며, 현재 그 가사와 악보가 《양금신보(梁琴新譜)》와 《대악후보(大樂後譜)》에 실려 전한다.

서 춤을 추며, 백발의 노인이 되어서도 어린 아이가 어머니를 그리워하듯이 하였다. 참의공(參議公)과는 서로 사우(師友)처럼 지내면서 노년에 이르기까지 그 즐거움을 바꾸지 않았다. 둘째 형님이 일찍 운명하고 자매(姊妹)들도 대부분 세상을 떠났으므로, 조카와 생질들을 돌보아 주어 모두 살아갈 수 있게 하였다.

가난한 사람을 보면 마치 부족하지나 않을까 하는 마음으로 도와주니, 친족이나 마을 사람들이나 모두 충분히 얻어가면서도 오히려 자기가 맡겨 놓았던 물건을 찾아가듯이 하였다. 태사(太師)의 고향[28]에 정표하고 제단을 쌓아 제사 지내니 먼 조상을 사모하는 일이고, 종인(宗人)의 모임을 만들어 족보를 분명하게 하였으니 종친을 도탑게 하는 일이었다.

일찍이 선영(先塋) 아래에 매우 누추한 작은 집을 짓고서 귀래재(歸來齋)라고 하였다. 비록 세상일이 평온하지 않아 감히 용과 뱀처럼 자유롭게 꿈틀대지는 못했지만, 구학(丘壑)에서 지내겠다는 의지를 부친 뜻은 유유히 절로 원대하였다.

공은 대단히 총명하여 눈에 스친 것은 잊지 않았으니, 국가의 전장(典章)과 유문(遺文), 그리고 고사(故事)의 연혁(沿革)의 변화에 대해 마치 손바닥 가리키는 것처럼 분명하게 알았다. 더욱이 예학(禮學)을 숭상하여 피복(被服)을 반드시 유자(儒者)의 법도에 맞게 하였다.

문장은 평이(平易)하고 섬부(贍富)하며 농후하고 혼후하여 의사를 전달하는 데 주력하였을 뿐 구차하게 하지 않았고, 운문은 충담(沖澹)

28 태사(太師)의 고향 : 청주 한씨의 비조(鼻祖) 한난(韓蘭)의 고향으로, 지금의 청주시(淸州市) 상당구 방서동이다.

하고 강건하여 스스로 마음에 맞게 하였을 뿐 아름답게 꾸미는 데 연연하지 않았다. 그러나 일찍부터 나랏일에 종사하느라 지은 글을 많이 유실하였다.

아아, 선조(宣祖)께서 나라를 다스리실 때 수많은 인재를 얻었으니, 훌륭하고 빼어난 인사들이 어찌 많지 않았으랴. 하지만 때의 변화를 만나 대부분 사라지고 말았다. 그러나 공은 유아(儒雅)한 태도와 덕행과 공업을 통해 임금의 특별한 인정을 받아, 풍채와 경륜(經綸)이 이정(彝鼎)에 언제까지 새롭게 남아 있을 것이다.[29] 중간에 법망(法網)에 걸려 좌절을 겪었으나 다시 일어났으니, 귀신이 돕고 하늘이 보호하여 영광전(靈光殿)처럼 우뚝하였다.[30] 곤경에 처해서도 태연하였고, 조정에 나가서나 물러나서나 변함없는 태도를 견지하였다.

내가 가만히 살펴보건대 공이 사판(仕版)에서 이름이 삭제되기도 하고 전리(田里)로 쫓겨나기도 했으며, 충주로 귀양 가고 여주로 옮기기도 했지만, 안색과 모습이 만족스러운 듯하여 처한 상황에서 어려움을 알지 못하였다. 그 유배자 명단에서 갑자기 선발되어 도원수가 되고 존귀한 국구(國舅)가 되는 데 이르렀으니, 삼공(三公)이 존귀함을 양

29 이정(彝鼎)에……것이다 : 한준겸의 공로가 언제까지나 잊히지 않을 것이라는 말이다. 이정은 종묘(宗廟)에 쓰는 술그릇과 솥으로, 큰 공이 있으면 이정(彝鼎)에 그 사실을 새겨 두었다.

30 영광전(靈光殿)처럼 우뚝하였다 : 선조(宣祖)가 재위할 당시 훌륭한 인재가 많았지만, 끝까지 홀로 남은 석학(碩學)은 한준겸이라는 말이다. 영광(靈光)은 한(漢)나라 경제(景帝)의 아들인 공왕(恭王)이 산동성 곡부(曲阜)에 건립한 영광전을 가리키는데, 후한(後漢) 왕연수(王延壽)의 글에 "서경의 미앙궁과 건장궁으로부터 모든 궁전이 파괴되어 허물어졌지만, 영광전만은 우뚝 홀로 서 있었다.〔自西京未央建章之殿, 皆見隳壞, 而靈光巋然獨存.〕"라고 하였다.《東漢文紀 卷14 魯靈光殿賦序》

보하고 백관(百官)과 자리를 달리하여 앉았지만, 공은 행동거지를 더욱 신중하게 하여 부귀와 권세에 동요되지 않았다. 온화한 마음과 공손한 자세를 견지하고 지조를 더욱 겸손하게 하여, 노비는 한 명도 늘리지 않았고 전원(田園)은 한 이랑도 넓히지 않았다. 문에는 말과 수레를 타고 찾아오는 사람이 없었고 입으로는 조정의 의론을 말하지 않았으니, 티끌세상 밖으로 초탈하여 조금도 부귀에 오염되지 않았다. 저 얕은 식견을 가진 사람이 본다면 그 한량(限量)을 헤아릴 수 없을 테지만, 태산북두(泰山北斗)와 같은 인망은 진실로 공을 제쳐 두고 다른 사람에게 맡길 수 없다. 공이야말로 진실로 기화(氣化)의 성쇠(盛衰)와 세도(世道)의 소장(消長)에 관계되니, 옛날의 이른바 훌륭한 덕을 지닌 큰 인물이라는 경우에 해당하는 분이 아니겠는가.

공의 부인 창원 황씨(昌原黃氏)는 회산부부인(檜山府夫人)에 추봉(追封)되었다. 예조 좌랑(禮曹佐郎)을 역임하고 이조 참판(贈吏曹參判)에 증직된 휘 성(珹)이 부인의 선고(先考)이다. 부덕(婦德)을 잘 갖추어 집안을 다스리는 데 법도가 있었다. 아침저녁으로 포를 만들어 공을 도와 대부인을 섬기니, 대부인이 가난을 잊을 수 있었다. 만력 갑오년(1594, 선조27)에 원주(原州)의 관아에서 운명하였으니, 태어난 신유년(1561, 명종16)으로부터 34년의 세월이 흐른 때였다. 부인을 안장한 지 또 34년 뒤에 비로소 공과 합장하였다.

2남 4녀를 두었는데, 중궁 전하는 여섯째이시다. 세자를 낳으시니, 사헌부 대사헌(司憲府大司憲) 강석기(姜碩期)[31]의 딸을 책봉하여 빈

31 강석기(姜碩期, 1580~1643) : 본관은 금천(衿川), 자는 복이(復而), 호는 월당(月塘)·삼당(三塘), 시호는 문정(文貞)이다. 소현세자빈(昭顯世子嬪)의 아버지로,

(嬪)을 삼았다. 봉림대군(鳳林大君) 호(淏)[32]는 신풍군(新豐君) 장유(張維)의 딸에게 장가들었다. 인평대군(麟坪大君) 요(㴭)는 아직 궁을 나가지 않았다. 장남은 곧 부평군(富平君 한회일(韓會一))으로, 아들은 생원(生員) 이성(以成)과 이평(以平)이고, 딸들은 참봉(參奉) 신익륭(申翊隆)과 정하(鄭何)에게 시집갔다. 공의 막내아들 소일(昭一)은 요절하여 후사(後嗣)가 없다. 공의 맏딸은 종부시 정(宗簿寺正) 이유연(李幼淵)에게 시집가서, 별좌(別坐) 안헌규(安獻規)에게 시집간 딸을 두었다. 둘째 딸은 대사간(大司諫) 여이징(呂爾徵)에게 시집갔다. 셋째 딸은 참의(參議) 정백창(鄭百昌)에게 시집가서 아들 선흥(善興)과 선홍(善弘)을 낳았고, 딸은 김진표(金震標)에게 시집갔다. 공은 측실(側室)과의 사이에서 두 딸을 낳았는데 모두 허통(許通)되었으며, 이환(李煥)과 진원 부수(珍原副守) 세완(世完)이 그 사위들이다. 내외(內外)의 손자와 증손자 몇 명은 모두 어리다.

내가 생각건대 공의 선대는 9대에 걸쳐 공경(公卿)의 지위에 올라 벼슬이 계속 이어졌다. 그 후 중간에 곤경을 만나 4대 동안 번창하지 못하였으나, 아름다운 덕과 복을 쌓아 공에게서 크게 나타났다. 그리하여 공의 성대한 업적과 큰 공렬이 불같이 일어나 더욱 성대해지고 밝게 사록(沙麓)의 상서로움을 열어[33] 많은 자손을 낳아 후손이 번성하니,[34]

소현세자가 죽은 뒤 강빈 또한 저주 사건의 주모자로 모함을 받아 사사되었다. 이미 죽은 강석기는 관작을 추탈당하였고, 그의 부인은 처형되었으며, 아들 문성(文星)과 문명(文明)은 장살(杖殺)되었다. 숙종 때 복관(復官)되었다.

32 봉림대군(鳳林大君) 호(淏) : 저본(底本)에는 어휘(御諱)이므로 쓰지 않았지만, 여기서는 보충하여 풀이하였다.

33 밝게……열어 : 한준겸이 인열왕후를 낳았다는 말이다. 사록(沙麓)은 한(漢)나

나라에 한없이 융성하고 태평한 복이 있게 하였고, 한씨(韓氏) 가문에도 그와 더불어 경사가 있게 하였다. 속어에 "황하와 바다의 넓음은 작은 시냇물에서 시작한 것이 아니고, 화산(華山)과 태산(泰山)의 높음은 한 웅큼의 흙이 쌓여서 이루어진 것이 아니며, 창대한 업적은 한 치 한 푼에서 시작되는 것이 아니다."라고 하였으니, 진실로 맞는 말이다. 다음과 같이 명을 짓는다.

천제께서 동방을 살피시니 帝省東方
능히 그 덕과 같은지라 克類厥德
이에 훌륭한 임금을 내리고 乃降元和
이에 뛰어난 신하도 주시네 乃錫輔碩
악독에 정기 얽혀[35] 嶽瀆絪緼

라 원제(元帝)의 비(妃)인 원후(元后)가 태어난 곳으로, 대개 왕비가 태어난 곳을 가리킨다.

34 많은……번성하니 : 인열왕후가 많은 자녀를 낳아 왕실의 자손이 번성하게 되었다는 말이다. 즉백사남(則百斯男)은 자손을 많이 낳았다는 말로, 《시경》 〈사제(思齊)〉에 "태사께서 그 아름다운 명성을 이으시니, 수많은 아들을 두었네.〔大姒嗣徽音, 則百斯男.〕"라고 하였다. 과질(瓜瓞)은 《시경》 〈면(綿)〉에 "면면히 이어진 오이 덩굴이여.〔綿綿瓜瓞〕"라고 한 데서 유래한 말로, 오이 덩굴이 끝없이 뻗어나가 오이가 주렁주렁 열리는 것처럼 자손이 번성하는 것을 의미한다.

35 악독(嶽瀆)에 정기 얽혀 : 한준겸이 천지의 빼어난 기운을 타고났다는 말이다. 악독은 오악(五嶽)과 사독(四瀆)을 이른다. 오악은 중국의 다섯 명산으로, 태산(泰山), 화산(華山), 형산(衡山), 항산(恒山), 숭산(嵩山)을 가리키고, 사독은 네 개의 큰 물로, 양자강(揚子江), 황하(黃河), 회수(淮水), 제수(濟水)를 가리킨다. 인온(絪緼)은 서로 화합하여 만물을 생성하는 하늘과 땅의 두 기운을 말한다. 《주역》 〈계사전 하(繫辭傳下)〉에 "천지의 기운이 얽히고설킴에 만물이 화하여 엉기고, 남녀가 정을

대인이 용으로 변하니 　大人龍變
탁월한 한공 　有卓韓公
시대의 큰 선비로다 　時維魁彦
예악과 문장 겸비하여 　禮樂文章
명성과 업적 광대했고 　聲猷彌廣
우뚝한 풍도 만물의 표준이었으니 　巍標準物
만백성이 바라보았네 　萬夫攸望
선조께서 재위하실 때[36] 　宣廟當陽
많은 인재가 세상을 달렸는데 　群才騖世
공이 발탁되어[37] 　公膺迪簡
하나하나가 임금의 뜻과 맞았지 　動合宸契
문무를 경위처럼 갖추어 　經文緯武
좌우에서 보좌함이 다 이치에 맞았으니 　左右俱宜
내직에 있으면 지방관으로 쓸 걸 생각하고 　內思外庸
멀리 있으면 반드시 그리워하셨네 　居遠必懷
사단 이미 쌓아[38] 　師壇旣築

맺음에 만물이 화생한다.〔天地絪縕, 萬物化醇, 男女構精, 萬物化生.〕"라고 하였다.

36 선조께서 재위하실 때 : 당양(當陽)은 임금이 보위에 있을 때를 가리킨다. 왕은 남면(南面)하기 때문에 당양이라 한 것이다. 《춘추좌씨전》 문공(文公) 3년 기사에 "천자는 양에 당하며 제후는 명을 듣는다.〔天子當陽, 諸侯用命也.〕"라고 하였다.

37 공이 발탁되어 : 한준겸이 선조에게 발탁되었다는 말이다. 적간(迪簡)은 가려 뽑은 인재를 가리키는 말이다. 《서경》 〈다사(多士)〉에 "이제 너희는 '하나라의 유민들은 은나라 왕정에 발탁되어, 모든 관직에 종사했었다.'라고 말한다.〔今爾其曰, 夏迪簡在王庭, 有服在百僚.〕" 하였다.

봉록과 지위 높아지니	祿位斯崇
내달리는 군사들도	駪駪士馬
또한 잘 따랐지	亦是率從
호남에서 영남으로	由湖以嶺
관서와 관북까지	洎關西北
넉넉하게 정사 펼쳐	敷政優優
마침내 치적 이루었네	迄厥成績
백륙 년에 도가 사라지니	百六道消
황극이 기울어[39]	皇極之頗
선한 사람을 원수에게 주었으니	以善與仇
저 못된 사람들을 어찌하랴	匪人則那
세상 어디서든 다 마땅하게 처신하여	八表俱宜
나의 행실 의혹되지 않으니	我行不惑
곤경에 처해서도 매우 편안하여	在險孔易
그 굽은 것을 펴려고 하지 않았네[40]	勿伸其蠖

38 사단 이미 쌓아 : 한준겸이 오도도원수(五道都元帥)에 임명된 일을 말한 것이다.

39 백륙(百六)……기울어 : 광해군이 등극하여 한준겸이 좌절을 겪게 된 사실을 말하려는 것이다. 백륙은 4천 5백 년인 1원(元) 중에 다섯 번의 양액(陽厄)과 네 번의 음액(陰厄)이 찾아오는데, 양액이 1백 6년마다 있게 되므로, 이를 백륙회(百六會)라 하여 재앙을 의미한다. 《漢書 律歷志上》

40 세상……않았네 : 한준겸이 유배를 당하는 곤경에 처했지만, 상황에 순응하는 자세를 견지하며 세상에 다시 나가려는 뜻이 없었다는 말이다. 《주역》〈계사전 하(繫辭傳下)〉에 "자벌레가 몸을 굽히는 것은 장차 펴기 위함이다.〔尺蠖之屈, 以求信也.〕"라고 하였다.

천지가 다시 열려	天地重開
공이 떨쳐 일어났지만	公于奮興
깊고 넓은 관부에서	潭潭公府
평소처럼 행동하여 변하지 않았네[41]	素履不驚
장추궁 비로소 세워져	長秋始建
나라 사람들이 공을 국구라 하니[42]	國謂公舅
아름다운 상서가 더욱 발하여	休祥濬發
그 공적 더욱 두터워졌네	厥績愈厚
겸손하면 형통하는지라 끝내 길하게 되어[43]	謙亨終吉
온갖 복이 다 이루어지니	百福所咸
비유하자면 저 높은 산을	譬彼喬嶽
사람마다 바라봄과 같구나	民靡不瞻
조정 반열에 나오도록 궤장 내리시니	贊班授几
인자의 영광이며	仁者之榮
온명과 황장목 쓰니	溫明黃腸
죽어서의 애도 비견될 것이 없네[44]	歿莫與京

41 천지가……않았네 : 인조반정(仁祖反正) 뒤에 한준겸이 다시 조정에 나왔지만, 예전의 지조와 태도를 바꾸지 않고 일관된 모습을 지켰다는 말이다.

42 장추궁(長秋宮)……하니 : 인조의 등극으로 한준겸의 딸이 인열왕후가 되고 한준겸은 국구의 지위에 오르게 되었다는 말이다. 장추궁은 황후가 거처하던 한(漢)나라의 궁전 이름이다.

43 겸손하면……되어 : 한준겸이 겸양의 태도를 견지하여 마침내 좋은 일이 있게 되었다는 말이다. 《주역》〈겸괘(謙卦)〉에 "겸은 형통하니, 군자는 끝마침이 있다.〔謙亨, 君子有終.〕"라고 하였다.

공의 정신 사라지지 않아	公神不亡
날마다 별자리에 빛나니	日麗星經
효성 지극한 아들	烝烝孝子
무덤을 여기에 만들었네	窀穸是營
영원의 남쪽에	鴒原之南
한강물 끝없이 흐르듯	漢流無極
돌에 새겨 글 묻으니	刻石埋辭
이 글은 사라지지 않으리라	斯文罔蝕

그 후 병자년(1636, 인조14)에 안산(安山)으로 이장하였다.

44 조정……없네 : 한준겸이 살아서는 영광을 누리고 죽어서는 애도를 받았다는 말이다. 온명(溫明)은 왕공(王公)이나 귀족의 시신 위에 걸어 놓는 장구로서 사각형의 나무 상자에 옻칠로 그림을 그린 경대(鏡臺)를 가리킨다. 황장(黃腸)은 황장목(黃腸木)의 준말로, 나무 속고갱이가 노랗게 된 것으로서 좋은 관재(棺材)이다.

예조 좌랑 권공 묘지명 병서

禮曹佐郞權公墓誌銘 幷敍

길천군(吉川君) 권공(權公)[45]의 두 아들은 모두 어질다. 막내아들의 이름은 척(倜), 자는 불기(不羈)인데, 나와 함께 기축년(1589, 선조 22)에 태어났으며, 집안 사이에 잘 아는 사이였으므로 어려서부터 서로 친하게 지냈다. 길천공께서 막내아들과 나를 가르쳤는데, 비록 하루에 열 번을 뵙게 되더라도 열 번 절하게 하여 공손함을 익히게 하였고, 발걸음을 반드시 장중(莊重)하게 하고 비틀거리지 못하게 하여 근엄함을 익히게 하였으며, 말을 빠르게 하는 것과 천천히 하는 것을 법도가 있게 하여 신중함을 익히게 하셨다. 시선과 몸가짐에 이르러서도 모두 절도에 맞게 하여 성인(成人)의 행실을 익히게 하셨다. 이러한 일에 대해 나는 기(氣)가 거만하고 뜻만 고매하여 넘나드는 점이 없지 않았다. 그러나 군은 착실히 가르침을 따라 이미 훌륭한 자제가 되었으니, 길천공이 기특하게 여기며 사랑하셨다.

15세에 나와 함께 향시에 합격하고 드디어 진사(進士)가 되었다. 20세에 관직에 진출하여 권지 승문원 정자(權知承文院正字)가 되었다. 자자하게 명성이 일어나 얼마 뒤에 승정원 주서(承文院注書)에 뽑혀 임명되었다. 군은 글을 지을 때, 옛날의 틀에 박힌 법도에 구애되지 않고 오로지 조리 있게 뜻을 전달하는 데 중점을 두었다. 특히 기주(記

45 길천군(吉川君) 권공(權公) : 권반(權盼, 1564~1631)으로, 본관은 안동(安東), 자는 중명(仲明), 호는 폐호(閉戶)이다. 《蒼石集 卷18 資憲大夫刑曹判書吉川君權公行狀》

注)에 뛰어나 붓을 잡고 재빠르게 써 내려갔는데, 술술 이어져 빠뜨리는 것이 없었으니, 동료들 가운데 따를 사람이 드물었다. 아울러 직무에도 능하여 일을 만나면 곡진히 이치대로 처리하여 사물의 실정을 정확히 짚어 내니, 노숙(老宿)한 서리나 간사한 이들도 감히 기만하지 못했으므로, 뛰어난 재상과 선배들이 군의 재주와 국량을 칭찬하였다. 공조(工曹), 형조(刑曹), 호조(戶曹), 예조(禮曹)의 낭관(郎官)을 역임하고 춘추관 기사관(春秋館記事官)을 겸직하였다.

27세가 되던 을묘년(1615, 광해군7)에 우연히 감기에 걸렸는데, 스스로 죽을 날이 되었다고 하더니 정말로 운명하였다. 당시 길천공께서는 건강하여 17년이 지난 뒤에 운명하셨는데, 공께서 살아계실 때 나를 보면 반드시 눈물을 흘리며 마음 아파하셨다.

군은 대대로 익평공(翼平公)[46]의 옛 집에서 살았다. 그 집은 돌을 깎아 섬돌을 만들었는데, 올라갈 수는 있었으나 높이가 몇 자나 되었으므로 나와 군이 모두 어렸을 때 그 아래에서 놀다가 밀고 당겨도 올라갈 수 없었다. 지금 그것을 볼 때마다 서글퍼진다.

군은 안동의 번창한 성씨의 후손이다. 선세(先世)의 양촌(陽村) 선생 휘(諱) 근(近)[47]과 익평공 휘 람(擥)은 세상에 널리 알려진 분들이다. 길천공의 휘는 반(盼)이다. 부인 윤씨(尹氏)는 판서 휘 국형(國馨)[48]의 딸이다. 처음에 길천공의 맏형 준(晙)이 일찍 세상을 떠났으므

46 익평공(翼平公) : 권람(權擥, 1416~1465)으로, 본관은 안동, 자는 정경(正卿), 호는 소한당(所閑堂), 시호는 익평이다.《保閑齋集 卷17 輸忠衛社協策靖難同德佐翼功臣……翼平贈謚權公神道碑》

47 권근(權近) : 1352~1409. 본관은 안동, 자는 가원(可遠)・사숙(思叔), 호는 양촌(陽村), 시호는 문충(文忠)이다.《梅軒集 卷6 陽村先生墓誌》

로 군을 후사(後嗣)로 삼았다. 군은 부사(府使) 이경천(李慶千)의 딸에게 장가들어 심지함(沈之涵)에게 시집간 딸과 아들 삽(跋)을 낳았는데 삽도 일찍 죽었다. 그러므로 형님의 아들 진사 적(蹟)을 후사로 삼았다. 세대가 두 번 끊어졌다가 이어졌으니 서글프다. 다음과 같이 명을 짓는다.

사람들 말에 복 가운데	人言吉祥
장수가 제일이라지만	則莫如壽
아들이 가업 이어야	有子傳業
또한 영구하다 할 텐데	亦曰永久
요절하고 대도 끊어졌으니	夭且絶世
어찌할까 공이여	奈何乎公
이미 하늘에서 장수와 자손 받지 못했으니	旣之不得於天者壽與子
오직 사람들에게서 얻은	惟其得之於人者
그 무덤을 훼손하지 말지어다	無有毁傷其宮

48 윤국형(尹國馨) : 1543~1611. 본관은 파평(坡平), 자는 수부(粹夫), 호는 은성(恩省)·달천(達川)이다.《愚伏集 卷17 資憲大夫工曹判書兼知義禁府事同知春秋館事尹公神道碑銘 幷序》

증 이조 참판 산음 현감 김공 묘지명 병서
贈吏曹參判山陰縣監金公墓誌銘 幷序

한(漢)나라의 현인 순 낭릉(荀朗陵)[49]과 진 태구(陳太丘)[50]는 명예(名譽)와 덕망(德望)이 세상에 대단히 드러났지만 높은 지위에는 오르지 못했으니, 고금의 사람들이 모두 애석하게 여긴다. 그러나 이런 분들이 어찌 당세에 급급하였겠는가. 오직 선(善)을 쌓고 복(福)을 아껴서 후세에 보답을 받으니, 이난(二難)과 팔룡(八龍)처럼 훌륭한 자제를 둔 것은 진실로 당연한 일이다.[51] 내가 들은 바로는 산음 현감(山陰縣監)을 지낸 김공(金公)이 거의 그런 데에 가까운 분이다.

49 순 낭릉(荀朗陵) : 순숙(荀淑, 83~149)으로, 자는 계화(季和)이다. 낭릉후상(朗陵侯相)에 봉해졌다. 그는 검(儉), 곤(緄), 정(靖), 도(燾), 왕(汪), 상(爽), 숙(肅), 부(敷) 등 여덟 아들을 두었는데, 이들은 모두 명망이 뛰어나 순씨팔룡(荀氏八龍)이라 일컬어졌다. 《後漢書 卷62 荀淑列傳》 아래의 팔룡(八龍)은 순숙의 여덟 아들을 지칭하는 말이다.

50 진 태구(陳太丘) : 진식(陳寔, 104~187)으로, 자는 중궁(仲弓)이다. 태구장(太丘長)을 지냈다. 두 아들 진기(陳紀)와 진심(陳諶)을 두었는데, 이들 형제는 우열을 가릴 수 없을 정도로 명망이 뛰어나 "원방은 아우처럼 되기 어렵고, 계방은 형님처럼 되기 어렵다.〔元方難爲弟, 季方難爲兄.〕"라고 하여 난형난제(難兄難弟)의 고사가 전해지게 되었는데, 원방은 진기의 자이고 계방은 진심의 자이다. 《後漢書 卷62 陳寔列傳》 아래의 이난(二難)은 두 사람의 난형난제 고사를 의미하는 말이다.

51 이난(二難)과……일이다 : 순숙과 진식이 당대에 높은 지위에 오르지는 못했지만, 하늘이 훌륭한 자제를 주어 그들의 적선(積善)에 보답했다는 말이다. 석류(錫類)는 《시경》 〈기취(旣醉)〉의 "효자가 다하지 아니하니, 길이 너에게 좋음을 주리로다.〔孝子不匱, 永錫爾類.〕"라는 말에서 유래하였다.

김공의 본관은 풍산(豐山), 휘(諱)는 대현(大賢), 자(字)는 희지(希之)이다. 증조(曾祖) 참판공(參判公)의 휘는 양진(楊震)인데, 대사간(大司諫)이 되어 부마(駙馬) 김희(金禧)[52]의 집이 법제보다 지나치게 화려한 것을 탄핵했다가, 김희의 아버지 김안로(金安老)[53]에게 미움을 샀다. 아들 정언공(正言公) 휘 의정(義貞)도 강직한 자세로 흔들리지 않았으니, 부자가 비방을 받아 마침내 폐고(廢固)되었다. 이분이 장례원 사의(掌隷院司議) 휘 농(農)을 낳았으니, 곧 공의 선고(先考)이다. 안동 권씨(安東權氏)로 군자감 첨정(軍資監僉正)을 지낸 일(鎰)의 딸에게 장가들어, 가정(嘉靖) 계축년(1553, 명종8)에 공을 낳았다.

공은 장후(長厚)하고 법도가 있어서 기쁘거나 노여운 기색을 드러내지 않았으며 일찍이 눈살을 찌푸리지 않았다. 사람들을 대할 때 관대하고 온화하였으며 차별과 편견이 없었다. 세상 사람들은 바야흐로 허위(虛僞)를 숭상하여 세속과 영합하며 출세하려 했지만 공은 장자(長者)다움이 더욱 심하여 시종 변함이 없었다. 외숙(外叔)이 이웃에 살았는데, 대단히 패려궂고 실성(失性)하여 마음에 거슬리는 것이 있으면 아래위를 따지지 않고 함부로 욕설을 해댔다. 백발이 될 때까지 공이 돌봐드렸는데, 공에게는 횡역(橫逆)을 가하지 않았으며, 재산을 나누는 일에 대해서는 더욱 하기 어려운 일을 했다고 식자(識者)들이 생각하였다.

52 김희(金禧) : ?~1531. 본관은 연안(延安)이다. 김안로(金安老)의 아들로, 중종(中宗)의 맏딸 효혜공주(孝惠公主)와 혼인하여 연성위(延城尉)에 봉해졌다.

53 김안로(金安老) : 1481~1537. 본관은 연안, 자는 이숙(頤叔), 호는 희락당(希樂堂)·용천(龍泉)·퇴재(退齋)이다.

벗 가운데 오래도록 나병을 심하게 앓는 사람이 있었는데, 친척들도 몹쓸 병이라 여기는 한편, 잘 전염된다는 이유로 피하기만 하고 돌보아 주지 않았다. 그러나 공은 그와 어울려 예전처럼 음식을 함께 먹으면서 말하기를 "평소 서로 존모하고 신뢰하던 사이인데, 어찌 생사(生死)가 갈리는 때를 만나 서로 절교할 수 있겠는가."라고 하였다. 그 사람이 공의 이 말을 듣고 감격하여 눈물을 흘리고는 자제들에게 공을 아버지처럼 섬기라고 타일렀다.

공은 어진 마음을 바탕으로 윤리를 지키는 데 돈독하였지만, 일을 바로잡고 의리를 헤아리는 데는 엄격하고 분명하였다. 어떤 사람이 어진 재상을 헐뜯는 말을 하자, 공이 가차 없이 준엄하게 책망하니, 그 사람이 대단히 부끄러워 고개를 숙였다.

공은 어려서 우계(牛溪)[54]의 문하에서 수학하였다. 그 뒤에 남쪽으로 돌아가게 되자, 경인년(1590, 선조23) 뒤로는 전혀 나아가 배우기를 청하지 않았는데 "성공(成公)은 두터운 명망을 지니고 높은 지위에 계신데, 한미한 선비가 어찌 감히 무릅쓰고 나아가겠는가."라고 하였다. 대개 공이 일찍이 시를 지어 말하기를 "타고난 기질 대단히 유약한 게 탈이라서, 매번 강직함에 대해 공부하네."라고 하였다. 또 손수 춘첩(春帖)을 써서 "고요한 때가 많고 움직이는 때가 적으며, 깨어 있는 날이 많고 취해 있는 날이 적으면, 또한 허물을 줄일 수 있다."라고 하였다. 이러한 말을 통해 공이 온화하면서도 규범이 있어서 능히 자제하고 조절하는 것이 이와 같음을 군자들이 더욱 잘 알게 되었다.

54 우계(牛溪) : 성혼(成渾, 1535~1598)으로, 본관은 창녕(昌寧), 자는 호원(浩原), 호는 묵암(默庵)·우계이다.

임진왜란(壬辰倭亂) 이후로 거듭 기근과 역병이 돌아 길가에 주려 죽은 시체가 넘쳐났다. 고을에서 조정의 명령을 받아 장소를 마련하여 구휼에 나섰지만 죽는 사람이 오히려 계속 이어졌다. 공이 포의(布衣)의 신분으로 그 일을 담당하기로 자청하고 몸소 찾아다니며 누가 더 기근에 시달리고 누가 더 질병이 심한지 물었으며, 때때로 죽을 끓여 먹이면서도 조금도 지친 기색이 없었다. 그러자 머리가 헝클어져 귀신의 몰골이 된 사람들이 입을 벌리고 먹여 주기를 기다렸으니, 이러한 노력 덕택에 온전히 구제할 수 있었다.

벼슬길에 나아가 성현 찰방(省峴察訪)이 되자, 관직에 임하여 삼가고 부지런했으며 사리에 맞게 백성들을 어루만져 생기를 되찾게 되었으니, 이졸들이 빗돌을 세워 추모하였다. 산음 현감(山陰縣監)이 되어서도 부지런히 일하여 사람들을 이롭게 하였으니, 한결같이 포의의 신분일 때와 성현 찰방의 직책에 있을 때와 같았다. 그러나 정사를 처리하는 솜씨가 더욱 치밀하여 황폐하고 지친 백성들의 삶이 조금 회복되자 옛 터에다가 학궁(學宮)을 중건하였는데, 사재(私財)를 출연하여 힘을 보탰으니, 이러한 일은 다른 여러 고을보다 앞서 시행한 것이었다.

산음에는 경호(鏡湖)의 환아정(換鵝亭)[55]이 있는데, 강물과 산이 맑고 깨끗하여 승경을 좋아하는 마음에 제법 맞았다. 공무의 여가에 고을의 젊은이와 빼어난 사람들을 불러 풍류를 즐기며[56] 세상의 속된 일을

55 환아정(換鵝亭) : 경상남도 산청군 산청읍 경호강 가에 있던 정자이다.

56 풍류를 즐기며 : 습지유(習池遊)는 습지의 놀이라는 말인데, 습지는 습씨(習氏)의 양어지(養魚池)를 가리킨다. 진(晉)나라 사람 산간(山簡)은 술을 매우 좋아하였다.

마음에 담지 않았다. 관아로 돌아와 공무를 볼 때는 책상 위의 문서가 엄격하게 정돈되었고, 밖에 나가 관무를 볼 때는 크고 작은 일들을 빠짐없이 거행하였다. 1년이 지나자 도신(道臣)이 고과(考課)를 우수하게 평가하였으므로, 임금께서 특명으로 품계를 높여 주셨다. 명령이 내렸을 때, 공은 이미 병이 심해졌으므로 편지를 써서 친구들과 영결하였는데, 정신이 또렷하고 안색이 평안하여 흐트러지지 않았다. 수발하는 사람을 돌아보며 내가 이제 깊은 꿈을 꾸려 한다고 하더니, 마침내 운명하였다. 예천(醴泉)의 광석산(廣石山)에 반장(返葬)하여 참판공(參判公 김양진(金楊震))의 묘소 아래에 안장하였으니, 실로 만력(萬曆) 임인년(1602, 선조35)의 일이다.

아아, 공은 집에서 생활할 때 공손하고 진실하였으며 본성대로 사람들을 이끌었으므로, 향당의 사람들이 공을 아끼고 동경하며 칭찬하여 한 사람도 다른 말을 하는 이가 없었다. 또 감히 의롭지 않은 일을 하지 않았다. 조정에 나아가 관직을 수행하매 겸손한 자세를 견지하고 박실(朴實)함을 몸에 익혀, 지나치게 엄격하다는 지적을 받지 않았으며 진실하고 정성스러운 태도를 지켰으니, 사람들이 태구장(太丘長 진식(陳寔))과 낭릉상(朗陵相 순숙(荀淑)) 같은 사람이라고 인정하였다. 그러나 역임한 관직은 네 자리에 불과하여 성현 찰방, 상의원 직장(尙衣院直長), 예빈시 주부(禮賓寺主簿), 산음 현감을 지냈을 뿐이고, 요절했다는 말을 듣지 않을 정도의 향년을 누리고 별세하였으니, 공에

그가 양양 태수(襄陽太守)로 있을 때에 현산(峴山) 아래에 습씨들의 양어지가 있었는데, 그곳의 경치가 대단히 좋았다. 산간이 매일 그곳에 가서 온종일 술을 마시고 놀다가 돌아오곤 하였다.《晉書 卷43 山簡列傳》

대한 하늘의 뜻이 미처 정해지지 않은 것이다.

공의 부인 영인(令人) 이씨(李氏)는 공정대왕(恭定大王 태종(太宗))의 후손으로 수의부위(脩義副尉)를 역임한 찬금(纘金)의 딸이다. 슬하에 9남 3녀를 두었다. 아홉 아들은 사헌부 지평 봉조(奉祖), 이조 참판 영조(榮祖), 의금부 도사 창조(昌祖), 이산 현감(尼山縣監) 경조(慶祖), 승문원 부정자 연조(延祖), 홍문관 부응교 응조(應祖), 안산 군수(安山郡守) 염조(念祖), 상생(庠生) 술조(述祖), 승문원 주서 숭조(崇祖)이다. 세 사위는 직장(直長) 이의준(李義遵), 사인(士人) 장우정(張友程), 김기추(金起秋)이다.

공이 막 돌아가셨을 때, 여러 자식들 가운데 성장한 이들은 겨우 장가들었고, 나머지는 다 쓸쓸히 어렸다. 그 뒤에 영인은 장수를 누리며 안채에 계셨고, 9남 3녀는 모두 꿋꿋하게 성장하여 관직에 몸담은 이들이 집안에 가득하였다. 또 자손들이 비교 대상이 없을 정도로 번성하여 매번 세시와 명절에 축수(祝壽)할 때면 대청이 비좁아 여러 손자들 이하로는 바깥뜰에 차례로 줄지어 서서 골목이 가득 찼으니, 아아 성대하도다.

공의 다섯 아들이 선후로 과거에 합격하였으므로, 기사년(1629, 인조7)에 이르러 조정에서 법령에 의거하여 공을 이조 참판에 추증하고 영인을 정부인(貞夫人)으로 삼았으니, 팔룡(八龍)과 이난(二難)[57]이 한 일과 비교해 볼 때 어버이를 현창(顯彰)한 것이 누가 더 낫다고 하겠는가. 대개 이때에 이르러 공에 대한 하늘의 뜻이 정해진 것이다.

57 팔룡(八龍)과 이난(二難) : 순숙의 여덟 아들과 진식의 두 아들을 가리킨다. 404쪽 각주50 참조.

정부인은 자애롭고 어질며 정숙(貞淑)하고 품위가 있어 부인과 어머니로서의 법도에 모두 맞았다. 공보다 25년 뒤에 운명하여 사의공(司議公 김농(金農))의 묘소 뒤쪽에 안장했다고 한다.

공은 나의 선친, 그리고 우복(愚伏) 정경세(鄭經世)[58] 공과 함께 임오년(1582, 선조15) 진사시에 나란히 합격하였다. 이런 인연으로 정경세 공이 공의 묘도문을 기록하였는데, 선친께서는 이미 하세(下世)하셨으므로 묘지문을 나 민구에게 부탁하니, 정의상 사양할 수 없다. 다음과 같이 명을 짓는다.

낮은 언덕에는 송백이 자라지 못하고	培塿不生松柏
봇도랑에서는 진주가 나지 않지	溝汚不產珠玉
근원을 알지 못하면 새어 나오는 물을 보고	不知其原視所泄
쌓은 음덕 알 수 없으면 발하는 복을 보듯	不知其蓄視所發
그 사람을 알지 못하면	不知其人
그 후손들 보아야 하니	視其後昆
수많은 자손들이	子孫千億
묘소에 와서 절하네	來拜窀穸
내가 그 무덤에 명을 써서	我銘其幽
영원히 그 덕행을 알게 하노라	考德無極

58 정경세(鄭經世) : 1563~1633. 본관은 진주(晉州), 자는 경임(景任), 호는 우복(愚伏)이다. 《宋子大全 卷205 愚伏鄭公諡狀》

증 이조 참판 예천 군수 노공 묘지명 병서○경인년(1650, 효종1) 이후

贈吏曹參判醴泉郡守盧公墓誌銘 幷序○庚寅以後

고(故) 영의정 소재(穌齋) 노 선생(盧先生)[59]은 도덕과 문장으로 능히 세상에 이름을 날리고 후세에 전해졌다. 손자 도형(道亨)[60]은 자(字)가 백가(伯嘉)인데, 어려서부터 진실하여 외면을 꾸미는데 힘쓰지 않았다. 선생의 시에 "손자가 순수하고 성실함을 능히 보존하고 간직하였네."[61]라고 한 것은 바로 이를 두고 한 말이다.

26세인 만력(萬曆) 병신년(1596, 선조29)에 음사(蔭仕)로 보안 찰방(保安察訪)이 되었고, 전례에 따라 예빈시 직장(禮賓寺直長), 한성부 참군(漢城府參軍)에 선임되었으며, 지례 현감(知禮縣監)으로 나갔다가 임기를 마치고 군기시 주부(軍器寺主簿), 평시서 영(平市署令)이 되었다.

임자년(1612, 광해군4)에 다시 예천 군수(醴泉郡守)로 나가 청렴하고 엄격함을 스스로 지켜 거친 풍속을 제어하여 15, 6년이 지나도록

59 소재(穌齋) 노 선생(盧先生) : 노수신(盧守愼, 1515~1590)으로, 본관은 광산(光山), 자(字)는 과회(寡悔), 호는 소재・암실(暗室)・이재(伊齋)이다. 1585년(선조18)에 영의정에 올랐다. 《蒼石集 卷18 穌齋盧先生行狀》

60 노도형(盧道亨) : 1571~1615. 본관은 광산, 자는 백가(伯嘉)이다. 선무 원종공신(宣武原從功臣)에 책봉되었다.

61 손자가……간직하였네 : 이 내용은 《소재집(穌齋集)》 권10 〈암실선생자명(暗室先生自銘)〉의 일부이다.

관에 납부하지 않았던 체납 세금을 징수하니, 감히 두곡(斗斛)의 적은 양이라도 기일을 어기는 사람이 없었다. 예천에서 근무한 1년 동안 교활한 백성들이 군수의 잘못이라도 잡아내려고 했지만, 트집을 잡을 것이 없자 애매한 말로 언관의 자리에 있는 사람들에게 무함(誣陷)하였다.

돌아온 지 3년 뒤인 을묘년(1615, 광해군7)에 서울에서 병으로 운명하니, 향년 겨우 45세였다. 조정에서 원종(原從)의 공로를 들어 이조참판(吏曹參判)에 추증하였다. 처음에 공의 8대조 상인(尙仁)이 상주(尙州)에서 장가들어, 여러 대에 걸쳐 화령현(化寧縣)에 장사(葬事)하였는데, 이때에 이르러 공을 상주의 낙서(洛西)에 장례하였다. 그 후 복인(卜人)이 그 묏자리가 후손에게 좋지 않다고 하였다. 그러므로 25년이 지난 기묘년(1639, 인조17)에 부인 최씨(崔氏)가 임종하면서 자식들에게 반드시 낙서에 있는 무덤을 옮겨 자신과 합장하라고 하니, 마침내 중모현(中牟縣) 감악산(感岳山) 술좌(戌坐)의 등성이로 이장(移葬)하였다.

광산 노씨(光山盧氏)는 우의정 휘(諱) 숭(嵩)[62]이 널리 알려진 조상이다. 5대를 내려오면서 영달하기도 하고 벼슬길이 막히기도 하다가, 고조(高祖) 휘 후(珝)에 이르러 풍저창 수(豐儲倉守)를 지내고 의정부 좌찬성(議政府左贊成)에 증직되었다. 증조(曾祖) 휘 홍(鴻)은 활인서

62 노숭(盧嵩) : 1337~1414. 본관은 광산, 자는 중보(中甫), 호는 상촌(桑村)이다. 《浩亭集 卷3 輔國崇祿大夫檢校議政府右議政集賢殿大提學敬平公桑村盧公墓誌銘 并序》 노숭은 1411년(태종11)에 검교(檢校) 의정부 우정승(議政府右政丞)에 임명되었다. 《太宗實錄 11年 10 月 6日》

별제(活人署別提)를 지내고 영의정(領議政)에 증직되었다. 이분이 소재(穌齋) 선생 휘 수신(守愼)을 낳았다. 수신은 아들이 없었으므로 동생 첨정(僉正) 극신(克愼)[63]의 아들 대해(大海)를 후사로 삼았는데, 영천 군수(榮川郡守)로 있다가 운명하니, 바로 공의 선고(先考)이다. 선비(先妣) 광릉 이씨(廣陵李氏)는 정선 군수(旌善郡守) 증 광계군(廣溪君) 호약(好約)의 딸이다.

공은 아름다운 덕에 물들고 올바른 가르침을 익혀 교화되었으니, 표리가 한결같았다. 너그럽고 온화하며 평이하고 정직하여 진심으로 남을 대하였으니, 모략(謀略)이나 바르지 않은 생각은 마음에 전혀 생겨나지 않았다. 평소 한가로이 지낼 때에는 일찍이 남의 과실(過失)을 말하지 않았고, 신실하고 조심하여 내면에 확립된 신념이 있었으므로, 남들에게 휩쓸리지 않은 채 고요하며 엄숙한 태도를 지켰다. 요인으로 후한 녹을 받는 벼슬아치의 명위(名位)가 드러나 높아지면, 비록 그와 함께 근무한 적이 있어서 평소 서로 잘 알던 사이라도 문득 자취를 끊고 피하여 그의 집에 가지 않았다. 가까운 친척에 대해서도 또한 이렇게 하였으니, 그 절개가 이와 같았다. 화려하게 꾸미는 것을 멀리하고 재물을 외면하였다. 그러므로 돈을 마련하기 위하여 다른 일을 하지 않았으니 끼니를 마련할 수 있을 정도면 그만이었고, 집은 아름답게[64] 꾸미지 않았으니 비바람을 가릴 정도면 그만이었다.

63 노극신(盧克愼) : 1524~1598. 본관은 광산, 자는 무회(無悔), 호는 후재(厚齋)이다. 《記言 別集 卷17 贈左承旨盧公墓表》

64 아름답게 : 구미(苟美)는 공자(孔子)께서 위(衛)나라 공자(公子) 형(荊)을 평가하여 "그는 집안 살림을 아주 잘하는 사람이다. 처음 살림을 나서 재물을 소유하게 되자 '이만하면 모여졌다.' 하였고, 조금 더 장만하게 되자 '이만하면 충분히 갖추었다.'

처음 예천 군수에서 물러나 집으로 돌아왔을 때, 자리를 사다 깔고 잠을 잤다. 부인이 탄식하며 말하기를 "예천은 자리 생산으로 유명한 고장인데, 공께서는 하나도 가져오지 않으셨으니, 외부 사람 중에 누가 그것을 알겠습니까."라고 하였다. 공이 말하기를 "안들 무엇 하겠소. 오직 마음에 부끄럽지 않으면 그뿐이오."라고 하였다. 온 가족을 데리고 남쪽으로 이사하게 되자 계집종에게 짐을 싸게 하였는데, 계집종이 사사로이 자기 남편에게 말하기를 "무릇 주군(州郡)에서 벼슬한 사람 가운데 비록 청렴하다는 명성이 있어서 겉으로는 검약한 것 같아도 안으로는 챙기지 않는 이가 없으니, 어찌 공의 집처럼 안과 밖이 모두 비어 있는 사람이 있겠는가."라고 하였다.

공은 관직에 있을 때 평범하게 백성들을 대하였지, 화려하게 꾸며서 칭송되기를 바라지 않았다. 그러므로 임지에 있을 당시에 혁혁하게 드러난 공은 적었지만, 떠나간 뒤에는 오래도록 백성들이 더욱 그리워하였다. 세상에서는 항상 포덕후(褒德侯)[65]의 덕(德)과 오 광주(吳廣州)[66]의 청렴(淸廉)을 전하여 행실의 법도를 삼고 풍속의 모범으로 삼

하였고, 부유하게 되자 '이만하면 충분히 훌륭하다.' 하였다.〔善居室, 始有曰, 苟合矣, 少有曰, 苟完矣, 富有曰, 苟美矣.〕"라고 한 데서 유래하였다. 《論語 子路》

65 포덕후(褒德侯) : 후한(後漢)의 탁무(卓茂)로, 자는 자강(子康)이다. 탁무가 밀현 영(密縣令)이 되었을 때 선정을 펴서 교화가 크게 행해졌으므로, 광무제(光武帝)가 즉위하자 태부(太傅)가 되었고, 포덕후에 봉해졌다. 《後漢書 卷55 卓茂列傳》

66 오 광주(吳廣州) : 진(晉)나라 복양(濮陽) 사람 오은지(吳隱之, ?~413)로, 자는 처묵(處默)이다. 청렴과 절개로 유명하였다. 오은지가 부패 풍조가 만연된 광주(廣州)에 자사(刺史)로 가서, 한 번 마시기만 하면 탐욕스럽게 된다는 탐천(貪泉)의 물을 마시고 시를 짓기를 "옛사람이 말하기를 이 물은, 한 번 마시면 천금을 탐낸다 하지만, 시험 삼아 백이숙제에게 마시게 한다면, 끝내 마음 변치 않으리.〔古人云此水, 一歃懷千

는데, 공이 평생 실천한 것을 살펴보면 어찌 다만 부끄러운 기색이 없는 정도에 그칠 뿐이겠는가.

부인 최씨(崔氏)는 고려의 시중(侍中) 충(沖)[67]의 후손으로, 아버지 좌찬성(左贊成) 황(滉)은 두 번이나 책훈(策勳)되어 해성군(海城君)에 봉해졌다.[68] 부인은 유순하고 어여쁘며 조신하고 의젓하였으므로 부모님에게 사랑받았다. 계례(笄禮)를 마치자 공에게 시집왔는데, 집에 들어오자 가족들이 모두 축하하였다. 상국(相國) 소재께서 찬성공(贊成公 최황(崔滉))을 만날 때마다 반드시 말하기를 "어진 따님을 저희 집에 보내 주셨으니, 공께 정중히 감사드립니다."라고 하였다. 30년간 남편을 섬기면서 공경하여 어김이 없었고 자손들이 번성하였으니, 아내로서의 도리와 어머니로서의 도리에 맞았던 분이라 하겠다. 시부모님이 항상 말씀하기를 "우리 후손들도 늘 이런 며느리를 얻는다면, 노씨 가문의 복이 끊이지 않을 것이다."라고 하였다.

공이 운명한 뒤에 부인도 따라 죽기로 작정하자, 시부모님이 그래서는 안 된다고 타이르셨지만, 밥 한 알도 목으로 넘기지 않았고 따뜻한 옷도 물리쳤다. 상기가 끝난 뒤에도 이러한 태도를 곧바로 바꾸지는

金, 試使夷齊飮, 終當不易心.〕"라고 하였다.《晉書 卷90 吳隱之列傳》

67 최충(崔沖) : 984~1068. 본관은 해주(海州), 자는 호연(浩然), 호는 성재(惺齋)·월포(月圃)·방회재(放晦齋)이다. 사학 십이도(私學十二徒)의 하나인 문헌공도(文憲公徒)의 창시자이다.

68 황(滉)은……봉해졌다 : 최황(崔滉, 1529~1603)의 본관은 해주, 자는 언명(彦明), 호는 월담(月潭)이다. 평난 공신(平難功臣)과 광국 공신(光國功臣)에 각각 3등으로 녹훈되고, 해성군(海城君)에 봉해졌다.《白沙集 卷4 輸忠翼謨光國推忠奮義平難功臣……海城府院君崔公碑銘》

않았다. 부인은 몸가짐과 행실을 단정히 하여 족속들의 모범이 되었으며, 의리에도 밝아 일의 시비를 논하거나 조정의 득실을 듣게 되면 그때마다 근심과 기쁨을 드러냈다.

병자년(1636, 인조14)의 전란에 중자(仲子) 준명(峻命)[69]이 남한산성으로 임금을 호종하니, 부인은 밤낮으로 근심하며 식음(食飮)을 전폐하였다. 그러니 준명이 돌아와 뵈었을 때 부인의 기쁨이 어떠했을지는 짐작만으로도 알 수 있다. 가장 먼저 남한산성에서 일어난 일의 시말(始末)을 묻고 울분을 토하며 울음을 그치지 않았다.

자녀들을 매우 사랑하면서도 가르침을 그치지 않아 항상 반드시 의방(義方)으로써 정성껏 일깨우고 가르쳤으니, 자녀들이 성장하여 명망이 있었다. 제사에는 정성을 다하여 몸소 음식을 만들었으며, 이웃들과 화목하게 지내며 곤궁한 사람들을 두루 도와주었다. 여러 서자들을 어진 마음으로 대하고 하인들도 은혜롭게 대하였다. 일반 사람들이 아침저녁으로 애쓰며 힘껏 노력하여 도달하려고 하는 것들이 부인에게는 일상적인 일에 불과했으므로, 여기서는 더 이상 말하지 않는다.

병이 심해지는 데 이르러서도 정신은 더욱 또렷하여 말씀하기를 "하늘이 오래도록 나를 괴롭게 살게 하였는데, 이제는 소원이 채워졌구나."라고 하고, 마침내 숨을 거두니 향년 70세였다.

아들은 셋을 두었다. 장남 석명(碩命)은 생원(生員)인데, 부인보다 먼저 죽었다. 차남 준명(峻命)은 일찍이 언관(言官)에 임명되었으며, 지금은 울산 부사(蔚山府使)이다. 막내 경명(景命)은 유업(儒業)에 종사하고 있다. 딸은 넷을 두었다. 사위는 홍문관 응교 심대부(沈大孚),

69 노준명(盧峻命) : 1606~1652. 본관은 광산(光山), 자는 정이(正而)이다.

진사 유덕구(柳德耈), 현감 이항(李杭), 사인(士人) 이홍석(李弘奭)인데, 모두 자손들이 매우 번성하였다. 다음과 같이 명을 짓는다.

노씨는 광산에서 시작되어	盧始光山
번성하기도 하고 침체하기도 했지만	有蔚斯騫
낮은 데서부터 높아져	由卑而鉅
두 정승[70] 거듭 존귀했네	二相重尊
나는 새가	如鳥之飛
날개를 펼치고 오르듯	翕翼以陵
효손이 받아	孝孫受之
덕을 쌓고 몸을 단속했네	畜德斂躬
지위가 군수에 그쳤으니	位輟郡紱
어찌 인간세상에서 성취했다고 하겠는가	胡得于人
향년 겨우 오십[71]이니	壽靳服政
하늘이 인색하기도 하구나	乃嗇乎天
오직 힘껏 농사지어	惟其力田
씨를 뿌리고 김을 매었으니[72]	旣播旣耘

70 두 정승 : 노숭이 우정승(右政丞)을 지내고 노수신이 영의정을 지낸 사실을 말한다.

71 오십 : 복정(服政)은 50세를 말한다. 《예기》 〈곡례(曲禮)〉에 "50살에 임금의 명으로 대부가 되어 정사를 맡는다.〔五十命爲大夫, 服官政.〕"라고 하였다. 노도형은 실제로는 45세까지 살았으니, 여기서 50이라고 한 것은 큰 수를 들어 말한 것이다.

72 오직……매었으니 : 노도형이 높은 관직에는 오르지 못했지만 덕을 쌓고 많은 자손을 두었다는 말이다.

후손이 반드시 회복함을[73]	其後必復
이 글에 질정하길 바라노라	請質斯文

73 후손이 반드시 회복함을 : 노도형의 자손들이 높은 지위에 올라 가문을 빛낸다는 말이다. 춘추 시대 진(晉)나라 대부 신료(辛廖)가 필만(畢萬)을 위해 점을 쳐서 길한 괘를 얻은 뒤에 "공후의 자손이 반드시 그의 시조의 지위로 복귀할 것이다.〔公侯之子孫, 必復其始.〕"라고 하였다. 《春秋左氏傳 閔公元年》

승정원 좌부승지 이공 묘지명 병서
承政院左副承旨李公墓誌銘 幷序

생각건대 선왕(先王)이 즉위하신 이듬해 갑자년(1624, 인조2)에 경산(京山)[74]의 이언영(李彦英) 공이 동부승지(同副承旨)로 부름을 받아, 나와 함께 여헌(旅軒) 장공(張公)[75]을 서재에서 만났다. 손뼉을 치며 세상일을 논하였는데, 웃기도 하며 이야기도 하고, 간간이 농담도 주고받으며 장황하게 수천 마디의 말을 쉬지 않고 나누었다. 내가 비로소 조심스럽게 듣는 태도를 바꾸고 천천히 탐구해 보았는데, 모두가 이치(理致)에 어긋나지 않았으니, 공은 매우 빼어난 재주를 지닌 분이다.[76]

그 뒤 승진하여 좌부승지(左副承旨)에 이르렀는데, 마침내 공의 말이 시의(時議)에 맞지 않자 세 번 소장을 올리고 떠났다. 고사(故事)에 양사(兩司)의 관원이 대청(臺廳)에 나아가 계사(啓事)할 때 승지(承旨)가 가운데에서 주관하고, 관원들이 서로 마주하고 엎드려 머리를 숙인 채 탄핵문을 다 읽으면 승지가 이에 받들고 들어가 아뢰는 것이

74 경산(京山) : 지금의 경상북도 성주군(星州郡)이다.

75 여헌(旅軒) 장공(張公) : 장현광(張顯光, 1554~1637)으로, 본관은 인동(仁同), 자는 덕회(德晦), 호는 여헌, 시호는 문강(文康)이다.

76 공은……분이다 : 이언영(李彦英)이 훌륭한 인재라는 말이다. 영탈(穎脫)은 뛰어난 재주를 말한다. 전국 시대(戰國時代) 조(趙)나라 평원군(平原君)의 식객인 모수(毛遂)가 "내가 일찍 주머니 속에 들어 있었다면, 벌써 송곳 날 전체가 뾰족하게 빠져나왔을 것이다.〔早得處囊中, 乃穎脫而出.〕"라고 말한 고사가 전한다. 《史記 卷76 平原君列傳》

상례(常例)이다. 당시 대론(臺論)이 《춘추》에서 공숙단(共叔段)의 고사[77]를 인용하였는데, 공이 갑자기 일어나 앉아서 호씨(胡氏)의 전(傳)[78]을 한 글자도 틀리지 않고 외웠다. 그리고는 "공자의 본의는 전적으로 이와는 같지 않다."라고 하였다. 대관(臺官)들이 깜짝 놀라고 삼성(三省)의 관리들이 펄쩍 뛰며 일어나 파랗게 질린 얼굴로 떠들어대니, 하루 만에 온 도성에 소문이 퍼져 사람들의 치아가 깨질 정도로 수군거렸으나 공은 개의치 않았다.

처음 공이 거듭 정언(正言)이 된 때는 광해군(光海君) 갑인년(1614, 광해군6)이었다. 이이첨(李爾瞻)이 이미 사형수를 꾀어 대옥(大獄)을 만들어 국구(國舅) 김제남(金悌男)을 저자에서 죽이고 영창대군(永昌大君)을 살해하였으며, 장차 모후(母后)인 인목대비(仁穆大妃)까지 해치려 하였다. 그러므로 조야의 사람들이 두려움에 떨며 모두 자기 목에 칼날이 들어올까 두려워하였다. 필선(弼善) 정온(鄭蘊)이 항소(抗疏)하여 극력 간하자,[79] 곧바로 당역(黨逆)으로 지목되어 법에 따라

77 공숙단(共叔段)의 고사 : 춘추 시대(春秋時代) 정(鄭)나라 무공(武公)이 죽고 장공(莊公)이 즉위하였는데, 장공의 어머니 무강(武姜)은 장공을 미워하고 둘째 공숙단을 편애하였다. 공숙단이 무강과 모의하여 역모를 꾀하였으나 장공에 의해 토벌되고 공숙단은 자결하였다. 장공은 황천(黃泉)에 가기 전에는 어머니를 만나지 않겠노라고 공언하였으나, 영고숙(穎考叔)이 후회하는 장공의 마음을 알고 "땅 밑에 큰 굴을 파면 샘물이 나올 것이니, 그게 바로 황천이 아니겠느냐." 하였다. 장공은 곧 굴을 파게 한 뒤, 그 안에서 어머니를 만나고 "큰 굴 속에 기쁨이 넘치는구나.〔大隧之中, 其樂也融融.〕"라고 노래했다. 무강도 "큰 굴 밖에 즐거움이 퍼지네.〔大隧之外, 其樂也泄泄.〕"라고 화답하며 모자의 정이 이어졌다고 한다. 《春秋左氏傳 隱公1年》

78 호씨(胡氏)의 전(傳) : 송(宋)나라 호안국(胡安國)의 《춘추전(春秋傳)》을 가리킨다.

사형에 이르게 되었는데, 오직 공만이 마음을 단단히 먹고 힘써 구제하였다. 대사간 김치(金緻)가 장령(掌令) 배대유(裵大維)에게 큰소리로 말하기를 "정언이 시골사람이라 조정의 의론을 알지 못하니, 그대가 마땅히 깨우쳐 주라."라고 하자, 배대유가 공의 귀에 대고 김치의 의도대로 속삭였다. 공이 정색하며 말하기를 "평생 고인의 글을 읽고서도 이런 말을 한단 말이오. 생사가 또한 중요하기는 하지만 각각 그 뜻대로 할 뿐이오."라고 하였다. 그리고는 몸을 떨쳐 우레와 같은 위엄을 무릅쓰고 정온에게 무거운 형벌을 가할 수 없다고 논박하였다. 이 일로 결국 죄를 얻어 관직이 삭탈되고 10년 동안 폐고(廢錮)되었다.

선왕(先王 인조(仁祖))께서 나라의 위난(危難)을 안정시키시는 데 이르러, 공을 발탁하여 직강(直講), 사예(司藝), 내자시 정(內資寺正), 사헌부 장령(司憲府掌令)에 임명하셨고, 공은 군자감 정(軍資監正)으로서 공주(公州)까지 어가(御駕)를 호종하였다.[80] 환도한 뒤에 임금을 호위한 공로를 논하여 포상으로 많은 사람들의 관계(官階)를 높여 주었다. 공만은 임금을 호종하고 이익을 바라는 것을 부끄럽게 여겨 스스로 진술하는 것을 탐탁해하지 않았다. 그러나 결국에는 경연의 신하가 진언하여 통정대부(通政大夫)에 올랐다.

정묘호란(丁卯胡亂)이 일어나자 동조(東朝)를 따라 남쪽으로 내려갔다. 오랑캐들이 우리를 위협하여 맹약을 강요하니, 나랏일이 어찌

79 정온(鄭蘊)이……간하자 : 정온이 영창대군(永昌大君)을 죽인 정항(鄭沆)을 처벌할 것을 주장한 상소를 가리킨다. 《光海君日記 6年 2月 21日》

80 군자감 정(軍資監正)으로서……호종하였다 : 이괄(李适)의 난이 일어났을 때, 이언영(李彦英)이 군자감 정으로서 인조(仁祖)를 호종하며 공주(公州)에 간 일을 가리킨다.

될지 알 수 없는 상황이었다. 공이 부르짖어 말하기를 "폐단을 없애려면 모름지기 사욕을 없애야 하고, 적을 없애려면 모름지기 겁을 없애야 하고, 치욕을 없애려면 모름지기 화친을 없애야 합니다. 세 가지를 없애지 않으면 대사(大事)는 끝장입니다."라고 하였다. 이 말을 들은 사람들이 또 시끄럽게 헐뜯었으나, 식견이 있는 사람들은 명언(名言)이라고 하였다.

당시 조정에서 여헌(旅軒) 장공(張公 장현광(張顯光))을 호소사(號召使)로 임명하여 인심을 안정시키게 하였다. 뒤에 공이 남쪽으로부터 돌아오자, 조정의 선비 중에 공을 맞이하여 장공에게 적을 물리치는 일을 맡길 만한지 묻는 사람이 있었다. 공이 웃으며 말하기를 "어찌 봉황이 꿩 새끼를 쳤다는 말을 듣겠는가."라고 하자, 그 사람이 대번에 잘못된 질문이었다며 사죄하였다.

밀양(密陽), 청주(淸州), 선산(善山) 세 고을을 차례로 맡아 다스렸는데, 말하기를 "위정(爲政)의 도(道)는 내 마음을 다하는 데에 있다."라고 하고, 자신의 지조를 굽혀 남의 비위를 맞추려고 하지 않아, 거취(去就)를 가볍게 하였다.

을해년(1635, 인조13) 겨울에 인열왕후(仁烈王后)[81]의 상에 갔다가 돌아와 병이 들어 자리에 누웠다. 기묘년(1639)에 병세가 심해지자, 글을 써서 자제들에게 보여주기를 "대대로 나라의 은혜를 입어 벼슬이 상대부에 이르렀으니 분수에 이미 지극하고, 50이 되도록 한 아들도

81 인열왕후(仁烈王后) : 1594~1635. 인조(仁祖)의 정비(正妃)이다. 본관은 청주(淸州), 아버지는 한준겸(韓浚謙)이다. 소현세자(昭顯世子)와 후일의 효종(孝宗)인 봉림대군(鳳林大君), 그리고 인평대군(麟坪大君), 용성대군(龍城大君)을 낳았다.

두지 못하다가 뒤늦게 네 아들을 두었으니 복이 이미 두텁다. 평생 큰 잘못을 저지르지 않고 일흔두 살까지 살았으니 죽더라도 무슨 유감이 있겠느냐."라고 하였다. 또 "일찍 눈을 감지 못하여 이처럼 임금께서 모욕을 당하는 때를 만났으니, 진실로 오래 전에 죽은 것만 못하다."라고 하고는 마침내 운명하였다.

공의 자(字)는 군현(君顯)으로, 성산(星山) 사람이다. 먼 조상 가운데 총언(悤言)[82]은 고려 태조를 도와 벽진장군(碧珍將軍)이 되었다. 16세를 지나 통사랑(通仕郎) 유강(惟康)이 진사(進士) 인손(麟孫)을 낳았다. 이분이 학생(學生) 운(運)을 낳았다. 이분이 휘(諱) 등림(鄧林)을 낳았는데, 문과(文科)에 급제하고 공조 좌랑(工曹佐郎)을 지냈으니, 바로 공의 선친(先親)이다. 선비(先妣)는 영인(令人) 경주 최씨(慶州崔氏)이다.

공은 화락(和樂)하고 평안하며 간절하고 진실하였다. 어려서 효성으로 소문이 났고, 자질이 총민(聰敏)하여 기억을 잘 했으므로 학업을 일찍 성취하였다. 신묘년(1591, 선조24)에 생원시에 합격하였고, 계묘년(1603)에 명경과(明經科)에 수석으로 합격하여 관례에 따라 전적(典籍)에 임명되었다. 공조와 형조와 병조의 좌랑, 호조와 예조의 정랑을 역임하였고, 외직으로 경상도와 강원도의 도사(都事)에 임명되었으며, 춘추관 기주관(春秋館記注官)과 사복시 첨정(司僕寺僉正)을 겸직하였다. 마지막으로 정언(正言)이 되었는데, 비방을 받아 중간에 좌

82 이총언(李悤言) : 858~938. 현재의 경상북도 성주인 벽진군(碧珍郡) 출신이다. 신라 말기의 혼란기에 벽진군의 치안에 힘써 백성을 편안하게 하고, 고려가 설 때 왕건을 도와 공을 세워 벽진군 장군에 임명되었다.

절되었다. 처음 조정에 나온 때로부터 10년 동안의 이력이 이와 같다.

첫 번째 부인은 종부시 정(宗簿寺正) 곽간(郭趕)[83]의 딸로, 박종주(朴宗胄)에게 시집간 딸을 낳았다. 두 번째 부인은 군자감 주부(軍資監主簿) 권사성(權思性)의 딸로, 아들 두진(斗鎭), 원진(遠鎭), 문진(文鎭), 영진(穎鎭)을 낳았고, 딸들은 이원정(李元禎)과 허해(許垓)에게 시집갔다. 자녀들이 모두 자손을 두었다. 약목현(若木縣)[84] 두만산(斗巒山) 경좌(庚坐)의 등성이에 안장하였으니, 선영(先塋)이 있는 곳이다. 다음과 같이 명을 짓는다.

태평한 세상에는 일상적으로 행동하여	平世常趨
착한 사람과 악한 사람 구분되지 않지만	淑邪混分
흐린 황하 물이 넘실넘실 흐르면	濁河渾渾
제수의 근원은 다르다네[85]	濟乃別源
대부가 처음 조정에 나와	大夫始起
혼란한 시절 만났는데	逢時板板
올곧은 말 하다가 죄를 얻었으니	用直賈罪
군자들이 한탄했네	君子所歎
성스러운 임금 계시지 않았다면	不有聖哲

83 곽간(郭趕) : 1529~1593. 본관은 현풍(玄風), 자는 원정(元靜), 호는 죽재(竹齋)이다.

84 약목현(若木縣) : 경상북도 성주에 있던 행정구역 이름이다.

85 흐린……다르다네 : 황하의 물이 온통 흐리므로 제수(濟水)의 맑음이 구분된다는 말이니, 조정의 신하들 가운데 이언영이 제수처럼 깨끗했음을 비유한 말이다. 제수는 황하(黃河)의 지류로 하류에서 만나는데, 황하는 탁하고 제수는 맑아 청탁을 비유한다.

누가 그 막힌 운수 풀어 주었을까	孰伸其蹇
바른 이치 밝히니 사람들 경탄하고	辨經驚人
바르게 간하여 스스로 드러났어라	以譏自見
고을 수령으로 넉넉히 솜씨 발휘하고	優遊州紱
농촌으로 돌아왔네	適我農圃
순리대로 살다가 편안하게 되었으니[86]	旣順旣寧
저 오복을 모두 받았네	受福伊五
약목현의 서쪽 능성이	若木西岡
아침 햇살 비치는 곳에	寔惟朝陽
깊이 안장하고 흙 따뜻하니	藏深土煖
자손들 번성하리라	子孫其昌

86 순리대로……되었으니 : 이언영이 살아서는 이치에 순응하는 삶을 살고, 죽어서는 편안하리라는 말이다. 송(宋)나라 장재(張載)의 〈서명(西銘)〉에 "살아서는 내 하늘에 순응하고, 죽어서는 내 편안하리라.〔存吾順事, 沒吾寧也.〕"라고 하였다.

포천 현감 김공 묘지명 병서

抱川縣監金公墓誌銘 幷序

군자가 이미 행실을 닦고 삼가서 이룬 것이 있더라도, 불행히 하급 관리에게 곤액을 당하고 죽은 뒤에 자손도 미약하여 당대에 드러나지 못하면, 끝내 흔적도 없이 사라지고 마는 것인가. 그 사람이 더불어 교제한 사람들이 과연 현달하고 명망 있는 사람이며, 그의 자손들이 과연 순명(純明)한 자질을 지녀 가업을 계승한다면, 또한 그 사람을 덕 있는 사람이라고 말할 수 있으리라.

포천 현감(抱川縣監) 김공(金公)이 운명했을 때, 그의 아들 정평군(定平君)은 겨우 열한 살이었다. 병란(兵亂)의 와중에 갑작스러운 일을 만나 공의 언행이 마침내 사라져 전해지지 못했으니, 정평군이 지극히 애통해하였다. 공은 문성공(文成公) 율곡(栗谷) 이이(李珥), 문충공(文忠公) 서애(西厓) 유성룡(柳成龍), 문충공(文忠公) 오리(梧里) 이원익(李元翼)과 함께 같은 해에 진사시에 합격하여 우의가 두터웠는데, 대개 상국(相國) 오리는 이미 팔순의 나이가 되어서도 오히려 곡진하게 관심을 기울이며 도외시하지 않았다. 정평군은 대각의 관직을 역임하고 장덕군자(長德君子)로 불렸으며, 자손들 또한 번성하였다. 이 두 가지 사실에서 공의 평생 자취와 남긴 음덕을 대략 볼 수 있다.

공의 선조는 상락공(上洛公) 방경(方慶)[87]이고, 사형(士衡)[88]과 질

87 김방경(金方慶) : 1212~1300. 신라 경순왕의 15세손으로, 본관은 안동(安東), 자는 본연(本然), 봉호는 상락(上洛), 시호는 충렬(忠烈)이다. 탐라에서 삼별초를 토

(礩)[89]에 미쳐서 부자가 이어서 정승이 되었다. 부평 부사(富平府使) 휘(諱) 성동(誠童)과 호군(護軍) 휘 여(濾)로 전해졌다. 이분이 형조참의(刑曹參議) 휘 언침(彦沈)을 낳았으니, 바로 공의 선고(先考)이다. 부인 전의 이씨(全義李氏)와의 사이에서 가정(嘉靖) 무술년(1538, 중종33)에 공을 낳았다.

공의 휘는 근(瑾), 자(字)는 숙온(叔溫)이다. 어려서 뜻을 단단히 세우고 열심히 공부하였으며, 아우인 판서공(判書公) 찬(瓚)[90]과 더불어 서로 사우(師友)처럼 지냈다. 매번 과거에서 반드시 상위에 있었고, 정대(庭對)에서도 거의 합격할 듯했으나 끝내 급제하지 못하였다. 한참 뒤에 금오랑(金吾郎)에 임명되었고, 임기가 만료되자 상의원 직장(尙衣院直長)이 되었다. 파직되었다가 다시 금오랑, 장악원 직장(掌樂院直長), 내섬시 주부(內贍寺主簿)를 거쳐 포천 현감(抱川縣監)으로 나갔다. 관직에 임하여 청렴하고 공평하였으니, 고을에 병폐(病弊)가 없었다.

임진년(1592, 선조25)에 왜적이 경기도를 유린하니, 백성들이 모두 꿩과 토끼처럼 달아났으므로, 포천현 경내에 사람의 자취가 하나도

벌하고 동쪽의 왜국을 문죄(問罪)한 공으로 상락공에 봉해졌다.《陽村集 卷35 東賢事略 金中贊諱方慶》

88 김사형(金士衡) : 1341~1407. 본관은 안동, 자는 평보(平甫), 호는 낙포(洛圃), 시호는 익원(翼元)이다.

89 김질(金礩) : 1422~1478. 본관은 안동, 자는 가안(可安), 호는 쌍곡(雙谷)이다. 1471년(성종2) 좌리 공신(佐理功臣) 2등으로 상락부원군(上洛府院君)에 봉해졌다.

90 김찬(金瓚) : 1543~1599. 본관은 안동, 자는 숙진(叔珍), 호는 눌암(訥菴), 시호는 효헌(孝獻)이다.

없었다. 공은 산 속에 숨기도 하고 계곡으로 피하기도 하면서 포천현의 경계 밖으로 한 발짝도 벗어나지 않았는데, 이서(吏胥)들도 공을 따라 지키면서 죽는 한이 있더라도 서로 떨어지지 않았다. 조정에서 무과 출신의 관리로 현감을 교체하자 공이 샛길을 통해 강도(江都)로 달려갔는데, 관아의 종이 뱃전까지 와서 눈물을 흘리며 물러나니, 잠깐 사이에 사람의 마음을 얻은 것이 이와 같았다.

체찰사(體察使)가 공을 발탁하여 휘하로 삼아 굶주린 백성들을 진휼하게 하였다. 당시 기아에 허덕이는 유민들이 줄을 잇고 전염병이 돌아 죽은 시체가 골짝에 가득하였다. 공은 손수 죽을 끓이고 환자들이 머물 임시 거처를 짓는 데 게을리하지 않다가, 마침내 병에 걸려 갑오년(1594, 선조27) 4월에 홍주(洪州)의 여관에서 운명하였다. 바야흐로 전란이 한창일 때라 길이 막혀 장례를 치를 수 없었으므로, 그 지역 사람들이 관재(棺材)를 마련하여 염을 하고 좋은 땅을 골라 장사 지냈다. 후에 정평군(定平君)이 장성하여 비로소 이장할 수 있게 되자, 참의공(參議公 김언침(金彦沈))의 묘소가 있는 곳으로 모시니, 바로 용인(龍仁)의 광교산(光敎山)이다. 부인 언양 김씨(彦陽金氏)를 합장하였다.

공은 두 번 장가들었다. 박씨(朴氏)는 딸 하나를 두었는데, 강기(姜企)에게 시집갔다. 김씨(金氏)는 두 아들을 두었으니, 장남 효건(孝建)은 곧 정평군(定平君)이다. 효건은 네 아들을 두었는데, 호(鎬)와 횡(鐄)이며 나머지는 어리다. 효건의 두 딸은 김곤수(金坤粹)와 이경휼(李慶遹)에게 시집갔다. 공의 차남은 충건(忠建)인데, 두 아들을 두었으니 영(鐔)과 강(鋼)이고, 세 딸은 아직 출가하지 않았다.

아아, 천도(天道)를 알기란 지극히 어렵다. 확연하게 없애고도 겨우겨우 성장시켜 보존될지 없어질지 알 수 없게 하다가 그 후손들을 번성하게 만든다. 미미하게 남겨진 아들이 입신하여 종족을 이루고, 묘도(墓道)를 닦고 묘지명을 묻어서 5, 60년 뒤에 못다 한 효도를 다하여 영원히 사라지지 않게 할 줄을 누가 생각이나 했겠는가. 훌륭한 자식이라고 할 수 있으리라. 다음과 같이 명을 짓는다.

나무도 가지 나뉘면	木惟分柯
영고의 시기 다르니	榮悴異時
한 기운 한 몸이라도	一氣同體
성쇠가 반복되지	迭盛更衰
진실로 김공은	允矣金公
형제가 모두 빼어났는데	天倫競爽
아우가 능력 발휘할 때	季奮其庸
공은 불우하게 죽었구나[91]	公躓以喪
쌓은 음덕 빛을 발하지 못하고	蓄德不曜
하늘의 보답도 어그러지는 것 같아	受報若戾
막내아들 중간에 멈추었지만	季胤中熄
공은 세상에 드러났네	公顯厥世
효자가 경사를 열고	孝子啓慶
조정과 고을에서 벼슬살이하고	朝組郡紱
밤낮으로 일을 하여	夙夜承事
묘역을 부족함 없이 조성했네	窀穸罔缺

91 아우가……죽었구나 : 김근의 아우 김찬은 이조 판서와 대사헌까지 지냈지만, 김근은 현감 벼슬에 그쳤기에 한 말이다.

저 농부가 부지런히 밭을 일궈	彼農力田
씨를 뿌리면 반드시 수확하나니	有種必穫
선을 행하다가 혹 나태해지면	爲善或怠
이 묘지명을 볼지어다	視此幽石

한 부솔의 처 권씨 묘지명 병서
韓副率妻權氏墓誌銘 幷序

우리 누님이 돌아가셨을 때, 슬하의 네 딸은 모두 나이가 어리고 시집도 가지 않았었다. 그들이 성장하여 시집갔는데, 동궁 부솔(東宮副率) 한후기(韓後琦)[92]의 아내는 누님의 셋째 딸이다.

한후기의 집안은 대단히 가난하여 겨우겨우 살림을 꾸려나가는 정도였다. 신부가 집안 살림을 맡게 되자 융통성 있게 절제하고 절약하여 단출하던 살림을 풍성하게 했지만, 시어머니는 며느리가 어떻게 살림을 꾸려나가는지 알지 못하였다. 집안의 크고 작은 살림살이를 손보고 대청과 방을 말끔하게 수리하였으며 사당을 세워 선조의 제사를 모셨지만, 남편은 비용이 얼마나 지출되는지 알지 못하였다. 노복들은 장부를 받아 전답을 경작하였으며, 여종들은 일을 맡기면 삼가고 조심하며 지시를 어기는 일이 없었다. 집안 안팎으로부터 종족들과 이웃들에 이르기까지 시종 한마디 말도 없었으니, 집안을 다스리는 모든 절도가 이와 같았다.

슬하에 3남 2녀를 두었는데, 사위는 오의(吳艤)이고, 아들은 석(澼)과 영(濴)과 협(浹)이다. 막내딸이 계례(笄禮)를 올리기도 전에 일찍 세상을 떠나자, 이를 애통해하다가 슬픔이 지극하여 운명하였다. 병오년(1606, 선조39)에 태어나 신묘년(1651, 효종2)에 운명하였으니, 향

92 한후기(韓後琦) : 1606~1663. 본관은 청주(淸州), 자는 치규(稚圭)이다. 《東州集 文集 卷8 翊衛司副率韓君墓誌銘 幷序》

년 46세이다.

권씨는 안동(安東)에서 가문이 시작되었다. 판서 휘(諱) 반(盼)과 정자 휘 경(儆)이 조부(祖父)와 선고(先考)이고, 나의 선친 문간공(文簡公) 휘 수광(睟光)이 외조부(外祖父)이다. 한후기의 조상으로는 고려 시대 태사(太師)였던 난(蘭)이 있고, 선고(先考)는 참봉(參奉) 휘 철(哲)이다.

운명한 해 10월에 한씨의 무덤이 있는 고양(高陽)의 용복 등성이에 장사하였으니, 묘혈(墓穴)은 해좌(亥坐)이다. 어려서는 일찍 부모를 여읜 것을 가련하게 여겼고, 성장했을 때는 시집가서 자녀를 둔 것을 가상하게 여겼으며, 운명하자 주검을 어루만지며 곡을 하고 글을 지어 광에 넣는 사람은 그의 외숙 동주(東州) 이민구(李敏求)이다. 다음과 같이 명을 짓는다.

지아비와 자녀들	有夫與子
친척들도 모두 다 있지만	親戚咸具
참담하게 생각도 돌아봄도 없으니	憯莫念顧
통곡하고 눈물 흘리며 마음 아파한들	哭泣傷心
죽어서 알지 못하니	以死不悟
어찌 너에게 보탬이 되겠는가	何厚於女
한씨의 묘역에	韓氏之域
봉분 단단하게 조성하였으니	旣封旣固
그런대로 안심하고 두려워 말지어다	尙寧毋懼

권 사부 묘지명 병서

權師傅墓誌銘 幷序

권군(權君) 적(蹟)의 자는 성유(聖由)이다. 시조 행(幸)이 고려 초기에 성씨를 하사받았다. 우리 조정에 이르러 문충공(文忠公) 근(近)과 익평공(翼平公) 남(擥)은 아름답게 드러나 명성이 있고 높은 지위에 올랐다. 익평공으로부터 6대를 지나 판서공(判書公) 휘(諱) 반(昐)은 명신(名臣)으로 불렸는데, 승문원 정자 휘 경(儆)을 낳았다. 군은 이 분의 둘째 아들이다. 나의 선친 문간공 휘 수광(睟光)이 외조부이시다. 계부(季父) 좌랑(佐郞) 척(倜)에게 출계(出系)하였는데, 어려서 부모를 여의어 우리 집에서 자랐으며 나에게서 배웠다.

20세에 진사가 되었다. 아름다운 명성이 일찍 드러나 머지않아 관직에 나갈 것 같았는데, 세상과 뜻이 맞지 않아 그만두고 과거에 응시하지 않았다. 대군사부(大君師傅)에 임명되었으나 또한 나가지 않고 오로지 공부[93]에 주력하며 홀로 행하는 것으로 뜻을 구하였다. 임진년(1652, 효종3) 9월에 질병으로 운명하였으니 향년 42세였다.

아들 흠(欽)은 겨우 아홉 살이다. 군의 형 서흥 부사(瑞興府使) 제(躋), 그리고 군의 사위 정수현(鄭洙賢)과 목창조(睦昌朝)가 군을 인천에 있는 선영(先塋)의 간좌(艮坐) 등성이에 장사하였다.

93 공부 : 장수(藏脩)는 《예기》 〈학기(學記)〉에 "군자가 학문을 함에 있어서는 마음속에 항상 간직하고 배운 것을 익히고, 쉬면서 익히고 노닐면서 익히느니라.〔君子之於學也, 藏焉脩焉, 息焉遊焉.〕"라고 한 데서 유래하여, 학문을 끊임없이 익히는 것을 말한다.

군은 청명(淸明)하고 특별히 뛰어난 자질을 지녔다. 그러므로 종족(宗族)과 향당(鄕黨)의 사람들이 모두 군이 출세하여 집안의 명성을 이어갈 것이라고 생각했고, 군이 세상에 나가지 않은 채 초야에 머물러 지낼 때도 동년배들로부터 존중을 받았다. 그런데 한 가지 일도 이루지 못한 채 세상과 운명에 막혔고, 게다가 많지 않은 나이에 목숨마저 앗아갔으니, 하늘과 인간 세상에서 얻은 것이 끝내 흔적도 없이 사라지고 말 것인가. 영화를 누리는 사람이나 빈천하게 사는 사람이나[94] 결국 썩은 흙으로 돌아가는 것이지만, 외롭게 남겨진 어린 아들에게 보답이 있기를 바라려니 또한 서글프다.

처음에 내가 어릴 적에 정자공(正字公 권경(權儆))을 곡하였고, 중년에 판서공(判書公 권반(權盼))을 곡하였는데, 지금 군을 곡하게 되었다. 늙은 목숨 아직도 죽지 않아 전후로 삼대의 묘지를 짓게 되니, 속절없이 흘러가는 인간 세상에 대한 감회가 또한 어떠하겠는가. 다음과 같이 명을 짓는다.

무엇 때문에 왔다가 무엇 때문에 가는가	曷爲來曷爲往
어찌 그리 짧게 머물다가 어찌 그리 아주 가는가	住何短逝何長
그 도량 넓었는데 깊이 감춰지니	曠其宇深其藏
바라건대 후손들이라도 길이 복 누리기를	尙有後世永享

94 영화를……사람이나 : 신기(神奇)는 좋은 평판을 말하고, 취부(臭腐)는 나쁜 평판을 말한다. 《장자(莊子)》 〈지북유(知北遊)〉에 "호감이 가면 신기하다 하고 싫으면 취부하다고 하는데, 취부가 나중에는 신기가 되기도 하고 신기가 나중에는 취부가 되기도 한다.〔是其所美者爲神奇, 其所惡者爲臭腐, 臭腐復化爲神奇, 神奇復化爲臭腐.〕"라고 하였다.

지중추부사 목공 묘지명 병서
知中樞府事睦公墓誌銘 幷序

목씨는 사천(泗川)에 본적을 두고 고려 시대에 흥기하여 우리 조선에 이르기까지 대대로 벼슬이 이어졌다. 현헌(玄軒) 선생 휘(諱) 세칭(世秤)[95]은 은덕(隱德)으로 사림(士林)의 중망(重望)을 받았다. 이분이 이조 참판(吏曹參判)을 지내고 영의정(領議政)에 추증된 휘 첨(詹)[96]을 낳았는데, 동래 정씨(東萊鄭氏)를 계실(繼室)로 맞아들여 세 아들을 낳았다. 자식들이 모두 문과에 급제하여 홍문관(弘文館)과 승정원(承政院)의 관직을 역임하니, 조정에서 환히 빛을 발하는 인물들이었다. 또 그들의 자손이 번성하고 모두 뛰어난 인재가 되었으니, 이에 목씨 가문이 마침내 큰 집안이 되었다.

자헌대부(資憲大夫) 지중추부사(知中樞府事) 휘 서흠(敍欽)은 자(字)가 순경(舜卿)이고, 정씨 부인의 큰아들로, 융경(隆慶) 임신년(1572, 선조5)에 태어났다. 어려서부터 성품이 강직하고 결백하였고, 장성해서는 더욱 엄정하였다. 어버이를 섬기는 데 효성을 다하여 살아 계실 때의 봉양과 돌아가신 뒤의 장례에 있어서 예법을 어기지 않았다. 형님 도사공(都事公)[97]을 엄한 아버지처럼 모셨고, 형님이 돌아가신

95 목세칭(睦世秤) : 1487～1551. 본관은 사천(泗川), 자는 공달(公達), 호는 현헌(玄軒)・산옹(散翁)이다.

96 목첨(睦詹) : 1515～1593. 본관은 사천, 자는 사가(思可), 호는 시우당(時雨堂)・두일당(逗日堂)이다. 사후에 막내아들 목장흠(睦長欽)이 익사 원종훈(翼社原從勳) 1등에 참여하여 영의정에 추증되었다.

뒤에는 조카와 형수를 대우하는 데 인륜을 극진하게 하였다. 두 아우와 이웃에 살며 새벽에 일어나면 반드시 셋이 마주하여 저녁까지 즐겁게 지냈는데, 백발의 노년이 되어서도 한결같았다. 형님의 아들 낙선(樂善)[98]은 청렴(淸廉)하고 절개가 있는 선비로서, 서로 매우 공경하고 사랑하여 일이 있으면 반드시 상의하였다. 간혹 공에게 꾸미는 것을 탐탁하게 여기지 않는 이유를 물으면, 그때마다 공이 말하기를 "나는 졸렬함으로써 스스로를 닦는다."라고 하였다.

처음 관직에 나온 뒤로 호조(戶曹)와 형조(刑曹)의 낭관을 거쳐 양구 현감(楊口縣監)을 지냈다. 만력(萬曆) 경술년(1610, 광해군2)에 알성시(謁聖試) 문과에 급제하여 병조 좌랑(兵曹佐郞)과 지제교(知製敎)가 되었고, 병조 정랑으로 승진하였다. 늙으신 어머니를 생각하여 봉양을 위해 외직을 구해 평산현(平山縣)으로 나가게 되었다. 얼마 뒤에 어머니께서 편찮으셨으므로,[99] 즉시 스스로 사직하고 돌아왔다.

병진년(1616) 이후에 병조와 형조, 제사(諸使)의 막좌(幕佐)를 여러 차례 거쳤고, 신유년(1621)에 이르러 홍문관의 수찬과 교리에 임명되었다. 마침 이이첨(李爾瞻)이 조정의 권력을 천단(擅斷)할 때라 관

97 도사공(都事公) : 목수흠(睦守欽, 1547~1593)으로, 본관은 사천, 자는 요경(堯卿), 호는 하담(荷潭)이다. 의금부 도사(義禁府都事)를 지냈다.

98 목낙선(睦樂善) : 1585~1645. 본관은 사천, 자는 성중(誠仲), 호는 호옹(壺翁)이다. 의금부 도사 목수흠(睦守欽)의 아들이다. 《東州集 文集 卷9 睦進士墓碣銘 并序》

99 편찮으셨으므로 : 색우(色憂)는 자식이 어버이의 병환을 간호함을 의미한다. 《예기》〈문왕세자(文王世子)〉에 "(문왕이 세자로 있을 때에 왕계가) 편치 않으신 때가 있어 내시가 문왕에게 알리면, 문왕은 얼굴에 근심하는 기색을 띠시고 걸음을 똑바로 걷지 못하였다.〔其有不安節, 則內豎以告文王, 文王色憂, 行不能正履.〕"라고 하였다.

각(館閣)의 관리들이 대부분 그와 사적인 관계에 있는 사람들이었다. 공이 간사한 무리들 사이에서 핍박받자, 영예로운 자리에 진출하는 것을 좋아하지 않아 임명될 때마다 반드시 힘껏 사직하였다. 간당(奸黨)들이 선비들을 쓸어 모을 속셈으로 좋은 관직을 주겠다며 유혹하니, 경박한 사람들 가운데 혹 유혹에 넘어가 발을 들여놓는 이들도 있었으나, 오직 공만은 확고한 자세로 흔들리지 않았다. 휴옹(休翁) 정홍익(鄭弘翼)[100]이 당시 남쪽 변방으로 유배되었는데, 공의 행실에 대해 듣고 기뻐서 잠을 이루지 못했다.

계해년(1623, 인조1) 봄에 수어사(守禦使)의 종사관으로 호서(湖西) 지방에 나갔다. 돌아오자 인조(仁祖)께서 국내의 위난(危難)을 안정시키고, 공을 어사(御使)로 발탁하여 관북(關北) 지방에 덕의(德意)를 선유(宣諭)하게 하셨다. 직강(直講), 사예(司藝), 군자감 정(軍資監正)을 역임하였다.

갑자년(1624)에 어가(御駕)를 공주까지 호종하였다. 돌아와서 광주 목사(廣州牧使)에 임명되었는데, 얼마 지나지 않아 남양 부사(南陽府使)로 옮겼다. 통정대부(通政大夫)에 올라, 연달아 태안 군수와 서천 군수에 임명되었다. 고을의 정사를 돌볼 때 강직하고 간결하며 백성들을 편안하게 하는 것을 위주로 하였으며, 자신의 지조를 굽혀 남의 비위나 맞추는 것을 탐탁하게 여기지 않았기 때문에, 한 직책을 오랫동안 맡은 적이 없었다. 그러나 맡은 고을을 떠나고 난 뒤에 고을의 부로

100 정홍익(鄭弘翼) : 1571~1626. 본관은 동래(東萊), 자는 익지(翼之), 호는 휴옹(休翁)·휴헌(休軒), 시호는 충정(忠貞)이다.《谿谷集 卷12 嘉善大夫行弘文館副提學兼經筵參贊官鄭公墓碣銘 幷序》

(父老)들이 반드시 그리워하여 비석을 세워 공의 덕을 기렸다.

신미년(1631, 인조9) 겨울에 동부승지(同副承旨)에 임명되었다. 그 뒤에 네 번 승정원에 들어가 서열에 따라 좌승지로 승진하였고, 그 사이에 형조와 병조의 참의가 되기도 하였다.

병자호란이 발생하자 임금께서 서둘러 강화도로 가려고 하였으나, 오랑캐 군사들이 이미 서쪽 교외까지 이르렀으므로 임금께서 숭례문에서 길을 돌려 남한산성으로 향하셨다. 공은 재빨리 달려 곤경에 처한 임금께 갔다가, 그 길로 어가를 따라 남한산성으로 들어갔다. 남한산성이 포위된 지 한 달이 지났는데, 위기 상황은 더욱 다급해졌다. 공이 밤낮으로 눈물을 흘리며 적 앞에서 머뭇거렸던 여러 장수들을 베어야 한다고 요청하였다. 전란이 끝난 뒤에 가선대부(嘉善大夫)에 가자(加資)되고 좌승지에 임명되었다. 동지중추부사를 거쳐 외직으로 나아가 양양 부사(襄陽府使)에 임명되니, 예전에 고을 수령으로 나갔을 때와 같은 방법으로 정사를 펼쳤다.

이듬해에 우리나라에서 바친 여자들이 예쁘지 않다며 심양(瀋陽)에서 문제를 제기하니, 공도 이 일에 연루되어 파직되었다. 신사년(1641)에 이르러서야 간신(諫臣)의 말에 따라 개성 유수(開城留守)에 특별히 서용되었다. 개성은 옛 도읍으로, 구례(舊例)에 따라 기물과 음식을 대단히 사치스럽게 베풀고, 거상(巨商)들이 많아 뇌물을 써서 관청과 내통하며 청탁하기를 좋아하였다. 공은 그러한 폐단을 모두 없애버리고 결백한 태도로 정사에 임하였다. 그러므로 돌아올 때 행낭이 텅 비어 가져온 것이 전혀 없었으니, 길 가는 사람들도 탄식하였다.

선죽교(善竹橋)는 포은(圃隱) 정몽주(鄭夢周)가 순절한 곳인데, 다리는 허물어지고 비석은 부서져 백성들이 공경하지 않았다. 공이 몸소 독려하여 수리하고 비석을 세워 그 땅을 기념하였다. 충신과 효자와 열녀의 정려(旌閭)가 모두 20여 곳인데, 대부분 쓰러지고 황폐해졌으므로 공이 모두 새롭게 정비하였다. 날마다 학궁(學宮)과 서원(書院)에 나가 제생(諸生)을 모아 강론하니, 선비들이 모두 분발하여 학업에 힘썼다. 붕당의 폐해가 나라를 병들게 하는 점을 매우 싫어했으므로, 일찍이 소장(疏狀)을 올려 이것이 아니면 나라는 망하지 않을 것이라고 말하였다. 이에 대해 임금께서 비답을 내려 말씀하기를 "소장의 내용이 세태와 흡사하니, 잘 형용했다고 이를 만하다."라고 하셨다.

당시 청나라 사신이 자주 왕래하였는데, 변덕이 심하여 사람을 죽이거나 살리는 것을 자기들 기분대로 하였다. 그러므로 관리들이 반드시 접대를 성대하게 하여 환심을 사려고 하였고, 심지어 역관(譯官)들과도 술을 마시며 정성껏 대접하였다. 공은 양양(襄陽)의 일[101]을 마음에 두지는 않았지만 접대가 매우 소홀했는데, 이 일로 해임되어 돌아왔다. 얼마 뒤에 한성부 우윤(漢城府右尹)에 서용되어 부총관(副摠管)과 지의금부사(知義禁府事)를 겸직하였다. 전형(銓衡)을 맡은 사람이 말하기를 "공은 시종 흠잡을 것이 없으니, 실로 한 시대의 완전한 사람이다."라고 하여, 공을 대사간의 수망(首望)에 올렸다. 그러나 공은 당시의 일이 잘못되어 가는 것을 보고 높은 자리에 나갈 마음이 없었다.

병술년(1646, 인조24)에 예조 참판(禮曹參判)에 임명되었다가 체직되어 동지중추부사(同知中樞府事)에 임명되었다. 경인년(1650, 효종1) 봄에 금상(今上)께서 재신(宰臣)의 말에 따라 노인을 우대하는 은

101 양양(襄陽)의 일 : 양양 부사로 있을 때, 우리나라에서 뽑아 보낸 여인들이 예쁘지 않다는 이유로 문책을 받아 파직된 일을 말한다.

전을 거행하고, 공을 자헌대부(資憲大夫) 지중추부사(知中樞府事)에 승진시키셨다.

임진년(1652) 3월에 세상을 떠났다. 임금께서 조회를 그치고 조문과 제사를 전례대로 시행하셨다. 공의 아들 겸선(兼善)[102]이 원종(原從)의 공로가 있었으므로, 공을 숭정대부(崇政大夫) 의정부 좌찬성(議政府左贊成)에 추증하였다. 양주(楊州) 관아 남쪽 해등촌(海等村)에 안장하였으니, 그 등성이는 오향(午向)이다. 정경부인(貞敬夫人) 권씨(權氏)를 합장하였다. 부인은 병조 판서(兵曹判書)에 추증된 탁(倬)의 딸이다. 공에게 시집온 뒤로 부도(婦道)를 지켜 어기지 않았다. 공보다 18년 앞서 향년 62세로 운명하였다.

아들 다섯을 두었으니, 현감 처선(處善), 현감 기선(嗜善), 지평 겸선, 진사 지선(志善), 한림 내선(來善)이다. 두 딸은 판관 황도형(黃道亨), 학생 권발(權跋)에게 시집갔다. 처선은 군수 임기(林奇)를 낳았다. 기선은 임형(林馨), 생원(生員) 임화(林華), 임현(林賢), 임정(林挺)을 낳았다. 겸선은 임영(林英), 진사(進士) 임유(林儒), 임중(林重)을 낳았다. 지선과 내선은 자녀가 모두 어리다. 황도형의 아들은 석(錫)과 철(鐵)이다. 권발의 자녀도 어리다.

아아, 사람의 근심은 실제는 없고 소문만 무성하며 겉모습만 꾸미고 거짓된 행실을 하는 데 있으니, 세상 사람들 대부분이 모두 이와 같다. 오직 공만은 뜻이 크고 중후하며 대범하고 엄숙하여 우쭐대는 기색이나 과장된 말이 없었다. 평소의 행동을 차근차근 살펴보면 참을 보전하

102 목겸선(睦兼善) : 1609~? 본관은 사천, 자는 달부(達夫), 호는 용재(容齋)이다.

고 바름을 몸에 익혀, 한결같이 성실하게 하고 가식적으로 꾸미거나 이치에 어긋나는 점이 없었다. 문을 닫아 찾아오는 손님을 사절하고 분수 이외의 것을 부러워하는 마음을 버렸으며, 남이 자신을 알아주기를 바라지 않았다. 휴옹(休翁) 정공(鄭公)은 한 시대의 선비들을 대단하게 여기지 않았으나 유독 본분을 지키는 공만은 마음으로 인정하여, 유명(遺命)으로 딸 하나를 공의 아들 지선(志善)에게 시집보냈다. 공도 정공의 집안을 잘 돌보며 은혜와 의리를 곡진히 다하였다.

공이 40년 동안이나 조정에 있었지만, 누추한 집은 비가 새는 것을 면하지 못하였고 평생 가죽옷을 입지 않았으며 화려하게 치장하지 않았다. 일찍이 가족들이 모였을 때, 부인이 비단옷 입은 모습을 보고 깜짝 놀라 심하게 책망하니, 자손들이 마침내 가법으로 삼았다. 대개 공의 평소 성품이 이와 같았다. 권세를 누리는 길에 연연하지 않아 신분이 높고 권력이 있는 사람들과 사귀지 않았으며, 공무를 마치고 물러나서는 호젓하게 고요하고 한산한 시간을 보냈다. 유빈(劉玭)이 지은 〈훈자설(訓字說)〉[103]을 벽에 적어 놓고 매번 거론하면서 자식들을 경계하였다.

공에게는 여동생이 있었는데, 부부가 전란 때에 죽자 공이 염할 도구를 마련하고 초혼(招魂)하여 장사 지내 주었다. 막내아우 승지공(承旨公)[104]이 술 때문에 목숨을 잃었으므로 술상을 마주할 때마다 눈물을

103 유빈(劉玭)이 지은 훈자설(訓字說) : 유빈은 당(唐)나라 유공작(柳公綽)의 손자로, 가풍을 이어 효제(孝悌)와 예법(禮法)을 준수하였다. 자제들을 경계시킨 다섯 가지 조목이 《소학(小學)》 〈가언(嘉言)〉에 실려 있다. 《新唐書 卷163 柳公綽列傳》 《通鑑節要 卷48 唐紀 昭宗》

104 승지공(承旨公) : 목대흠(睦大欽, 1575~1638)으로, 본관은 사천, 자는 탕경(湯

흘리며 흐느꼈다. 중씨(仲氏) 참판공(參判公)[105]이 운명했을 때, 공은 개성에서 벼슬하고 있었으므로 주검 앞에 달려와 곡하지 못하였는데, 평생 이 일을 침통하게 여겼다. 공은 이처럼 우애가 돈독하였다.

공은 외지고 먼 곳에 살면서 교유를 신중히 하였으므로 대문 앞에 찾아오는 사람이 드물었다. 오직 명절이나 잔치 때만 뜰을 가득 채운 자손들이 술잔을 올려 축수(祝壽)하고 마을 사람들도 서로 축원하였으니, 복과 경사가 유래한 바를 알 수 있다.

나는 공보다 열일곱 살 젊은데, 공이 내 글을 지나치게 인정해 주었으므로 늘 부끄럽게 여겼다. 지난 기축년(1649, 인조27)에 공의 병세가 이미 위독한 상황이었는데, 어느 날 문득 견여를 타고 내 집에 찾아왔다. 우리는 서로 바라보며 한 마디 말도 주고받지 못한 채 물끄러미 서로의 눈빛을 바라볼 뿐이었다. 나는 당시 서글펐던 마음을 지금까지도 잊지 못하고 있으니, 묘지명을 써달라는 부탁에 정의상 감히 사양하지 못한다. 다음과 같이 명을 짓는다.

사천의 목씨는	泗濱之睦
대대로 명성 있었으니	世載其聞
현헌은 은둔하였으며	玄軒肥遁
의정공은 현달했네[106]	議政顯允

卿), 호는 다산(茶山)·죽오(竹塢)이다. 저서에 《다산집(茶山集)》이 있다. 승정원 우승지를 역임하였다. 《記言 別集 卷25 茶山睦公墓碣銘》

105 참판공(參判公) : 목장흠(睦長欽, 1572~1641)으로, 본관은 사천, 자는 우경(禹卿), 호는 고석(孤石)이다. 1640년(인조18)에 호조 참판에 임명되었다. 《仁祖實錄 18年 8月 11日》

강직한 공은 侃侃維公
이를 계승하고 이를 닮아 是承是似
덕을 지니고도 명예를 멀리하였으니 德不近名
그 아름다움 오로지 내면에 간직했네 內專厥美
말은 간략하면서도 이치에 마땅하여 辭約而當
일부러 달리하지도 않고 무조건 따르지도 않았으며 不詭不隨
사람들 달려다니며 다투는데 群趨競騖
공은 마음을 편안하게 하였네 我靖其思
두 아우가 능력 발휘해 二季奮庸
의젓한 모습으로 금옥 같은 인재 되고 羽儀金玉
공은 늦게 출세하여 公方晩起
나란히 다니며 자취를 함께했네[107] 竝駕齊躅
살아온 세월과 가장 높은 벼슬은 商年最爵
공이 실로 으뜸이네[108] 公實過之
하늘이 사람에게 고르게 베푸니 惟天概人

106 현헌(玄軒)은……현달했네 : 현헌은 목세칭을 가리키고, 의정공은 목첨을 가리킨다. 비둔(肥遁)은 은거하며 한가롭게 사는 것을 의미한다. 《주역》〈돈괘(遯卦) 상구(上九)〉에 "살지는 은둔이니, 이롭지 않음이 없다.〔肥遯, 無不利.〕"라고 하였다.

107 두 아우가……함께했네 : 목서흠 삼형제가 뛰어난 자질로 문과에 급제하여 조정에서 함께 일했다는 말이다. 목서흠은 1610년 39세에, 목장흠은 1599년 28세에, 목대흠은 1605년 31세에 문과에 급제하였다.

108 살아온……으뜸이네 : 삼형제 중 첫째인 목서흠이 가장 장수하였고, 벼슬도 제일 높은 품계에까지 올랐다는 말이다. 목서흠은 향년 81세, 목장흠은 향년 69세, 목대흠은 향년 64세로 세상을 마쳤다.

받은 보답 어떠한가	受報伊何
자손들 많아	子孫衆多
후대로 갈수록 더욱 번성하네	彌遠彌蕃
글을 묻어 저승에 질정하노니	埋詞質幽
너희 후손에게서 점칠 수 있으리라	卜爾後昆

홍문관 교리 오공 묘지명 병서

弘文館校理吳公墓誌銘 幷序

만취(晩翠) 오공(吳公)[109]은 선조(宣祖) 때의 명신(名臣)으로, 우리 선친과 도의(道義)로 사귀었다. 만취공(晩翠公)의 세 아들은 모두 훌륭한 자질을 갖추어, 홍문관에 들어가 아름다운 명예를 독차지하였다. 막내 교리공(校理公) 전(竱)의 자(字)는 경보(敬甫)로, 나보다 한 살 많다. 계묘년(1603, 선조36) 초시(初試)와 기유년(1609, 광해군1) 진사시(進士試)에 나와 함께 합격하여 우의가 두터웠는데, 불행히도 명이 짧아 겨우 47년의 삶을 살았다. 세상을 떠난 지 20년이 지난 후에야 비로소 묘지명을 쓰게 되었으니, 어찌 슬프지 않겠는가.

교리공은 자품(資稟)이 굳세고 바르며, 내면은 강직하여 흔들림이 없고 눈빛은 냉엄하였다. 사람들과 사귈 때 중후하여 말수가 적었으므로 온종일 조용하였다. 비록 거칠고 사나운 사람이라도 공을 마주하면 모두 단정하게 용모를 바꾸었다. 글을 읽을 줄 알면서부터 뼈를 깎는 노력으로 공부에 힘써 작자의 법도에 부합하고자 하였다. 만년에는 장자(莊子)와 사마천(司馬遷)의 작품에서 힘을 얻어 한결같이 굳세고 꿋꿋함을 위주로 하였다. 해법(楷法)이 특히 정밀하여 마치 단정한 사람과 전아한 선비 같았으며, 글씨를 쓸 때에는 팔로 움직이고 손목은 움직이지 않았으니, 사람들이 능히 제지할 수가 없었다. 태학(太學)에

109 만취(晩翠) 오공(吳公) : 오억령(吳億齡, 1552~1618)으로, 본관은 동복(同福), 자는 대년(大年), 호는 만취이다.《晩翠集 晩翠先生年譜》

서 공부할 때, 동배(同輩)들이 감히 함부로 대하지 못하였다. 마침 광해군(光海君)의 정사가 혼란할 때를 만나 만취공(晩翠公 오억령(吳億齡))이 간사한 권신(權臣)들의 무함을 받아 강교(江郊)에서 6년 동안 처분을 기다리다가 무오년(1618, 광해군10)에 운명하였다.[110] 공도 아버지를 즐겁게 모시는 데에만 마음이 있어서 6년 동안 과거공부를 그만두었다.

계해반정(癸亥反正)에 이르러 재주와 지혜가 있다 하여 의금부 도사(義禁府都事)와 빙고 별제(氷庫別提)에 보임되었으나 나아가지 않았다. 갑자년(1624, 인조2)에 명경과(明經科)에 합격하고 승문원(承文院)에 선임되어 당후(堂后 주서(注書))에 임명되었다. 한림(翰林)에 천거되어서는 동서(同壻)인 태학사(太學士) 김류(金瑬)[111] 공과 피혐(避嫌)해야 할 처지였으므로 마침내 임명되지 못하고, 세자시강원(世子侍講院)의 설서(說書)와 사서(司書)로 자리를 옮겼다.

110 광해군(光海君)의……운명하였다 : 1613년(광해군5) 정인홍(鄭仁弘)·이이첨(李爾瞻) 등이 서양갑(徐羊甲)과 박응서(朴應犀)를 사주하여 인목대비의 아버지 김제남(金悌男)이 영창대군을 왕으로 추대하여 역모를 꾀한다고 자백하게 하여 계축옥사(癸丑獄事)를 일으켰다. 오억령이 인목대비의 폐출에 반대하자, 대북파는 고부사(告訃使)의 일을 다시 들추며 오억령을 탄핵하였다. 오억령은 신병을 이유로 사직하고 낙향하였으나, 멀리 귀양을 보내자는 논의가 일어나자 처벌을 기다리다가 죽었다. 고부사의 일이란 선조가 사망했을 때, 고부청시청승습부사(告訃請諡請承襲副使)로서 명나라에 갔으나 소임을 다하지 못한 일을 말한다.

111 김류(金瑬) : 1571~1648. 본관은 순천(順天), 자는 관옥(冠玉), 호는 북저(北渚), 시호는 문충(文忠)이다. 인조반정의 공로로 병조 참판에 임명되고, 곧 병조 판서로 승진하여 대제학을 겸하는 동시에 승평부원군(昇平府院君)에 봉해졌다.《潛谷遺稿 卷12 領議政昇平府院君贈諡文忠金公墓誌銘》

정묘년(1627, 인조5)에 어머니의 상을 당하였다. 상기를 마치고 홍문관 부수찬(弘文館副修撰)에 임명되었다. 이로부터 6년 동안 수찬(修撰)과 교리(校理)를 여섯 차례, 병조 좌랑(兵曹佐郎)과 정랑(正郎)을 세 차례, 사간원 정언(司諫院正言)과 헌납(獻納)을 한 차례, 사헌부 지평(司憲府持平)을 두 차례 역임하였으니, 이것이 공의 이력이다.

공은 어려서부터 병을 잘 앓았다. 계유년(1633) 겨울에 황해도(黃海道) 어사(御史)에 임명되어 자기 힘으로 숙식을 해결하며 순행(巡行)하면서, 백성들에게 끼치는 폐단을 수집하고 청렴한 자와 탐욕스러운 자를 분별하니, 조금의 오차도 없었다. 그러나 병이 이에 더 심해졌고, 이듬해 10월에 이르러서는 더욱 악화되어 거의 숨이 끊어질 지경이었다. 자제들을 돌아보며 말하기를 "내가 부모님을 섬김에 거짓된 행동이 없게 하려고 하였고, 임금을 섬김에 순정(純正)한 도(道)로 하려고 하였으나, 그렇게 하지 못하였다."라고 하였다. 그리고 붓을 찾아 스스로 명(銘)을 쓰기를 "효도하고자 하였으나 능히 효도를 다하지 못하였고, 충성하고자 하였으나 능히 충성을 다하지 못하였네. 힘써 노력하는 것은 고요할 때에 달려 있는 것이지 일을 할 때에 달려있지 않으니, 사람들이 나를 알고자 한다면 어찌 여기에서 보지 않겠는가."라고 하고, 마침내 운명하였다. 군자(君子)들이 이에 공이 평소 자신을 잘 다스려 죽음을 앞두고도 흐트러지지 않음이 이와 같음을 알았다.

처음 정언(正言)에 임명되었을 때, 제일 먼저 왕자의 장전(莊田)에 세금을 면제하는 것이 불가함을 논하여 말하기를 "자식을 바른 도리로 길러도 오히려 바르게 기를 수 없을까 두려운 것인데, 하물며 바르지 않은 도리로 기르는 경우이겠습니까.[112] 시급한 것은 토전(土田)이 아닙니다."라고 하였다. 임금의 비답(批答) 가운데 탐탁하게 여기지 않으시는 말씀이 있었는데, 정경세(鄭經世)[113] 공이 "그가 일을 논한 것이 정곡(正鵠)을 찔렀으니, 마땅히 너그럽게 포용하셔야 합니다."라고 말해 준 덕분에 임금의 마음이 풀리셨다.

당시 조정에서는 장릉(章陵)[114]을 지극히 높이는 것이 예(禮)가 아니라는 논의가 있었는데, 임금께서 그 반대를 꺾지 못하셨다. 하루는 공이 경연(經筵)에 있었는데, 연평(延平) 이공(李公)[115]이 격앙되어 말하기를 "신에게 전형(銓衡)을 맡기시면 이의를 제기하는 자들을 모두 쫓아내고 곧 대례(大禮)를 이루겠습니다."라고 하였다. 얼마 지나지 않아 이공이 과연 이조 판서(吏曹判書)가 되었다. 공이 마침 지평(持平)에 임명되었는데, 곧바로 임금의 어버이를 존숭하는 문제를 가지고 전형의 자리를 꾀한 실상을 들어 이공을 탄핵하였다. 임금께서 여러 차례 엄격한 분부를 내리시니, 사람들이 모두 공을 위하여 두려워하였다. 공이 말하기를 "이미 임금의 이목(耳目)이 되었는데, 어찌 뜻에 영합하여 아첨하고 마음을 속여 나라를 저버리겠는가. 이로 인해 죄를 얻는 것은 두려워할 일이 아니다."라고 하며, 더욱 강력하게 간쟁(諫爭)하였다. 연평공 또한 공의 올곧은 자세를 칭찬하며 임금께 말하기

112 자식을……경우이겠습니까 : 《주역》 〈몽괘(蒙卦) 단(彖)〉에 "어릴 때에 바름을 기름이 성인이 되는 공부이다.〔蒙以養正, 聖功也.〕"라고 한 말을 원용하였다.

113 정경세(鄭經世) : 1563~1633. 본관은 진주(晉州), 자(字)는 경임(景任), 호는 우복(愚伏)·하거(河渠)이다. 《愚伏集 別集 卷4 年譜》

114 장릉(章陵) : 인조의 생부(生父)로서, 왕으로 추존된 원종(元宗)의 능이다.

115 연평(延平) 이공(李公) : 이귀(李貴, 1557~1632)로, 본관은 연안(延安), 자는 옥여(玉汝), 호는 묵재(默齋), 시호는 충정(忠定)이다. 정사 공신(靖社功臣) 1등으로 연평부원군(延平府院君)에 봉해졌다. 《孤臺日錄 人名錄》

를 "저 사람이 비록 신을 탄핵했지만, 조정에 이러한 사람이 없어서는 안 됩니다."라고 하였다. 전후로 추숭(追崇) 문제를 간하다 죄를 얻어 유배되거나 좌천된 사람들이 줄줄이 이어졌지만, 임금께서 공의 충성심과 곧은 절개를 알고 마침내 벌하지 않으셨다.

진강(進講)할 때마다 반복하여 설명하고 비유가 분명하였으며, 오로지 주석에만 의지하지 않았으니, 우복(愚伏) 정경세(鄭經世) 공이 심히 감탄하며 "강관(講官)중에서 으뜸이다."라고 하였다. 조정에서 물러나서는 교유와 왕래를 끊고, 오직 은밀하고 미묘한 경전의 뜻을 탐구하며 침잠하는 것으로 생을 마쳤다. 재상 오리(梧里)[116]가 일찍이 말하기를 "늙은 내가 임금에게 대단히 인정을 받았지만, 오군처럼 말을 다하는 것을 나는 능히 하지 못하였다."라고 하였다. 그리고 집안사람들에게 경계하기를 "내 묘도(墓道)에 글을 새길 때에는 반드시 오군의 글씨를 요청해야 할 것이니, 그의 글씨를 받지 못한다면 글을 새기지 않은 것이나 마찬가지이다."라고 하였다. 실제에 힘쓰고 명예를 구하지 않는 재상 오리와 같은 분도 오히려 정성스런 마음이 이와 같았으니, 반드시 공에게서 취한 점이 있었던 것이다.

공은 천성이 꿋꿋하고 홀로 행하여 스스로 지켰으니, 세상에 드높은 행실이 있었다. 부모님께 효도하는 마음을 옮겨 임금을 섬겼다. 대개 공은 부모님께 깊은 사랑을 다하여 일찍이 잠시도 부모님 곁을 떠나려 하지 않았다. 상을 당해서는 초췌해질 정도로 예제(禮制)보다 지나치

116 오리(梧里) : 이원익(李元翼, 1547~1634)으로, 본관은 전주(全州), 자는 공려(公勵), 호는 오리이다. 1604년(선조37)에 호성 공신(扈聖功臣)에 책훈되고 완평부원군(完平府院君)에 봉해졌다.《梧里集 附錄 卷2 諡狀》

게 슬퍼하였고,[117] 채소와 과일을 먹지 않았으며, 아침저녁으로 성묘하고 곡읍(哭泣)하기를 처음 상을 당했을 때처럼 하면서 삼년상을 마쳤다. 대부인(大夫人)이 열병을 앓으실 때, 추운 겨울인데도 수박을 잡숫고 싶어 하셨는데, 동궁(東宮)께서 공이 슬퍼하며 어쩔 줄 몰라 하는 모습을 보고 특별히 수박을 하사하셨다. 계부(季父) 참판공(參判公)[118] 섬기기를 아버지 만취공을 섬기는 것처럼 하였고, 과부가 된 고모를 집으로 맞이하여 예우(禮遇)와 봉양을 지극하게 하였다. 손윗누이인 한 우상(韓右相)[119]의 부인이 병들자, 공은 병을 무릅쓰고 손수 탕약(湯藥)을 챙기고, 옷을 벗지 않고 잠자리에 들면서 두 달 동안을 마치 하루처럼 병 수발을 하니, 군자들이 하기 어려운 일을 한다고 여겼다.

오씨(吳氏)는 동복현(同福縣)에서 가계가 시작되었으니, 고려의 중윤(中尹) 대승(大陞)[120]이 널리 알려진 선조이다. 우리 조선조에 들어와 참의(參議) 천경(天經)은 벼슬에서 물러나 배천(白川)의 반월강(半

117 상을……슬퍼하였고 : 부모님의 상사를 만나 몹시 슬퍼하였다는 말이다. 시립(柴立)은 시훼골립(柴毁骨立)의 준말로, 상을 당한 사람이 너무 슬퍼하여 몸이 몹시 여위었음을 의미한다. 《산당사고(山堂肆考)》 권154에 "시훼는 섶처럼 수척함을 뜻하고, 골립은 살은 없고 뼈만 남아 있음을 뜻한다.〔柴毁, 言瘦如柴也, 骨立, 言無肉而惟有骨也.〕"라고 하였다.

118 참판공(參判公) : 오백령(吳百齡, 1560~1633)으로, 본관은 동복(同福), 자는 덕구(德耉)이다. 《東州集 文集 卷10 吏曹參判吳公墓碣銘 幷序》

119 한 우상(韓右相) : 한흥일(韓興一, 1587~1651)로, 본관은 청주(淸州), 자는 진보(振甫), 호는 유시(柳市)이다. 《樊巖集 卷43 大匡輔國崇祿大夫議政府右議政兼領經筵事監春秋館事韓公諡狀》

120 오대승(吳大陞) : 본관은 동복, 시호는 문헌(文獻)이다. 고려조에서 시중(侍中)을 지냈다. 《水村集 附錄 卷3 行狀》 동복은 전라남도 화순군에 있는 지명이다.

月岡)에서 살았는데, 자손들이 대대로 그 아래에 장사 지냈다. 증조(曾祖) 휘(諱) 극권(克權)은 이조 참판(吏曹參判)에 추증되었다. 조부(祖父) 휘 세현(世賢)은 영의정(領議政)에 추증되었다. 이분이 만취공 휘 억령(億齡)을 낳았는데, 만취공은 우참찬(右參贊)을 역임하였다. 만취공의 부인 남양 홍씨(南陽洪氏)는 좌참찬(左參贊) 정효공(貞孝公) 담(曇)[121]의 딸이다.

공은 아들이 없고, 딸 하나는 지평(持平) 심황(沈榥)[122]에게 시집갔다. 조카인 이조 좌랑(吏曹佐郎) 정위(挺緯)[123]를 후사(後嗣)로 삼았는데, 정위가 원종공신(原從功臣)에 녹훈(錄勳)되었기 때문에 공은 승정원 도승지(承政院都承旨)에 추증되었다. 부인 진주 유씨(晉州柳氏)는 진원부원군(晉原府院君) 휘 근(根)[124]의 딸이다. 유순하고 선량하며 현숙하고 명철하여 여사(女士)의 행실이 있었으며, 고금(古今)의 일에 대해 시비를 변별할 줄 알았고, 이치에 맞게 일을 처리하였다. 조석으로 좋은 음식을 마련하여 남편을 도와 대부인을 섬겼는데, 한결같이 정성과 공경을 다하였다. 미망인(未亡人)이 되자 용모를 상할 정도로 슬퍼하였으며, 먹고 마시는 것을 평소와 다르게 하여, 죽어서 저승에서

121 홍담(洪曇) : 1509~1576. 본관은 남양(南陽), 자는 태허(太虛), 시호는 정효(貞孝)이다. 《頤庵遺稿 卷3 議政府左參贊洪公墓誌銘》

122 심황(沈榥) : 1606~? 본관은 청송(青松), 자는 문백(文伯)이다. 《艮齋集 卷9 全州府尹贈吏曹判書沈公神道碑銘》

123 오정위(吳挺緯) : 1616~1692. 본관은 동복, 자는 군서(君瑞), 호는 동사(東沙)이다. 《博泉集 補遺 卷1 行禮曹判書東沙吳公墓誌銘》

124 유근(柳根) : 1549~1627. 본관은 진주(晉州), 자는 회부(晦夫), 호는 서경(西坰)이다. 《簡易集 卷1 彌串海運碑》

남편 따르게 되기를 간절히 원하였다. 딸이 하나 있었는데 부인보다 먼저 죽었고, 그 딸에게 또 딸이 하나 있었는데 신필화(申弼華)[125]의 아내가 되었으니, 평소 매우 사랑하였다. 돌아가시기 전날 저녁에 모시고 있던 사람이 말하기를 "부인의 병이 위중하시니, 신씨의 부인은 어찌한단 말입니까?"라고 하였다. 부인이 말하기를 "아아, 그 아이가 거듭 어미를 잃게 되었구나. 그러나 내가 죽지 못한 것을 오랫동안 괴로워했는데, 이제 죽을 수 있게 되었으니 무엇을 한하겠는가."라고 하였다. 얼굴을 씻은 뒤에 옷을 갈아입고 죽음을 기다렸는데, 평소와 마찬가지로 모습이 흐트러지지 않았다.

부인은 공과 같이 무자년(1588, 선조21)에 태어났으며, 공보다 20년 뒤에 운명하였다. 공이 먼저 반월강(半月岡)에 묻혔는데, 부인이 운명하자 양주(楊州)의 아차산(峨嵯山) 구지강(龜止岡)에 장지를 정하였고, 장차 명년 을미년(1655, 효종6)에 반월강의 무덤을 파서 구지강의 새 묘역에 합장하려고 한다. 다음과 같이 명을 짓는다.

영지가 빼어났으니	靈芝擢秀
어찌 뿌리가 없으랴	豈曰無根
아름다운 군자여	有斐君子
빛나는 명성 이어받았네	載襲烈聞
널리 배우고 요약하여[126]	旣博旣約

125 신필화(申弼華) : 1626~1680. 본관은 평산(平山), 자는 계명(啓明)이다. 이민구의 외손자이다.《南溪集 續集 卷21 楊根郡守申侯墓碣銘》

126 널리 배우고 요약하여 : 공자께서 "군자가 글을 널리 배우고 예로써 요약한다면,

그 고결함 더럽히지 않았고	毋汚其潔
관리의 부정 막아서	遏辨官邪
그 절개 잃지 않았네	毋隕其節
하늘은 기필할 수 있다 여겼는데	謂天可必
공에게는 어찌 저버렸나	在公何負
수명을 짧게 하고	脩途短局
후손까지 끊기게 했어라	而閼厥後
저 탐욕스러운 사람은 무엇을 잘했기에	彼洫胡脩
장수하고 복록 누리며 자손도 번성한단 말인가	壽祿且蕃
오직 아름다운 명성만이	惟有令名
거의 잊히지 않으리라	庶幾不諼
아차산 기슭	峨嵯之麓
거북이가 그 징조 알렸으니[127]	龜食其兆
효자가 일을 하여	孝子承事
영원토록 이어나가리	永世克紹

또한 도에 어긋나지 않을 것이다.〔君子博學於文, 約之以禮, 亦可以弗畔矣夫.〕"라고 한 데서 온 말로, 글을 통하여 지식을 넓히고 예를 통해서 행동을 검속한다는 뜻이다. 《論語 雍也》

127 아차산……알렸으니 : 새롭게 좋은 묏자리를 정했다는 말이다. 귀식(龜食)은 옛날 거북점을 칠 때, 먼저 거북 껍데기에 먹줄을 그려 놓은 다음 거북 껍데기를 구워 점조(占兆)가 좋으면 그 먹줄을 먹게 되는 현상을 말한다. 《서경》 〈낙고(洛誥)〉에 "오직 낙읍을 먹었다.〔惟洛食〕"라고 하였는데, 그 전(傳)에 "먹는다는 것은, 사관이 먼저 먹줄을 그려 놓았는데, 거북 껍데기를 구워 나타난 조짐이 바로 그 먹줄을 먹은 것이다.〔食者, 史先定墨, 而灼龜之兆, 正食其墨也.〕"라고 하였다.

맏아들 원규 묘지명 병서

伯子元揆墓誌銘 幷序

맏아들 원규(元揆)의 자는 군서(君敍), 성은 이씨(李氏)이다. 증조(曾祖) 휘(諱) 희검(希儉)은 병조 판서(兵曹判書)였고, 조부(祖父) 휘 수광(睟光)은 이조 판서(吏曹判書)였다. 30세에 강화도의 변란 때 운명하여, 횡성(橫城)의 대종포(大宗浦)에 있는 오슬산(五瑟山)[128] 임좌(壬坐)의 등성이에 장사 지냈다. 12년 뒤에 판서 준(埈)의 딸인 그의 아내 오씨(吳氏)를 합장하였다.

그의 아버지 나 민구(敏求)는 백대의 뒤에 혹시라도 아들의 무덤이 드러나는 일이 발생할까 두려웠다. 그래서 무덤에 지문(誌文)을 묻어, 알 수 없는 어떤 이가 가엾게 여겨 거두어주기를 기원해야겠다고 혼자 생각했었다. 그러나 이런 생각을 미처 실행하기도 전에 문득 마음이 너무 아파 중도에 그만두었다. 늘그막에 이르러서는 한을 머금은 채 땅에 묻힐 것을 거듭 두려워하여 비로소 눈물을 닦고 애써 다음과 같이 글을 짓는다.

어려서는 여느 아이들처럼 장난하는 일이 없었고, 성장해서는 가식적인 행실이 없었다. 동양위(東陽尉) 신익성(申翊聖)[129] 공이 항상 말

128 오슬산(五瑟山) : 강원도 횡성군 횡성읍 정암2리에 있는 산으로, 이민구와 그의 두 아들 묘소가 있다.

129 신익성(申翊聖) : 1588~1644. 본관은 평산(平山), 자는 군석(君奭), 호는 낙전당(樂全堂)·동회거사(東淮居士)이다. 선조의 딸 정숙옹주(貞淑翁主)와 혼인하여 동양위(東陽尉)에 봉해졌다.《淸陰集 卷26 東陽尉申公神道碑銘 幷序》

하기를 "이 아이는 해맑고 아름다운 자질을 지녔으니, 마땅히 옛사람에게서 비교될 만한 이를 찾아야지, 지금 세상에서는 그런 이를 알지 못한다."라고 하였다. 그러나 끝내 요절(夭折)[130]을 면하지 못하였다. 어려서 가업을 닦아 문장 짓는 법을 배워 그 재주를 알지 못하는 사람이 없었는데, 운명이 기구하여 한 가지 명성도 이루지 못한 채 운명하였다.

성품이 자애롭고 온화하여 곤충조차도 해치려고 하지 않았다. 마땅히 하늘의 보답을 받아 자손이 번성해야 할 것인데, 아들도 없어서 아우의 아들 현형(玄夐)을 후사(後嗣)로 삼았다. 살아서나 죽어서나 처음부터 끝까지 하늘과 인간 세상에서 어느 하나도 얻지 못하였지만, 오직 그 무덤만은 영원토록 훼손되지 말아서 나의 서글픈 마음에 위로가 되기를 바란다. 다음과 같이 명을 짓는다.

그윽한 그 무덤 있어 有幽其坎
그 자리 대단히 평안하건만 其寢孔寧
나만 홀로 무슨 운명에 걸려 我獨胡罹
고통 속에 오래 살아남았나 而苦久生

130 요절(夭折) : 육극(六極)은 본래, 흉단절(凶短折), 질(疾), 우(憂), 빈(貧), 악(惡), 약(弱)을 말하는데, 여기서는 이원규가 30세의 젊은 나이에 죽은 것을 의미한다. 《書經 洪範》

둘째 아들 진사 중규 묘지명 병서

叔子進士重揆墓誌銘 幷序

둘째 아들 중규(重揆)의 자는 군수(君綏), 성은 이씨(李氏)이다. 병조 판서(兵曹判書) 휘(諱) 희검(希儉)과 이조 판서(吏曹判書) 휘 수광(睟光)이 증조(曾祖)와 조부(祖父)이니, 매우 뛰어난 분들이다. 나 민구(敏求)에 이르기까지 3대가 경(卿)이 되었다.

나면서부터 뛰어난 의표를 지녀서 돌아보면 환하게 빛이 나는 것 같았고, 예닐곱 살 때부터 엄중(嚴重)하여 말수가 적었다. 선친(先親)께서 일찍이 말씀하기를 "이 아이는 중국 인재들의 뛰어난 기량과 비견될 만하니, 작은 나라의 인물 같지 않구나."라고 하셨다. 조금 성장해서는 빼어난 재주가 있었으며 식견과 도량이 남들보다 뛰어나 문예(文藝)를 일찍 성취하였다. 16세에 〈상한사부(上漢槎賦)〉와 〈연자루(燕子樓)〉라는 시를 지었는데, 하루 사이에 파다하게 도성에 퍼졌다. 계곡(谿谷) 장유(張維)[131]와 현곡(玄谷) 정백창(鄭百昌)[132]은 한당(漢唐) 이후에 이런 글은 없었다며 지나치게 인정하였다.

그 해에 높은 등급으로 초시(初試)에 합격하였고, 이듬해 경오년(1630, 인조8)에 진사(進士)가 되었다. 글씨도 잘 써서 연배들 가운데

131 장유(張維) : 1587~1638. 본관은 덕수(德水), 자는 지국(持國), 호는 계곡(谿谷)·묵소(默所)이다. 《白軒集 卷36 右議政新豐府院君張公諡狀》

132 정백창(鄭百昌) : 1588~1635. 본관은 진주(晉州), 자는 덕여(德餘), 호는 현곡(玄谷)·곡구(谷口)이다. 《澤堂集 別集 卷6 觀察使谷口鄭公墓誌銘 幷序》

비교될 이가 없었다. 문묘에서 석채례(釋菜禮)를 거행할 때 유생에게 봉향(奉香)을 맡기는데, 반드시 재주와 인망이 있는 숙유(宿儒)를 뽑아 맡겼다. 21세에 성균관(成均館)에 유학하여 봉향으로 뽑혔으니, 이처럼 사림(士林)들에게 존중되었다.

24세가 되던 정축년(1637, 인조15)에 강화도에 들어갔다가 적을 만났는데, 맹렬히 꾸짖으며 굴복하지 않다가 죽었다. 아아, 세상에 드문 출중한 재주를 지녀 살아서 큰일을 할 것 같았는데, 끝내 끔찍한 재앙에 걸리고 말았다. 이것은 진실로 아비인 내가 불효불충(不孝不忠)하여 하늘과 사람에게 재앙을 얻었기 때문에 혹독하고 모진 일을 만난 것이지, 이 아이에게 무슨 허물이 있겠는가.

전창군(全昌君) 유정량(柳廷亮)[133]의 딸에게 장가들어 현상(玄賞)과 현형(玄复) 두 아들을 낳았으니, 하늘이 혹시라도 이 아이들에게 마음을 둔 것이란 말인가. 횡성(橫城)에 있는 대종포(大宗浦)의 오슬산(五瑟山)[134] 병향(丙向)의 등성이에 장사 지냈다. 나도 늙고 병들어 관을 어루만지며 죽을 날만 기다리고 있으니, 아마도 머지않아 너의 뒤를 따르게 될 텐데, 차마 한 마디 말로 너의 광에 지문을 기록하여

133 유정량(柳廷亮) : 1591~1663. 본관은 전주(全州), 자는 자룡(子龍), 호는 소한당(素閒堂)이다. 1604년(선조37)에 선조의 딸 정휘옹주(貞徽翁主)와 혼인하여 전창위(全昌尉)에 봉해졌다. 1612년(광해군4) 할아버지 유영경(柳永慶)의 사건으로 일가가 멸족될 때 전라도 고부에 유배되었다가, 1619년에 경상도 기장(機張)으로 이배되었다. 1623년 인조반정으로 작위가 회복되어 숭덕대부(崇德大夫)에 승품되고, 여러 차례 승진하여 성록대부(成祿大夫)에 이르러 세훈(世勳)을 물려받고 군(君)에 봉해졌다. 《東州集 卷10 全昌君柳公墓碣銘 幷序》

134 오슬산(五瑟山) : 강원도 횡성군 횡성읍 정암2리에 있는 산으로, 이민구와 그의 두 아들 묘소가 있다.

넣으니 이것이 무슨 이치란 말이더냐. 다음과 같이 명을 짓는다.

살아서 부자 관계로	生爲父子
이십사 년 세월 함께했네	二十四年
어찌 오래하지 못했나	曷不其延
죽어서는 함께 썩은 흙 되리라	死同朽壤
마땅히 천만 대 지나도록	當千萬代
어둡지 않기를 바라노라	庶幾不昧

유정규 묘표

劉定揆墓表

유정규(劉定揆)를 양주(楊州) 불광리(佛光里)에 장사 지내고 나서, 그의 아들 제준(悌俊)이 묘소 앞에 빗돌을 세웠으니, 후세의 사람들에게 보여주려는 생각이다. 정규의 초명(初名)은 세장(世長)이다. 13세에 비로소 나를 따르게 되었는데, 부자(父子)가 되기로 약속하였기에 나의 자식들처럼 이름을 고쳤다.[135] 어려서 얼굴이 순수하고 고왔으며 영리하여 널리 아는 것이 많았다. 선비의 행실이 있고 의리를 마땅히 실천하여 생사(生死)와 득실(得失) 때문에 지조를 바꾸지 않았다. 도리에 어긋난 점이 있는 것을 보면, 비록 신분이 높고 권세가 있는 사람이라도 쳐다보지도 않았다.

나를 따라 출입하며 편안할 때나 어려울 때나 잠시도 떨어지지 않았다. 정축년(1637, 인조15)의 난리에 나는 집이 망하고 서쪽 변방으로 유배되었는데, 정규의 아버지도 그때 운명하였다. 장례를 마치고 나를 위해 허겁지겁 달려오느라 어떤 어려움도 피하지 않았는데, 정신없이 눈물을 흘리니 그 슬픔이 길을 가는 사람마저도 감동시켰다. 두 손자가 함께 모여 지내게 되자, 그의 어머니와 아내를 떠나 관서(關西)에 머물며 우리 집 살림을 돌보고, 오가며 나를 돌보아 주었다.

갑신년(1644) 봄에 평양에서 병들어 운명하니, 진실로 천명이 나를

135 나의……고쳤다 : 이민구의 자식들이 규(揆) 자 돌림이었으므로, 세장(世長)의 이름을 자식들의 항렬자(行列字)를 써서 정규(定揆)로 고쳤다는 말이다.

도와주지 않아서 수족 같은 사람을 잃게 된 것이다. 지금도 그를 생각하노라면 가슴이 아프다. 일찍이 나에게서 배워 겨우 글자를 알았을 뿐 평소 절행(節行)을 익힌 것이 아니었는데도, 우뚝하게 수립한 것이 이와 같았다. 평소 나에게서 배운 것은 터럭만큼도 영향을 끼친 것이 없는데, 다만 의리의 정신을 마음에 간직하여 환난(患難)을 만나도 그 지조를 바꾸지 않았으니, 대개 하늘에서 부여받은 것이 이와 같았던 것이다. 자잘한 것을 헤아리고 미묘한 것을 분석하여 누가 의리의 향배를 알겠는가. 거센 물결 속에 홀로 서서 이(利)를 추구하는 데 급급하지 않았으니, 가령 그가 사대부의 집안에서 태어났다면 어찌 이끗을 탐하였겠는가. 간략하게 내가 그의 무덤에 새겨서 혼미한 말세의 사람들을 장차 경계하고자 한다.

외숙 상의원 정 김공의 부인 숙인 정씨 묘지명 병서
舅氏尙衣院正金公配淑人鄭氏墓誌銘 幷序

외숙(外叔) 금사공(金沙公)은 강직하고 남다른 절개를 지녔으며 박학다식했지만 명성을 이룬 것이 없었다. 나 민구(敏求)가 예전에 조용히 말하기를 "외숙께서는 연세가 많은데 벼슬길에 조금도 마음이 없으니, 어떻게 후세를 열어 주려고 하십니까?"라고 하였다. 당시 공은 술자리에 계셨는데, 나를 돌아보며 말씀하기를 "어쩌면 네가 묘지(墓誌)를 지을 정도는 되지 않겠느냐."라고 하시니, 내가 공손히 나의 불민(不敏)함을 사죄드렸다. 그 뒤에 외숙께서 과거에 합격하여 목사(牧使)와 부사(府使)를 역임하며 혁혁하게 명성이 있었지만, 이런 것은 공의 진면모로 볼 때 자잘한 것일 뿐이다. 공께서 돌아가시고 24년이 지나, 나도 늙어 백발이 되어서야 비로소 변변찮은 글로 은미한 말을 올리니, 서글프지 않겠는가.

공의 휘(諱)는 확(矱), 자는 정경(正卿)이다. 어려서 하곡(荷谷) 허봉(許篈)[136]에게서 수학하였다. 18세가 되던 기축년(1589, 선조22)에 진사(進士)가 되었다. 이윽고 전란을 만나 부모님을 모시고 북쪽으로 피란하였다. 3년이 지난 갑오년(1594)에 도사공(都事公)[137]이 운명하

136 허봉(許篈) : 1551~1588. 본관은 양천(陽川), 자는 미숙(美叔), 호는 하곡(荷谷)이다.

137 도사공(都事公) : 이민구의 외조부이며 김확의 부친인 김대섭(金大涉, 1549~1594)으로, 본관은 안동(安東), 자는 사정(士亭)이다. 의금부 도사(義禁府都事)를 역임하였다.

였다. 의인(宜人) 심씨(沈氏)는 반드시 남편의 뒤를 따라 죽을 것이라고 스스로 맹세하고 15년 동안 한결같이 거친 죽만 먹으면서 수도 없이 가슴을 치며 통곡하였다. 외숙께서도 15년 동안 한결같이 곁에서 어머니를 부축하며 질대(絰帶)를 벗지 않고 봉양하였다. 이윽고 어머니 상을 당하자 반함(飯含)과 염습(殮襲)으로부터 관을 꾸미고 반장(反葬)하는 일, 묘역을 조성하고 위토(位土)를 마련하는 일까지 한결같은 정성으로 진행하여 게을리하지 않았다. 이런 사정 때문에 과거에 응시하지 못하다가 무오년(1618, 광해군10)에야 비로소 합격하여 성균관에 소속되고 광흥창 봉사(廣興倉奉事)를 겸임하였다. 광흥창의 관원은 으레 창리(倉吏)에게 날마다 물건을 바치도록 요구하였고, 창리는 이를 핑계로 이끗을 챙기거나 때로는 약점을 잡아 농락하기도 했는데, 공이 그 잘못된 점을 일체 개혁하였다.

임술년(1622)에 원수(元帥) 문익공(文翼公) 한준겸(韓浚謙)[138]의 종사관으로 부임하였는데, 도착해 보니 강이 얼음으로 뒤덮여 있었다. 오랑캐 장수가 장차 의주(義州)를 크게 칠 것이라고 정탐꾼이 보고하고 또 그 날짜까지 말하니 군사들이 모두 두려워하였는데, 공은 직접 가서 군사들을 살피겠다고 요청하였다. 이미 길을 나선 뒤에 원수께서 문서를 통해 경솔하게 전진하지 말라고 지시하였다. 그러나 공은 망설이지 않고 곧장 전진하였는데, 여러 성의 군사들이 이미 현문(縣門)을 나선 상태였다. 성을 지키는 사람들이 외쳐 말하기를 "종사관께서는 문관인데도 위태로운 가운데 난관을 무릅쓰고 계시니, 갑옷을 입은

138 한준겸(韓浚謙) : 1557~1627. 본관은 청주(淸州), 자는 익지(益之), 호는 유천(柳川)이다.

사람은 직분을 다하다 죽을 뿐이다."라고 하였다. 공이 닷새를 머무르고 더욱 차분하게 말하기를 "내가 만약 서둘러 나간다면 군사들의 마음이 흔들릴 것이다."라고 하였다. 원수공(元帥公 한준겸(韓浚謙))께서 그 아량(雅量)을 칭찬하고 조정에 보고하였다.

계해년(1623, 인조1)에 처음 인사가 시행될 때, 좨주 정엽(鄭曄)[139] 공이 공을 천거하여 학무(學務)를 관장하게 하였다. 공이 말하기를 "이것은 일 아닌 것이 없다."라고 하고, 곳에 따라 계획을 잘 마련하여 낡고 무너진 재사(齋舍)를 모두 수리하고 명륜당(明倫堂) 동쪽 협실과 정록청(正錄廳)을 중건하니, 환하게 일신되었다. 병조 좌랑(兵曹佐郞)으로 승진 임명되었다. 역적 이괄(李适)[140]이 도성을 침범하자 자전(慈殿)을 모시고 한강을 건넜는데, 수레에 참마(驂馬)가 없었으므로, 공이 타고 있던 말로 채워서 끌게 하였다.

을축년(1625)에 직강(直講), 사예(司藝), 사옹원 정(司饔院正)을 거쳐 원주 목사(原州牧使)에 임명되었다. 부임해서는 마치 자기 몸에 있는 병을 치료하듯 그 지역의 병폐를 통렬히 제거하였으며, 관사(官舍)를 수리하고 학교를 일으켜 세우는 등 온갖 일을 잘 거행하였다. 이러한 사실이 조정에 보고되자 임금께서 비단을 하사하셨다. 부임한 지 1년 뒤에 방백(方伯)의 뜻을 거슬러 파직되어 돌아왔다. 고을 사람들이 대궐에 아뢰어 계속 머물게 해달라고 요청했지만 회답이 없었다.

139 정엽(鄭曄) : 1563~1625. 본관은 초계(草溪), 자는 시회(時晦), 호는 수몽(守夢)이다. 《象村稿 卷28 鄭知事行狀》

140 이괄(李适) : 1587~1624. 본관은 고성(固城), 자는 백규(白圭)이다. 계해반정에 참여하여 정사 공신(靖社功臣) 2등에 책봉되었으나, 1624년(인조2)에 반란을 일으켰다.

정묘호란 때에 문익공(文翼公 한준겸(韓浚謙))이 세자를 모시고 남쪽으로 내려가게 되자 또 공을 종사관으로 삼으니, 사옹원 정(司饔院正)과 군자감 정(軍資監正)에 서용되었다. 이듬해 순창 군수(淳昌郡守)가 되었는데, 원주에 있을 때보다 더욱 치밀하게 정사를 시행하였다. 마침 흉년이 들었으므로 창고의 곡식을 풀어 기아에 시달리는 백성들을 먹이고 종자를 나누어 주며 농사를 권장하여 고을이 잘 다스려졌으니, 어찌 공 수형(龔水衡)만 훌륭한 사람이겠는가.[141] 가을에 방백과 친혐(親嫌)이 있다는 이유로 해임되었다. 전후로 두 고을을 다스려 모두 1년을 미처 채우지 못했지만, 고을 사람들이 돌에 새겨 선정을 베풀어 준 은혜에 감사하는 뜻을 부쳤다. 공이 별세하자 순창의 백성들이 토산물을 모아 부의(賻儀)하고, 일이 있어서 도성에 오는 주민들은 모두 찾아와 매우 슬피 곡하였다. 이것이 어찌 그렇게 하자고 약속해서 된 일이겠는가.

기사년(1629, 인조7)에 상의원 정(尙衣院正)을 거쳐 철원 부사(鐵原府使)가 되었는데, 예전의 소신대로 다스렸다. 임신년(1632)에 이르러 병을 오래 앓았는데도 차도가 없자, 도신(道臣)이 정상(情狀)을 들어 파직을 요청하였으나, 임금께서 공의 정사 솜씨를 아껴서 허락하지 않으셨다. 계유년(1633, 인조11) 봄에야 면직되었고, 마침내 그해 7월 7일에 운명하였다. 영평(永平)에 있는 종현산(鍾賢山) 동쪽 기슭

141 어찌……사람이겠는가 : 김확이 순창 군수(淳昌郡守)로서 훌륭하게 공무를 수행했으므로, 공수(龔遂)에 비견될 만하다는 말이다. 공 수형(龔水衡)은 한 선제(漢宣帝) 때에 발해 태수(渤海太守)가 되어 선정(善政)을 크게 편 공으로 특별히 수형도위(水衡都尉)로 발탁되었던 공수를 가리킨다.

정좌(丁坐)의 등성이에 장사 지내니, 도사공(都事公 김대섭(金大涉))의 묘소가 바로 그 서쪽에 있다.

생각건대 김씨(金氏)는 신라(新羅) 경순왕(敬順王)에게서 시작되었다. 그 뒤에 상락공(上洛公) 방경(方慶),[142] 척약재(惕若齋) 구용(九容)[143]이 널리 알려진 조상이다. 우리 조정에 들어와 직제학(直提學) 맹헌(孟獻)과 첨정(僉正) 자양(自讓)이 공의 6대조와 5대조이다. 고조(高祖) 휘(諱) 예생(禮生)은 청도 군수(淸道郡守)였고, 증조(曾祖) 휘 윤종(胤宗)은 경상도 병사(慶尙道兵使)였고, 조부(祖父) 휘 진기(震紀)는 활인서 별제(活人署別提)였고, 선고(先考) 휘 대섭(大涉)은 의금부 도사(義禁府都事)였다. 선비(先妣) 청송 심씨(靑松沈氏)는 청성백(靑城伯) 덕부(德符)[144]의 후손으로, 관찰사 휘 전(銓)[145]의 딸이다.

공은 몸집이 크고 기도(氣度)가 빼어나 세속의 자잘한 형식을 따르지 않았고, 피차의 경계를 설정하고서 사람을 대하지 않았다. 마땅히 해야 할 일을 만나면 주저하거나 머뭇거리지 않았다. 처음에 허씨(許氏)에게 시집간 누이가 운명하자 시신을 북쪽 땅에 묻었는데, 겨우

142 김방경(金方慶) : 1212~1300. 본관은 안동(安東), 자는 본연(本然), 시호는 충렬(忠烈)이다. 탐라에서 삼별초를 토벌하고 동쪽의 왜국을 문죄(問罪)한 공으로 상락공(上洛公)에 봉해졌다. 《陽村集 卷35 東賢事略 金中贊諱方慶》

143 김구용(金九容) : 1338~1384. 본관은 안동, 초명은 제민(齊閔), 자는 경지(敬之), 호는 척약재(惕若齋)·육우당(六友堂)이다. 《惕若齋學吟集 先君惕若齋世係行事要略》

144 심덕부(沈德符) : 1328~1401. 본관은 청송(靑松), 자는 득지(得之), 호는 노당(蘆堂)·허당(虛堂)이다.

145 심전(沈銓) : 1496~1589. 본관은 청송, 자는 숙평(叔平)이다.

네 살짜리 딸이 있었다. 공이 몸소 수천 리 길을 달려가 그 남편 허종(許宗)의 집안에 맞이하여 장사 지내고, 그 딸이 장성할 때까지 돌보아 주다가 시집보냈다. 다급한 사람에게 베풀어 주기를 마다하지 않으며 말하기를 "개와 말, 가무와 여색 때문에 선대(先代)의 사업을 망치는 사람도 있지 않은가."라고 하였다.

남원에서 패배했을 때, 총병 양원(楊元)[146]의 군대도 무너져 부상당한 사람들이 길에 넘쳐났다. 공이 수성(隋城 수원(水原)) 길가에서 죽을 쑤어 먹이니, 지친 병사들이 모두 모여들었다. 평소에 늘 손님이 있었는데, 반드시 술과 음식을 마련하여 날마다 마시며 즐겼으므로 한가롭게 노는 사람들이 모여들었다. 동음현(洞陰縣) 하류의 시냇가에 집을 지었는데, 선영(先塋)과 가까웠기 때문에 애틋한 마음에 차마 떠나지 못하였다.

병조(兵曹)에 있을 때, 낭관(郎官)이 부적격자를 천거했다며 언관(言官)이 탄핵하였지만, 천거를 주관한 사람이 머뭇거리며 사실대로 말하지 못하였다. 공이 웃으며 말하기를 "나도 그 자리에 참여하여 들었으니, 차라리 내가 그랬다고 하시오."라고 하였다. 마침내 연루되어 파직되니, 사람들이 그 장후(長厚)한 자세에 탄복(歎服)하였다.

원주 목사(原州牧使)로 있을 때, 하급 관리가 법을 어겨 처벌 받게 되자, 그의 아버지가 노하여 말하기를 "이와 같은 관리가 있는데, 네가 신명(神明)을 속였으니 첫 번째 죄이고, 나쁜 짓을 하여 형벌을 받아 내가 물려준 몸을 훼손하였으니 두 번째 죄이고, 사람들이 장차 아무개

146 양원(楊元) : 임진왜란 당시 파견된 명나라 부총병으로, 1597년(선조30) 남원성 전투에서 패배하였다.

관리의 아들이 관에 죄를 지었다고 수군대서 나로 하여금 고을 사람들을 보기가 부끄럽게 하였으니 세 번째 죄이다."라고 하였다. 이웃 사람들을 모아 놓고 아들을 매질하니, 세상 사람들이 오우(吳祐)[147]에 비유하였다고 한다.

아아, 외숙은 일찍 사림(士林)들과 어울려 아름다운 명예가 성대하였다. 자신을 다스리는 데는 명예(名譽)와 절개(節槪)를 스스로 힘썼고, 정사에 임해서는 선교(善敎)로써 사람들을 이끌었으니, 자신을 단속하고 사람을 다스리는 데 시행하는 것마다 마땅하지 않은 것이 없었다. 그러나 어려운 때를 만나 자신의 능력을 백에 하나도 발휘하지 못하였다. 세상 사람들은 바야흐로 목숨을 걸고 부귀를 탐하느라 아첨하며 빌붙고 있는데, 공의 발자취는 세도가의 문에 들어가지 않았고, 공의 이름은 권력자의 입에 오르지 않았다. 겸손하게 본분을 지키며 불우하게 살다가 세상을 마쳤으니, 누가 허물을 잡아낼 수 있겠는가.

부인 동래 정씨(東萊鄭氏)는 우의정 휘 언신(彦信)[148]의 딸이다. 엄정하고 의젓하며 차분하고 전일하였으며, 말수가 적고 행동이 간결하

147 오우(吳祐) : 후한 순제(後漢順帝) 때 사람으로, 자는 계영(季英)이다. 효렴(孝廉)으로 관직에 나아가 제상(齊相)에까지 이르렀다. 어느 날 그의 속관(屬官) 손성(孫性)이 몰래 백성의 돈을 거두어 아버지에게 옷을 사다 드리자, 그 아버지가 노하여 "상관이 이처럼 청렴한데, 어찌 차마 속일 수 있겠는가.〔有君如是, 何忍欺之.〕"라고 하며, 자수하여 벌을 받기를 재촉하였다. 손성이 부끄럽게 여겨 옷을 가지고 관가에 자수하니, 오우가 "하급 관리가 아버지를 위하다가 오명을 받았으니, 이른바 허물을 보면 인을 안다는 경우이다.〔掾以親故受汚穢之名, 所謂觀過斯知仁矣.〕"라고 하면서 옷을 돌려보냈다고 한다.《後漢書 卷94 吳祐列傳》

148 정언신(鄭彦信) : 1527~1591. 본관은 동래(東萊), 자는 입부(立夫), 호는 나암(懶庵)이다.

여 대문을 넘지 않고 창을 통해 엿보지 않았으니, 시집오기 전부터 이미 이와 같았다. 친척들이 초청하면 반드시 사정을 들어 사양하였는데, 연세가 높아졌을 때에도 이와 같이 하였다. 의정공(議政公 정언신(鄭彦信))의 조복이 낡아 해지자 밤에 불을 밝히고 새 옷을 손수 지었는데, 날이 밝기도 전에 일을 끝마치니, 의정공이 그 민첩한 솜씨에 감탄하였다. 배필을 신중하게 골라 공에게 시집와서는 부모를 섬기던 자세로 시부모를 섬기니, 시부모께서 그 봉양에 만족하였다.

우리 형제와 부인의 여러 조카들이 날마다 앞에서 놀며 모셨는데, 하루라도 길쌈이나 바느질을 하지 않으면서 날을 보내는 모습을 본 적이 없었다. 사랑채에는 손님들이 자리에 가득하였는데, 안주와 술이 하루라도 준비되지 않은 것을 보지 못하였다. 대개 의정공이 손님을 좋아하여 평소 음식을 차릴 때 부인이 주관하였으므로 가르침을 통해 익혔던 것이다. 새벽에 일어나 집안일을 다스리면 종들이 머리를 숙이고 할 일에 대해 들었는데, 지시하는 것이 법도가 있었고 늘리고 줄이는 데 제도가 있었다. 처음에 공은 대대로 이어온 선비의 집안이라 가난하여 넉넉하지 않았으나 가도(家道)가 성립되어 향당의 사람들이 부자로 일컬은 것은 부인이 집안을 잘 다스렸기 때문이다.

큰오라버니 도헌공(都憲公)[149]이 첩실에게 집안 살림을 맡겼으므로, 매번 의정공의 기일이 되면 제사 물품을 준비하여 올리면서 말하기를 "어찌 나의 아버지로 하여금 첩실의 제사를 받게 하겠는가."라고 하였다. 여동생이 가난하였으므로 조석(朝夕)으로 먹을거리를 가져다 쓰

149 도헌공(都憲公) : 정언신의 아들 정협(鄭協, 1561~1611)으로, 본관은 동래, 자는 화백(和伯), 호는 한천(寒泉)이다.

게 하였는데, 마치 맡겨 놓은 물건을 찾아가듯이 하게 하였다. 그녀의 자녀와 서제(庶弟)의 딸까지 모두 길러서 시집보냈지만, 부인에게 이런 일은 사소한 것에 불과하였다. 64세 되던 신미년(1631, 인조9) 6월에 운명하였고 공과 합장하였다.

아들 하나를 두었으니 생원(生員) 정지(鼎之)이고, 정지도 아들 하나를 낳았으니 환(奐)이다. 다섯 딸은 현감 오정주(吳挺柱), 사인 송지헌(宋之獻), 이성익(李成翼), 서문도(徐文道), 홍억(洪億)에게 시집갔다. 다음과 같이 명을 짓는다.

공이 일찍 때를 만났다면	使公而早遇
넉넉히 젊은 나이로 재상에 올랐으리	優優乎黑頭廟廊
공이 늦게라도 뜻이 맞았다면	使公而晩合
부지런히 백발로 모범이 되었으리	亹亹乎黃髮典刑
젊어서는 과거에 막히고	早滯公車
만년에는 서류에 시달렸으니	晩困簿書
때를 만나지 못한 것은	得之不偶
사람의 힘이 아니라 운명이고	非人也天也
이루지 못한 원인은	失之所在
자신 때문이 아니라 시대 때문이지	非我也時也
하늘의 보답 넉넉히 받을 것이니	惟其責報而收贏
어찌 자손의 번성을 보지 않겠는가	闔胡視似續之蕃昌

정휘옹주 묘지명 병서

貞徽翁主墓誌銘 幷序

정휘옹주(貞徽翁主)는 선조의 여섯 째 딸로, 어머니는 인빈(仁嬪) 김씨(金氏)이다. 만력(萬曆) 계사년(1593, 선조26)에 해주(海州)의 행궁(行宮)에서 태어났다. 남다른 자질과 순수한 행실을 지녀, 어려서부터 여자가 지켜야 할 법도를 익혔으며, 겸하여 서사(書史)에도 해박하였으므로 임금께서 특히 사랑하셨다. 12세에 배필을 택하여 전창군(全昌君) 유정량(柳廷亮)[150] 공과 결혼하였다. 이듬해 궁을 나와 곧바로 가정(家政)을 운영하였는데, 시행하는 것이 언제나 의도(儀度)에 맞았으며, 정성을 다하여 시부모를 섬기니 내외(內外)의 종당(宗黨)들이 그 인자함을 기뻐하였다.

전창공은 영의정(領議政) 전양공(全陽公)[151]의 적손(嫡孫)으로, 번성한 가문에서 태어나 영화와 부귀가 한 시대에 우뚝하였다. 무신년

150 유정량(柳廷亮) : 1591~1663. 본관은 전주(全州), 자(字)는 자룡(子龍), 호는 소한당(素閒堂), 시호는 효정(孝貞)이다. 457쪽 각주133 참조.

151 전양공(全陽公) : 유영경(柳永慶, 1550~1608)으로, 본관은 전주, 자는 선여(善餘), 호는 춘호(春湖)이다. 호성 공신(扈聖功臣)에 녹공(錄功)되어 전양부원군(全陽府院君)에 봉해진 뒤 영의정에 올랐다. 《燃藜室記述 卷18 宣祖朝相臣》 선조 말년에 왕의 뜻을 따라 영창대군(永昌大君)을 옹립하려 하였다. 1608년(선조41) 선조가 죽기 전에 영창대군을 부탁한 유교칠신(遺敎七臣)의 한 사람이었다. 광해군이 즉위하자 대북(大北) 이이첨(李爾瞻)과 정인홍(鄭仁弘)의 탄핵을 받고 경흥(慶興)으로 유배되었다가 사사(賜死)되었다. 유생의 명단인 청금록(靑衿錄)에서 이름이 삭제되기도 하였다. 1623년(인조1) 인조반정으로 신원(伸寃)되었다.

(1608, 선조41)에 목릉(穆陵 선조(宣祖))께서 승하(昇遐)[152]하셨을 때, 간특(奸慝)하다는 죄목으로 오랫동안 폐고(廢錮)되었던 이이첨(李爾瞻)[153]은 뼈에 사무친 원한을 품고 저문 밤을 틈타 임금의 부자(父子) 사이를 이간하였는데, 전양공이 그 날카로운 칼날의 노림수에 걸려 재앙이 생사의 갈림길에 이르게 되었다. 임자년(1612, 광해군4)에 이르러 상황이 더욱 악화되어 가문이 멸족되다시피 하였다.

옹주는 전창공의 유배지인 고부(古阜)로 따라갔는데, 살림이 어려워 비녀와 귀고리를 팔아 식량과 땔감을 마련하고 몸소 요리를 하는 등 온갖 위험과 곤욕을 두루 겪었다. 8년 뒤에 공이 기장(機張)으로 이배(移配)되자, 옹주는 비로소 서울로 돌아와 여리(閭里)에서 우거하였다.

처음에 장남 참판군(參判君)[154]이 태어난 지 한 달 만에 가화(家禍)가 시작되었다. 전양공이 북쪽으로 유배 가면서 아이를 무릎 위에 올려

152 승하(昇遐) : 정성(鼎成)은 정성용거(鼎成龍去)의 준말로, 임금의 죽음을 뜻한다.《史記 卷28 封禪書》

153 이이첨(李爾瞻) : 1560~1623. 본관은 광주(廣州), 자는 득여(得輿), 호는 관송(觀松)·쌍리(雙里)이다.《燃藜室記述 卷21 光海朝文衡》 선조의 후사문제(後嗣問題)로 대북(大北)과 소북(小北)이 대립하사 대북의 영수로 정인홍과 함께 광해군의 옹립을 주장하면서, 당시 선조의 뜻을 받들어 영창대군을 옹립하려는 유영경 등 소북을 논박하였다. 이로 인해 선조의 노여움을 사서 갑산에 유배되었다가, 선조가 죽고 광해군이 즉위하면서 예조 판서에 올랐으며 대제학을 겸임하고 광창부원군(廣昌府院君)에 봉해졌다.

154 참판군(參判君) : 유심(柳淰, 1608~1667)으로, 본관은 전주(全州), 자는 징보(澄甫), 호는 도계(道溪)이다. 예조·병조·형조·공조 참판을 역임하였다.《雪峯遺稿 卷27 贈資憲大夫吏曹判書……全平君柳公墓碣銘》

놓고 옹주를 돌아보며 "슬하의 일점혈육(一點血肉)은 이 아이 뿐이니, 깊이 숨기고 보육(保育)하여 혈통을 잇기 바란다."라고 하니, 옹주가 울면서 가르침을 받았었다. 이때에 이르러 옹주가 아들에게 공부를 권면하여 성공하는 데 이르게 되었다.

계해년(1623, 인조1)에 인조(仁祖)께서 내란을 평정하고 이이첨을 죽이시니, 옹주가 시어머니를 따라가 이이첨의 시신을 보았다. 연로한 시할머니와 시어머니가 모두 집에 있으면서 한결같이 옹주의 봉양에 의지하였는데, 옷은 너무 얇거나 너무 두텁지 않고 음식은 너무 짜거나 너무 싱겁지 않도록 솜을 넣고 간 맞추는 일을 반드시 직접 알맞게 조절하였다. 제사와 명절에는 제수를 깨끗하고 풍성하게 하여 조상신이 흠향하고 복을 내리게 하였다. 하나뿐인 시누이가 가난하게 살았으므로 조석(朝夕)으로 필요한 것들을 가져가게 했는데, 마치 맡겨 놓은 것을 찾아가듯이 하게 하였다. 전창공은 남에게 베풀기를 좋아하여 구족(九族)이 모두 도움을 받았는데, 또한 옹주도 남편의 뜻을 잘 따랐기 때문에 그러했던 것이다.

새벽에 일어나 아녀자의 일을 시작하여 저물도록 쉬지 않고 일하면서 말하기를 "근면은 사람에게 값으로 따질 수 없는 보물이니, 가만히 앉아서 손을 놀린다면 어찌 만족스럽게 누릴 수 있겠는가."라고 하였다. 앓던 혈질(血疾 폐질환)이 심해져 마침내 계사년(1653, 효종4) 윤7월 14일에 운명하니, 회갑이 되는 해였다. 삼궁(三宮)[155]이 대단히 슬퍼하여 부의(賻儀)를 하고 조회를 멈췄으며, 중관(中官)을 보내 상사(喪事)를 감호(監護)하게 하였다. 양주(楊州) 도봉산(道峯山) 계향

155 삼궁(三宮) : 삼전(三殿)과 같은 말로, 왕대비전·대전·중궁전을 말한다.

(癸向)의 등성이에 예장(禮葬)하였다.

아들 둘을 두었으니, 장남 심(淰)은 곧 참판군(參判君)이고, 차남 흡(潝)[156]은 군수이다. 딸 둘을 두었으니, 장녀는 진사 이중규(李重揆),[157] 차녀는 학유(學諭) 정화제(鄭華齊)[158]에게 출가하였다. 참판은 아들 여섯을 두었으니, 이태(以泰), 이겸(以謙), 이승(以升),[159] 이정(以井), 이복(以復), 이절(以節)이다. 딸 다섯을 두었으니, 네 딸은 각각 강만석(姜萬碩), 박순(朴純),[160] 심남(沈枏),[161] 정내상(鄭來祥)[162]에게 출가하였고, 하나는 아직 어리다. 군수는 아들 둘을 두었으니, 이진(以震), 이정(以鼎)이다. 딸 둘을 두었으니, 하나는 정수민(鄭洙閔)에게 출가하였고, 하나는 어리다. 진사(進士 이중규(李重揆))는 아들 둘을 두었으니, 현상(玄賞)과 현형(玄夐)이다. 학유(學諭 정화제(鄭華齊))는 아들 셋을 두었으니, 도현(度玄), 도홍(度弘)이며, 하나는 어리다. 딸 셋을 두었으니, 김문원(金文遠), 조이수(趙頤壽), 한종운(韓宗運)에게 출가하였다. 다음과 같이 명을 짓는다.

156 유흡(柳潝) : 1611~? 본관은 전주(全州), 자는 화보(和甫)이다.

157 이중규(李重揆) : 1614~1636. 본관은 선주, 자는 군수(君綏)이다. 이민구의 둘째 아들이다.

158 정화제(鄭華齊) : 1618~1674. 본관은 동래(東萊), 자는 서망(西望)이다.

159 유이승(柳以升) : 1638~? 본관은 전주, 자는 중진(仲進), 호는 동호(東湖)이다. 《西堂私載 卷7 尙州牧使柳公墓碣銘》

160 박순(朴純) : 1632~? 본관은 밀양(密陽), 자는 자수(子粹)이다.

161 심남(沈枏) : 1634~? 본관은 청송(青松), 자는 대재(大材)이다.

162 정내상(鄭來祥) : 1643~1717. 본관은 동래, 대숙(大叔)이다.

왕희는 귀한 신분이라	王姬處貴
총애를 믿으면 흉하기도 하니	怙寵則凶
훌륭하신 정휘옹주는	貞徽之懿
마음에 새겨 스스로 낮추었네	宅心能降
일찍 집안의 환난을 만났지만	夙罹家難
남들 돕기를 평생 거듭하며	外播終申
효도하고 순종하자	旣孝旣順
복록 이르렀지	福履攸臻
융성하고 넉넉하며	豐隆優衍
자손들 많으니	子孫多有
삼궁이 높여서	三宮稱尊
세모라 하였지	曰維世母
긴 언덕 높은 곳에	脩壟巍峨
먼저 돌아가 남편을 기다리니	先歸待合
대대손손	百世在後
큰 복이 영원히 이어지길	洪休永襲

익위사 부솔 한군 묘지명 병서

翊衛司副率韓君墓誌銘 幷序

세자익위사 부솔(世子翊衛司副率) 한후기(韓後琦) 군의 자(字)는 치규(稚圭)이다. 청주 한씨(淸州韓氏) 휘(諱) 난(蘭)[163]은 고려(高麗) 태조(太祖)를 돕고 태사(太師)의 지위에 올랐는데, 그 뒤로 대대로 빛나는 훌륭한 가문이 되었다. 우리 조정에 들어와 휘 상경(尙敬)[164]은 개국 공신(開國功臣)에 책훈(策勳)되었고, 관직은 영의정에 올랐으며 서원부원군(西原府院君)에 봉해졌다. 5대를 지나 휘 형윤(亨允)[165]은 형조 판서(刑曹判書)를 지냈는데, 군(君)의 고조(高祖)이다. 생원(生員) 휘 유(維), 충의위(忠義衛) 휘 희성(希誠), 참봉(參奉) 휘 철(哲)은 곧 군의 3대 조상들이다. 선비(先妣) 전주 이씨(全州李氏)는 증(贈) 예조 판서(禮曹判書) 행 호군(行護軍) 경린(景麟)[166]의 딸이다.

군은 경진년(1640, 인조18)에 정릉 참봉(靖陵參奉)에 임명되었다가 제용감 봉사(濟用監奉事)로 자리를 옮겼다. 그 후 부솔(副率), 내자시

163 한난(韓蘭) : 청주 한씨(淸州韓氏)의 시조로, 고려가 삼한을 통합하는 데 공을 세워, 삼중대광태위(三重大匡太尉)에 올랐다. 《松齋集 卷4 諡狀》

164 한상경(韓尙敬) : 1360~1423. 본관은 청주(淸州), 자는 숙경(叔敬), 호는 신재(信齋)이다. 380쪽 각주3 참조.

165 한형윤(韓亨允) : 1470~1532. 본관은 청주, 자는 신경(信卿)이다. 1526년(중종21) 겨울에 형조 판서에 임명되었다. 《國朝人物考 韓亨允 行狀》

166 이경린(李景麟) : 1533~? 본관은 전주(全州), 자는 응성(應聖)이다.

봉사(內資寺奉事), 전설사 별검(典設司別檢), 의금부 도사(義禁府都事), 사도시 직장(司䆃寺直長), 전옥서 참봉(典獄署參奉)에 차례로 임명되었으니, 이것이 18년간 군이 역임한 관직의 이력(履歷)이다.

군은 집안에서는 법도에 어긋나는 행동을 하지 않았으며 관직에 나가서는 맡은 직책을 충실히 수행하였으니, 군이 한직에 있는 것을 안타깝게 생각하는 사람들이 많았다. 그러므로 여러 차례 좌절되었어도 다시 등용되었는데, 탐탁찮게 생각하는 사람들이 가혹하게 허물을 만들었으므로 임명되자마자 곧바로 해임되곤 하였다.

국가의 제도에 의하면 음사(蔭仕)로 관직에 들어온 사람은 자격과 이력을 헤아려 6품이 된 뒤에야 낭리(郎吏)를 맡고 고을 수령으로 나갈 수 있었다. 군이 전후로 역임한 것을 감안하면 거의 낭리와 고을 수령이 될 것 같았는데, 될 듯 될 듯하였지만 불우하게 살다가 마침내 계묘년(1663, 현종4) 6월에 58세로 세상을 운명하였으니, 미관말직조차도 미칠 수 있는 한계가 있는 것이란 말인가.

고양(高陽)의 용복(龍伏) 등성이 해좌(亥坐)에 안장하고, 부인 안동 권씨(安東權氏)를 합장하였다. 아들 셋을 두었다. 장남 부사(府使) 석(瀩)은 딸 하나를 낳았는데, 원상고(元尙古)에게 출가하였다. 차남 영(濴)과 막내 협(浹)은 모두 아들을 둘씩 낳았는데, 그 아들들은 모두 어리다. 다음과 같이 명을 짓는다.

환로에서 공업 이루지 못함은	宦不成業
사람 탓이지 하늘 탓 아니지만	人也非天
겨우 요절 면했다 할 만큼 살았으니	壽纔免夭
앗아감이 어찌 그리 지나친가	其奪胡偏

내 그 무덤에 명을 새기노니	我銘其幽
부디 길이 전해지기를	庶永于傳

관찰사 오공 묘지명 병서
觀察使吳公墓誌銘 幷敍

대대로 덕망이 높은 가문은 중간에 반드시 쌓기는 두텁게 하고 쓰기는 적게 하여 후손들의 복록을 넉넉하게 하는 사람이 반드시 있기 마련이다. 이것은 좌계(左契)를 가지고 있으면 반드시 배상을 받는 것과 같다.[167] 생각건대 관찰사(觀察使) 오공(吳公)은 관대하고 화락하며 부드럽고 온화하였으니, 크게 보상을 받을 만하였다. 하지만 조정에 크게 쓰일 인재라는 평가를 받았으면서도 나이와 지위는 공의 덕(德)에 비해 만족스럽지 못했으니, 이야기하는 사람들이 한스럽게 여겼다. 비록 그렇지만 공이 운명한 뒤에 자손들이 더욱 번성하여 영화와 존귀함이 한 시대에 우뚝하였으니, 군자들이 또 이것을 통해 천도(天道)를 알 수 있었다.

공의 휘(諱)는 단(端), 자는 여확(汝擴)이다. 선대에 대승(大陞)이 처음 동복(同福)에 살았는데, 돌을 쪼아 48개의 등을 만들고 밤마다 반드시 하늘에 예를 올리니, 오씨 가문이 비로소 드러나게 되었다. 참의(參議) 천경(天經)에 이르러 비로소 배천(白川)에서 노년을 보냈는데, 자손들이 그곳의 반월강(半月岡)에 장사하였으니, 공에게 8대조

167 이것은……같다 : 증표를 가지고 있으면 반드시 배상을 받을 수 있는 것처럼, 조상이 음덕을 쌓으면 그 자손이 반드시 하늘의 보답을 받아 복을 누리게 된다는 말이다. 좌계(左契)는 좌권(左券)과 같은 말로, 둘로 나눈 부신(符信) 가운데 왼쪽 것을 의미한다.

가 된다. 다시 5대를 지나 직장(直長) 휘 극권(克權)이 증조(曾祖)이다. 이분이 공의 조부(祖父) 직장(直長) 증(贈) 영의정(領議政) 휘 세현(世賢)을 낳았다. 이분이 공의 선고(先考) 이조 참판(吏曹參判) 증(贈) 우의정(右議政) 휘 백령(百齡)[168]을 낳았으니, 제주 고씨(濟州高氏)에게 장가들어 만력(萬曆) 임진년(1592, 선조25)에 공을 낳았다.

공은 어려서부터 삼가고 조심했으며 고상하고 엄정하였다. 성장해서는 침착하고 심원하여 국량과 품격이 있었으니, 몸가짐을 순정하게 갖추어 스스로 너그럽고 점잖은 사람이 되려고 노력하였다. 의정공(議政公 오백령(吳百齡))은 이미 독실한 행실로 명성이 있었고, 백씨(伯氏) 참찬공(參贊公 오억령(吳億齡))과 함께 조정에서 두각을 나타냈다. 거기다가 공의 형제와 종형(從兄) 셋도 전후로 조정에 출사하여 모두 옥당(玉堂)에 몸담고 있었으나, 복덕(福德)은 모두 공에게 모이고 있었다.

기미년(1619, 광해군11)에 생원시(生員試)와 진사시(進士試)에 합격하였다. 갑자년(1624, 인조2)에 음직(蔭職)으로 직장(直長)이 되었다. 그해 겨울 인조(仁祖)께서 시학(視學)[169]하셨는데, 공이 병과(丙科)로 합격하고 전적(典籍)에 임명되었다. 제조(諸曹)의 좌랑(佐郎), 병조(兵曹)와 호조(戶曹)의 정랑(正郎)을 거쳐, 시종신(侍從臣)의 반열에 들어가 정언(正言)이 되었다. 지평(持平)에 아홉 번, 사서(司書)에 네 번, 수찬(修撰)과 교리(校理)에 열 번, 장령(掌令)에 세 번 임명

168 오백령(吳百齡) : 1560~1633. 본관은 동복(同福), 자는 덕구(德耉), 호는 묵재(默齋)이다.《東州集 文集 卷10 吏曹參判吳公墓碣銘 幷序》

169 시학(視學) : 봄과 가을에 임금이 몸소 태학(太學)에 거둥하여 선성(先聖)에게 제사를 올리고 나서 제생(諸生)들을 고시(考試)하던 제도이다.

되었다. 산질(散秩)과 만국(漫局)[170]의 이력은 생략한다.

기사년(1629, 인조7)에 필선(弼善)을 거쳐 개성 경력(開城經歷)이 되었다. 너그럽고 간략하여 고을을 다스림에 까다롭지 않았으므로 아전과 백성들이 편안하게 여겼다. 1년 만에 훌륭한 정사가 이루어지니, 교리(校理)에 임명하여 조정으로 불러들였다. 공이 개성에서 백성들에게 남긴 사랑과 은혜는 사실대로 돌에 새겨졌다. 예전에 참찬공(參贊公)이 개성 유수(開城留守)로 재직하면서 은혜로운 정사를 펼쳤는데,[171] 이때에 이르러 큰 비석이 나란히 서게 되었으니, 길 가는 사람들도 반드시 경의를 표하였다.

신미년(1631)에 계모 양 부인(梁夫人)의 상을 당하였다. 의정공(議政公 오백령(吳百齡))이 이때에 연로하여, 돌보아 주는 사람이 있어야만 편안히 지낼 수 있었다. 그러므로 공이 의정공에게는 혼정신성(昏定晨省)의 봉양을 다하고 계모의 영전에는 궤전(饋奠)을 올려, 양쪽에 마음과 예절을 극진하게 하였다. 겨우 삼년상을 마쳤는데, 의정공이 운명하셨다. 공이 죽만 먹으며 너무 슬퍼한 나머지 몸이 상할 정도였으니, 비통해하는 모습이 사람들을 감동시켰으나, 결국 말질(末疾)[172]의 원

170 산질(散秩)과 만국(漫局) : 실직(實職)은 없이 관품(官品)만 있거나 자잘한 업무를 담당하는 벼슬을 가리키는 말이다.

171 참찬공(參贊公)이……펼쳤는데 : 오단(吳端)의 백부 오억령(吳億齡)이 개성 유수(開城留守)로 있으면서 선정을 베푼 것을 말한다. 장유(張維)의 글에 "개성부 유수로 나갔는데, 비정을 통렬히 개혁하여 고달픈 백성들에게 생기를 불어넣는 동시에 방치되어 있던 모든 일들을 다 거행하였으므로 잘 다스린다는 소문이 널리 퍼졌다.……비석을 세워 훌륭한 정사를 칭송하였다.〔出爲開城府留守, 痛革秕政, 以蘇凋瘵, 百廢俱擧, 治理流聞.……又伐石立碑, 以頌美德政.〕"라고 하였다. 《谿谷集 卷11 故議政府右參贊吳公墓誌銘》

인이 되었다.

갑술년(1634, 인조12)에 인평대군(麟坪大君)이 공의 딸에게 장가들어 부인으로 삼았는데, 공은 상제(喪制)를 지키느라 감히 빈주(賓主)의 예를 갖추지 못하였다. 집안사람들을 경계하여 "한미한 집안이 왕가와 혼인하니, 영광스러운 일이 아니라 두려운 일이다."라고 하고, 검소하게 예법에 따라 혼례를 치렀다. 상기(喪期)를 마치자 말과 비단을 하사받았다. 겸양이 지나쳐서[173] 여러 차례 태복시 정(太僕寺正), 장령(掌令), 교리(校理)에 임명되고, 세자시강원 문학(世子侍講院文學)을 겸임하게 되었으나, 그때마다 물러나서 청요직(淸要職)에 있으려 하지 않았다. 소장을 올려 임금의 몸을 보호하고 군진을 설치하여 적을 방어하는 합리적 방법을 말하였는데, 그에 대한 비답(批答)을 받았다.

병자년(1636, 인조14) 봄에 인열왕후(仁烈王后)[174]의 산릉(山陵)이 완성되었다. 빈전도감(殯殿都監)의 노고를 인정받아 통정대부(通政大夫) 동부승지(同副承旨)에 승진하였고, 외직으로 나아가 전주 부윤(全州府尹)이 되었다. 그해 겨울에 임금께서 남한산성으로 병란(兵亂)을 피하셨는데, 오랑캐의 세력은 날로 거세졌다. 전라도 관찰사(全羅道觀察使)가 군대를 거느리고 북상(北上)하면서 공에게 업무를 위임하였

172 말질(末疾) : 사지가 저리고 마비되는 증상의 병을 말한다.

173 겸양이 지나쳐서 : 구루(傴僂)는 공손한 자세를 말한다. 《춘추좌씨전》 소공(昭公) 7년 기사에 "대부가 되면 고개를 숙이고, 하경이 되면 등을 구부리고, 상경이 되면 몸을 구부린다.〔一命而僂, 再命而傴, 三命而俯.〕"라고 하였다.

174 인열왕후(仁烈王后) : 1594~1635. 청주 한씨(淸州韓氏)로 한준겸(韓浚謙)의 딸이다. 1635년(인조13) 42세의 늦은 나이에 출산을 하다 병을 얻어 타계하였다. 경기도 파주시 탄현면 갈현리 장릉(長陵)에 인조와 합장되었다. 422쪽 각주81 참조.

다. 남쪽 지방은 예부터 드센 사람들이 많았는데, 변란을 틈타 소동을 일으켜 떼를 지어 다니며 사나움을 일삼으니, 전주부(全州府)가 거의 혼란에 빠져들 지경이었다. 그러나 공이 사태에 따라 어루만지고 달래서 마침내 진정되었다. 어떤 아전이 공의 부탁을 받고 일을 하다가 문득 지시사항을 어기게 되었는데, 이에 말하기를 "늙은 내가 어진 부윤을 저버렸으니, 무슨 낯으로 뵐 수 있겠는가."라고 하고는 스스로 목을 매 죽었다.

무인년(1638, 인조16) 여름에, 호서 관찰사(湖西觀察使)에 임명되었는데, 전주부의 백성들이 공을 떠나지 못하도록 잡으려다가 뜻대로 되지 않자 성안에 비(碑)를 세웠다. 얼마 뒤에 어떤 사람의 견제를 받아 부임하지 못하고, 황해 감사(黃海監司)로 옮겨 임명되었다.[175] 황해도에는 청나라 사신들이 잇따라 오갔으므로 사람과 가축이 빈번히 죽어나갔다. 공이 살아있는 백성들을 이롭게 하고 죽은 사람들을 걱정하느라 오랜 기간 밤낮으로 근심하고 부지런히 일하다가 오래된 병이 도졌다. 세 번 소장을 올려 사직을 요청하니, 이에 해임되어 조정으로 돌아올 수 있었다. 거듭 승지(承旨)와 예조 참의(禮曹參議)에 임명되었으나, 모두 휴가를 요청하여 면직되었다.

어느 날 병세가 심해졌는데, 의원을 부르지 못하게 하며 말하기를 "수명의 장단은 운명에 달린 것이다."라고 하고, 집안 여인들을 나가게 하고서 마침내 운명하였으니, 경진년(1640) 5월의 일이었다. 궁궐에서 의복과 황장목(黃腸木)을 하사하여 염하게 하였다. 고양(高陽)의

175 황해 감사(黃海監司)로 옮겨 임명되었다 : 《인조실록》 16년 12월 5일 기사에 오단을 황해 감사로 삼았다는 기록이 보인다.

만월강(滿月岡)에 안장하였고, 의정부 우의정(議政府右議政)에 증직되었다.

공은 넓은 도량과 원대한 자질을 지녀 백성을 다스리고 구제하는 데에 넉넉히 능력이 있었다. 그러나 갈무리하여 내면에 간직한 것이 많았음에도 불구하고 발휘하여 시행한 것은 적었으니, 때를 만났지만 그 길을 다 가지 못하였고, 여러 관직을 역임하였으나 그 능력을 다 쓰지 못하였다. 아아, 먼 길을 가는 사람은 다리 힘을 다 쓰지 않고, 재화를 축적하는 사람은 쌓아 놓은 것을 다 비우지 않는 법이다. 주기도 하고 빼앗기도 하며, 남게도 하고 부족하게도 하며, 가득하면 흘러가게 하고 겸손하면 더해주기도 하나니,[176] 하늘이 사람의 운명을 공교롭게 조절하는 것이 또한 너무 심하도다.

부인 청송 심씨(靑松沈氏)는 이조 판서(吏曹判書) 휘 액(詻)의 딸이다. 5남 4녀를 두었으니, 정일(挺一)은 대사헌(大司憲)이고, 정원(挺垣)은 승지(承旨)이고, 정위(挺緯)는 참의(參議)인데, 이들은 모두 문과(文科)에 급제하였다. 정벽(挺壁)은 요절하였고, 정창(挺昌)은 진사(進士)이다. 장녀는 도사(都事) 이상정(李象鼎)에게 시집갔고, 차녀는 곧 인평대군(麟坪大君)의 부인이며, 셋째와 넷째 딸은 진사(進士) 이수번(李粹蕃)과 유이태(柳以泰)에게 각각 출가하였다. 대사헌(大司憲 오정일(吳挺一))은 7남 2녀를 두었으니, 시태(始泰)와 시익(始益)과 시겸(始謙)은 모두 진사(進士)이고, 시정(始鼎)은 요절하였고, 시진

176 가득하면……하나니 : 《주역》 〈겸괘(謙卦) 단(彖)〉에 "하늘의 도는 가득 찬 것을 이지러지게 하여 겸손한 데로 보태 주고, 땅의 도는 가득 찬 것을 변하게 하여 겸손한 데로 흐르게 한다.〔天道, 虧盈而益謙, 地道, 變盈而流謙.〕"라고 하였다.

(始震)과 시항(始恒)과 시만(始萬)은 유학을 공부한다. 딸들은 사인(士人) 정종상(鄭宗祥)과 진사(進士) 강석신(姜碩臣)에게 출가하였다. 승지(承旨 오정원(吳挺垣))는 4남 4녀를 두었으니, 시수(始壽)는 지평(持平)이고, 시대(始大)는 유학을 공부한다. 딸은 진사 민홍도(閔弘道)에게 시집갔다. 도사(都事 오정창(吳挺昌))는 4남을 두었으니, 윤협(允協)과 윤적(允迪)이다. 인평대군(麟坪大君)은 5남 3녀를 두었으니, 복녕군(福寧君) 욱(栯)과 복창군(福昌君) 정(楨)이다. 여기 기록하지 않은 친손과 외손들은 모두 어리다.

이처럼 많은 자손들이 모두 빼어난 자질을 지녀 그 가문에 걸맞았다.[177] 이것은 대개 공이 쌓은 음덕이 넉넉하니, 그 발복(發福)이 반드시 큰 것이다. 하늘이 앎이 없다고 하는 것은 또한 이미 거짓이리라. 다음과 같이 명을 짓는다.

적벽이 남쪽에 병풍처럼 둘러 있고 　赤壁南屛
배천이 서쪽으로 돌아 흐르니[178] 　白川西滙

177 모두……걸맞았다 : 오단의 자손들이 모두 훌륭하여 가문의 명성에 부합한다는 말이다. 한유(韓愈)의 글에 "어린 아들은 아름답고 예쁘며 고요하고 빼어나 옥가락지, 옥귀고리와 같고 난초 싹이 돋아난 듯하였으니, 그 집안의 아들에 걸맞았다.〔幼子娟好靜秀, 瑤環瑜珥, 蘭茁其芽, 稱其家兒也.〕"라고 하였다. 《古文眞寶後集 卷4 殿中少監馬君墓銘》

178 적벽(赤壁)이……흐르니 : 오단의 관향(貫鄕)은 동복(同福)이고, 배천으로 옮겨서 살았기에 한 말이다. 적벽은 동복에 있는 명승지이다. 《만기요람(萬機要覽)》 군정편(軍政篇) 〈관방(關防) 전라도(全羅道)〉 기사에 "동복의 옹성산에는 바위 셋이 있는데, 독처럼 생겼기 때문에 옹성산이라 합니다.……성 안엔 일곱 군데의 우물이 있는데 수량이 그다지 풍부하지는 못하지만, 서쪽 봉우리 아래에서 몰래 적벽으로 통하는 길이

일어나기도 하고 옮겨 살기도 하며 或發或遷
경사가 여기에 모였네 慶鍾斯會
공이 선세의 복을 이었으니 公承世胙
그 가문 더욱 번창했지 益昌其門
평탄한 길도 멀리 달려가면 夷塗遠駕
어찌 어렵지 않겠는가 何往不蹇
부절 잡고 지방 순시하며 巡方杖節
그 능력 다 발휘하지 못했지 莫訖其庸
내면에 쌓은 것을 미루어 推其內積
집에 모범 보인 것은 많았네 視家則豐
온갖 복을 받아 受以百福
자손이 집안에 가득하고 子孫盈室
귀한 왕손도 王孫之貴
공에게서 나왔도다[179] 謂公自出
황하가 넓고 태산이 높아도 河洪岱崒
근원 있고 기반 있듯이 有源有基
대인이 몸을 닦아 大人褆躬
아아 후세에 길이 드리웠네[180] 於永厥垂

있습니다.〔同福甕城山, 有三巖形如甕, 故名.……城中有七井, 不甚豐足, 而西峰之下, 潛通赤壁.〕"라고 하였다.

179 귀한……나왔도다 : 인평대군(麟坪大君)이 오단의 둘째딸과 결혼하였기에 한 말이다.

180 대인이……드리웠네 : 오단이 덕을 쌓아 후손들에게 남은 경사가 있게 했다는 말이다. 제궁(褆躬)은 제신(褆身)과 같은 말로, 수신(修身)을 의미한다. 양웅(揚雄)의

진실한 마음 아니면 어찌 지켜내며　　非沖胡守
검소한 태도 아니면 어찌 넉넉하랴　　非約胡裕
이것을 후손들에게 밝게 보이나니　　昭玆來裔
공경히 그 바른 자취 따를지어다　　式遵矩武

《법언(法言)》〈수신〉에 어떤 사람이 "선비가 어떻게 해야 몸을 평안히 할 수 있습니까?〔士何如, 斯可以禔身.〕"라고 묻자, "마음속이 크고 깊으며 외면이 엄숙하고 법도가 있으면 몸을 평안히 할 수 있다.〔其爲中也弘深, 其爲外也肅括, 則可以禔身.〕"라고 대답한 내용이 보인다.

홍문관 직제학 홍공 묘지명 병서
弘文館直提學洪公墓誌銘 幷序

우리나라는 당(唐)나라 제도를 본떠 홍문관(弘文館)을 설치하고 유신(儒臣)을 우대하여 고문(顧問)에 대비한다. 오직 직제학(直提學)은 지극히 중요한 자리이기 때문에 까다롭게 뽑고 함부로 임명하지 않는다. 그러므로 항상 그 자리가 비게 되니, 반드시 관원수를 채우는 것은 아니다.

선조(宣祖) 재위 중반에 직제학 홍공(洪公)의 휘(諱)는 종록(宗祿), 자는 연길(延吉)이니, 문장과 행실로 저명(著名)하였다. 선고(先考) 정효공(貞孝公) 휘 담(曇)[181]으로부터 진실한 효성과 곧은 절의가 있었고, 의정부 좌참찬(議政府左參贊)으로 재직하다가 운명하였다. 공은 처음에 가학(家學)에 매진하여 각고의 노력으로 학업을 성취하였다. 정묘년(1567, 명종22) 진사시(進士試)에 합격하고 임신년(1572, 선조5)에 문과에 합격하여, 승문원 정자(承文院正字)를 거쳐 주서(注書)와 한림(翰林)에 천거되었다. 경진년(1580)에 이르러 6품 감찰(監察)이 되었다. 이로부터 제조(諸曹)의 좌랑(佐郎), 정랑(正郎), 정언(正言), 수찬(修撰), 지평(持平), 교리(校理), 헌납(獻納), 검상(檢詳), 사인(舍人), 집의(執義), 사간(司諫), 응교(應敎)를 거쳤고, 9년 동안 세

181 홍담(洪曇) : 1509~1576. 본관은 남양(南陽), 자는 태허(太虛)·귀해(貴海), 시호는 정효(貞孝)이다. 청백리에 녹선(錄選)되었으며, 효성이 지극하여 정문이 세워졌다. 《西坰集 卷7 議政府左參贊洪公神道碑銘》

번 자리를 옮겨 제사(諸司)의 정(正)을 지냈다. 무자년(1588, 선조21)에 거듭 직제학(直提學)에 임명되었다.

기축년(1589)에 전주 사람 정여립(鄭汝立)[182]이 모반(謀叛)한 죄로 죽었다. 이 일이 있기에 앞서 공이 일찍이 정여립과 동료로 지낸 적이 있었다. 그 뒤에 호남에 어사로 나가게 되자 그의 집에 들러 한 번 만난 적이 있었는데, 옥사(獄事)를 담당한 관리가 그 일로 공을 얽어 넣었다. 그러나 공은 조금도 두려워하지 않고 분명하게 답변하였다. 선조께서 감탄하며 말씀하기를 "어찌 이런 아버지를 둔 아들이 그릇된 짓을 하는 사람이 있겠는가."[183]라고 하셨다. 그럼에도 말하는 사람들이 법조항을 심하게 적용하여 구성(龜城)에 유배되었다. 공은 충효(忠孝)의 집안 전통을 계승하였으며, 스승의 가르침을 받아 조정에 나아가서도, 몸단속이 준엄하고 단정하여 조금도 흠이 없었는데, 불행히 더러운 모함에 걸려 정상(情狀)이 하나도 밝혀지지 않았으니,[184] 사람들이 기막히게 여겼다.

임진년(1592)에 왜란이 발생하자 공이 가장 먼저 사옹원 정(司饔院正)에 서용되었다. 당시 전국이 모두 전란의 피해를 입었는데,[185] 오직

182 정여립(鄭汝立) : 1546~1589. 본관은 동래(東萊), 자는 인백(仁伯)이다.

183 어찌……있겠는가 : 《선조수정실록》 23년 6월 1일 기사에 "홍담의 자손이 어찌 그럴 리가 있겠는가.〔洪曇之孫也, 豈有是理.〕"라고 말한 기록이 보인다.

184 정상(情狀)이……않았으니 : 홍종록(洪宗祿)의 억울한 사정이 밝혀지지 않았다는 말이다. 대분(戴盆)은 햇빛이 들어오지 않는 어두운 항아리 속에 있다는 말로, 모함의 실상이 밝혀지지 않은 한스러움을 뜻하는 말이다.

185 당시……입었는데 : 이 부분은 판독할 수 없는 글자가 포함되어 있으므로 문맥에 의지하여 풀이하였다.

살천(薩川 살수(薩水)) 이북 지역만 다행히 온전하였다. 그러나 명나라 군대가 장차 파병되려는 상황이었으므로 군량(軍糧)[186] 마련이 시급하였다. 서애(西厓)[187] 상공(相公)이 공을 종사관으로 발탁하여 군량 마련을 위임하였다. 공이 험난하고 외진 곳까지 두루 출입하며 정성을 다해 유시(諭示)하고 모아, 주요 주군(州郡)에 조달한 곡식이 2,000석이었다. 조정의 논의가 더욱 공에게 의지하여 일을 이루고자 하여 초유어사(招諭御史)에 임명하고, 얼마 뒤에 조도사(調度使)에 승진시켰다.

그해 가을에 정효공(貞孝公 홍담(洪曇))의 부인이 이천(伊川)으로 왜구를 피했다가 여관에서 운명하였다.[188] 귀양살이와 전란으로 떨어져 지냈기 때문에, 어머니께서 살아계실 때는 봉양하지 못하였고 돌아가셨을 때는 반함(飯含)도 하지 못하였다. 이로 인해 지극한 슬픔이 골수에까지 맺혀 밤이나 낮이나 슬피 울다가, 마침내 계사년(1593, 선조26) 3월에 운명하니 향년 겨우 48세였다. 남양(南陽)의 청명산(晴明

186 군량(軍糧) : 경계(庚癸)는 군량을 의미한다. 《춘추좌씨전》 애공(哀公) 13년 기사에 오(吳)나라 신숙의(申叔儀)가 공손유산씨(公孫有山氏)에게 양식을 구걸하자 "좋은 곡식은 없어도 거친 곡식은 있으니, 만약 수산에 올라가 '경계'라고 외치면 바로 가져다주겠다.〔粱則無矣, 麤則有之, 若登首山以呼曰, 庚癸乎則諾.〕"라고 대답한 내용이 보인다. 그 주에 "경은 서방으로 곡식을 주관하고, 계는 북방으로 물을 주관한다.〔庚西方主穀, 癸北方主水.〕"라고 하였다.

187 서애(西厓) : 유성룡(柳成龍, 1542~1607)으로, 본관은 풍산(豐山), 자는 이현(而見), 호는 서애이다. 《蒼石集 卷17 西厓柳先生行狀》

188 그해……운명하였다 : 홍담의 부인은 창녕 조씨(昌寧曺氏, 1514~1592)로, 용인현령(龍仁縣令) 조익수(曺益修)의 딸이다. 1592년(선조25) 9월 6일에 이천에서 별세하였으며, 1593년 9월에 반장하여 홍담과 합장하였다. 《西坰集 卷7 議政府左參贊洪公神道碑銘》

山) 축좌(丑坐)의 등성이에 반장(返葬)하였다.

공은 헌칠한 키에 준수(俊秀)하였으며, 표리(表裏)가 일치하였다. 독실하고 강직하여 물결에 휩쓸리듯 세속을 따르려 하지 않았다. 관직에 임해서는 의를 헤아려 한결같이 법도를 따랐으니, 당시에 공보다 뛰어난 명망을 지닌 사람이 없었다. 심지어는 서로 일러 말하기를 "자기 몸을 잊은 채 나라를 위해 목숨을 바쳐 순탄할 때나 어려울 때나 지조를 바꾸지 않으니, 마땅히 옛 사람에게서 비교할 이를 찾아야 한다."라고 하였다. 그러나 형통한 길을 순조롭게 달려가다가 중간에 잘못되어 지위는 조반(朝班)에 오르지 못하였고, 나이는 요절했다는 소리를 면하지 못하였으니, 하늘과 인간 세상에서 얻은 것이 과연 어떠한가.

정효공(貞孝公)의 상사를 치를 때, 묘소 아래에 집을 짓고 정성을 다하느라 몸이 수척해졌는데, 물 뿌리고 비질하고 제사를 올리는 등 비록 자잘한 일이라도 반드시 몸소 담당하였다. 상기(喪期)가 끝나자 좋은 음식으로 편안하게 어머니를 봉양하여, 마치 어린 아이를 보호하고 갓난아이가 어머니를 찾는 것처럼 하였다. 공무를 마치고 돌아오면 곁에서 모시는 사람에게 반드시 당일 음식을 얼마나 잡수셨는지 물었다.

평생 남에게 뇌물로 청탁하지 않았고 사람들도 옳지 않은 일을 공에게 요구하지 않았다. 다른 사람의 과실(過失)을 보면 그 앞에서 논척하여 용서하지 않았지만, 평소 생활할 때는 유순하고 또 사람들을 온화하게 대하였다.

판서(判書) 오억령(吳億齡)[189]은 공의 매제(妹弟)이다. 일찍이 말하기를 "들어가 정효공의 정훈(庭訓)을 들으면 반드시 충효(忠孝)에 근본을 둔 내용이었고, 물러나 직제학(直提學)과 어울리면 그 규모와 풍도(風度)가 또한 정효공과 같을 뿐이었다."라고 하였다. 세부(世父 백부(伯父)) 인재공(忍齋公)[190]은 다른 사람을 인정하는 데 신중하였지만, 공의 기량(器量)과 학업(學業)만은 존중하여 《강목(綱目)》 한 질을 주면서 말씀하기를 "집안을 이끄는 것은 그 중책이 너에게 있으니, 훗날 세상에 쓰일 때 마땅히 이 책에서 도움을 받을 수 있을 것이다."라고 하였다. 공이 심리(審理)를 받을 때, 우복(愚伏) 정경세(鄭經世)[191] 공도 함께 연좌되었는데, 당시 대단히 비분강개하여 살고 싶어 하지 않는 공의 모습을 보고는 노년에 이르러서도 "그 기절(氣節)이 우뚝하고 강직하여 풍상에도 흔들리지 않았으니, 사람으로 하여금 공경하게 만든다."라고 하였다.

남양 홍씨(南陽洪氏)는 금오장군(金吾將軍) 선행(先幸)이 비조(鼻祖)이고, 9대를 지나 절도사 휘(諱) 귀해(貴海)는 좌찬성(左贊成)에 증직되었으니, 곧 공의 고조(高祖)이다. 이분이 승지(承旨) 휘 형(泂)을 낳았으니, 영의정(領議政)에 추증되었다. 이분이 경력(經歷) 휘 언

189 오억령(吳億齡) : 1552~1618. 본관은 동복(同福), 자는 대년(大年), 호는 만취(晩翠)이다. 《谿谷集 卷11 故議政府右參贊吳公墓誌銘》

190 인재공(忍齋公) : 홍섬(洪暹, 1504~1585)으로, 본관은 남양(南陽), 자는 퇴지(退之), 호는 인재, 시호는 경헌(景憲)이다. 《東園集 卷2 大匡輔國崇祿大夫……江寧君洪公暹神道碑銘》

191 정경세(鄭經世) : 1563~1633. 본관은 진주(晉州), 자는 경임(景任), 호는 우복(愚伏)이다. 정여립의 사건 당시, 정여립의 생질 이진길(李震吉)을 잘못 추천했다는 이유로 의금부에 하옥된 일이 있었다. 《同春堂集 卷19 正憲大夫吏曹判書……愚伏鄭先生行狀》

광(彦光)을 낳았으니, 이조 판서(吏曹判書)에 증직되었다. 이분이 정효공을 낳았다. 선비(先妣) 창녕 조씨(昌寧曺氏)는 현령(縣令) 익수(益脩)의 딸이다.

부인 이씨(李氏)는 공정대왕(恭靖大王 정종(定宗))의 후손으로, 군수(郡守) 희의(希義)의 딸이다. 부덕(婦德)을 잘 갖추어 남편을 예로써 섬겼다. 시어머니와 공의 상사(喪事) 때 멀리 다른 고을에 있었고 여러 자식들이 모두 어렸기 때문에 부인이 홀로 상사의 큰일을 감당해야만 했는데, 염빈(殮殯)으로부터 모든 절차에 조금도 서운함이 없게 하였다. 항상 눈물을 흘리며 여러 자식들에게 이르기를 "부지런히 공부하여 명성을 이루어 선대의 사업을 망치지 않아야, 내가 죽어서 너희 아버지께 드릴 말씀이 있을 것이다."라고 하였다. 공이 운명한 지 20년 뒤에 향년 64세로 운명하여 공의 묘소 왼쪽에 안장하였다.

3남 3녀를 두었으니, 장남은 징(徵), 둘째는 부사(府使) 서(恕), 막내는 감사(監司) 헌(憲)이다. 맏딸은 판서 심집(沈諿)에게, 둘째 딸은 이형윤(李亨胤)에게, 셋째 딸은 이선립(李先立)에게 출가하였다. 장남 징은 서자(庶子) 몇 명을 두었다. 둘째 아들 부사 서는 아들 아무개를 두었는데 일찍 죽었고 세 딸은 아무개에게 시집갔다. 셋째 아들 감사 헌은 다섯 딸을 두었는데 아무개에게 시집갔고, 서자는 아무개와 아무개이며, 족자(族子) 아무개를 후사(後嗣)로 삼았다. 맏사위 판서 심집은 사간(司諫) 동귀(東龜)를 낳았다. 둘째 사위 형윤은 딸 아무개를 낳았다. 막내사위 선립은 정랑(正郎) 욱(旭)을 낳았는데, 욱의 아들은 아무개이고 사위는 아무개이다.

공이 운명하고 30여 년 뒤에 막내아들 감사 헌이 소무 공신(昭武功臣)[192]의 종훈(從勳)에 책록되었고, 또 19년 뒤에 강원도 관찰사(江原

道觀察使)로 부임하였으므로, 공이 두 번 증직되어 이조 참판이 되었다. 아아, 지금 계사년(1593, 선조26)과 70년이라는 오랜 세월이 흘렀으니, 세대가 까마득하고 사실이 멀어져 모두 징험할 수 없기에 공의 세덕(世德)과 관력(官歷)과 부인과 자손을 대략 서술하고, 다음과 같이 명을 짓는다.

돈독한 홍공은 　翼翼洪公
덕을 닦아 어긋나지 않아 　執德不骫
바른 낯빛으로 조정에 서니 　正色當朝
정효공에게 훌륭한 아들 있도다 　貞孝有子
홍문관은 엄격하고 드러난 자리라 　玉署嚴顯
여러 유신들이 모이는데 　群儒所簉
공이 넉넉하게 그 자리에 뽑혀 　公優其選
문원에 벼슬하였네 　進冠文囿
장송처럼 빼어났는데 　長松挺特
천둥과 벼락이 불시에 일어나 　霆霹不時
법망에 걸리고 말았으니[193] 　鴻罹在網
임금께서도 탄식하셨지 　聖主曰咨
죄적에서 비로소 오명 지웠지만 　丹書始滌

192 소무 공신(昭武功臣) : 1627년(인조5) 이인거(李仁居)의 난을 진압하는 데 공을 세운 인물들에게 내린 공신 칭호이다.

193 법망(法網)에 걸리고 말았으니 : 홍종록이 정여립의 옥사에 연루되어 구성(龜城)으로 귀양 간 사실을 말한다.

운명 다하여[194]	大命以傾
착하지만 보답 받지 못하니	善罔獲報
이 이치 알기 어렵구나	其理則冥
저 남양 바라보니	瞻彼南陽
실로 훌륭한 인재 묻힌 곳이라	實維瘞璧
글을 지어 무덤에 넣어	攻辭納幽
금석처럼 질정하게 하노라	以質金石

194 죄적(罪籍)에서……다하여 : 홍종록이 임진왜란 때에 서용되었지만 이듬해 운명한 사실을 말한 것이다. 단서(丹書)는 공신들에게 맹세하는 문적을 말하기도 하는데, 여기서는 죄적에 죄인의 성명을 기록하는 것을 의미한다.

지은이 **이민구(李敏求)**

1589(선조22)~1670(현종11). 지봉(芝峯) 이수광(李睟光)의 아들로, 본관은 전주(全州), 자는 자시(子時), 호는 동주(東州) 또는 관해도인(觀海道人)이다. 1612년 증광 문과에 장원하였다. 인조반정 이후 사가독서(賜暇讀書)하고, 이괄(李适)의 난에 도원수 장만(張晩)의 종사관이 되어 공을 세웠다. 내직(內職)으로 부제학, 대사성, 도승지 등을 역임하였고, 외직(外職)으로 경상도 관찰사, 강원도 관찰사, 임천군수를 지냈다. 1636년 병자호란 당시 부검찰사의 직책으로 강화도에 있었는데, 강화도 함락의 책임을 지고 평안북도 영변에 유배되어 7년, 충청남도 아산으로 이배되어 3년 동안 지냈다. 1647년 4월에 해배되었으나 서용(敍用)되지 못하고 생을 마감하였다. 고문(古文)에 뛰어나다는 평가를 받았으며, 저서로 《동주집》, 《간언귀감(諫言龜鑑)》, 《독사수필(讀史隨筆)》, 《당률광선(唐律廣選)》이 있다.

옮긴이

강원모(姜元模)

1957년 충남 예산에서 태어났다. 공주사범대학, 한국교원대학교, 충남대학교에서 교육학을 전공하였다. 현재 충남대학교 한자문화연구소 책임연구원으로 재직 중이다. 공역으로 《기려수필》, 역해서로 《얘야 논어를 읽었느냐》가 있다.

김문갑(金文甲)

1960년 충남 논산에서 태어났다. 한남대학교 대학원에서 동양철학 박사학위를 받고, 아당 이성우 선생에게 수학하였다. 현재 충남대학교 한자문화연구소 선임연구원으로 재직 중이다. 번역서로 《전례문답》, 《고산유고》 예송 관련 부분이 있다.

오승준(吳承峻)

1979년 충북 청주에서 태어났다. 충남대학교에서 박사과정을 수료하였다. 학산 조종업, 아당 이성우 선생에게서 한문을 배웠다. 공역으로 《옥오재집》이 있다. 현재 한자문화연구소 선임연구원으로 재직 중이다.

정만호(鄭晩浩)

1971년 충남 부여에서 태어났다. 충남대학교와 단국대학교에서 한문학을 전공하였으며, 현재 충남대학교 한자문화연구소 책임연구원으로 재직 중이다. 번역서로 《취암선생시집》과 공역으로 《기려수필》, 《승암시화》, 《지호집》, 《오재집》, 《옥오재집》, 《좌계부담》, 《해동사부》 등이 있다.

권역별거점연구소협동번역사업
충남대학교 한자문화연구소 연구진

연구책임자 이향배(충남대학교 한문학과 교수)
공동연구원 박우훈(충남대학교 한문학과 교수)
자문위원 이성우(한국고전번역원 자문위원)
책임연구원 강원모
정만호
선임연구원 김문갑
오승준
연구원 이규춘
이재숙

동주집 7

이민구 지음 | 강원모 · 김문갑 · 오승준 · 정만호 옮김
2018년 12월 28일 초판 1쇄 발행
편집 · 발행 문진 | 등록 2002. 5. 6. 제2006-000011호
주소 (34168) 대전광역시 유성구 대학로 31 한진리조트오피스텔 2004호
전화 042-933-6510 | 팩스 042-367-5510
인쇄 현대그래픽스 | 제본 은정제책사

값 30,000원
ISBN 979-11-87638-20-9 94810
978-89-92229-81-4 (세트)

이 도서의 국립중앙도서관 출판예정도서목록(CIP)은 서지정보유통지원시스템 홈페이지(http://seoji.nl.go.kr)와 국가자료공동목록시스템(http://www.nl.go.kr/kolisnet)에서 이용하실 수 있습니다.(CIP제어번호: CIP2018040044)